Sushi auf nackten Damen serviert

Gisela Pravda

Sushi auf nackten Damen serviert

264-mal Sexismus aufgespießt

Schmetterling Verlag

Bibliografische Informationen der Deutschen Nationalbibliothek
Die Deutsche Nationalbibliothek verzeichnet diese Publikation in der Deutschen Nationalbibliografie; detaillierte bibliografische Daten sind im Internet über http://dnb.d-nb.de abrufbar.

Schmetterling Verlag GmbH
Libanonstraße 72A
70184 Stuttgart
www.schmetterling-verlag.de

Der Schmetterling Verlag ist Mitglied von aLiVe, der assoziation Linker Verlage.

ISBN 3-89657-197-4
1. Auflage 2020
Printed in Poland

Satz und Reproduktionen: Schmetterling Verlag
Druck: sowa, Warschau

Inhalt

01 Was soll's? Alltägliches und Grundsätzliches!

«... das Sushi wurde auf nackten Damen serviert» ist der fieseste Sexismus in meiner nun wirklich umfangreichen Sammlung. Ich fand ihn zufällig im Internet als Unterschrift zu einem entsprechenden Foto. Der Kölner Gründer Thomas BACHEM hat 2015 Fotos vom Treffen des einflussreichen Gründer-Netzwerks Entrepreneurs' Organization ins Netz gestellt, aufgenommen in der Villa des Playboy-Gründers Hugh HEFFNER. Wusste der Mann nicht, was er da tat? Kannte er nicht die Haftung für Internet-Einträge? Oder war es ihm egal? Hauptsache, alle erfahren, was für ein toller Typ ich bin? Inzwischen muss ihm wohl jemand das Problem erklärt haben, denn er hat das Bild gelöscht ... aber ein anderer Lüstling hat es prompt wieder reingestellt. Getreu der Devise: Erst naschen die Männer das Sushi vom Körper der Frau und als Nachtisch vernaschen sie die Frau! Einmal Sexprotz – immer Sexprotz!

Die Vorstellung, als Mann in jeder Hinsicht Macht über Frauen auszuüben, ist nicht gar so geil, wie manche Männer annehmen. Sie macht aus einem Ackergaul auch keinen tollen Hengst! Zudem ist sie prähistorisch oder gehört ins Tierreich, aber nicht in eine menschliche Gesellschaft! Wie können Männer glauben, so etwas stärkt ihr Ansehen? Was bringt ihnen diese Anbiederung? Zu Arbeit und Leistung sehe ich da jedenfalls keinen inhaltlichen Bezug! Höchstens zu Boni, Betrug und Puffbesuchen.

«Frauen als Tablett» bedeutet Ausbeutung und verletzt die Menschenwürde! Solche, aber auch subtilere Sexismen sind der Anlass für dieses Buch. Aber es reichen auch fünf Wörter, um seine Notwendigkeit deutlich zu machen: «Männer und Frauen sind gleichberechtigt.» (GG Art.3) Es geht auch noch kürzer: «Die Wut ist jung.» (Lore LORENTZ, die ganz große Kabarettistin)

Die Notwendigkeit für dieses Buch resultiert auch aus der Tatsache, dass #MeToo und «Time's Up», deren Wegbetreiter #aufschrei war, zwar den schlimmsten Teil des Sexismus – die sexistische Gewalt – aus dem Schatten geholt haben; manche betroffene Frau hat nach Jahren der lautlosen Beschämung gesprochen. Doch jetzt fragen wir uns: Woher kommt die männliche Geringschätzung der Frauen, was denkt die «Mitte der Gesellschaft» über Frauen und wie verhält sie sich ihnen gegenüber? Es ist somit an der Zeit, den gesellschaftlichen «Unterbau» scharf in den Blick zu nehmen. Das ist meine Absicht, liebe Leser*innen (jawoll, ganz locker mit Gendersternchen, die Erklärung kommt später).

Dieses Buch handelt also vom Alltagsleben mit ein bisschen Wissenschaft. Wer sich – wie ich hier – mit einem gesellschaftlichen Thema beschäftigt, steht vor der Herausforderung, alle Bereiche des sozialen Lebens und alle Disziplinen, bei denen der Mensch im Mittelpunkt steht, wie Geschichte, Medizin, Soziologie etc., im Auge zu behalten. Das Buch stellt also Bezüge zu so ziemlich allen Wissenschaften und allen Erfahrungsbereichen der Menschheit her. Also wundern Sie sich nicht, liebe Leser*innen, es geht quer durch's Gelände! Es geht im Buch nicht darum, den brandaktuellen Forschungsstand aufzuzeigen, es nutzt aber wissenschaftliche Erkenntnisse. Oft haben die hintereinander folgenden Beispiele nichts miteinander zu tun, sie sind lediglich denselben Lebensbereichen zuzuordnen. Das mag befremden, aber hier soll eben keine Analyse betrieben, sondern ein Bild unserer Gesellschaft gemalt werden. Und wo immer es vertretbar ist, versuche ich die Dinge mit einer Prise Humor zu nehmen.

Sinnigerweise beginne ich mit Sexismen rund um unser Erscheinen auf dieser Welt. Haben Sie je erfahren, was Ihre Familie gesagt oder getan hat, als Sie das Licht der Welt erblickten?

Zum nächsten Kapitel ist es nicht weit: Es geht um Alltagssexismus, der der teils sehr unfreundlichen Begrüßung auf dieser Erde folgt. Sie können ihm nicht ausweichen! Er findet in der Familie statt, im Beruf, an öffentlichen Orten. Meiden Sie die Öffentlichkeit, holt der Sexismus Sie zu Hause ein, auch via Radio, Fernsehen und Zeitungen, Büchern, digitalen Medien. Es gibt kein Entrinnen!

Auch Sexismus in der Sprache erregt die Gemüter. Die sexistische oder nicht gendergerechte Sprache hat schon immer den Mann als Regelfall und die Frau als Sonderfall definiert. Das gilt es zu ändern Hinzu kommt inzwischen das Wissen um die Tatsache, dass es mehr als zwei Geschlechter gibt; die bilden wir z.Zt. mit dem Gendersternchen oder dem Unterstrich ab – beides sind Platzhalterchen. Wer bösartig ist, nennt sie Lücken und spricht von Lückenbüßern. Ganz schön polemisch und nicht wirklich schön! So lehnen die Anderen eine Anpassung der Sprache an die Menschen, von denen die Rede ist, strikt ab. Sie giften: «Genderwahn», «Genderismus» etc. Angeblich fürchten sie um die Eleganz der Sprache, leiten aus sprachtheoretischen Begründungen politische und sonstige Gefahren ab. Frauen sollen bleiben, was sie sind oder waren, nämlich unsichtbar!

Als Nächstes habe ich mir unsere Medien angesehen – aus ihnen sprudelt die Frauenverachtung nur so heraus – aber lesen Sie selbst! Hier können Sie viel lernen – z. B. dass der «Lebenszyklus» ganz ohne Frauen auskommt – und ich hatte doch immer gedacht: Ohne Frauen gibt es seeehr wenige Männer! Und freuen Sie sich auf die Geschichte des Nachrichtensprechens bei der BBC. Damals galt noch mehr als heute: Seriöse Nachrichten interessieren Männer! Ob die von einer piepsigen, womöglich tränenerstickten Frauenstimme über die täglichen Katastrophen informiert werden wollen? Doch wohl eher nicht, oder?

Im nächsten Teil widme ich mich dem ebenso ergiebigen Thema «Kunst und Frauen». Ist der Kunstbetrieb geschlechterbewusst? Wie sind Frauen in der Kunst repräsentiert? Wie stellt die Kunst die Frau dar? Wie sind Frauen in der Kunst öffentlich repräsentiert? Fragen über Fragen. Ich bin mir dieses Themas im Promotionsstudium nach meiner Pensionierung bewusst geworden. Meine jungen Kommilitoninnen wollten alles Mögliche sein, aber auf keinen Fall Feministinnen! Da habe ich mich gefragt, wie erleben die einen Gang in ein Museum, eine Gemäldegalerie? Was bleibt denn übrig von der Kunst, wenn wir sie nicht in der Historie verorten? Was verstehen wir denn dann noch? Nicht sehr viel, vermute ich.

Dass Sexismus lebensgefährlich – ja, ich meine es wörtlich – sein kann, erleben wir in der Medizin. Wir kannten über Jahrhunderte nur den Mediziner, die Medizinerin gab es gar nicht, schon allein, weil Männer Frauen nicht zum Studium zugelassen haben. Wie sehr das Geschlecht des Arztes und Forschers die Ergebnisse seiner Arbeit beeinflusst, haben wir lange Zeit nicht gewusst, ja nicht einmal geahnt. Ein Mann wird sein Untersuchungsobjekt immer durch die männliche Brille betrachten, es sei denn, er hat früh gelernt, das Untersuchungsergebnisse nicht per se objektiv sind. Wir müssen uns – Männer wie Frauen – klarmachen, dass unsere jeweilige Sicht auf die Welt in vielerlei Hinsicht subjektiv gefärbt ist: Familie, Schulbildung, Berufsausbildung, Stadt oder Land – all das hat Einfluss auf unser Denken – und vor allem unser Geschlecht mischt ständig mit. Egal, ob wir es wissen oder wollen, – wir müssen es berücksichtigen! Wenn ich nicht weiß, wie unterschiedlich die Symptome einer Erkrankung bei Frauen und Männern sein können, kann ich kein guter Arzt oder keine gute Ärztin sein. Weiteres verrät dieses Buch.

«Ohne die Reflexion der Kategorie Geschlecht wäre seriöse Forschung in zahlreichen Fächern kaum möglich»[1] – das ist eine Feststellung des ehemaligen Präsidenten der Freien Universität Berlin, Peter-André ALT. Er trifft damit den Nagel auf den Kopf: Geschlecht gehört in die Wissenschaft! Wer Geschlecht nicht mitdenkt, seine oder ihre Daten z. B. nicht nach Geschlecht getrennt erhebt und auswertet, kommt zu keiner allgemeingültigen Aussage über das Forschungsthema. Margrit EICHLER[2] schreibt: «Non-sexist research may not always be good, but sexist research is always bad.»

Sehen Sie sich doch bitte folgende Aussage an: «60 Prozent der Deutschen sind zu dick.» Fühlen Sie sich als Frau oder als Mann davon angesprochen? Ich nicht, stattdessen lautet hier das Motto: Hauptsache, ein bisschen Katastrophe in der Überschrift, aber bloß keine sachliche Information! Wichtig wäre die Aussage gewesen, dass von den «Dickerchen» zwei Drittel Männer sind. Aber so etwas sagt man eben nicht laut. Aber welchen Wert hat so eine Ansage dann?

Über meinen Überlegungen zur Philosophie **steht der schöne Satz:** «Das Weibliche fällt aus der menschheitsgeschichtlichen Genealogie heraus.»[3] Wenn Sie so naiv sind oder waren wie ich, denken oder dachten Sie vielleicht auch, Philosophie hätte immer nur mit Denken zu tun, und müssen jetzt feststellen, dass Philosophie vielmehr der Selbstbeschau und der Konfliktverarbeitung des jeweiligen Philosophen dient. Wenn wir in Kindheit und Pubertät gerade nichts Vernünftiges zu tun wussten, riet unsere Mutter: «Lies doch mal ein gutes Buch!»

1 KÜHNE, Anja, 2011: Mehr Gender macht mehr Qualität. Die Freie Universität bündelt ihre Kräfte in der Geschlechterforschung. In: Der Tagesspiegel vom 2011-12-13 http://www.tagesspiegel.de/wissen/forschung-mehr-gender-macht-mehr-qualitaet-/5956242.html)

2 EICHLER, Margrit, 1988: Nonsexist Research Methods. A Practical Guide, Boston

3 BOVENSCHEN nach MÖHRMANN, Renate, 1979: Silvia Bovenschens Entwurf einer neuen Kulturgeschichte. Imaginierte Weiblichkeit. Hier geht es nicht um die Eliminierung irgendwelcher weißer Flecken auf der kulturhistorischen Landkarte. Nicht darum, vergessene Weiblichkeitsformen aufzustöbern. Was die Autorin vorlegt, ist nichts weniger als der große Wurf einer neuen Kulturgeschichte. In: DIE ZEIT Nr. 47 vom 1079-11-16 https://www.zeit.de/1979/47/imaginierte-weiblichkeit/komplettansicht

Ein Glück, dass sie mir damals kein philosophisches Werk untergejubelt hat, denn dann hätten sich meine Selbstzweifel ins Unendliche gesteigert. Denn was kann ein junges Mädchen von einem älteren Mann lernen, der seine Probleme mit 52 Prozent der Bevölkerung öffentlich verarbeitet?

Bleibt noch die Frage: Wo bleibt die weibliche Dimension des Göttlichen? Ja, liebe Leser*innen, Kirche, Monotheismus und Patriarchat haben sie verschüttet. Ich wurde auf das Thema vor vielen Jahren bei einem Besuch des Pergamonmuseums aufmerksam. Da sprangen jede Menge kleiner Göttinnen herum! Wo sind sie geblieben? Für die herrschenden Herren zur Zeit der Gründung der christlichen Religion(en) waren Frauen nur Konkurrentinnen – so etwas braucht keine Religion! Mit Monotheismus lässt sich das Gröbste verhindern, das Patriarchat setzt dann die notwendigen Regeln durch. Sie werden schon sehen, was wir davon haben – Jesus wäre sicher nicht einverstanden!

02 Der Lichtblick, der keiner war, und andere geschlechtstypische Wachstumsbeschwerden – oder das Erziehungsdesaster

001.

Wenn wir als Mädchen das Licht der Welt erblicken, ist das noch lange **kein Lichtblick**. Schon im Mutterleib heißt uns der Sexismus willkommen – ach, doch kein Junge! Spätestens mit der Geburt wird es dann konkret! Vielen Mädchen wird vom ersten Tag an vermittelt, die Erwartungen der Eltern, oft besonders der Väter, bereits mit ihrem bloßen Erscheinen nicht erfüllt zu haben – ein Junge, der wäre willkommen gewesen: «Daß Söhne besser als Töchter sind» wird ihnen «brühwarm immer wieder aufgetischt»[4]. Als mein kleiner Bruder unterwegs war, dozierte meine Mutter gerne, dass Mädchen schon vorgeburtlich Schaden anrichten. Geht es der Frau während der Schwangerschaft gut, wird es ein Junge, bei einem Mädchen plagt sich die Frau mit mehr Schwangerschaftsbeschwerden wie Übelkeit etc. Die Hormone sollen schon in diesem frühen Stadium aus Mädchen Plagegeister machen. Es ist die früheste das Weibliche abwertende Episode, die ich in Zusammenhang mit meinem Leben bringe – mit enormer psychischer Haftung.

Aber die nächste ließ nicht lange auf sich warten – mit gleicher Wirkung übrigens: Ich bin die zweite Tochter meiner Eltern, was einen Onkel, stolzer Vater eines Sohnes, meinem Vater gegenüber zu der Feststellung veranlasste: «Na, nun hast du ja auch zwei halbe Kinder!» – nur mal so unter Brüdern. Natürlich wurde diese unerfreuliche Geschichte in der Familie mit Empörung kommentiert, aber sie wurde eben erzählt und blieb so nicht ohne Wirkung – sonst wüsste ich sie ja nicht mehr. Vielleicht hätte ich sie ja sogar vergessen, wenn sich der rote Faden «Frauenfeindlichkeit» nicht so deutlich durch mein Leben gezogen hätte und so die Geringschätzung von Mädchen und Frauen immer wieder aktualisiert worden wäre. Noch heute fällt mir die Geschichte wieder ein, wenn ich zufällig auf Kalendersprüche stoße wie: «Nötiger als Brot hat der Mensch, in der Gesellschaft erwünscht zu sein.» – Er soll von Mutter Teresa stammen und wenn ich ihn in diesem Zusammenhang verwende, wird deutlich, wie ich es für mich interpretiert habe, nur ein halbes Kind zu sein. Aus heutiger Sicht ist daran schlimm, dass meine andere Hälfte schon gestorben ist. Nun muss ich als halber Mensch durch die Welt humpeln!

Nur ein halber Mensch zu sein, ist ungemütlich, aber lehrreich. Ungemütlich, weil zu einem Zeitpunkt, zu dem sich ein Kind Erwachsenen gegenüber sowieso als schwach erlebt, das patriarchale Konstrukt weiblicher Minderwertigkeit

4 KÜGLER, Ruth, 1994: Frauen lesen anders, DIE ZEIT Nr. 48 vom 1994-11-25

bereits drohend über seinem Leben hängt. Lehrreich, weil mir später niemand zu erklären brauchte, dass Geschlecht sozial konstruiert ist. Als ich das erste Mal von Geschlecht als sozialer Konstruktion hörte oder las, wusste ich sofort, was damit gemeint war. Das Problem dabei war nur: Ich hatte das Deutungsmonopol von Männern über Jahre internalisiert und Mühe, es wieder loszuwerden und durch etwas Eigenes zu ersetzen. Hinzu kam, «Selbstbewusstsein wurde eher zerstört als aufgebaut, er habe immer das Gefühl gehabt, so Spock, im Unrecht, ja, schuldig zu sein.»[5] Genau so habe ich mich gefühlt! Ich frage mich noch heute: Was war eigentlich so schlimm an mir?

Eine Ärztin hat mir erzählt: Ihre Mutter hatte einen Witwer mit zwei Söhnen geheiratet und hat selbst vier Töchter geboren. Meine Gesprächspartnerin war davon die jüngste und überhaupt nicht geplant. Wenn schon, hätte sie ein Junge werden sollen, es gab nicht einmal einen Namen für sie, sie sollte ja eigentlich Mathias heißen. Für die Mutter bedeutete es eine Demütigung, keinen Sohn geboren zu haben. Sie hat sich der verstorbenen Frau ihres Mannes immer unterlegen gefühlt – aber sie hat auch dafür gesorgt, dass alle vier Mädchen studiert haben.

So sind wir für – mindestens – einen Teil unserer lieben Verwandten eine Enttäuschung: «es fehlen 5 cm zum Glück!» – so hat einmal eine Mutter ihre Tochter begrüßt! Hier eine Auswahl weiterer herabsetzender Begrüßungsformeln: Ich habe Geschlechtsgenossinnen gefragt, wie ihr «Lichtblick» aussah: Hier eine Auswahl:

O-Ton Mutter: Schieb's wieder rein – nachdem die Hebamme festgestellt hatte: Es ist ein Mädchen. «Es begleitet uns ein Leben lang.»

O-Ton Großvater: Nun muss aber ein Stammhalter her! Wenn's ein Junge geworden wäre, hätten wir drei Tage gefeiert.

O-Ton Vater beim ersten Blick auf seine zweite Tochter: Ich hatte ganz vergessen, wie hässlich Neugeborene sind.

O-Ton Großvater: Wat denn, noch so'ne Pissritze?

O-Ton Vater: Noch nie habe ich ein so hässliches Baby gesehen!

Ein von mir (sonst) sehr geschätzter Kollege verriet mir Folgendes: «Als meine Frau im Kreißsaal lag, stand ich auf dem Flur am Fenster und wartete. Es fing an zu regnen. Da wusste ich, es wird nur ein Mädchen.»

Auch über die weltbekannte amerikanische Anthropologin Margaret Mead wird berichtet, ihr Vater hätte zu ihr den «ermutigenden» Satz gesagt: «Schade, dass du kein Junge bist, dann könntest du es weit bringen.» Tatsächlich wird angenommen, dass das Entmutigende sie ermutigte, ansporne. Aber es ist auch egal, ob diese Annahme zutrifft. Wenn wir Frauen wissen, uns trennt nur «das bisschen Geschlecht» von einer Spitzenleistung – damit können wir doch etwas anfangen! Als Individuum dürfen wir jetzt schlau sein! Wenn das Herr Dr. P. J. MÖBIUS wüsste![6]

---

5 KIPPENBERGER, Susanne, 2015: Dr. Spock, Vater der Nation. Er war Arzt und hat mit einem Erziehungsratgeber in den USA Generationen geprägt. 1965 machten ihn die Bomben auf Vietnam zu einem der bekanntesten Kriegs-gegner. In: Der Tagesspiegel vom 2015-05-12

6 MÖBIUS Paul Julius, 1903: Über den physiologischen Schwachsinn des Weibes. Möbius' Essay erschien auf dem Höhepunkt einer in Deutschland hitzig geführten Debatte über die Zulassung

Über Bertha BENZ, die 1888 die erste Fernfahrt mit einem Automobil wagte, «um die Erfindung ihres Mannes bekannt zu machen und zu beweisen, wie fahrtüchtig dieser Teufelskarren tatsächlich war»[7], berichtet Angela ELIS im Tagesspiegel: Als Zehnjährige liest Bertha BENZ in der Familienbibel den Kommentar ihres Vaters zu ihrer Geburt: «... leider wieder nur ein Mädchen». Sie kommentiert diesen Satz so zutreffend, wie es nur geht: «Fünf Worte nur, aber sie bedeuten eine Kränkung von Anfang an.» Und werden für sie zum lebenslangen Antrieb, zu beweisen: Was Männer können, können Frauen auch. Schon als Kind ist es ihr Ziel, den Makel des falschen Geschlechts wettzumachen.

Auch Thea DORN[8] berichtet von einer noblen Begrüßungsgeste – allerdings ihrem Bruder gegenüber: ein «Stammhalter-Sparbuch»! Ihre Geburt hatte derselbe Großvater «mit einem bayrisch-lakonischen ‹passt scho›» kommentiert.

Und dann habe ich aus Bayern noch den folgenden zwingend logischen Ausspruch vernommen. Auf die Frage an eine werdende Mutter, was es denn wird, antwortet sie: «Das ist mir ganz egal, Hauptsache der Bub ist gesund!»

Auch Marianne GRABRUCKER[9] beschreibt ein entsprechendes Erlebnis: «Ein junger befreundeter Arzt, den ich bisher wegen seiner kritischen Einstellung zur Schulmedizin sehr schätzte, begegnet uns auf der Straße. Als Klaus ihm von Annelis Geburt erzählt, ist folgende Reaktion zu hören: ‹Na, dann gratulier ich dir trotzdem mal!› Dabei klopft er Klaus tröstend auf die Schulter.» In der Praxis eines Kinderarztes, ein Szene-Arzt in München – «alle schwärmen von seiner alternativen Art, mit Kindern umzugehen» – erlebt sie dann dessen Begrüßung ihrer Freundin, die einen Sohn geboren hatte: «Ist das nicht ein besonders schönes Gefühl, als Frau einem Mann das Leben geschenkt zu haben?»

Einer meiner Freundinnen ging es auch nicht besser. Ihr Vater sprach beim ersten Anblick seiner Tochter: «Mein Gott, ich werde in meinem Leben viel arbeiten müssen, dieses Mädchen kriegt nie einen Mann.» Als wir uns kennen lernten, waren wir zehn – das war bei der Einschulung auf der Oberschule; ihr Vater konnte seiner Selbstverpflichtung nicht gerecht werden, er war drei Jahre zuvor von russischen Soldaten ermordet worden.

Aber was bedeutet eine solche Bemerkung für die Tochter? Erstens bin ich der Überzeugung, dass schon sehr kleine Kinder sehr viel mehr verstehen, als wir uns das so denken. Es ist vielleicht kein Verstehen über den Intellekt, aber ein emotionales Verständnis für Gesprächsatmosphären, für Lob und Kritik – z. B. über die Stimmlage. Außerdem werden solche Anekdoten – besser Trauerspiele – ja

---

von Frauen zum Medizinstudium. Möbius stellte darin die These auf, Frauen hätten von Natur aus eine physiologisch bedingte geringere geistige Begabung als Männer. Dieser weibliche «Schwachsinn» diene der Arterhaltung des Menschen und sei Folge seiner Evolution.

7 ELIS, Angela, 2010: Bertha Benz fährt vor. Carl Benz ist ein genialer Erfinder, doch niemand interessiert sich für sein Automobil. Da setzt sich seine Frau 1888 selbst ans Steuer und fährt 100 Kilometer weit – das gab's noch nie. Wie Bertha Benz ihren Gatten zum Erfolg trieb. In: Der Tagesspiegel vom 2010-03-14

8 DORN, Thea, 2006: Die neue F-Klasse. Wie die Zukunft von Frauen gemacht wird, München, Zürich

9 GRABRUCKER, Marianne, 1985: «Typisch Mädchen ...». Prägungen in den ersten drei Lebensjahren. Ein Tagebuch, Frankfurt/Main

auch wieder und wieder erzählt und sicher auch kommentiert, da erhält jedes Mädchen die Chance – je nach Alter – sich die passenden Gedanken zu machen. Hier wird einer angehenden Frau von der ersten Lebensstunde an auferlegt: Das Wichtigste für Mädchen ist das Schönsein! Alles andere richtet ein Mann – egal ob Vater oder Ehemann, Freund oder Bruder! Alleine schaffst du das sowieso nicht! Hätte ein verknautschtes männliches Baby den Vater zu einer ähnlichen Bemerkung veranlasst? Wir sind vermutlich alle sicher: nein! Es wäre ja auch nicht auf sein Äußeres angekommen, sondern auf seine künftigen Leistungen. Und wieder zeigt sich: Wir brauchen nur im Geist die Geschlechter zu tauschen und wir wissen, ob eine Situation diskriminierend und verletzend ist.

Und was tut das mit den Müttern all dieser Töchter? Marianne GRABRUCKER beschreibt ihre Empfindungen nach der «Gratulation» des jungen befreundeten Arztes so: «Ich verstehe erst nicht, bin dann tief verletzt und erniedrigt und empfinde meine Tochter für den Bruchteil einer Sekunde als ein Nichts, zumindest aber als ein Wesen, das leicht zu übersehen ist.» Hinzu kommt, dass eine solche Degradierung der Mutter, der Tochter lebenslang bei der Identitätsfindung im Wege stehen kann. «Eine entwertete Mutter ist für eine Tochter eine tiefe Verletzung, ... Es ist also nicht verwunderlich, wenn sich die Tochter weigert, sich mit der Rolle einer Frau zu identifizieren.»[10] Das sind Ereignisse, die körperlich und seelisch krank machen können. Und was tut es mit uns, wenn wir mit Bezug auf den Weltbevölkerungsbericht der Vereinten Nationen lesen: «Als Mädchen geboren zu werden, ist in vielen Ländern der Dritten Welt ein Verhängnis»[11]?

Wie sich die Geringschätzung weiblicher Nachkommen in die gesellschaftliche Katastrophe steuern lässt, zeigt uns China mit dem politisch verursachten und vorhersehbaren Phänomen «Chinesen ohne Chinesinnen».[12] Auch in China gelten männliche Nachkommen als wertvoller als weibliche. So hat die Ein-Kind-Politik der chinesischen Regierung seit den 70er-Jahren zur vermehrten Abtreibung weiblicher Föten geführt. Es gibt heute schon einen sagenhaften Männerüberschuss. Im Jahr 2020 werden in China 24 Millionen Männer keine Frau finden. Als Folgeerscheinungen werden prognostiziert: Entführungen, Frauenhandel und Zwangsprostitution. Das hat uns gerade noch gefehlt: eine neue Quelle der Gewalt im Geschlechterverhältnis! Frauen tun gut daran, nicht als Chinesinnen auf die Welt zu kommen!

Und was tut es mit uns, wenn wir als qualifizierte, erwachsene, karriereorientierte Frauen feststellen: Diese Geringschätzung – insbesondere durch den Vater – kann lebenslang an uns haften bleiben? Dann sind wir, selbst bei der Nachfolge im Familienunternehmen, nur zweite Wahl – auch dem jüngeren Bruder

10 ONKEN, Julia, 2000: Herrin im eigenen Haus. Weshalb Frauen ihr Selbstbewusstsein verlieren und wie sie es zurückgewinnen, München

11 NATORP, Klaus, 2000: Töchter leiden unter «Sohnes-Präferenz». Der Weltbevölkerungsbericht der Vereinten Nationen zeigt, daß sich die Lage der Frauen kaum verbessert hat. Frankfurter Allgemeine Zeitung vom 2000-09-21

12 SIEREN, Frank, 2010: Chinesen ohne Chinesinnen. Der Männerüberschuss in China wächst. In DIE ZEIT Nr. 5 vom 2010-01-28

gegenüber![13] Das ist noch nicht einmal Gleichberechtigung und schon gar nicht Gleichstellung! Es ist eben leichter Recht zu haben als Recht zu bekommen – aber darauf kommt es an!

002.

Die **permanente Anwesenheit einer Abwesenheit**[14]: Ich war sieben Jahre alt, da hatten die Nazis meinen Vater beseitigt! Das Trauma meiner Kindheit – nur meiner Kindheit? Die Postbotin kam mit einem Telegramm und sagte zu mir: «Komm mal mit zu deiner Mutti, dein Vati ist tot!» Ich wusste ab sofort: In dieser Welt gibt es keine Sicherheit, der Boden unter meinen Füßen war weg. Ich habe aufgeschrien, bin losgerannt und wusste von einer Sekunde auf die andere, was «Tod» bedeutet. Dabei hatte ich doch wenige Tage zuvor zu einem kleinen Mädchen aus dem Dorf, in dem wir während der Evakuierung lebten, erklärt: «Ich weiß gar nicht, was ‹tot› ist.» Auch sie hatte gerade ihren Vater verloren.

Von nun an war meine Mutter Witwe mit drei Kindern – sie war 36 und die Kinder zwischen 2 und 10. Eben waren wir noch die gutbürgerliche Familie eines «Oberingenieurs und Ausbildungsleiters», nun waren wir eine unvollständige Familie, schutzlos, arm, nicht gesellschaftsfähig – so hat es jedenfalls meine Mutter empfunden. Und wir mit ihr. Die Erklärung ist einfach: Wir lebten in einem frauenentwertenden Klima. Und meine Mutter war eben auch nur eine männlich identifizierte Frau. Bombennächte, Evakuierung, Tieffliegerbeschuss, Flucht, wieder Tieffliegerbeschuss, sonstige Kriegswirren wie Massenvergewaltigungen – und wir Kinder lagen dazwischen – Hunger und die Stadt in Trümmern, in die wir zurückkehrten, gaben auch nichts her für den Hauch eines Optimismus – wir klammerten uns an unsere Mutter.

Meine unendliche Trauer über den Tod meines Vaters hat mich mein ganzes Leben lang auf das Intensivste begleitet. Als Kind bin ich am Volkstrauertag heimlich in Mutters schwarzem Kleid mit einem Foto vom offenen Grab in die Schule gegangen. Ich habe mich immer gefragt: Warum? Was war für mich anders als für meine Geschwister? Was habe ich von diesem Mann erwartet? Ich habe viele Bruchstücke einer Antwort gefunden, eines davon war wohl das diffuse Gefühl: Von diesem Menschen hätte ich die Anerkennung erhalten, die ich gebraucht hätte. Heute scheint es mir außerdem die abgrundtiefe Enttäuschung zu sein über das uneingelöste Versprechen, uns immer und überall zu beschützen. Ich war auf die Männerrolle hereingefallen, die insbesondere zu Nazi-Zeiten den Mann zum Helden stilisierte und die Frau im Zeichen des Mangels definierte. Sein Tod hat mein Leben so erschüttert – ich bin aus dem Paradies katapultiert worden! Nichts war danach so, wie es vorher gewesen war! Über jeder Sekunde meines jungen Lebens lag ein Schleier von Trauer, Unsicherheit, Unvollkommenheit, Not!

---

13 KIMMEL, Tatjana, 2007: Nicht mit meiner Tochter. Wenn es um die Nachfolge in Familienunternehmen geht, sind Mädchen meist nur zweite Wahl. In: DIE ZEIT Nr. 15 vom 2007-04-04

14 STAUDACHER, Cornelia, 2006: Vaterlose Töchter: Kriegskinder zwischen Freiheit und Anpassung. Porträts, 2006, Zürich – Hamburg

Es war nicht nur die Person, es war auch die mit ihm verbundene soziale Rolle – aber das habe ich erst später begriffen.

Unsere Mutter wollte ihren Kindern die Erinnerung an den Vater bewahren – das wäre bei mir nicht nötig gewesen! Auch mein ziemlich kleiner Bruder erklärte sich die Welt auf seine Art und fragte: «Mutti, heißen Trauringe Trauringe, weil man da immer so traurig ist?» Von meiner älteren Schwester stammt anlässlich eines Weihnachtsfestes oder einer sonstigen Familienfeier der Satz: «Müssen wir heute wieder alle weinen?»

Es gab jedenfalls kein Fest, ohne dass «ach wenn Vati das doch miterleben könnte» ausgesprochen oder unausgesprochen im Raum stand; es gab keine Katastrophe ohne Mutters Satz: «Ach wenn wir jetzt doch einen Mann hätten, der uns das Problem löst.» So einfach ist das! Bloß nicht in der Realität!

Cornelia STAUDACHER hat vaterlose Töchter interviewt und schreibt an einer Stelle: «Von da an beginnt für Paula F. die Zeit der permanenten ‹Anwesenheit einer Abwesenheit›.» Die als schmerzhaft empfundene Abwesenheit des Vaters bildet eines der Fundamente, auf denen ihr Leben ruht, und eine Realität, mit der sie sich früh auseinanderzusetzen begann. «Der abwesende Vater war viel präsenter, als der anwesende Vater es je hätte sein können.»[15] Und über die Mütter: «Die Mütter waren überfordert und aus dieser Überforderung heraus geschwächt. Dem common sense der patriarchalisch strukturierten Gesellschaft der 1950er Jahre entsprechend, fühlten sie sich als alleinerziehende Mütter ohne Ehemann gesellschaftlich ausgegrenzt.» Die Gefühle von Paula F. und die Gefühle der Mütter, die sich als gesellschaftlich ausgegrenzt erlebten, sind auch meine Wahrheiten. Auch bei Christina THÜRMER-ROHR ist die Rede vom «gemeinsame(n) Abseitsstehen von der Normalität der ‹vollständigen› Familien»; ihre Mutter hat sich erinnert: «Wir Kriegerwitwen wurden sowieso nicht von Ehepaaren eingeladen. Man stand völlig außerhalb.»[16] Das betraf die Kinder in ähnlicher Weise. Wenn ich zu einer Klassenkameradin mit Mutter und Vater eingeladen oder mit ihr verabredet war und sie abgeholt habe, habe ich mich immer klein und beschämt gefühlt. Darüber packt mich noch heute das Selbstmitleid: Was konnte ich als Kind dafür, dass mein Vater für eine perverse Sache geopfert wurde? Warum haben wir nicht gelernt, stolz auf die Leistungen unserer Mütter zu sein? Warum waren sie nicht selbst stolz auf sich? Wahrscheinlich gab es die Vokabel damals gar nicht vor Trauer, Scham und Existenznöten. Hinzu kam natürlich, dass Männer «Mangelware» waren. Sie waren unglücklicherweise so zahlreich dem Krieg zum Opfer gefallen, dass ich ganze Frauengenerationen erlebt habe, die entweder junge Witwen waren oder junge Frauen ohne die geringste Aussicht auf eine glückliche Beziehung. Damit wurden Männer besonders kostbar und begehrenswert!

Dass Frauen vor meinen Augen als Trümmerfrauen die Stadt in einen begrenzt wohnlichen Zustand versetzten, hinderte den Staat nicht daran, Frauen weiterhin zu übersehen. Die soziale Ausgrenzung, die tatsächlich passierte, fiel mir als Kind immer dann besonders auf, wenn wir – z. B. für statistische Zwecke – nach dem

15 STAUDACHER, 2006

16 THÜRMER-ROHR, Christina, 1988: Vagabundinnen. Feministische Essays, Berlin

Beruf des Vaters gefragt wurden. Ich war dann immer ratlos und habe gefragt, was ich angeben sollte, wenn ich doch keinen Vater mehr hatte. Was lehrt uns das? Ein toter Vater zählte, eine lebendige Mutter, die ihre drei Kinder unter schwierigsten Umständen am Leben erhielt, zählte nicht! Wenn das das Selbstbewusstsein eines Mädchens nicht stärkt!?

Jetzt wird es historisch: Was lese ich 2007 im Zusammenhang mit einer Erhebung des Deutschen Studentenwerkes zur sozialen Herkunft von Studierenden? «Weil es die Sozialerhebung seit 1951 gibt, orientieren sich die Autoren dabei noch immer vorwiegend am Vater, nicht an der Mutter, um die Zahlen weiter vergleichbar zu machen.»[17] Das ist ein – wenn auch abgedroschenes – Argument: Pfeif auf die Wirklichkeit, Hauptsache die Statistik ist vergleichbar! Neue Erkenntnis: «Vergleichbar» und «nützlich» sind manchmal ein Gegensatzpaar! Zugespitzt stehen sich «sinnlos» und «sinnvoll» gegenüber! Ich bin sicher, da hat sich vieles geändert – allein schon durch die Vielfältigkeit der Familien; ich bin mir nicht sicher, ob alles gut ist. Wir brauchen Kenntnisse über Bildungsabschluss und Beruf der Mutter. Könnte es sein, dass der soziale Hintergrund der Mutter auch oder sogar mehr Einfluss auf die Studierbereitschaft insbesondere von jungen Frauen hat (vielleicht auch einen anderen) als der der Väter? Mich würde interessieren, ob sich bei Betrachtung des Bildungsabschlusses der Mutter das folgende Untersuchungsergebnis bestätigt: «Hat der Vater Abitur, sind die Chancen junger Männer auf ein Studium um sieben Prozent höher als der junger Frauen, bei Beamtenkindern sogar elf Prozent höher.»

003.

Claudia ROTH wurde in einem ZEIT-Interview gefragt: «Wann wurde Ihnen zum ersten Mal klar, dass es für Sie eine Rolle spielen könnte, ob man eine Frau ist oder ein Mann?»[18] Mich hat man das nie gefragt, aber ich erkläre hier und jetzt: sehr früh in meiner Kindheit. Vielleicht war es kurz nach der Geburt meines etwa fünf Jahre jüngeren Bruders. Ich erkannte bald, dass dieses Kind etwas Besonderes war. In der Pubertät, als mir die Benachteiligungen der Mädchen klar wurden, habe ich ernsthaft mit meinem Geschlecht gehadert, eine Geschlechtsumwandlung war aber kein Thema. Gab es die in den 50er-Jahren überhaupt schon?

Jedenfalls erinnere ich mich noch heute lebhaft an die besondere Position, die mein Bruder dank seines Geschlechts in der Familie hatte. Niemand bekam so viel Aufmerksamkeit und Zuwendung. **Der arme Junge** musste ja «unter» fünf Frauen aufwachsen: Großmutter, Mutter, Tante und zwei älteren Schwestern! Meine Großmutter hatte «nur» drei Töchter geboren, meine Tante war kinderlos und bei meinen Eltern hat es mit dem Jungen auch erst im dritten Anlauf «geklappt». Es gab also viele Gründe, meinen Bruder als etwas Herausragendes zu sehen und zu behandeln. Und schließlich war er ja der Kleinste, was sich aller-

17 KÜHNE, Anja, 2007a: Der Bildungstrichter. Wer studiert, hängt maßgeblich von der sozialen Herkunft ab: Arbeiterkinder sind unterrepräsentiert. In: Der Tagesspiegel vom 2007-06-20

18 ROTH, Claudia / HILDEBRANDT, Tina / STUFF, Britta, 2018: «Weil es unendlich verletzt». Die Grüne Claudia Roth spricht über persönliche Angriffe, Sexismus in der Politik und Fragen zu ihrer Kinderlosigkeit. Interview. In: DIE ZEIT Nr. 22 vom 2018-05-24

dings körperlich sehr schnell und unübersehbar legte. Ich schreibe hier nicht aus dem Gefühl heraus, zu kurz gekommen zu sein, sondern es war die Atmosphäre zu Hause, in der ich früh gesellschaftlich konstruierte Geschlechterunterschiede wahrnahm – ohne es damals so sachlich ausdrücken zu können, natürlich.

Als bizarr haben meine Schwester und ich empfunden, dass uns unser kleiner Bruder als leuchtendes Beispiel hingestellt wurde, als er auf dem ersten Zeugnis überwiegend «Sehr gut» hatte. Da hatten wir schon etwa viermal die Schule gewechselt! Ich konnte wegen der Bomben, die 1943 schon reichlich auf Berlin fielen, nicht mehr in der Stadt eingeschult werden, also wurden wir zu Tante und Onkel nach Landsberg an der Warthe geschickt! Dann kam die erste Dorfschule während der Evakuierung in Stolpe an der Oder, dann lag das Dorf unter Beschuss, im nächsten Dorf wieder eine neue Dorfschule, dann die Flucht – wo hätte da Unterricht stattfinden sollen? Schließlich zogen meine Schwester und ich den Kleinen im Kinderwagen zu Fuß von Meichow über Angermünde nach Berlin – Mutter schob – und fanden überwiegend zerbombte Schulen vor – es gab Schichtunterricht. Auf der Oberschule wuchsen in der (ehemaligen) Aula die Birken – ein geeigneter Ort für den Biologieunterricht. Wir fanden den Vergleich mit dem Schulanfänger herabwürdigend und ungerecht und konnten uns diese unangemessene Anerkennung unseres kleinen Bruders nur so erklären: Er war eben «der Junge» und damit ein Wunderknabe! Er hatte doch so viel Ähnlichkeit mit dem toten Vater! Na und?

Es hat mich damals schon traurig gestimmt, dass es nicht in meiner Macht lag, die Anerkennung zu erhalten, die der kleine Junge so mühelos und unverdient bekam. Ob ich lieber ein Junge hätte werden sollen? Hätte ich als zweite Tochter nicht schon ein Junge werden sollen? Da war es nicht weit zu meiner Frage an meine immer trauernde Mutter: Wenn du hättest wählen können, den Mann oder ein Kind zu verlieren, wie hättest du dich entschieden? Die Antwort: Ein Kind! Mein Bruder wäre es sicher nicht gewesen, und meine ältere Schwester war ihre große Stütze!

004.

Attraktivität ist ein wichtiges Thema. Ich bin nur froh, dass es nachlässt, wenn frau zu Verstand kommt, und dass es für uns damals nicht die Bedeutung hatte, die es offenbar heute für Mädchen und junge Frauen hat. Aber einmal hatte ich die Chance zu mehr Schönheit – alleine wäre ich nicht darauf gekommen. Ich hatte bei einem Autounfall mit dem Kopf die Frontscheibe zerstört – Autos hatten damals keine Anschnallgurte. Nachdem die Augen operiert und kuriert waren, musste die Nasenscheidewand gerichtet werden. Der ausländische Arzt im Wenckebach-Krankenhaus teilte mir mit: «Machen wir zwei Operationen, erst machen wir innen, dann machen wir schöne Nase!» Ich teilte diese ermutigende Neuigkeit meinem Mann mit und fragte ihn nach seiner Meinung. Dann beschloss ich: Ich «fühle» mir mal erst die notwendige Operation an, wenn sie erträglich war, konnte ich über die weitere entscheiden. Sie war nicht erträglich. Außerdem hatte mein Mann nüchtern festgestellt: «Wenn du eine neue Nase möchtest, kaufen wir dir eine neue Nase. Meinetwegen musst du dir keine neue Nase kaufen – ich habe dich schließlich mit dieser geheiratet.» Jetzt müsste ich Ihnen eigentlich erklären, was für meinen Mann «heiraten» bedeutet, aber so lang sollte das Buch dann doch wieder nicht werden!

005.

Und dann ist da noch das Thema «**Verwundbarkeit**». Ein intelligenter, liebenswerter Kanadier namens Barry hat mir einmal über sich gesagt: «I never felt vulnerable!» Verwunderlich, dass ich damals nicht vom Stuhl gefallen bin! Bei mir hätte der Satz gelautet: «I always felt vulnerable» – und peinlich war mir das auch noch, gerade Barry gegenüber! Sich-Verwundbar-Fühlen hat inzwischen etwas nachgelassen. Ich weiß aber noch nicht so ganz, wie viel ich davon eigentlich aufgeben will.

Von einem Psychiater habe ich den Satz gehört: «Männer haben Unverletzlichkeitsphantasien.» Und ich staunte schon wieder. Wie kann ein Mensch so einen Unsinn glauben – und noch dazu nach zwei Weltkriegen, Holocaust, Völkermord etc. mit Millionen von Toten? Hat das alles nichts zu tun mit Männern? Beziehen sie das nicht auf sich? Wissen Männer nichts von der höheren Sterblichkeit der männlichen Neugeborenen, davon, dass ihre Lebenskraft am Lebensanfang viel fragiler ist als die der kleinen Mädchen? Dass Frauen statistisch länger leben? Wie kann «mann» das alles ausblenden?

Als ich in einer meiner wunderbaren Frauengruppen von Barrys Satz erzählte, kam sofort die Bemerkung: «Der Arme! Der kriegt ja gar nichts mit.» Das hat mich dann auch wieder gründlich überrascht und durchgeschüttelt, wenngleich es mir auch sofort einleuchtete. Bis dahin hatte ich Barry ja beneidet, weil ich nur die negative Seite der Verwundbarkeit, die daraus resultierende Schwächung gesehen hatte, die Mädchen schon früh in der Erziehung erfahren. Ihnen werden die Flügel beschnitten, sie dürfen nicht auf Bäume klettern (ging es da auch schon ums Hymen?). Wir mussten als junge Mädchen früh zu Hause sein, wenn wir überhaupt ausgehen durften, denn jeder Mann war ein potentieller Vergewaltiger und mit «einem unehelichen Kind» hätten wir sowieso nicht nach Hause kommen dürfen. Kurz: Die ganze Welt da draußen – ein Angriff auf unsere Weiblichkeit, unsere Jungfräulichkeit! Wir wurden gnadenlos beschützt. Wenn ich irgendetwas nicht im Jugendalter gelernt habe, dann ist es ein halbwegs souveräner Umgang mit Gefährdungen. Mädchen sind ja so verwundbar – das bezog sich auf unseren Körper. Mädchen sind ja so verletzlich – das bezog sich auf unsere Seele, wir sind ja so emotional! Was kann man uns alles nicht zumuten! Widersprüche über Widersprüche!

Dass ich daheim so extrem behütet aufwuchs, war sicher aus der doppelten Verantwortung einer(verwitweten) Mutter und ihren Kriegserlebnissen heraus nachvollziehbar, spiegelte aber auch viel über diese Frau selbst wider. Sie konnte nicht Auto fahren, also konnten meine Schwester und ich auch nicht Auto fahren – war ja auch viel zu gefährlich! Es wurde wieder und wieder erzählt, wie unsere Mutter auf einem Segelflugplatz übungsweise um Maulwurfhügel herumfuhr (jeder Maulwurfhügel ein Mensch) und dabei immer drei bis fünf andere überfuhr. Das beweist doch alles! Leider auch, dass mein Vater sich für meine Mutter eine für diesen Ort bekloppte, weil im Ergebnis feststehende Übung ausgedacht hatte. Mein jüngerer Bruder bekam zu seinem 18. Geburtstag den Führerschein geschenkt – wie sein Vater war er geradezu dafür gemacht! Meine ältere Schwester und ich mussten den Führerschein selber bezahlen, als wir uns aus Mutters Denken einigermaßen gelöst hatten!

Mein Denken und Reden über Verwundbarkeit hat ein altes Thema wieder aufgerufen: Frauen – Emotionalität – Intellektualität. Kennen Sie das auch? Selten hören wir als Frau: du bist so emotional – wie schön! Meist heißt «du bist emotional» nichts Anderes als «ich bin mit dir nicht einverstanden, übernimm meine Perspektive, die ist rational und daher intelligent und richtig!» Dabei wird übersehen, dass unser Verstand uns zu allerlei Analysen befähigt, aber ohne Emotionen zu keiner einzigen Entscheidung! Wie gestaltet sich dann verantwortliches Handeln, wenn mich nichts berührt?

006.

Als ich damals mein Diplomarbeitsthema «Gibt es die von Busemann beschriebene Jugendkrise ...?» meinem Betreuer vorstellte, entgegnete er etwas Ähnliches wie: «Aha, wohl auch zur Selbstklärung!» Die **Wachstumsbeschwerden** haben mich immer beschäftigt – aber eher aus der individuellen Perspektive, ich wusste es nicht besser.

Sind Sie schon einmal der Überlegung begegnet, dass Jugendkrisen durch die Diskrepanz zwischen einer selbstbestimmten Entwicklung junger Frauen und dem gesellschaftlichen Anspruch, einem bestimmten Frauenbild zu entsprechen, ausgelöst werden? BROWN/GILLIGAN haben diese Anpassungsleistung der Mädchen beim Übergang von der Kindheit in die Adoleszenz – in den USA – über Jahre untersucht. Sie beschreiben diesen Prozess mit der Trennung vom Ich und nennen ihr Buch: «Die verlorene Stimme. Wendepunkt in der Entwicklung von Mädchen und Frauen». «Während wir den Stimmen der Mädchen zuhörten, vernahmen wir, in welchem Ausmaß die Moral einer männlich-gestimmten Kultur und einer von Männern regierten Gesellschaft bestimmte Schritte rechtfertigt, die sich psychologisch negativ auf Mädchen und Frauen auswirken und zu denen sie in Beziehungen ermuntert werden. Sie setzten den Mädchen nicht nur innere, sondern auch äußere Grenzen und hinderten sie daran, in Beziehungen etwas zu sagen und sich in der Welt frei zu bewegen.»[19]

«Wie auch Judi und Neeti nähert sich Liza mit zwölf Jahren – wenn sie sich zwischen Kindheit und Adoleszenz bewegt und vom Mädchen zu Frau wird – einer massiven Wand von kulturellen Normen und Vorstellungen von Weiblichkeit.»[20] «Indem sie die Sprache der Moral übernehmen, verinnerlichen die Mädchen die

19 BROWN, Lyn / GILLIGAN, Carol, 1997: Die verlorene Stimme. Wendepunkt in der Entwicklung von Mädchen und Frauen. Aus dem Amerikanischen von Dorothea Thieleke und Wolfgang Fuchs, München, S. 29

20 BROWN/GILLIGAN, 1997:225

Dichotomien einer Kultur, die die guten von den schlechten Frauen trennt und zwischen den egoistischen und den selbstlosen Frauen unterscheidet.» Joachim SCHWELIEN hat 1970 über die gesellschaftliche Rolle der Frau in Amerika geschrieben: «In der gesellschaftlichen Kommunikation gilt die Frau in Amerika vom Eintritt in das ehereife Alter im bürgerlichen Mittelstand nur als voll existent, wenn sie als Bestandteil eines Mannes in Erscheinung tritt. ... Für ‹voll› genommen wird sie eben auch in diesem Land nur, wenn sie sich in die Rolle domestizierter Inferiorität einfügt.» «Daher ist diese Frauenrechtsbewegung, mögen ihre Gegner das auch noch so einfältig bestreiten, Bestandteil eines Amerika zunehmend erfassenden Wandels und trotz einiger Auswüchse gesellschaftlich und historisch voll legitimiert.»[21] Und was haben wir erreicht? Welche Amerikanerin erkennt darin noch heute ihre Geschichte? Am liebsten wäre mir keine, aber ich habe Zweifel. Für konservative Kreise war ja schon eine Präsidentschaftsbewerberin eine zu viel!

Die Autorinnen BROWN/GILLIGAN sehen die psychologische Entwicklung von Frauen in den patriarchalen Gesellschaften und Kulturen, also solchen, die von Männerstimmen geprägt sind, Ende der neunziger Jahre als traumatisch an für die jungen Frauen. Sie geraten in eine «Beziehungssackgasse.» «Dann wollen die Mädchen nämlich nicht mehr wissen, was sie wissen, und haben Angst davor, dass ihre Erfahrungen, wenn sie ausgesprochen werden, ihre Beziehung gefährden und lebensbedrohlich werden.» Die in der Kindheit noch vorhandene Authentizität ihrer Beziehungen gerät in Widerspruch zu ihren Beziehungserfahrungen, ihren Enttäuschungen, ihren Konflikten, und es stellen sich ihnen «Fragen nach dem Wert und der Legitimität ihrer Erfahrungen, ihrer Gedanken und ihrer Gefühle». Diese Erlebnisse bauen Widerstand auf. «Infolgedessen wurde der gesunde Widerstand gegen den Stimmen- und Beziehungsverlust, der bei den achtjährigen Mädchen normal und mit elf Jahren heroisch zu sein schien, oft von verschiedenen Formen des psychologischen Widerstands abgelöst; nämlich in dem Moment, als sie nichts mehr sagten und dann auch nichts mehr wussten, als der Prozeß der Loslösung selbst vergessen wurde.» Selbstverwirklichung gerät in einen Widerspruch zur Erlangung gesellschaftlicher Akzeptanz.

Der Verzicht auf eine eigene Identität oder die Diskrepanz zwischen dem Wunsch zu sagen, was sie fühlen und wissen, und dem Wunsch, Beziehungen zu haben, hat aber nicht nur eine individuelle Seite. «Im Laufe dieser Arbeit begannen wir die eigentliche Bedeutung dieser Sackgasse zu verstehen – nicht nur ihre psychologischen Konsequenzen, sondern auch ihr Potential, die politische Macht von Frauen zu schwächen.»

Warum erzähle ich Ihnen die «ollen Kamellen», soll heißen Forschungsergebnisse aus den 90er-Jahren? Aus drei Gründen:

Erstens frage ich mich, wer Sie, liebe Leserinnen, sind? Könnten einige von Ihnen nicht genau zu diesen Kindern gehört haben? Natürlich nicht als Person, aber als Generation?

---

21 SCHWELIEN, Joachim, 1970: Amerikas Frauen rebellieren. Ein moderner Kreuzzug für die Gleichberechtigung. In: DIE ZEIT Nr. 34 vom 1970-08-21, S. 32

Zweitens haben mich diese Ergebnisse bis ins Mark erschüttert und treiben mich heute noch um, als ob sie meine Kindheit widerspiegeln, und das geht auch nie mehr weg.

Drittens frage ich mich bei Studien wie «Das Gefühl der Unzulänglichkeit»[22] immer: «Wo kommt das her?» Und immer fallen mir Bezüge zu BROWN/GILLIGAN ein.

In meinen jungen Jahren war in Deutschland das gängige Bild einer «richtigen Frau» hanebüchen. Ich kann mich jedenfalls gut erinnern, wie eins dieser selbsternannten Alphatiere in einer «gemütlichen Runde» mir entgegenschleuderte: «Wir Männer lieben andere Frauen!». Ich weiß überhaupt nicht warum. Wahrscheinlich hatte ich meine Meinung geäußert – trotz der erlernten Verunsicherung. Danach bin ich verstummt – sicher ganz im Sinne des selbsternannten Alphatiers.

Sie sehen, ich habe ziemlich viele Fragen und hier kommt gleich die nächste: Bin ich nun eine andere Frau geworden, denn einer der Männer, denen ich begegnet bin, wollte nichts lieber, als mit mir zusammenleben? Oder ist mein Mann kein richtiger Mann? Das wäre mir egal, wenn er nur so bleibt, wie er ist. Vielleicht hat das Alphatier damals nur Angst vor mir gehabt oder es hat gedacht, alle Männer haben seine Webfehler? Jeder Mann – seine eigene Norm, jede Frau muss angepasst werden! Vielleicht war ich auch nur der Blitzableiter. Denn im Laufe des Abends traktierte ihn seine Frau mit «du Waschlappen!» Das hat mich zwar gefreut, löst aber das Problem nicht. Ich war so getroffen, dass ich nicht einmal gewagt habe, mit meinem Begleiter darüber zu sprechen. Das war vor mehr als fünfzig Jahren – und ich sehe uns heute noch dort sitzen. Wenn ich also immer wieder frage: «Was tut das mit uns?», ist die Antwort für mich: aus dem überhöflichen Verschweigen holen, analysieren, angemaßte Privilegien enttabuisieren und als Missbrauch einer sowieso nicht vorhandenen Macht benennen und auch mal «rhetorisch rüberlangen» – einfach «auf den Pudding hauen», anstatt dem Verletzungspotenzial Raum zu geben. Es ist aus meiner Sicht selbstverständlich eine Form von sexistischer Gewalt.

007.

Ich glaube, dass die Forschungsergebnisse von BROWN/GILLIGAN auch das **Impostor-Phänomen** erklären. Wissen Sie überhaupt, was ein Impostor-Phänomen ist? Ich kannte lange Zeit zwar das Gefühl, aber nicht den Ausdruck. Ein Impostor ist ein Hochstapler. Viele Frauen leiden unter dem Impostor-Phänomen: Sie sind schön, erfolgreich – und voller Selbstzweifel. «Ich denke: Jeden Moment wird jemand herausfinden, dass ich eine Mogelpackung bin und dass ich nichts von dem verdiene, was ich erreicht habe», sagte die britische Schauspielerin Emma WATSON in einem Interview. Ein Zitat von einer anerkannten Fotografin aus demselben Artikel: «Manchmal habe ich Angst, dass die rausfinden, dass ich

22 MAGNET; Sabine, 2018: Das Gefühl der Unzulänglichkeit. Alle anderen sind besser als ich im Job – das denken viele, obwohl sie gut ausgebildet und erfolgreich sind. Unsere Autorin weiß, wie man das ändert. In: Der Tagesspiegel vom 2018-01-27

nur bluffe.»[23] Dabei war gerade eine ihrer Fotoreportagen in einem renommierten Magazin erschienen, sie hatte Ausstellungen und Auszeichnungen vorzuweisen, in renommierten Publikationen erschienen ihre Arbeiten. Es war eben alles nur totaler Zufall, Glück, dass die Menschen so nett zu ihr waren, es war auch nur eine leichte Aufgabenstellung, eine Verwechslung, die schlechte Performance der Mitbewerber*innen, der Sympathievorschuss von Vorgesetzten, die günstige Sternenkonstellation – eigentlich hatte sie nichts mit den Fotos zu tun, der Erfolg war erschlichen – wehe, wenn die Leute das durchschauen.

Woher kommen diese Selbstzweifel? Warum fühlen sich Frauen immer selber schuld, wenn sie irgendwo scheitern? Gut, das Elternhaus mag eine Rolle spielen, aber das ist auch bloß der Spiegel der Gesellschaft. Wie soll eine junge Frau eine gesunde Selbsteinschätzung finden in einer Gesellschaft, in der die Geringschätzung von Frauen Standard ist. Sie werden sehen: Wohin Sie auch schauen, ob Sprache, Medien, Kunst, Wissenschaft, Medizin, Religion (ganz schlimm!) – Frauen kommen nicht oder nicht ebenbürtig oder in zu geringer Zahl vor und es wird ihnen im günstigsten Fall Schwäche, aber auch gerne Abartigkeit zugeschrieben.

Ich sehe auch, dass sich gerade etwas ändert, aber so unendlich langsam, so bruchstückhaft und isoliert. Warum haben die Politiker und Politikerinnen, die eingesehen haben, dass Männer, Frauen und mögliche andere Geschlechter ebenbürtig sind, nicht die Kraft, Gleichstellung durchzusetzen?

008.

Für Mädchen wie für Jungen ist **Berufswahl** eine Lebensentscheidung – nur hat sie für Mädchen wieder ihre Spezifika. Eine Diskussion darüber, wie viele oder wenige Berufsfelder Jungen wählen, findet nicht statt; die Berufe, die Jungen in großer Zahl wählen, sind nicht viel mehr als die, die Mädchen wählen. Auch Jungen orientieren sich häufig geschlechtstypisch eindimensional, kennen nicht das volle Spektrum der Lebensmöglichkeiten und Berufswahlperspektiven. Nur den jungen Frauen wird aus ihrer «eingeschränkten Berufswahl» ein Vorwurf gemacht. Sie haben dann ihr bescheidenes berufliches Fortkommen und ihren dürftigen Lohn selbst verschuldet, weil sie immer nur die berüchtigten zehn Berufe in schlecht bezahlten Berufsfeldern wählen. Nach ihren Motiven werden sie selten gefragt. Im Bundesinstitut für Berufsbildung wurde schon lange von einigen Wissenschaftlerinnen erkannt, dass die jungen Frauen durchaus ökonomisch vernünftig handeln. Weil sie Schwierigkeiten auf dem Arbeitsmarkt als Frau in einem «Männerberuf» antizipieren, wählen sie einen «frauentypischen» Beruf.

Immer dann, wenn junge Frauen an einem «frauenuntypischen» Beruf interessiert sind, spielt die Antizipation ihrer Geschlechtsrolle in einer überwiegend männlichen Arbeitswelt eine Rolle. Allgemein ist eine Befürchtung, in «Männerberufen» auch stärker sexuell belästigt zu werden: «Die Antizipation dieser Form des ‹Geschlechtermobbings› ist ein ernstzunehmendes Hindernis für die Bereit-

---

23 MAGNET; Sabine, 2018: Das Gefühl der Unzulänglichkeit. Alle anderen sind besser als ich im Job – das denken viele, obwohl sie gut ausgebildet und erfolgreich sind. Unsere Autorin weiß, wie man das ändert. In: Der Tagesspiegel vom 2018-01-27

schaft, untypische Berufswahlen in Betracht zu ziehen.»[24] Dann verwundert es ja auch nicht, wenn Mädchen Mädchen, die einen «Männerberuf» wählen, «besonders viel Durchsetzungsvermögen, Selbstvertrauen oder Mut» zuschreiben.

Anfang der 80er-Jahre gab es eine Studie des Instituts für Arbeitsmarkt- und Berufsforschung der Bundesanstalt für Arbeit in Nürnberg, die zu dem Ergebnis kam, dass die beliebtesten Berufe – bei Jungen und Mädchen – diejenigen seien, in denen die meisten Ausbildungsplätze angeboten werden. Ausbildungsbewerberinnen und -bewerber passten, jedenfalls damals, ihre Wünsche der Wirklichkeit am Ausbildungsstellenmarkt an und wählten Berufe mit längerfristigen Beschäftigungsmöglichkeiten. Außerhalb der am meisten gewünschten Berufe gab es auch kaum freie Ausbildungskapazitäten. Auch wenn junge Frauen heute stärker naturwissenschaftlich-technische Berufe ergreifen, sollten wir sie und uns fragen, wo sind die Hürden?

Aufschlussreich ist eine Studie von Heike SOLGA, Leiterin der WZB-Abteilung «Ausbildung und Arbeitsmarkt» am Wissenschaftszentrum Berlin für Sozialforschung und ihrer Mitarbeiterin Lisa PFAHL. Hier wurden die «Motive von jungen Frauen, sich gegen das Studium eines technischen Studiengangs zu entscheiden», erfragt. Und das Ergebnis: «Selbst junge Frauen mit sehr guten Leistungen in Naturwissenschaft und Technik zögern in Deutschland demnach, einen technischen Beruf zu ergreifen. Denn weil Frauen in den später infrage kommenden Berufen (Ingenieurin, Chemikerin, Physikerin, Architektin) wenig vertreten sind, unterstützen die Eltern ihre Töchter auch nicht, einen Beruf anzusteuern, in dem für Frauen offenbar keine guten Chancen bestehen.»

Welches sind die «deutlich größeren Schwierigkeiten»?

- Sucharbeitslosigkeit
- befristete und zumeist schlechter bezahlte Einstiegsjobs
- Fakten wie: 22 Prozent der Absolvent*innen der Ingenieurwissenschaften sind Frauen, aber nur 11 Prozent der beschäftigten Ingenieure und Ingenieurinnen* – was passiert mit den anderen?
- die Arbeitslosenquote liegt bei Frauen in technischen Berufen über der von Männern wie auch über der von Frauen in «frauentypischen» Berufen (Lehrerin, Ärztin, Sozialpädagogin); die Arbeitslosenquote der Ingenieure beträgt 7,2 Prozent, die der Ingenieurinnen 18,9 Prozent – sie ist also zweieinhalbmal so hoch
- im Berufsfeld Informatik und Ingenieurwissenschaft arbeiten Frauen häufiger unterhalb ihres Qualifikationsniveaus: 45 Prozent der Frauen gegenüber 22 Prozent der Männer.

Für eine «sturmerprobte, wetterfeste, in der Wolle gefärbte Feministin» ist das Perverse daran: Uns Frauen wurde immer die Qualifikation abgesprochen, wenn wir Karriere machen wollten. Heute studieren Frauen in den entsprechenden

24 HOOSE, Daniela / VORHOLT, Dagmar, 1997: Der Einfluß der Eltern auf das Berufswahlverhalten von Mädchen. Ergebnisse einer empirischen Untersuchung. In: Aus Politik und Zeitgeschichte, Beilage zur Wochenzeitung Das Parlament, B 25/97, 1997-06-13, S. 35-44

Studiengängen schneller und schließen mit besseren Zensuren ab ... und es reicht immer noch nicht!

Mein Vorschlag ist demgemäß tiefgreifender: Was unsere Gesellschaft braucht ist «Geschlechterdemokratie als Gesellschaftsmodell», denn ebenso wie die Schule nicht lehren kann, was die Gesellschaft nicht weiß, kann sie auch nicht allein gegen eine halbdemokratische Gesellschaft an erziehen. Unterstützt wird mein Vorschlag von den Erfahrungen anderer Länder: «In Ländern, in denen Frauen bessere Berufschancen haben, seien die Geschlechtsunterschiede in der Wahl naturwissenschaftlicher Fächer als Leistungsfach in der Schule deutlich geringer oder gar nicht mehr vorhanden.» schreibt Anja KÜHNE. [25]

Im Zusammenhang mit einem Gleichstellungsgesetz für die Privatwirtschaft haben wir zur Genüge Absichtserklärungen der Unternehmen in Deutschland gehört und gelesen. Sie reichen nicht aus! Jungen Frauen – und deren Eltern – müssen darauf vertrauen können, dass Frauen in technischen Berufen erwünscht sind und gleiche Karrierechancen wie Männer haben, schreiben die Forscherinnen und schlagen «formalisierte Rekrutierungspolitik, verbindliche Gleichstellungsziele und ein aktives Audit» vor, um Frauen eine faire Chance hinsichtlich Arbeitsplatzsicherheit und Aufstiegsmöglichkeiten zu geben.

Bleibt noch nachzutragen, dass das Berufswahlverhalten von Mädchen elastischer auf die wirtschaftliche Situation im Elternhaus – also z. B. in Krisenzeiten – reagiert. «Gut ein Drittel der deutschen Abiturientinnen sieht sich vor finanziellen Schwierigkeiten in Studium oder Ausbildung. 34 Prozent der Frauen gaben bei einer Befragung durch das Hochschul-Informations-System (HIS) an, dass die Geldfrage bei der Planung ihres Werdegangs ein Problem darstelle. Bei den Männern sind es nur 26 Prozent. Bundesweit 29.000 Schülerinnen und Schüler hat HIS 2008 ein halbes Jahr vor dem Abitur befragt.»[26] Und die Vorstellung, junge Frauen seien an einem/ihrem Beruf nicht interessiert, weil sie ja auf der Suche nach «dem Richtigen» sind, gehört ohne weitere Betrachtung in die Mottenkiste! Ich zitiere aus einer anderen Untersuchung: «In einer repräsentativen Umfrage des Meinungsforschungsinstituts Forsa aus Berlin gaben 53 Prozent der Frauen an, der Job sei ihnen mindestens genauso wichtig wie ihre Partnerschaft. Und 30 Prozent der Frauen fänden einen Jobverlust schlimmer als das Ende einer Beziehung.»[27] Ob das heutzutage anders ist? Auch wenn meine Zahlen nicht vor Aktualität strotzen – sie sind als Beispiele für die vielen Hürden von Frauen auf dem Weg in den Arbeitsmarkt erhellend.

Heike SOLGA, Direktorin für «Ausbildung und Arbeitsmarkt» am Wissenschaftszentrum für Sozialforschung Berlin, wäre vielleicht Ingenieurin geworden, wenn sie nicht schon früh eine Spezialschule für Mathematik besucht und gelernt hätte, «was es heißt, eine der wenigen Frauen in einer Umgebung zu sein, wo die Jungen in Physik für die Clevereren und die Mädchen in Geschichte und

25 KÜHNE, Anja, 2009a: Schädliche Stereotype. Pisa zu Leistungen von Jungen und Mädchen. In: Der Tagesspiegel vom 2009-05-27

26 -ry [BURCHARD, Amory], 2009: Weniger Frauen wollen studieren. In: Der Tagesspiegel vom 2009-04-27

27 dpa, 2009

Deutsch für die Fleißigeren gehalten werden».[28] Mädchen als Minorität in einer ansonsten jungenorientierten Umgebung lernen also erstens in der «Einsamkeit ihres Geschlechts», also ganz klar in der Gewissheit der Isolierung, und zweitens ohne die den Jungen zuteilwerdende Anerkennung – unter dem Motto: In jedem Jungen steckt ein Genie, es muss nur geweckt werden! Sich um die Mädchen zu bemühen, lohnt sich nicht.

Hinzu kommen die Probleme auf dem Arbeitsmarkt: Zwar waren damals nur zehn Prozent der Absolventen und Absolventinnen der Ingenieurwissenschaften weiblich, aber: Nur jeder Zehnte sozialversicherungspflichtig beschäftigte Ingenieur ist weiblich.» Heute ist vieles anders, auch der Fachkräftemangel richtet es. Erst, wenn eine neue Generation von Manager*innen in den Betrieben angekommen ist, geht es in der Wirtschaft um die viel beschworene Leistungsfähigkeit und Leistungsbereitschaft, denn «Frauen machen häufig bessere (und schnellere) Abschlüsse als ihre männlichen Kommilitonen in den ‹männlichen› Ingenieur- sowie Naturwissenschaften» und finden dennoch keinen interessanten Job. Aber nicht nur in den Führungsetagen sind Frauen unerwünscht, auch auf Professuren an deutschen Hochschulen sind nur sehr wenige Frauen aufzustöbern. Also warum: «... sollen Frauen Technikberufe ergreifen, wenn sie sich damit in ein männliches Territorium begeben, wo ihre Kompetenzen nicht wahrgenommen und anerkannt werden und wo sie, trotz gleicher Qualifikation, schlechtere Berufs- und Karrierechancen haben?»... dafür aber, lässt sich hinzufügen, «ihr Risiko, arbeitslos zu sein, mehr als doppelt so hoch wie das ihrer männlichen Berufskollegen.» Aber auch da ändert sich etwas – nur viel zu langsam.

Wenn Sie mich jetzt fragen, wieso ich mehrfach Forschungsergebnisse aus den 90er-Jahren zitiere, lautet die Antwort: Ich habe nie wieder Gleichwertiges gefunden. Diese Studien sind meine «ollen Griechen» – es lohnt sich immer, darauf zurückzukommen, vor allem aber, sie immer im Kopf zu behalten. Sie erklären so vieles, wofür ich sonst keine Antworten gefunden habe. Was soll ich mir sonst bei dem eminent wichtigen Halbsatz denken: «Wie Rollenbilder Leistungen beeinflussen». Die Bedeutung dieses Satzes können Sie gar nicht überschätzen! Am besten Sie nageln ihn sich über den Schreibtisch! Oder welchen Zusammenhang stelle ich bei der Überschrift: «Mädchen sind weniger zufrieden» her?

Ein Blick auf das Elternhaus: Mütter sind bei der Berufswahl wichtiger als Väter. Väter überschätzen hier ihre Bedeutung: 80 Prozent halten sich in dieser Frage für wichtig oder sehr wichtig, aber nur 57 Prozent der Mädchen urteilen so über die Bedeutung ihrer Väter bei der Berufswahl. HOOSE/VORHOLT isolieren als rationale Kriterien: Beruf soll Spaß machen, krisensicher sein, Aufstiegschancen und hohes Einkommen garantieren. Die Entscheidung orientiert sich aber keineswegs daran. «Eltern nehmen an ihren Töchtern vor allem soziale und kommunikative Fähigkeiten wahr, und diese Eigenschaften halten sie auch in besonderem Maße für beruflich verwertbar. Sachbezogene Kompetenzen wie Fremdsprachenkenntnisse und handwerkliches Geschick werden sehr viel seltener gesehen und tech-

28 SOLGA, Heike, 2009: Das falsche Geschlecht. Warum ich nicht Ingenieurin geworden bin – obwohl ich fast alle Voraussetzungen erfüllte. In: DIE ZEIT Nr. 37 vom 2009-09-03

nisch-naturwissenschaftlich-mathematische Fähigkeiten kaum noch zuerkannt. Und selbst wenn sie solche Fähigkeiten an ihren Töchtern wahrnehmen, halten sie sie nur in sehr geringem Umfang für beruflich verwertbar.» Ich erinnere mich aus der Lektüre an ein Beispiel: Selbst bei einem «Ausreichend» in Deutsch halten Eltern ihre Töchter noch für einen kommunikativen Beruf für geeignet. Bei einem «Gut» in einem naturwissenschaftlichen Fach, halten sie ihre Tochter aber noch nicht für tauglich für einen technischen Beruf – da sollte es ein «Sehr gut» sein. «Die Tatsache, daß bei der Beurteilung «frauentypischer» Berufe kein Rückgriff auf die Kompetenzen der Tochter erfolgt, lässt darauf schließen, daß die Eignung der Tochter für ‹frauentypische› Berufe per se vorausgesetzt wird.»

Und hier wirkt das Bild, das die Gesellschaft gemeinhin von Frauen hat: «Je weniger eine Kompetenz dem Geschlechterrollen-Stereotyp entspricht, desto mehr gute Leistungen sind erforderlich, damit einem Mädchen diese Kompetenz auch zugestanden wird.» Es besteht – leider – ein enger Zusammenhang zwischen den Einschätzungen der Eltern und denen der Mädchen: «Für den Berufswahlprozeß der Mädchen bedeutet das, daß sie sich mit großer Wahrscheinlichkeit in Übereinstimmung mit ihren Eltern befinden werden, wenn sie sich die Eignung für einen Beruf zuerkennen, der geschlechtstypische Fähigkeiten wie z. B. Hilfsbereitschaft verlangt. Umgekehrt werden sie sehr viel seltener Zustimmung bei ihren Eltern finden, wenn sie davon ausgehen, für einen Beruf geeignet zu sein, der technisches Verständnis voraussetzt.»[29] Bei einem «frauentypischen» Beruf können sie – außer von der Familie – auch Akzeptanz bei Arbeitgeber*innen, Kund*innen und vom Freundeskreis erwarten und müssen nicht ihre ungewöhnliche Berufswahl ständig rechtfertigen und schließlich beweisen, dass es die richtige Entscheidung war. Sie geraten also unter einen viel stärkeren Druck als Jungen, und das in einem Lebensabschnitt mit schwankendem Selbstwertgefühl, der wenig bis nichts an Sicherheit bietet, die Handlungs- und Entscheidungsspielräume junger Frauen stark begrenzt, dafür aber ein trügerisches Ideal für sie bereithält. «... zu Einordnung und Anpassung angehalten, begreifen sie bald, daß die Prinzessin im Märchen für ihren Hochmut bestraft wird, wogegen durchsetzungsfähige Jungen sich Anerkennung und Respekt verschaffen.»[30]

«Der Einfluß der Eltern auf die Einstellungen der Töchter ist besonders stark bei den 13- bis 15-jährigen, das heißt in dem Zeitabschnitt, in dem sich viele Mädchen mit Fragen der Berufs- und Lebensplanung auseinandersetzen müssen.»[31] Das Problem dabei ist, dass die jungen Frauen vor allem als männlich konnotierte Berufe auf der Folie ihrer Kompetenzen prüfen, und das in einem Alter, in dem ihnen die Erwartungen der Gesellschaft schon in Fleisch und Blut übergegangen sind. «So wird letztlich die Berufswahl nicht von rationalen Kriterien wie Eignung, Neigung und Chancenstrukturen bestimmt, sondern mehr davon, was als passend

---

29 Die Untersuchung wurde in Hamburg durchgeführt und dürfte für die neuen Bundesländer nicht zutreffen.

30 KLEIST, Bettina von, 1994: Die Prinzessin wird für Hochmut bestraft. Konkurrenz unter Frauen läuft oft versteckt ab. Der Tagesspiegel vom 1994-01-21

31 HOOSE/VORHOLT, 1997

für Mädchen angenommen wird.»[32] Das reduziert auch die Furcht vor Misserfolg, die bei einer konfliktiven Entscheidung naturgemäß riesig ist, weil die Umgebung das Scheitern ja für programmiert hält. Hier brauchen die jungen Frauen also eigentlich am nötigsten Unterstützung – aus der Fernstudienforschung wissen wir, dass «Support» von Angehörigen, aus der Kollegenschaft, dem Freundeskreis oder Lehrer*innen der Schlüssel zum Erfolg ist. Unterstützung ist ein gemeinsames Charakteristikum erfolgreicher Lernkarrieren.

009.

Folgen wir HOOSE/VORHOLT, so ist der Einfluss der Eltern auch in einem anderen Bereich überraschend intensiv. Junge Frauen antizipieren bei ihrer Berufswahl die **Vereinbarkeitsproblematik** und unterscheiden klar zwischen verbaler und erlebter Arbeitsteilung in der Familie. «Die Berufs- und Lebensplanung der Mädchen wird nachhaltig durch die Einstellung der Eltern und das von ihnen praktizierte Arbeitsteilungsmodell beeinflußt. Hier zeigt sich also ein deutlicher Einfluß, und dieses Einflusses sind sich Eltern nicht bewußt.» Es gibt darüber hinaus vielfältige Hinweise, dass Eltern weder den Zusammenhang zwischen Berufswahl und Lebensplanung noch ihren eigenen Einfluss in diesem Geschehen erkennen. Eine traditionelle Arbeitsteilung in der Familie überlagert sogar ein progressiveres Geschlechtsrollenverständnis bei jungen Frauen. «Der Glaube an die Umsetzbarkeit dieser Vorstellungen scheitert nach unseren Ergebnissen vor allem an der Tatsache, daß Väter und Brüder sich der gleichberechtigten Teilung der Alltagsarbeit verweigern.» … «Mädchen aus Familien mit traditioneller Arbeitsteilung setzen nicht auf die Bereitschaft ihres künftigen Partners zu einer gleichberechtigten Arbeitsteilung und sind stärker als andere bereit, für die Zukunft Doppel- und Dreifachbelastungen zu akzeptieren.»

Und in der Tat: Was sollte uns hoffen lassen? «Als Beleg für die geschlechtsspezifische Aufteilung von individueller Freiheit und sozialer Verantwortung sei hier der Human Development Report der United Nations Development Programm (UNDP) aus dem Jahre 1995 zitiert. UNDP hat den Forderungen der internationalen Frauenbewegung Rechnung getragen und bemüht sich seit einigen Jahren verstärkt darum, den Anteil von Frauen an der menschlichen Entwicklung sichtbar zu machen. Zu diesem Zweck wird unbezahlte, nicht marktvermittelte Arbeit in Haushalt und Gemeinschaft, die in der volkswirtschaftlichen Gesamtrechnung nicht berücksichtigt wird, statistisch erfaßt. Das Ergebnis ist eindeutig: In den Industriestaaten macht die unbezahlte Familien-, Haus- und Gemeinschaftsarbeit im Durchschnitt 51 Prozent aus. Zwei Drittel dieser Arbeit leisten Frauen. Demgegenüber werden zwei Drittel aller bezahlten Arbeit von Männern geleistet.» [33] Wie gefällt Ihnen dafür der Ausdruck: «organisierte Unverantwortlichkeit»?

32 Hoose/Vorholt, 1997

33 KNAUP, Bettina, 1997: Wessen Freiheit und wessen Gemeinsinn? Vertragen sich Kommunitarismus, Liberalismus und Geschlechterdemokratie? In: CHATZIMARKAKIS, Georgios/HINTE, Holger (Hrsg.), 1997: Freiheit und Gemeinsinn. Vertragen sich Liberalismus und Kommunitarismus?

010.

Aber wir können auch bei den Eltern anfangen, die den **Töchtern gerne ihre Bedenken ins Gewissen schreiben.** Eltern denken/reden über ihre Kinder oder mit ihnen wie in folgender Tabelle ausgeführt:

Situation	**Botschaft an Mädchen**	**Botschaft an Jungen**
Ungeborenes bewegt sich	Weniger lebhaft Mütter reden mit ihnen häufiger	Kräftig, energisch
Geburtsanzeigen	Stolz	Glück
Am Klettergerüst	»Pass auf, das ist zu gefährlich!«	»Super, du schaffst das!«

«Eltern trauen Jungs wesentlich mehr zu als Mädchen, auch wenn sie gleich stark sind und gleich groß. Während Mädchen vor der potenziellen Gefahr gewarnt werden, wird den Jungen Mut zugesprochen, verbunden mit Tipps, wie sie es nach oben schaffen.»[34]

«… als man Mütter von elf Monate alten Kindern bat, einzuschätzen, wie gut es ihrem Kind gelingen würde, eine Rampe entlangzukrabbeln, wurden die Jungen systematisch über- und die Mädchen unterschätzt. Kinder ziehen Schlüsse aus dem Verhalten der Eltern: Du hältst mich fest, wenn ich die Rampe entlangkrabbele? Dann kann ich das nicht allein.»[35]

Die Prägungen sind lange wirksam, auch bei Frauen wie mir, die für «mehr Frauen in technischen Berufen» gekämpft haben. Daran hat mich just ein kleines Erlebnis erinnert: Ein Montagewagen fährt vor; eine Frau steigt aus und ich muss überrascht feststellen, damit hatte ich gerade nicht gerechnet!

Oder ... kürzlich stehe ich vor einem Supermarkt und eine zierliche Frau und ein größerer, kompakter Mann kommen in Dienstkleidung aus dem Geschäft. Sie gehen auf den Kleinlaster des Lieferservice zu – und ich bin erstaunt, dass sich die Frau hinter das Lenkrad setzt.

Ich hoffe, es handelt sich dabei um ein Generationenproblem und junge Frauen kennen solche schwachsinnigen Reflexe nicht mehr!

---

34 SMECHOWSKI, Emilia, 2016: Rosa ist scheiße. «Meine Güte, denken Sie jetzt, was bitte ist so schlimm an Rosa? Es ist die Farbe der Puppen und Prinzessinnen, der Bürsten und Kochlöffel. Es ist eine Rollenerwartung»
HASEL, Verena Friederike, 2016a: Rosa und hellblau. Bei Produkten für Kinder regieren die Geschlechterklischees. Sogar die Wasserindustrie spielt mit. In: DIE ZEIT Nr. 32 vom 2016-07-28 http://www.zeit.de/2016/32/spielzeug-gender-marketing-jungen-maedchen/komplettansicht

35 HASEL, Verena Friederike, 2016b: In der Farbfalle. Starker Ritter hier, Glitzerprinzessin da – Produkte für Kinder zeigen heute wieder ziemlich simple Rollenbilder. Das beschränkt Jungs und Mädels in ihren Möglichkeiten. In: Der Tagesspiegel vom 2016-08-21 (Print-Version) Online-Version: http://www.tagesspiegel.de/weltspiegel/sonntag/gendermarketing-fuer-kinder-die-socken-fuer-jungen-oder-fuer-maedchen-fuer-fuesse/14430944.html

011.

Es war auf einer Weltfernunterrichtskonferenz in Australien. Drei Frauen – **eine Engländerin, eine Australierin und eine Kanadierin** – fragten mich, ob ich abends mit ihnen Essen gehen wollte. Wir sind dann zu viert ausgegangen. Wunderbares Restaurant, schönes Essen, tolle Frauen. Ob Sie es glauben oder nicht – ich habe es so genossen, weil ich vorher geglaubt habe: Ausgehen ohne Männer ist nichts. Das war das Erbe meiner Erstfamilie, in der die «ständige Anwesenheit einer Abwesenheit», nämlich die meines ermordeten Vaters, und das Gefühl der Unvollständigkeit meiner Mutter mir vorgespiegelt hat, dass es ohne Männer nicht geht. Nun war ich unendlich glücklich über diesen Abend mit den drei Frauen!

03 Der Skandal alltäglicher Frauenverachtung[36]: Diskriminierungen, Geschlechterblindheiten und männliche Bedeutsamkeit

«Die Definition von Weiblichkeit kreist in unserer Gesellschaft um Benachteiligung, um Abhängigkeit und sexuelle Ausbeutung, um Fremdbestimmung und um Minderwertigkeit.»[37] Aber da tut sich gerade was! «Eins stand schon vor der Preisverleihung der Berlinale-Bären fest: Dieser Festivaljahrgang hat das Spektrum der Frauenbilder definitiv erweitert.»[38] Wir sind im Jahr 2018 – es sind gerade aufregende Zeiten in Bezug auf die Erstarkung der Frauen, aber ich fange mal mit meinem Erleben und meinen Beobachtungen an. Ich habe lange gesammelt.

In den 50er-Jahren groß geworden, war bei mir das Bild von der defizitären Frau tief eingewurzelt. Ich fühlte mich mickrig und ausgeliefert. Meine schöne kindliche Vorstellung vom Frausein lag spätestens nach der folgenden Episode irreparabel in Trümmern. Familienspaziergang: Wie auch immer es dazu kam, teilte ich meinem als wohlwollend eingeschätzten Publikum mit, wie ich mir später einen ganz tollen Mann aussuchen würde. Ich war wohl in der Prinzenphase. Zynisches Gelächter von meiner Mutter und meiner älteren Schwester. Sie klärten mich auf, dass nicht ich den Mann aussuchen könne, sondern, dass ich – im günstigsten Fall – von einem Mann ausgesucht würde! Mist! Passivität und Wartenmüssen war irgendwie nie mein Ding! Als der ersehnte Prinz nicht kam und ich schon 22 Jahre alt war, wollte meine Mutter mir einen backen. Ich weiß nicht, wen sie gerne als Schwiegersohn gehabt hätte. Aber noch gerade rechtzeitig vor dem trockenen und krümeligen aus dem Backofen traf ich meinen Traummann.

Nun könnte ja alles gut sein, werden und bleiben – aber da sind ja noch die vielen anderen. Manchmal koche ich vor Wut über die in unserer Gesellschaft immer noch gängigen unverdienten Herabsetzungen von Frauen und unverdienten Privilegierungen von Männern. Mit Julia ONKENS Worten ausgedrückt: «Da springt zweifellos meine Grundempörung an, einst – aufgrund meines Geschlechts – übersehen worden zu sein. Mag sein, dass ich gelegentlich übers Ziel hinausschieße. Wenn ich mir aber vorstelle, wie viele Frauen darauf verzichten, auf Entwertung mit Empörung und Wut zu reagieren, dann übernehme ich da stellvertretend eine offene Rechnung und gleiche dadurch etwas aus.» Hier kommt meine Auswahl:

---

36 Die Formulierung stammt aus einem Vortrag von Prof. Dr. Christina THÜRMER-ROHR an der Humboldt Universität zu Berlin am 2003-07-04

37 ONKEN, Julia, 2000: Herrin im eigenen Haus. Weshalb Frauen ihr Selbstbewusstsein verlieren und wie sie es zurückgewinnen, München

38 PEITZ, Christiane, 2018: Wir retten uns selbst. Eins stand schon vor der Preisverleihung der Berlinale-Bären fest: Dieser Festivaljahrgang hat das Spektrum der Frauenbilder definitiv erweitert. In: Der Tagesspiegel vom 2018-02-24 (Printversion)

012.

Es ist lange her, aber unvergessen: Man/frau möchte die folgende dpa-Meldung aus dem Tagesspiegel vom 2009-02-16 ja nicht glauben: «**Bundesvision Song Contest 2009**»! Der Radio-Moderator des Senders BigFM, Hans BLOMBERG, stellt bei der Punktevergabe fest, die schönsten beiden Punkte seien bei ihm geblieben und grapschte seiner Co-Moderatorin Susanka BERSIN an selbige – gemeint war ihr Busen. Muss frau erstmal drauf kommen. Sie fand schnell passende Worte – oder vielmehr eins: Vollidiot – und unterstrich ihre Meinung mit einer Ohrfeige! Die Frau hat Überzeugungskraft! Ein Mann verletzt die körperliche Integrität einer Frau mit Worten und Taten – oder finden Sie «Punkte» eine angemessene Beschreibung für eine weibliche Brust – welchen Umfangs auch immer? Dass Grapschen ein ekeliger Übergriff ist, müsste sich auch in den letzten Winkel herumgesprochen haben, das kommentiere ich gar nicht weiter.

Besagter Vollidiot wurde leider nicht gefeuert, er hatte sich nur live im Radio zu entschuldigen. Der Typ muss skandalgeil sein. Er beließ es nicht bei dieser einen groben Unverschämtheit. Er wird mit den Worten zitiert: «Der eigentliche Skandal war ja ihre Ohrfeige, nicht mein Busengrapscher.» Ja, hat der denn noch alle? Verzweifeln manche Männer nie am eigenen Ungenügen? Frauen, die sich vor gar nichts ekeln, könnten ja mal auf offener Bühne so in die Richtung – na, Sie wissen schon – greifen; ob er das dann für ein willkommenes Zeichen der Anerkennung hielte? Für Begehrtwerden? Würde er sich geehrt fühlen? Mir graut immer vor primitiven Männern. Deshalb hat Anita GABLER aus Esch in ihrem Leserinnenbrief an DIE ZEIT (Nr. 37 vom 2009-09-07) Recht mit ihrem Satz: «Um als Frau erhobenen Hauptes durchs Leben zu gehen, bedarf es immer einer Portion Zorn.» Und wir müssen ständig auf der Hut sein, vor unangenehmen Überraschungen sind wir nie sicher! Selbstbewusstsein und Schlagfertigkeit helfen!

013.

2018/2019 feiern wir einhundert Jahre Frauenwahlrecht. Aber gewiss! Nur: Was hat es den Frauen damals für den Alltag gebracht? Ohne die Reform des Ehe- und Familienrechts, die erst 1977 kam, war das Leben der Frauen noch lange Zeit nicht zum Positiven verändert. Unter gar keinen Umständen schätze ich das gewonnene Wahlrecht gering, aber wenn die Frauen aus der Wahlkabine kamen, konnten ihre Ehemänner immer noch ihren Arbeitsvertrag kündigen, hatten die Frauen – und nur sie – Haushaltspflichten, hatten sie einen männlichen Haushaltsvorstand, führten sie ein kontrolliertes Leben in Abhängigkeit unter der Fuchtel des Paragraphen 218. «… die Stuttgarter Ärztin Else KIENLE schrieb 1931 verzweifelt: ‹Was nützte ihr [der Frau] das Stimmrecht, wenn sie trotzdem eine willenlose Gebärmaschine bleiben sollte.›»[39] Alle anderen politischen Forderungen – außer dem Stimmrecht – blieben weiter unerfüllt. Was für ein **unzivilisiertes Land**! Sind sich Frauen ihrer Geschichte bewusst?

---

39 OTT, Ursula, 2018: Macht was draus, Ladys! Seit 100 Jahren sitzen Frauen im Parlament. Ernüchternd: Keines der Themen, für die sie damals gekämpft haben, hat sich 2018 wirklich erledigt. In: chrismon 11. 2018

Internationale Expertinnen stellen einen Zusammenhang zwischen deutscher Außenpolitik und den §§218 und 219 Strafgesetzbuch (StGB) her. Sie prangern die fehlende Gleichberechtigung der Geschlechter an und sehen darin keine günstige Voraussetzung für mehr Verantwortung Deutschlands für Frieden und Menschenrechte. Denn einerseits führt mangelnde Gleichberechtigung der Geschlechter zur Unterrepräsentanz von Frauen in entsprechenden Institutionen und andererseits ist Deutschland durch die §§ 218 und 219 StGB und damit die Bevormundung von Frauen durch patriarchalen Machtmissbrauch[40] ein ziemlich schlechtes Vorbild.

014.

Aber, wozu in die Vergangenheit schweifen? Wenn Sie heute behauptet hätten, es gäbe in Deutschland eine angesehene(?) Einrichtung, die Frauen explizit ausschließt, ich hätte es für einen bösen Scherz gehalten. Sie können sich gar nicht vorstellen, wie groß die Bauklötze waren, die ich gestaunt habe, als ich vom **Bremer Eiswettfest 2019** gelesen habe.

Der Bremer Regierungschef, Carsten SIELING, war verhindert, weil er an der Trauerfeier für Danzigs Bürgermeister Pawel ADAMOWICZ teilnahm. Also hätte – protokollgemäß – seine Stellvertreterin, Karoline LINNERT, die Hansestadt repräsentieren müssen. «Doch sie erhielt keine Einladung – weil sie eine Frau ist und traditionell nur Männer eingeladen werden.»[41] Da ist es nur ein kleiner Trost, dass der Bremer Innensenator Ulrich MÄURER aus Protest auch nicht teilnahm. Aber immerhin ein Mensch, der unsere Verfassung kennt, achtet und sich folglich entsprechend verhält! «Männer und Frauen sind gleichberechtigt!»

Kaum habe ich den Schreck überwunden, entdecke ich ein neues, für mich bis dahin ebenfalls nicht vorstellbares Beispiel männlicher Überheblichkeit: der «Memminger Fischertag»! Wer erlaubt den Fischern das Fischen und wer verbietet es den Frauen mitzumachen? «In der Vereinssatzung heißt es, dass die Gruppe der Stadtbachfischer, die allein das Recht hat, am Fischertag den Stadtbach auszufischen und die Königswürde zu erlangen, ‹nur männliche Mitglieder des Vereins› aufnimmt, die ihren ersten Wohnsitz seit mindestens fünf Jahren in Memmingen haben.»[42] Eine Memmingerin will in die Untergruppe der Stadtbachfischer aufgenommen werden und sie ist Vereinsmitglied; sie und ihre Rechtsanwältin fordern eine Änderung der Satzung, denn: Art 3 GG (Ausschluss allein wegen des Geschlechts) gilt natürlich auch für den Fischertagsverein – «gemeinnützig» und «staatlich gefördert». «Die Satzung des Fischertagsvereins verweist dagegen auf

40 BERNARDING, Nina / LUNZ, Kristina, 2019: Patriarchales Säbelrasseln. Ohne Gleichberechtigung kein Frieden. Eine feministische Außenpolitik ist notwendig. In: Der Tagesspiegel vom 2019-03-07

41 REICHELT, Patrick, 2019: Frauen nicht erwünscht. Weil der Bremer Bürgermeister nicht da war, sollte seine Stellvertreterin bei einer Spendenveranstaltung einspringen. Aber sie wurde nicht eingeladen. In: Der Tagesspiegel vom 2019-01-21

42 FISCHER, Allegra, 2019: Können Frauen Fische fangen? In Memmingen gibt es Streit um den jährlichen Forellenfang. Nur Männer dürfen mitmachen. Eine Einwohnerin will nun mitfischen. Doch der Verein sperrt sich. In: Der Tagesspiegel vom 2019-02-16

die ausschließlich männliche Tradition» – damit entfällt für den Fischertagsverein zweifelsfrei die Gemeinnützigkeit im Sinne der Abgabenordnung. Die Satzung des Fischertagsvereins soll aus dem Mittelalter stammen. Ich rege an, weitere Traditionen aus dem Mittelalter in Memmingen wieder einzuführen: So'n bisschen Inquisition wäre nicht schlecht, dann könnte man(n) die Hexe verbrennen.

015.

Wenn es noch frühmorgens ist, und Ihnen heute noch nicht Ihre Zweitrangigkeit als Frau bedeutet wurde, gehen Sie doch einfach zum Bäcker und schauen Sie sich die verführerische «**Herrentorte**» an oder besuchen Sie den Supermarkt, da können Sie sich heimlich die exquisite «Herrenkonfitüre» zum Frühstück mitnehmen. Mittags schauen Sie sich die Speisekarte vom nächstgelegenen Gasthof an. Hier finden Sie das «Herren-Steak» – das größte, schönste, zarteste und teuersten Stück Fleisch, das das Restaurant zu bieten hat. Und zum Espresso hinterher können Sie ja dann noch von der wunderbaren «Herrenschokolade» oder den «Herren-Trüffeln» aus dem Supermarkt kosten. Mädels, merkt Euch: So gute Sachen seid Ihr nicht wert. Dank KOHLENBERG/UCHATIUS weiß ich nun auch, warum die edlen, bitteren Sachen so gut für Männer geeignet sind: Es ist der soziale Status, der damit zur Schau gestellt werden kann. «Der Schokoladenmarkt ist heute so gespalten wie der Rest der Gesellschaft, und manche Marken, manche Sorten liefern neben dem Zucker inzwischen etwas, das noch viel süßer schmeckt: Sozialprestige.»[43]

Bloß gut, dass wir an der Kasse keinen Personalausweis vorlegen müssen. So können wir mit unseren sattsam bekannten weiblichen Tricks die richtig guten Sachen bei der Kassiererin harmlosen Blicks bezahlen und gleich danach hineinbeißen. Die sind ja zu sehr hinter unserem Geld her, als dass sie uns die «Herrenschokolade» wieder wegnähmen. Also merken: Wenn es wie Qualität aussehen soll: «Herren…» draufschreiben! Und wenn der Kauf Schwierigkeiten bereitet, einfach sagen: Ist ja für meinen Mann oder meinen Vater oder meinen Freund – es gibt ja so viele!

016.

Werfen Sie mal einen Blick in die Berliner Humboldt Universität: **Werbung für den Mann** – auf Schritt und Tritt! Die repräsentativsten offenen Räume sind übervoll von fein gerahmten Männerporträts: Nobelpreisträger, Präsidenten – mit Schmiss und ohne Schmiss, mit Bart und ohne Bart, in vollem Haar, mit Haarkranz oder Glatze. Eine Pracht ist das im ersten Stock! Eine veritable «Hall of Fame» der alten deutschen Wissenschaftselite. Sind sie – vor allem die mit Schmiss – noch geltende Vorbilder oder ist das hier ein Museum? Wenn Sie links abbiegen, öffnet sich der Flur nochmals zu einem kleinen Foyer – Männer über Männer! Wenn Sie

---

43 KOHLENBERG, Kerstin / UCHATIUS, Wolfgang, 2007: Von oben geht's nach oben. Man zieht in gute Viertel, schickt die Kinder auf Privatschulen, achtet auf Stil und Manieren: Das Bürgertum grenzt sich ab – und erschwert Menschen aus den unteren Schichten den Aufstieg. In: DIE ZEIT Nr. 35 vom 2007-08-23, Dossier

rechts abbiegen – ein normaler Durchgangsflur. Hier hängen sie, gut geschützt vor allzu begehrlichen Blicken, sieben Frauen – eigentlich nicht der Rede wert, aber ich finde, wir sollten auch sie nicht vergessen:

- Privatdozentin Dr. phil. habil. Hedwig Hinze (1884–1942)
- Prof. Dr. habil. Charlotte Leubuscher (1888–1961)
- Prof. Dr. phil. Dr. h. c. Lise Meitner (1878–1968)
- Liselotte Herrmann (1909–1938)
- Prof. Dr. phil. habil. Dr. theol. h. c. Liselotte Richter (1906–1968)
- Prof. Dr. phil Dr. med. h. c. Paula Hertwig (1889–1983)
- Dr. phil. Dr. med. h. c. Alice Salomon (1872–1948).

Überall und jederzeit erinnern Männer an «große» Männer – durch Statuen, Büsten, Porträts, Straßennamen etc. Sie halten sie für historisch notwendig und legitim. Wichtigtuerei und Selbstüberschätzung verstellen das Selbstbild bis «mann» der eigenen Inszenierung glaubt und sich selbst – am besten schon zu Lebzeiten – ein Denkmal setzt.

Auch das amtliche Buchstabier-Alphabet – Sie wissen schon: Anton, Berta, Cäsar – macht Werbung für den Mann. Für 15 Buchstaben wurden Männernamen und für einen eine männliche Berufsbezeichnung festgelegt (61,5 %), für 6 Buchstaben werden Frauennamen verwendet (23,1 %) und für 4 Buchstaben sind neutrale Ausdrücke gebräuchlich (15,4%).

Als ich das entdeckt habe, kannte von den 6 Frauennamen mein Computer-Rechtschreibprogramm 3 nicht, von den 15 Männernamen nur einen! ... und bevor ich es ihm richtig beigebracht habe, kannte mein Computer – oder sein Rechtschreibprogramm – auch das Wort «Gender» nicht. Er schlug alternativ vor: «Gänder». Was, Sie kennen das Wort nicht? Ich auch nicht! Im Internet fand ich dann einen Hinweis auf «Hausierer». Eine aktuelle Episode ist: In meiner Herzsportgruppe hat ein Mann offenbar meine Website angesehen – warum auch immer. Ich hatte keine Reklame gemacht. So kam es, dass er mich fragte, ob ich in der Genforschung arbeite. Na, zur Genderforschung fehlt aber noch ein Stück!

017.

Ein ergiebiges Beobachtungsfeld ist die U-Bahn. Am besten, Sie fahren gleich mal los – ich sage Ihnen: Geplant ist besser als kalt erwischt! Und hier sind wir Frauen in unserer Beurteilung männlichen Verhaltens nicht ganz alleine. Rudi RHODE, Sozialpädagoge, Verhaltenstrainer, Schauspieler, nennt die raumgreifende Sitzhaltung von Männern mit weit gespreizten Beinen die Inszenierung «fossiler Männlichkeit»: «Das für Primaten typische Peniszeigen als Macht- oder **Potenzdemonstration.**»[44]

Ein ermunterndes Beispiel muss ich aus eigener U-Bahn-Erfahrung erzählen. Ein älterer Mann steigt in die gut besetzte Bahn und setzt sich neben einen jungen Mann, der in Primatenhaltung dasitzt. Dann höre ich den wunderbaren Satz:

---

44 ETZOLD. Sabine, 2006: Training mit Rudi dem Rüpel. Ein Schauspieler zeigt Sonderschullehrern, wie man Konflikte mit Hilfe von Körpersprache entschärfen kann. In: DIE ZEIT Nr. 5, vom 2006-01-26

«Kannste mal die Beine zusammenmachen oder haste dicke Eier?» Manchmal fühlen sich wohl auch Männer vom Territorialverhalten etc. ihrer Geschlechtsgenossen gestört!

Meine Beobachtung ist: Viele Männer nehmen rücksichtslos ihnen nicht zustehenden Raum in Anspruch, sie dringen hemmungslos in die Sphäre Anderer ein – ihr Territorialverhalten ist urzeitlich! Sitzt eine Frau im Flugzeug neben einem fremden Mann, tut sie gut daran, auf die Armlehne gleich ganz zu verzichten – vor allem, wenn sie an dem Mann interessiert sein sollte. Sie kann nur die Armlehne oder den Mann haben. Und wenn sie ihn ganz bestimmt nicht haben will – der Regelfall – ist ein bisschen mehr Abstand sowieso ganz schön!

018.

Vor einigen Jahren wollten wir für meinen Mann einen neuen **Sommermantel** kaufen. Wir fanden auch einen, der uns beiden sehr gut gefiel. Da hätte es der folgenden vertraulichen Mitteilung des Verkäufers an mich (!) gar nicht bedurft. «Den können Sie sogar waschen!» Dann hörte ich mich sagen: «Warum sollte ich: ich trage ihn ja nicht?!»

Da war es wieder, das patriarchalische Konstrukt weiblicher Dienstbarkeit am Mann. ... und was geht diesen Kundinnenverscheucher unsere beziehungsinterne Arbeitsaufteilung an? Welche Anmaßung! Er sieht eine Frau – und schwupp sieht er sie waschen! Ich kann so viel oder so wenig, wie ich will, für meinen Mann waschen – nur geht das niemanden etwas an; ich brauche keine Entemanzipationsvorschläge – schon gar nicht von fremden Männern.

019.

Die Industrie und ihr Personal im Verkauf sind ja von sagenhafter Sensibilität gegenüber der weiblichen Kundschaft. Auch dieses Erlebnis ist Sexismus, immer daran zu erkennen, dass es Männern nicht passieren kann. Ich klage beim Audi-Verkäufer über die **Fußmatte** unter dem Fahrer*innensitz. Mein Problem: Wenn ich Absatzschuhe trage, bleibe ich an der Matte hängen, erreiche also die Pedale nur mit Verzögerung. Ich war doch tatsächlich der Meinung, für dieses Problem aller Kundinnen, die auch mal hochhackige Schuhe tragen, gäbe es eine Lösung – z. B. eine anders zugeschnittene Matte. Ein Fall von *denkste*! Stattdessen: «Dann müssen Sie eben andere Schuhe anziehen!» Aha! Wie kundinnenfreundlich – du Zyklop! Das Auto wird zwar an den Kunden angepasst, bei der Kundin ist es andersherum: Sie wird an das Auto angepasst. Pervers: Hochhackige Schuhe – eine Idee von Modemännern. Der Zuschnitt von Fußmatten im Auto – eine Idee von Automännern. Können die ihre Ideen nicht synchronisieren? Sonst kommen die Frauen doch noch auf die Idee, alles gleich selber zu machen. Dann ist alles stimmig und die Männer sind überflüssig! Wollen wir das? Wollt Ihr das?

020.

Wir sind vier Frauen und wollen in Leipzig vom Hotel zum Kongresszentrum. Das ist noch gar nicht so lange her. Alle vier Frauen sind – zufällig – Akademikerinnen und haben – wohl weniger zufällig – in gewissem Rahmen Karriere gemacht. Wir fahren zur Bundesfrauenkonferenz der SPD – d.h. wir haben uns der Kärrnerarbeit verschrieben, der SPD die zweite Hälfte der Demokratie in Trippelschrittchen – manchmal erbarmungslos nett, aber (fast) immer unbeugsam in den Forderungen – abzutrotzen; kurz: wir sind alle gewählte Frauenpolitikerinnen! Und was sagt der Taxifahrer, als wir einsteigen wollen? «Na, wieder mal nicht rechtzeitig vom **Kosmetikkoffer** losgekommen?» Was soll frau dazu sagen? ... und wer beurteilt, was rechtzeitig für uns ist? Die eine oder andere kleine Entscheidung trauen wir uns schon selber zu.

Ich denke dann immer, wir müssten besser auf solche verbalen Übergriffe vorbereitet sein, weil wir wissen, dass die Männer mit ihrer Verachtung und ihrem Sexismus immer wieder zuschlagen; aber sollen wir deshalb jeden Tag auf Beschädigungen lauernd durch die Welt ziehen? Kampfeswillen ja, Paranoia nein – aber «Die Wut ist jung!» mit Lore LORENTZ – und wir müssen uns trotzdem in Vergebungsroutine üben, um unserer psychischen Gesundheit willen.

Eine andere erfolgreiche Strategie wenden Frauen ganz unbewusst an: Sie durchschauen die Absichten der Männer und reagieren entsprechend. Eine Studie der University of Texas ergab, dass das Zurschaustellen von Reichtum – wie z. B. durch einen Porsche – in erster Linie potenzielle Sexualpartnerinnen beeindrucken soll, jede flüchtige «Romanze» ist dem Fahrer willkommen. Eine Frau, die an einer ernsthaften Beziehung interessiert ist, lässt sich von Prahlerei mit Luxusgütern nicht beeindrucken, sondern wendet ihr Interesse dem Mann mit dem unauffälligen Auto zu, das als Indikator für eine stabile und seriöse Beziehung gedeutet wird.[45]

021.

... und ganz selten ist Sexismus lustig! Zuletzt vor etwa zwölf Jahren an einer Tankstelle. Der junge Mann an der Kasse fragte: «Heute ohne Ihren Mann?» «Nee», sagte ich, «da ist er nicht zugelassen.» Darauf er: «Tupper-Party, wa?» Ich wieder: «Nee, ...» – etwas ablehnend. «der darf heute nicht mit, ich habe 30 Frauen eingeladen, Männer sind tabu, ich feiere mit ‹meinen Frauen› meinen 70-sten Geburtstag.» Er reagierte völlig ungläubig: «Sie wollen mich doch auf den Arm nehmen!» – vielleicht hat er auch eine etwas andere Formulierung gewählt. Da höre ich ihn sagen: «Aber Sie sind doch noch so jung und so schön!» – baff! Wir nehmen das jetzt mal nicht wörtlich!

Als ich «meinen Frauen» auf der Fête davon erzählte, löste das zwei Lachsalven aus. Die erste über die Tupper-Idee, die zweite über eine Kommentar von Karin: **«Wo ist diese Tankstelle?»**

022.

In Bonn fand ein Tag der offenen Tür statt. Am Stand des Bundesumweltministeriums erhalten wir ein putziges Geschenk – den so genannten **Bleistiftspecht**

45 DAVID, Torben, 2011: Was Autos über Männer sagen. Studie: Frauen lassen sich nicht täuschen. In: Der Tagesspiegel vom 2011-04-20

Woody. Das ist ein kleiner hölzerner Piepmatz, der den Bleistift runterklopft, wenn wir ihn lassen. Und nun dazu die Erklärung auf dem beigefügten Zettel: «Die europäischen Spechtarten: Der größte europäische Specht ist der Schwarzspecht. Das Männchen hat einen roten Scheitel, das Weibchen nur einen roten Genickfleck.» Können Sie mir erklären, warum «nur»? Also die Frau Specht hat mal wieder weniger als der Herr Specht und der Herr Specht ist das Maß der Dinge!

023.

Am frühen Nachmittag des Heiligabends. Ich fahre hochzufrieden nach Hause, denn ich habe noch in aller Ruhe mein Geschenk zu meiner Schwester gebracht. Als ich geradeaus über eine grüne Ampel fahre, fährt mir ein Linksabbieger voll in den Kotflügel, Teile seines Autos landen in einem Vorgarten. Der junge Fahrer steigt aus und ruft: «Das kennt man ja, **Frau am Steuer!**» … … … Ich muss hier für meine Wut etwas Platz lassen, bitte sehen Sie mir das nach. Ich musste mich sehr zusammenreißen, um ihm nicht eine titanische Maulschelle zu verpassen. Mir will noch immer nicht in den Kopf, wie ein junger Schnösel, der nicht mehr im Unrecht sein konnte, der mein Eigentum massiv beschädigt und mich in große Gefahr gebracht hat, statt mit einer Entschuldigung mit so plattem Sexismus reagieren konnte. Meine Wut ist noch so gegenwärtig, dass Sie mir mit keiner Analyse von Unfallverhalten und Schockwirkung plausibel machen können, warum es – in welcher Gesellschaft auch immer – für Männer möglich ist, sich über Sexismen aus der eigenen Schuld zu befreien.

Am Ende des Tages musste ich feststellen: Ich bin doch wohl mehr Feministin, als ich je Pazifistin sein werde! Ich weiß auch nicht, wie ich immer friedfertig sein könnte bei all der Frauenverachtung im Alltag! Lore LORENTZ hat recht: «Was lange wehrt wird endlich Wut!» Es will mir noch immer nicht so recht gelingen, die Vorurteile, die Männer so artikulieren, kühl und diagnostisch anzuhören und nicht als Kränkung, sondern als Ausdruck einer geistigen Behinderung zu lesen.

024.

Eine Frau hat eine Ausbildung zur Schiffsmechanikerin gemacht, Nautik studiert, das Wachoffizierspatent erworben und sich durch ihre Fahrtzeiten weiterqualifiziert. Als sie noch Erste Offizierin war, nahm sie einen Lotsen in Empfang, der sie sofort duzte und fragte: «Bist du hier Azubi?» Sie antwortete: «Ja, **Kapitäns-Azubi**, deshalb habe ich auch nur drei Streifen.»[46] Die Geringschätzung von Frauen macht also offenbar blind, denn die drei Streifen sollte ein Lotse «lesen» können. Ein blinder Lotse flößt mir nicht gerade Vertrauen ein!

46 KASTNER, Daniel, 2017: Wie es wirklich ist: … Matrosen als Frau Kommandos zu geben. Als Frau zur See fahren? Allein unter Männern? Kapitänin Seedje Katharina Fink hat damit kein Problem. Wer ihr blöde Fragen stellt, schon. In: DIE ZEIT Nr. 42 vom 2017-10-12 http://www.zeit.de/2017/42/kapitaenin-matrosen-kommando (Online-Version)

025.

Ergebnis der Auswertung von mehr als 18.000 **juristischen Staatsexamen** in Nordrhein-Westfalen: «Frauen und Migranten werden im mündlichen Jura-Examen schlechter benotet als deutschstämmige Männer.»

«Für die Studie haben der Psychologe Andreas Glöckner (Fernuniversität Hagen), der Jurist Emanuel V. Towfigh (EBS Law School Wiesbaden) und der Ökonom Christian Traxler (Hertie School of Governance) Kandidatinnen und Kandidatin verglichen, die identische schriftliche Prüfungsergebnisse erzielten. ‹Mit hoher Wahrscheinlichkeit schnitten Frauen und Prüflinge mit Migrationshintergrund bei der abschließenden mündlichen Prüfung schlechter ab›, sagte Towfigh der ZEIT.»[47]

Davon gibt es bemerkenswerte Ausnahmen: Sobald eine einzige Frau Mitglied der Prüfungskommission war, schnitten die Frauen nicht schlechter ab als die Männer, sie erreichten dann gleich häufig wie die Männer ein Prädikatsexamen – wichtig um Richterin oder Anwalt in einer großen Kanzlei zu werden.

026.

Mein Mann und ich haben jeweils Wirtschaftswissenschaft und Wirtschaftspädagogik studiert, um später an kaufmännischen Berufs- und Berufsfachschulen unterrichten zu dürfen. Dafür hatten wir nach dem Diplom eine zweijährige Referendarzeit zu absolvieren und das «Zweite Staatsexamen» zu bestehen. Wir hatten sehr verschiedene «Hauptseminarleiter», weil ein paar Jahre dazwischen lagen. Mein Mann hätte sich bei meinem Seminarleiter sicherlich auch für Pädagogik interessiert – bei seinem jedoch blieb er stummer Teilnehmer. Das wirkte sich auf seine **Examenszensur** aus – es war nur ein Ausreichend, pure Strafe und eine glatte Fehlentscheidung bei einem wirklich begabten Lehrer. Ich war dagegen die brave «Schülerin», das war leicht bei meinem richtig guten Seminarleiter. Als ich die Prüfung abgelegt hatte, teilte mir der Prüfungsvorsitzende und Oberschulrat, derselbe wie bei meinem Mann, mein Examensergebnis – ein Gut – mit und fragte, ob das in Ordnung sei, wenn ich eine bessere Note hätte als mein Mann!? Hätte er das je meinen Mann gefragt?

027.

Als ich in Kolumbien in einem zu einer Zuckermühle gehörenden Bildungszentrum meine Frauenprojekte durchführte, hatte ich einen katholischen Priester als Chef, den ich noch heute sehr schätze und der mich immer unterstützt hat. Aber wir hatten auch so unsere Geplänkel. Mit Vorliebe stellte er die Frage nach der «**complicidad de la mujer** en el machismo», also der Mitschuld vor allem der Mütter an der speziellen Herrschaft des südamerikanischen Mannes. Wie sollte ich ihm klarmachen, dass die uns umgebende Kultur die Art und Weise bestimmt, in der wir Erfahrungen machen und die Welt wahrnehmen?

---

47 BREITINGER, Matthias, 2018: Ungerechte Notenvergabe in der Juraprüfung. Frauen und Migranten werden in der mündlichen Abschlussprüfung benachteiligt. Das ergab eine Auswertung Tausender Jurastaatsexamen, die der ZEIT vorliegt. In: ZEIT ONLINE, 2018-04-25 https://www.zeit.de/gesellschaft/2018-04/jura-staatsexamen-frauen-migranten-benachteiligung-studie

Von einer Reise nach Deutschland zurückgekehrt, habe ich ihn dann einmal gefragt, ob er es einem Menschen, der im Judentum groß wird, vorwerfen würde, dass er nicht katholisch – bei ihm hieß das christlich – denken könne? Aber natürlich nicht – war seine Antwort! Daran schloss sich dann meine Frage: Und warum werfen Sie den Frauen vor, dass sie nicht feministisch denken, wenn sie doch im Machismo groß werden? Geschafft! Über den Umweg der Religion konnte ich ihn davon überzeugen, dass eine geschlechtsneutrale Erziehung in einer hochgradig geschlechtskodierten Gesellschaft auch bei besten Absichten nicht möglich ist!

028.

Manche Episoden sind scheinbar harmlos bis lächerlich, aber die darin enthaltenen Herabsetzungen von Frauen und die männlichen Selbstüberhöhungen bleiben doch im Gedächtnis haften. Sie können dort eine Dynamik bekommen und bedenklich in die Nähe meines Wutzentrums driften. So auch dies: Etwa 15 bis 20 Frauen sitzen in einer großzügigen, ruhigen Ecke eines Konferenzzentrums in Vancouver und beratschlagen, wie Fraueninteressen auf der Konferenz Geltung verschafft werden soll. Es taucht ein schmächtiger junger Mann auf, den ich zuvor überhaupt nicht wahrgenommen hatte. Als er unserer Versammlung gewahr wird, sagt er: «**Na, ihr hier so allein?**» Wir fanden, wenn hier jemand allein war, dann doch wohl er! Und diesmal hatte das Patriarchat überzogen! Es gelang mir nicht mehr, mir vorzustellen, dass Frauen ohne die Anwesenheit eines Mannes irgendwie unvollständig sind! Nie zuvor hatte ich die ausschließliche Anwesenheit von Frauen so genossen!

029.

Große zweitägige internationale Konferenz des Bundesministeriums für Familie, Senioren, Frauen und Jugend (bei Gerhard Schröder hieß das «Gedöns») und der EU zum Gender Budgeting im Steigenberger «Hotel Frankfurter Hof», eine Nacht verbringen wir im Hotel.

Als ich morgens aus der Badewanne und in den verfügbaren Bademantel steige, ist sie wieder da die Botschaft: Sie sind nicht gemeint, Sie sind eine Frau! Wenn ich nämlich den **Bademantel** auf Frauenart übereinanderschlage – erst linke Seite, dann rechte Seite darüber, verschwindet das elegante Hotelemblem mit der Aufschrift Steigenberger «Hotel Frankfurter Hof» in Gold und Königsblau.

Nun liegt es mir in Grunde fern, für das berühmte Hotel in den vorübergehend eigenen Wänden Reklame zu laufen, aber seien wir redlich: Welchen Sinn hat Werbung, die von der Trägerin bei angemessenem Gebrauch des Werbeträgers nur halb oder ganz verdeckt getragen werden kann?

Also Jungs vom Management: Näht bei einigen Bademänteln einfach mal die Tasche mit der Reklame auf die rechte Seite. Dass es nicht bei jedem zweiten gemacht wird, lasse ich mal durchgehen, die Damen lassen es sich ja seltener so gutgehen wie die Herren – die das offenbar im Kampfgetümmel um die fetteste Beute für ihr Ego brauchen.

030.

Ein leider unvermeidliches Thema ist die **sexuelle Belästigung**, die früher möglichst überhaupt nicht zur Kenntnis genommen oder mit «Hab' dich nicht so» erledigt wurde. Das Schlimme ist ja, dass uns jede sexuelle Belästigung daran erinnert, dass wir selbst in Gefahr geraten können. Ich war Studentin im ersten Semester – davor lag nur ein Praktikumssemester, das auch nicht ohne sexuelle Belästigung ausging – und jobbte in der Vorweihnachtszeit in einem Blumenladen an prominenter Stelle in der Stadt: Ku-Damm Ecke Joachimsthaler Straße. Eigentlich war ich für die Fleurop-Bestellungen zuständig, aber aus irgendeinem Grunde wurde ich vom Chef in den Keller geschickt, wo der pflanzliche Nachschub aufbewahrt wurde.

Mir war, als ob ich ein totes Pferd reite, als plötzlich der ziemlich ältliche Chef hinter mir auftauchte und versuchte, mich zu umarmen und zu küssen. Ich kann gar nicht beschreiben, wie ich mich für seine Belästigung geschämt habe, ich fand es so unanständig: Oben arbeitet seine Frau und unten versucht er mit einer jungen Kröte zu poussieren. Im ersten Moment tat mir die arme Ehefrau leid.Erst dann schoss mir durch den Kopf: Was für eine Unverschämtheit mir gegenüber. Und wieso überhaupt ich? Ich fand mich weder hübsch und unsere Kleidung war geschlechtslos – solange wir von Mutter benäht wurden oder uns selbst benähten. Daran war nicht «Einladendes».

Allein das Wort «Einladendes» ist schon eine Absurdität. Sie zeigt, wie schnell Frauen auf der Suche nach ihrem Schuldanteil an kriminellen Handlungen an ihren eigenen Körpern sind. «Da war nichts Einladendes» – hätte es dessen bedurft? Die patriarchale Exkulpation, die Männer wären von den Frauen verführt worden, der Minirock wäre schuld etc. sollten wir ersatzlos streichen in unserem Gedächtnis und keinen noch so kurzen Gedanken mehr daran verschwenden. Wichtiger ist es, auf unsere eigenen Körpergefühle zu lauschen und erbarmungslos das Prinzip «Nein heißt nein!» zu leben.

Ich hatte noch gar nicht begriffen, dass es gar nicht auf mich ankam, ich war nur zufällig «greifbar», wie die Ware da unten im Keller. Das müssen ältere Männer doch wissen, dass sich junge Frauen vor ihnen ekeln, es sei denn, die jungen Frauen signalisieren etwas Anderes. Wie kommen Männer dazu zu glauben, sie könnten sich die Frau nehmen, auf die sie gerade Appetit haben? Oder die gerade greifbar ist. Was ist das für ein Menschenbild? Herr und Sklavin? Jeder Mann ein Herr – alle Frauen seine Sklavinnen? Und das ist eben so oft ein Charakteristikum solcher Situationen: die Abhängigkeit. Der Gesetzgeber nennt es «Unzucht mit Abhängigen» – wo fängt sie an? Viele – nicht nur junge – Frauen wollen einfach ihren Job nicht verlieren und fühlen sich erpresst, wenn ihnen ihre Chefs unerwünschte Avancen machen. Und wenn wir an das Outing der Gewalterfahrungen von Frauen in der Filmindustrie denken, erschüttert mich am meisten, dass die Frauen jahrelang schweigen mussten – man hätte ihnen ja sowieso nicht geglaubt. Ich bin so froh, dass sexuelle Belästigung und Vergewaltigung nun endlich öffentlich gemacht und als Straftaten eingeordnet wurden. Wir haben es alle immer gewusst. Aber: Noch 2018 ist die chinesische Polizei nicht bereit, Anzeigen gegen

Vergewaltiger aufzunehmen! Das hat eine junge Frau der Deutschen Presseagentur erlebt. Die Beamten versuchten sie davon abzuhalten, die Vergewaltigung durch einen Kommilitonen anzuzeigen; als sie die Polizei deshalb verklagte, wurde sie mit ihren Eltern sechs Tage in einem Hotel festgehalten und ihr Vater verlor seine Arbeit.[48]

Zu meiner Überraschung hat ein Mann präzise beschrieben, wie sich Vergewaltigungsopfer fühlen. Der Kernbegriff ist «soziale Scham». Édouard LOUIS hat seine Vergewaltigungserfahrung in seinem Buch «Im Herzen der Gewalt» bearbeitet, aufgearbeitet lässt sich nicht sagen, denn es hört nie auf. Das Zitat stammt aus einem Interview.[49]

«Als ich ‹Im Herzen der Gewalt› schrieb, hatte ich Angst, weil ich nicht als vergewaltigte Person betrachtet werden wollte. Ich wollte nicht, dass mein Vater mich so sieht, ich wollte nicht darauf reduziert werden. Das ist ein Quell der Scham. Ein anderer ergibt sich aus den Mechanismen, die greifen, sobald man über sexuelle Gewalt spricht. Viele Menschen glauben dir nicht oder geben dir selbst die Schuld. Meistens sind es Frauen, die diese Erfahrung machen müssen. Ich habe viel feministische Literatur gelesen, ich wusste um diese Problematik. Aber eben nur theoretisch. Nach der Vergewaltigung geschieht ein weiterer Akt der Enteignung durch ein System, das keine Entscheidungsmöglichkeit für das Opfer vorsieht.»

Nein heißt nein! In jede Behörde, in jede Branche gehören Organisationseinheiten, an die sich Menschen wenden können, wenn sie belästigt werden. Warum bin ich eigentlich so erstaunt, dass sexuelle Belästigung, Missbrauch, Vergewaltigung im Europäischen Parlament auch keine Einzelfälle sind? Auch als alte Frau schaffe ich es nicht, mich an Gewalt und Ungerechtigkeit in unserer Gesellschaft zu gewöhnen. Es sind einfach so existenzielle Erlebnisse, dass sie mich beschädigen.[50] Als ich jung war, hat sich niemand vorstellen können, dass «Vergewaltigung in der Ehe» je ein Straftatbestand werden würde. Das wurde alles unter «eheliche Rechte und Pflichten» zusammengekehrt. Mir fällt dazu immer eine Geschichte meiner Tante ein. Sie hatte eine Kollegin, die zur Mittagspause nach Hause ging, bis sie eines Tages sinngemäß zu meiner Tante sagte: «Ich hasse es, mittags nach Hause zu gehen; tagtäglich fällt mein Mann über mich her.» Heute hieße das «Vergewaltigung in der Ehe» – Geschlechtsverkehr gegen den ausdrücklichen Wunsch der Partnerin.

Neuer dagegen ist die Diskussion um «Mobbing in der Partnerschaft». Im Augenblick erscheinen vor allem in Frauenzeitschriften dazu gehäuft Artikel. Es

---

48 dpa, 2018: Der übergriffige Mönch. Chinas Me-Too-Debatte erfasst einen hohen buddhistischen Abt – und beschäftigt die Zensurbehörden. In: Der Tagesspiegel vom 2018-08-04

49 LOUIS, Édouard / OSTERMEIER, Thomas / WILDERMANN, Patrick, 2018: «Die Polizei hat meine Geschichte gestohlen». Vor der Schaubühnen-Premiere Édouard Louis und Thomas Ostermeier über sexuelle Gewalt, soziale Scham und die Linke. Interview. In: Der Tagesspiegel vom 2018-06-02 (Printversion)

50 SCHWEDES, Larissa, 2018: Gegen das Schweigen. Auch im Europäischen Parlament ist sexuelle Belästigung bis hin zum Missbrauch wohl kein Einzelfall. «MeTooEP» will den Opfern Gehör verschaffen. Doch die Aktiven stoßen auf Vorbehalte. In: Der Tagesspiegel vom 2018-12-10

scheint notwendig zu sein. Was mich dabei so erstaunt hat, war ein Satz ungefähr folgenden Inhalts, der auf die übertriebene Geduld mancher Frauen gegenüber der Terrorisierung durch den Partner bezogen war: Wer als Kind viel kritisiert wurde, hat gelernt, dass sie nur geliebt wird, wenn sie sich unterordnet, vor allem Mädchen werden noch immer so erzogen. Ich hatte es befürchtet! Und dennoch hatte ich gehofft …

031.

Ich kenne schon etliche Hürden in der Mädchen- und Frauenbildung – und ich finde immer noch neue! … und das nach sechs Jahren in der Entwicklungszusammenarbeit. Konkret geht es um **Menstruation**. Die Zitate stammen aus dem Jahre 2004; ich hoffe sehr, dass sich die Situation gebessert hat, nur glaube ich nicht, dass das Problem nicht mehr existiert. Lesen Sie selbst – in der Fußnote gibt es eine deutsche Zusammenfassung.[51]

»Puberty can have a severe effect on girls' performance and attendance in upper primary schools in Uganda. In many schools, girls between the ages of 11 and 14 are absent for an average of three to five days a month due to their *menstrual period*. Attendance is undermined because girls do not have access to adequate protection such as sanitary towels or pads. For some subjects – such as maths and science – the result of such regular absenteeism can be devastating as girls miss out on vital stages of the syllabus, resulting in gaps in the learning stages, which they find hard to catch up on later. …[52]

Where men most often control the household budget, how can girls succeed in getting sanitary materials on the priority list?»[53]

Was macht eine solche Nachricht mit uns? Ich fühle mich machtlos! Das Problem ist zu weit weg und es sind zu viele Probleme, zu viele Frauen in Not. Unsere Spenden erreichen diese Frauen sehr wahrscheinlich nicht. Ich muss aufpassen, dass das Wissen um solche Nöte nicht meine frauenpolitischen Aktivitäten lähmt, weil ich sonst irgendwo sitze und denke: Frausein hat nur Nachteile! Wäre damit auch nur einer einzigen Frau geholfen? Wenn ich in unserer sechsjährigen Entwicklungsarbeit mal wieder deprimiert von einem Hausbesuch kam, Frauen und z. T. behinderte Kinder in unbeschreiblichen Hütten erlebt hatte, brauchte ich einen Cognac, an Essen war nicht zu denken. Dann pflegte mein Mann zu sagen: «Iss, bitte, du brauchst die Kraft für deine Frauen; wenn du (ver)hungerst, ist ihnen am wenigsten geholfen.»

---

51 Deutsche Zusammenfassung: In Uganda fehlen Mädchen in der Pubertät regelmäßig drei bis fünf Tage im Monat in der Schule, weil sie während der Menstruation keinen Zugang zu Binden oder Tampons haben – mit verheerenden Folgen: Sie versäumen Unterricht und damit Grundlagen für Fächer wie Mathematik und Naturwissenschaften, die sie nicht aufholen können. Das Problem lässt sich zusammenfassen in der Frage: Wie kriegen Mädchen Hygieneartikel auf die Prioritätenliste, wenn Männer die Haushaltsausgaben kontrollieren?

52 KANYIKE, Florence / AKANKWASA, Dorothy / KARUNGI, Christine: Menstruation as a barrier to gender equality in Uganda. In: insights education. Development Research, September 2004,

53 … und dann entdecke ich: Menstruation muss in Deutschland Luxus sein! Warum sonst sollten entsprechende Hygieneartikel wie Tampons und Binden hier mit 19 % Mehrwertsteuer belegt sein? Das ist die Steuer für Luxusgüter.

032.

Die so genannten entwickelten Gesellschaften wissen heute, dass sie in der **Entwicklungszusammenarbeit** vieles nicht falscher hätten machen können. Die mir hier wichtigsten Aspekte sind die Berücksichtigung von Strukturen, in denen Frauen im jeweiligen Land traditionell leben und arbeiten, und die Frage: Wer bekommt Geld in die Hand? Von Aga Khan soll folgender Satz stammen: «Wenn du zwei Kinder hast und nur Geld für die Ausbildung von einem, dann wähle das Mädchen, denn sie repräsentiert die Familie, der Junge repräsentiert nur sich.»[54]

So richtig ich die Aussage finde, mir geht es heute nicht um Repräsentanz, sondern um die Macht des Geldes. Bei der Entwicklungshilfe, bei privaten Spenden, bei sonstigen Zuwendungen, wenn Sie der Familie helfen wollen und damit auch den Kindern, versuchen Sie sicherzustellen, dass das Geld in die Hände der Frauen gelangt! Sonst zahlen Sie zweimal – wie ich! Ich habe einen – wie ich finde – besonders krassen Fall erlebt, als ich in Kolumbien meine Frauenprojekte durchführte. Die Frau des Werkstattleiters hatte große gesundheitliche Probleme und musste operiert werden, das Geld dafür war aber nicht vorhanden. Also habe ich Oscar, dem Werkstattleiter, die notwendige größere Summe übergeben, in der Annahme, sie kommt da an, wo sie ankommen soll – großer Fehler! Noch in derselben Nacht war das Geld weg! Es war durch die Kehlen vieler Männer geronnen, denn Oscar hatte sich nicht nur selber sinnlos betrunken, sondern mit Stubenlagen den großen Max gegeben. Beim zweiten Mal habe ich das Geld seiner Frau gegeben und ihr das Versprechen abgenommen, Oscar nichts davon auszuhändigen, am besten ihm gar nichts davon zu erzählen.

Mich erinnerte das an Verhältnisse, die in meiner Kindheit und Jugend beschrieben wurden mit dem Spruch: «Wenn der Arbeiter freitags nach Hause kommt, muss er vor seiner Frau Handstand machen!» Mit solchen und ähnlichen Sprüchen wurden Männer *und* Frauen diskreditiert. Schließlich wurde erwartet, dass der Mann «die Hosen an» hatte, er war «Haushaltungsvorstand», «hatte das Sagen», die Frau lebte «von seinen Gnaden» – also das ganze Programm von Dominanz und Unterwerfung. Selbst wenn sie erwerbstätig war, reichte ihr ungerechter Frauenlohn nicht für die ganze Familie. Auch heute noch lässt sich belegen, dass Kinder und Ehefrau davon profitieren, wenn die Frau die Verfügung über das Geld bekommt. In Großbritannien gab es nach diesen Untersuchungsergebnissen eine so genannte «Kindergeldreform» – ausschließlich mit dem Ziel, das Kindergeld den Frauen und nicht mehr den Männern auszuzahlen. Auch aus der Arbeit mit Migrantinnen wissen wir: Trotz ihrer im Durchschnitt niedrigeren Löhne sind die Rücküberweisungen der Frauen in ihre Heimat höher als die der Migranten. Und auch dies: Geld in der Hand von Frauen fließt eher in Investitionen und soziale Zwecke, Geld in der Hand von Männern geht eher in den Konsum. Dennoch fand das Deutsche Institut für Wirtschaftsforschung (DIW) in einer

54 WIEDEMANN, Charlotte, 2004: Die Revolution der starken Frauen. In Pakistan kämpfen Pionierinnen der Gleichberechtigung hart und erfolgreich gegen die archaische Macht der Männer. Dossier, DIE ZEIT Nr. 28 vom 2004-07-01, S. 11-14

Studie heraus: «Frauen als Geschäftskundinnen von Banken werden immer noch diskriminiert. Ihre Chancen auf einen Kredit sind geringer als die von Männern, die Konditionen oft deutlich schlechter.» Und daran hat sich nichts geändert, denn die modernen Start-Up-Frauen klagen über dieselben Bedingungen. Das DIW empfiehlt: «Selbstständige Frauen und Unternehmerinnen, die einen Kredit aufnehmen wollen, haben größere Erfolgschancen auf Internet-Kreditmärkten als bei einer herkömmlichen Filialbank.»[55] Das werde ich prüfen.

«Mein» Oscar hatte übrigens überdurchschnittliche kriminelle Energie: Am selben Tag, an dem ich zu einem Heimatbesuch nach Deutschland aufgebrochen war, ist er mit einem geliehenen Lastwagen bei unseren Stofflieferanten vorgefahren, hat im Werte von einer Million Pesos auf Kosten des Bildungszentrums eingekauft und ist untergetaucht. Ich habe ihn nie wieder gesehen.

033.

Mein Mann und ich sitzen friedlich im Wohnzimmer, wir wollen uns gerade einen Leseabend gönnen. Des Öfteren legt mir mein Mann eine Zeitungsseite, einen Artikel, eine Notiz hin mit der stummen Frage: Interessiert dich das? So auch heute. Es ist ein Artikel aus dem Tagesspiegel zum Thema **Roséwein**. Ich lese: «Rosé gilt als typischer Frauenwein. In einer Branche, in der besonders muskulöse Weine mit der Miene des Connaisseurs gern als ‹maskulin› gelobt werden, ist das schon fast die Höchststrafe. Es kommt aber noch schlimmer: Rosé ist häufig ein Abfallprodukt der Rotwein-Produktion. Da stellen sich schnell Assoziationen zur Mülldeponie ein.» Danke, Herr Manfred KRIENER![56] Sie sind wirklich ein liebenswerter Frauenkenner!

Macht es nicht Spaß, eine Frau zu sein? Da kommt Freude auf! In einem Land, in dem das Rassismusverbot von der Mehrheit der Menschen eingehalten wird, darf der – ebenfalls verbotene – Sexismus fröhlich daherkommen und gilt noch als witzig!? «Man» braucht nur das Wort «Frau» davorzusetzen, und schon ist ein Wort müllreif. Gleichzeitig werden die begehrten Dinge immer männlicher – oder halten Sie «muskulös» für ein geeignetes Wort zur Beschreibung eines Weins? Hier werden vermeintlich männliche Charakteristika auf für Selbstwert und soziale Reputation erstrebenswerte Gegenstände übertragen, sie werden männlich markiert, maskulinisiert, sie werden durch ihre Nähe zum Mann veredelt – ja, fast geadelt! Das stützt männliches Selbstbewusstsein und ist handlungsweisend für den Rest der Meute. Männliche Bescheidwisser reklamieren die Interpretationshegemonie entlang der Geschlechterlinie, die blinde «Liebe zum Gleichen» bekommt etwas Autistisches. Glauben Sie mir: Hier war selbst für mich die Ubiquität geschlechtsspezifischer Hierarchisierung frappierend.

Hier schreibt also wieder ein Mann für Männer auf Stammtischniveau! Der Autor biedert sich bei der vermeintlich ausschließlich männlichen Leserschaft an, er

---

55 DIW-Studie, mot, 2010

56 KRIENER, Manfred, 2007: Rosa Wochen. Beim Rosé legen selbst passionierte Weinfreunde die Stirn in Falten. Hat dieser Sommerwein seinen Ruf zu Recht? Unser Test: Es gibt gute Tropfen – und zwei Siegerweine. Der Tagespiegel vom 2007-08-05

erwartet Zustimmung und brüllendes Gelächter in der Annahme, frauenfeindliche Anzüglichkeiten sind in Männerrunden immer ein Erfolg. Armes Würstchen!

034.

Ich stehe bei meinem Orthopäden in der vierten Etage und warte auf den **Fahrstuhl**. Ein alter Mann gesellt sich zu mir und sagt: «Haben Sie den Knopf schon gedrückt?» Ist der Mann dumm, unsicher oder unverschämt? Vielleicht von jedem etwas! Leider habe ich nicht gesagt: «Was glauben Sie, warum ich hier stehe?» Oder «Was meinen Sie, was ich hier mache?» Oder: «Für wie blöde halten Sie mich, dass Sie meinen, ich stünde hier nur mal so rum?» Oder: «Sie sollten es tun, ich bin nur eine schwache Frau!»

Es kam, wie es kommen musste! Zwar war zu hören, dass der Fahrstuhl eine Etage tiefer hielt und Leute ein- oder ausstiegen – doch nun drückt er den Knopf, länger hält er es nicht aus. Und siehe – schon ist der Fahrstuhl da! Was ein Mann tut, ist wohlgetan, effektiv und erfolgreich! ... und Knöpfe lassen sich nun mal lieber von Männern drücken, weil sie es «fachmännisch» können! Ich frage Sie: Sollten wir den Spieß mal umdrehen und an Knöpfen wartende Männer fragen, ob sie den Knopf ordnungsgemäß bedient haben, obgleich sie doch bloß Männer sind? Nein, so eine respektlose Gesellschaft will ich nicht! Ich will, dass die verdammten Kerle, die auf Frauen herabsehen, begreifen, dass ihre fantasierte Überlegenheit nichts weiter als Einbildung ist!

035.

Wir schreiben das Jahr 2018. In der SPD-Berlin soll auf einem Landesparteitag ein «Leitantrag» diskutiert und verabschiedet werden zum Thema «**Innovationspolitik**». Innovation ist darin mit Forschung eng verknüpft – richtig! Aber er ist «männertreu», d.h. er berücksichtigt weder die notwendigen Umstrukturierungen in der Wissenschaft, um sie geschlechtergerecht zu machen, noch berücksichtigt er die Innovationsquelle «Geschlechterforschung». Um Menschen auf meinen Änderungsantrag gedanklich vorzubereiten, schreibe ich in der Mitgliederzeitung folgendes Artikelchen:

- Was hat Gleichstellung mit Wissenschaft und Innovation zu tun?
- Drei Zitate – drei Denkanstöße.
- Der Leitantrag «Innovationspolitik» der Berliner SPD ist blind für den Zusammenhang zwischen Gleichstellung einerseits und Wissenschaft und Innovation andererseits. Mit drei Zitaten will ich Defizite von Wissenschaft und Innovation ohne Gleichstellung sichtbar machen.

1. Ein Ergebnis frauenfeindlicher «Wissenschaft» – unter vielen
   Prof. Dr. Theodor Ludwig Wilhelm BISCHOFF (1807–1882), Anatom, erklärt uns:
   - «Der Mann ist muthig, kühn, heftig, trotzig, rauh, verschlossen, das Weib furchtsam, nachgiebig, sanft, zärtlich, gutmüthig, geschwätzig, verschmitzt.
   - Der Mann besitzt mehr Festigkeit, das Weib ist wandelbar und inconse-

quent. Der Mann handelt nach Ueberzeugung, das Weib nach Gefühl. Die Vernunft beherrscht beim Manne das Gefühl, bei der Frau umgekehrt das Gefühl die Vernunft.

- Das Weib ist schamhafter und die Regungen des groben Genusses der Sinnlichkeit sind bei ihm in der Regel geringer als beim Manne. Seine Sittsamkeit, Demuth, Geduld, Gutmüthigkeit, Aufopferungsfähigkeit, theilnehmende Lebensstimmung, Frömmigkeit sind viel größer als beim Manne
- Der wahre Geist der Naturwissenschaften wird deshalb dem Weibe stets verschlossen bleiben.»

Hier werden Vorurteile als wissenschaftliche Ergebnisse präsentiert; niemand sollte glauben, dies sei im 21. Jahrhundert nicht möglich! Immer wieder gerät eigene anekdotisch selektierte Erfahrung in oder zwischen die Zeilen.

2. «Gender in der Forschung – Innovation durch Chancengleichheit»: Konferenz des BMBF im Rahmen der Deutschen EU-Ratspräsidentschaft im April in Berlin
   - «Solange Wissenschaft unter einem tradierten ‹gender bias› leidet, leidet die Qualität. Das gilt eben nicht nur fürs Personal, sondern auch für die Inhalte von Wissenschaft. Forschung ohne Reflektion auf Gender, also auf die jeweilige Bedeutung von Geschlecht im Zusammenwirken mit anderen sozial wirksamen Kategorien ..., weist schlicht Defizite auf.»[57]
   - Prof. Dr. Susanne BAER, Professorin für Öffentliches Recht und Geschlechterstudien an der Berliner Humboldt Universität, nennt drei Gründe für Gleichstellung in der Wissenschaft: «Gerechtigkeit, ökonomischer Mehrwert und qualitativer Gewinn».
   - «Geschlecht als Wissenskategorie» ist ein zentraler Schlüssel für Fragestellungen in allen Wissensbereichen und wird künftig der Innovationsmotor in Forschung und Entwicklung sein.
3. Deutsche Wissenschaft aus internationaler Sicht
   - Prof. Dr. Jutta ALLMENDINGER, Präsidentin des Wissenschaftszentrums für Sozialforschung Berlin (WZB), stellt fest: «Der größte Druck, sich zu verändern, kommt ... aus dem Ausland, durch den internationalen Wettbewerb. In der Exzellenzinitiative hat sich das deutsche System der externen Bewertung gestellt. Bei jeder Begutachtung kam von den internationalen Experten dieselbe harsche Kritik, das große Kopfschütteln: Was ist eigentlich bei euch? Wieso sind so wenige Frauen in Spitzenpositionen? Eine internationale Spitzeninstitution kann es sich nicht leisten, auf Frauen zu verzichten. ... Die guten Wissenschaftlerinnen sind längst da.»

Wochen später erhalte ich einen Briefumschlag mit meinem Artikel, einem handschriftlichen Zettel und einem Artikel unbekannter Herkunft mit dem Titel «Die achtspurige Autobahn für die Gefühle der Frau». Was könnte das eine mit dem anderen zu tun haben? Es soll ein Interview mit Louanne Brizendine, Autorin von

57 BAER, Susanne, 2007a: Wie Elite wächst. Nur mit Gleichstellung und Genderforschung kommt die Wissenschaft weiter. In: Der Tagesspiegel vom 2007-04-18

«Das weibliche Gehirn», sein, in dem alle bekannten biologistischen Klischees verwendet werden wie: Hormone, Hirnstruktur, Steinzeit etc.

Hier meine Antwort:

Lieber Hans Vogel,

Dank für Deine Nachricht, die ich in der vergangenen Woche erhielt – es gibt ja sooo viel zu erörtern!

1. Bitte, was haben «Gefühle der Frau», also der Artikel, den Du mitgeschickt hast, mit meinem Thema «Gleichstellung – Wissenschaft – Innovation» zu tun? Was wolltest Du mir sagen? Aber im Ernst.
2. Ich halte überhaupt nichts von biologistischen Erklärungen der Unterschiede zwischen Männern und Frauen. Und d i e Frau gibt es ebenso wenig wie d e n Mann! Solche Generalisierungen sind unehrlich und nur geeignet, Klischees über die Geschlechter zu verbreiten und zu perpetuieren – wie «Zickenboshaftigkeit», «Plapperanfälle», «Landkartenprobleme», «Hormonzicke». Wer hat Spaß daran, solche Vorurteile zu nähren? Bitte, fall nicht auf Erklärungen herein, die mit Hormonen, Hirnstrukturen, Geschlechtscharakteren – aus der Biologie erklärt – hantieren, sie sind in der Regel übermorgen falsch, weil der wissenschaftliche Fortschritt rasant ist, und sie müssen morgen neuen «wissenschaftlichen» Erklärungen weichen! Verlass Dich lieber auf Erklärungen aus der Sozialisation. Was wäre unser Bildungssystem wert, wenn wir nicht an die Bildbarkeit des Menschen glaubten?
   Im Übrigen stehe ich zu meinen Gefühlen und mein Mann zu seinen. Ja, wenn mein Mann und ich verstandesmäßig keine Lösung finden, verlassen wir uns auf meine «Intuition», weil sie offenbar besser trainiert wurde – und kommen ans Ziel!
3. An biologistischen Erklärungen ist nicht nur ihre Verfallszeit fatal, sondern auch, dass sie nie wertfrei referiert werden. Also der Mann ist zuständig für den Verstand – die Frau für Gefühl; oder er für Geist – sie für Körper etc. Immer wird das, wofür der Mann zuständig ist, höher bewertet. Es ist also nicht nur ein falscher Erklärungsansatz, sondern auch eine Frage der Bewertung.
4. Bezüge zur Steinzeit lehne ich strikt ab! In einer Ringvorlesung habe ich kürzlich eine Höhlenmalerei gesehen, wobei die Höhle von Archäologen «ausstaffiert» war. Er steht und malt, sie sitzt und mahlt – für ihn die Farben! Niemand der lebt, war dabei! Wir statten solche Orte mit unseren gesellschaftlichen Vorstellungen von heute aus – das ist ja noch verständlich. Pervers ist dann aber, die mit gesellschaftspolitischer Aktualität ausgestattete Steinzeit als Begründung für Ungerechtigkeiten von heute zu benutzen – Marke «Das war schon in der Steinzeit so!»
5. Zum Sprechverhalten von Frau und Mann lese ich in dem Artikel (ohne Quellenangabe!) nur Unsinn (20.000 : 7000)! Na, so ein Quatsch! Das soll uns die patriarchale Fama: «Ein Mann ein Wort – eine Frau ein Wörterbuch!» vermitteln. Das ist Verlässlichkeit vs. Geschwätzigkeit! Für alle, die diesem

Klischee anhängen, muss ich leider sagen: Nach der ersten seriösen Untersuchung – von Matthias Mehl – ist dieses Stereotyp nicht aufrechtzuerhalten. Richtiges Nachzählen hat ergeben: Frauen kommen durchschnittlich auf 16.215 Wörter täglich, Männer auf 15.669, dieser Unterschied ist statistisch nicht signifikant! Für alle vorherigen Zahlen ließen sich keine Studien finden. Es sind Scherzzahlen, die sich Leute ausgedacht haben, die damit ihre Vorurteile pflegen! Auch Louann Brizendines Buch «Das weibliche Gehirn», das ich übrigens besitze, ist nicht nur kontrovers diskutiert worden, sondern mega out!

6. Ganz kritisch sind auch die Aussagen zur Sexualität zu bewerten. Der «testosterongeflutete» Mann mit dem doppelt so großen Hirnareal für Sexualität ist alles andere als sozialverträglich. Hier wird uns ein potenzieller Vergewaltiger, aber kein reifer Erwachsener beschrieben. Hier werden Männer in die Nähe von Triebtätern gerückt, die nicht anders können, die Opfer sind meist Frauen, die sich sexueller Gewalt ausgeliefert sehen. Hier werden die Hormone schwer beherrschbar, sie bekommen eine unangemessene Eigendynamik. Das ist nicht mein Männerbild! Und gesellschaftlich nützlich sind solche biologistischen Erklärungen auch nicht: Der Mann als Opfer seiner Hormone!
7. Und dann so ein Unsinn wie «Die Hormone verteilen die Aufgaben»? Und was haben die Witwen nach dem Krieg gemacht? Meine Mutter hat ihre drei Kinder mit «Schwerarbeiterkarte I» ernährt, bis sie wieder in ihrem Beruf war. Solche Plattitüden dienen nur dazu, gut dotierte Jobs frauenfrei zu halten!

Ich schicke Dir Deinen Artikel zurück, ich hoffe, Du liest ihn jetzt in einem anderen Licht, und grüße Dich «mit gemischten Gefühlen».

Gisela Pravda

036.

Wir sitzen während einer der exzellenten Führungen in der **Gemäldegalerie** in Berlin auf so kleinen faltbaren Museumsstühlchen und lauschen einem Kunsthistoriker und einem Theologen. Die eine Sorte Stühlchen ist besonders beliebt, weil sich beim Aufstellen außer der Sitzfläche auch noch so etwas wie Armlehnen entfalten. Die Lehnen bestehen eigentlich nur aus Metallrohren auf beiden Seiten, an dem man/frau das Stühlchen zusammengeklappt trägt. Die Stühlchen nehmen also wenig Raum ein und im Saal ist gerade viel Platz. Der Mann links neben mir aber legt – ganz zufällig – seinen Arm auf meiner linken Lehne ab! Wie kommt ein Mann dazu, zu glauben, dass sei sein Raum? Dass Männer sich mehr Raum nehmen als Frauen und als ihnen zusteht, ist oft zu beobachten – wenn sie sitzen, laufen, Auto fahren. Irgendwie gestattet ihr inneres Modell von sich und der Welt ein sozialunverträgliches Territorialverhalten. Was geht in einem Mann vor, der wie selbstverständlich die Grenzen seines Territoriums überschreitet, in meine Intimsphäre eindringt und sie nutzt, als ob es sein Aktionsraum wäre? Das hätte äußerste Vertrautheit vorausgesetzt. Sonst handelt es sich nämlich um eine Verletzung der Intimsphäre anderer Menschen. Haben Sie schon mal erlebt, dass eine Frau das bei einem völlig fremden Mann wagt – es sei denn, sie hätte Eroberungsabsichten? Davon ist hier nicht auszugehen, denn seine Frau saß auf der anderen Seite.

Was hätte der Mann gesagt, wenn ich ihn zur Rede gestellt hätte? Ich rechne bei Egomanen nicht mit Einsicht. Wahrscheinlich wäre etwas gekommen wie: «Seien Sie doch nicht so empfindlich – übersetzt heißt das zickig!» – womit wieder einmal klar wäre, dass erstens die bekannte – natürlich hormonell gesteuerte – Zickigkeit der Frau nicht als Reaktion auf männliches Fehlverhalten erkannt werden darf, sondern – zweitens – die Frau den schwarzen Peter zugeschoben bekommt und an dem – kleinen oder großen – Konflikt schuld ist. Im Biologiebuch über Tierverhalten könnte jetzt stehen: «Das ist das ganz natürliche Revierverhalten des gemeinen Mannes!» Unverschämt! Unkultiviert! Schlecht erzogen! Sozial- und vor allem frauenfeindlich. Ich bin mir sicher: Die Armlehne meines Mannes wäre tabu gewesen. Aber den Aktionsraum von Frauen muss man(n) nicht respektieren – die sind ja keine Konkurrenz!

Was hätten Sie gemacht? Meine Handlungsmöglichkeiten habe ich für mich selbst dadurch eingeschränkt, dass ich diese wunderbare Veranstaltung nicht stören wollte. Das war es nicht wert. Sie fragen sich vielleicht sowieso schon, ob der Vorfall nicht doch zu belanglos und alltäglich war für die Erörterung in meinem Buch. Alltäglich – das ist das Stichwort! Wenn wir nicht darüber reflektieren und schließlich das Tabu brechen und es als Übergriff benennen, hört diese Respektlosigkeit nie auf! Wir müssen es uns, anderen Frauen und möglichst vielen Männern bewusst machen, dass das Geschlechterverhältnis ins Territorialverhalten eingewebt ist. Und belanglos – das lehrt mich die Psychologie – war das Ereignis für mich auch nicht! Würde ich mich sonst damit noch auseinandersetzen? Ich habe Nichtachtung, Herablassung, Anmaßung gespürt – eben die Dinge, die eine Männergesellschaft so für Frauen bereithält. Außerdem war es eine Störung! Statt mich ruhig auf den Inhalt konzentrieren zu können, lenkte mich zeitweilig die Umgebung ab.

Ich habe jedenfalls mein Stühlchen wenige Zentimeter abgerückt – und er schien überrascht! Was ich noch lieber gemacht hätte? Mich quer durch seinen Aktionsraum gebeugt, um zu seiner Frau zu sagen: «Könnten Sie Ihren allerliebsten Herrngemahlsgatten bitten, seine Vorderpfote von meiner Lehne zu nehmen?» Oder einfach mit spitzen Fingern seinen Arm am Jackettärmel nehmen und über seiner Lehne wieder fallen lassen mit einem trockenen: «Sie gestatten!»

037.

Das war gelebte Frauenpolitik, nein Geschlechterpolitik, denn er hatte ja auch etwas davon! **Jürgen RÜTTGERS**, damals Ministerpräsident von Nordrhein-Westfalen, löste ein gutes Jahr nach seinem Wahlsieg endlich sein «Wahlversprechen» ein: Seine Frau Angelika bekam jetzt einen Geschirrspüler, nachdem die dreifache Mutter Jahrzehnte von Hand spülen musste, wie die «Bunte» berichtete. Ein «Wahlversprechen» der besonderen Art und unbedingt eine Nachricht wert!

Aber der Mann war ja noch viel besser, als wir alle dachten! Sozusagen ein Mustergatte – allerdings einer der ganz, ganz alten Art! Er wird zitiert mit: «Ich stehe zu meinem Wort: Sie kriegt sogar eine ganz neue Küche, in die auch ein Geschirrspüler reinpasst.»[58] Da wird er wohl das Geld für den nächsten Geburtstag seiner Frau und ihr Weihnachtsgeschenk gleich einbezogen haben. Als meine Schwester von ihrem Mann einen Herd zum Geburtstag geschenkt bekam, dachte ich: Wenn sie jetzt darauf für ihn kocht, hat er sich das Geschenk doch mindestens zur Hälfte selber gemacht!

Armer Herr Ex-Ministerpräsident: Mit dem von Ihnen verbreiteten Frauenbild und Geschlechterverhältnis – auch, wenn es ironisch gemeint war – disqualifizierte er sich für die ganz großen Aufgaben wie Außenpolitik und Entwicklungspolitik: «Völkerverständigung beginnt bei der eigenen Frau.»[59]

038.

Der **Amokläufer** von Winnenden erschießt zwölf Schulkinder, davon sind elf Mädchen, die er alle mit gezielten Kopfschüssen tötet. Dann erschießt er drei Lehrerinnen. Aber Medien, Polizei und Staatsanwaltschaft sind blind für den Zusammenhang von Gewalt und Geschlecht. Das sieht Alice SCHWARZER zu Recht als den eigentlichen Skandal an; «diffuse Undurchdringlichkeit» wählt sie zur Beschreibung der Gesellschaft, die eine Verbindung zwischen dem Einzeltäter und einem gesellschaftlichen Klima nicht herstellt, die *das* zentrale Indiz für nicht «verfahrensrelevant» hält.[60]

Stellen Sie sich einmal vor, eine junge Frau hätte elf Jungen erschossen – alle wüssten ganz genau, dass «die einen Geschlechterkonflikt hatte», der jungen Frau würde ein gestörtes Verhältnis zum anderen Geschlecht unterstellt, sie würde als «Männerhasserin» – schlimmstes Vergehen in einer männerdominierten Gesellschaft – bezeichnet. Die Erklärung wäre in etwa: Sie konnte ja – zu Recht – bei Jungen und Männern nicht landen, weil sie hässlich oder ehrgeizig oder wenig sexy war, sie war eben sexuell frustriert und hätte nur mal eben durchge… werden müssen! Zum Kotzen – mit Verlaub! Grenzenlose Primitivität und Brutalität!

Aber mein «Geschlechtertausch» macht noch mehr deutlich: Den Urskandal in unserer Gesellschaft nämlich. Eine Welle bedingungsloser Empörung würde losbrechen, «dass eine Frau so etwas tut». Nicht dass es an Empörung über die Tat des Tim K. gemangelt hätte, aber «die Verknüpfung von Männlichkeit und Gewalt hat eine jahrhunderte-, ja jahrtausendealte Tradition». Das ist die «Ungeheuerlichkeit der Normalität»… Die Norm ist, dass Männer Frauen ermorden (in neunzig Prozent aller Mordfälle zwischen den Geschlechtern). Und noch ein Zitat von Alice SCHWARZER: «Mindestens jede dritte Frau hat Gewalterfahrungen am

---

58 AFP, 2006: Leute. Heute aus Düsseldorf und London. In: Der Tagesspiegel vom 2006-07-27

59 SCHWARZ, Patrick, 2006: Wir Gewinner! Die Männer sind freier denn je. Sie mussten viel aufgeben – und sind dadurch stärker geworden. Eine Ehrenrettung. In: DIE ZEIT Nr. 25 vom 2006-06-14

60 SCHWARZER, Alice, 2009: Im Inneren des Walfischs. Die Mehrzahl der Opfer des Amokläufers von Winnenden waren weiblich. Warum leugnen die Ermittler den Faktor Geschlecht? In: DIE ZEIT Nr. 17 vom 2009-04-16

eigenen Leibe gemacht, meist durch den eigenen Mann, Bruder, Vater.» Das sollte uns empören und politisch aktiv werden lassen – aber nicht einschüchtern. Das wollen wir ändern, denn gewalterfahrene Frauen sind gefährdet, körperlich und/oder seelisch krank oder sogar delinquent zu werden!

039.

Bisher war mein Tag ganz angenehm verlaufen und dann muss ich lesen: «In Indien entzündet bis heute der älteste Sohn des Verstorbenen einen Scheiterhaufen und befreit damit die Seele vom Körper.» [61] Was denken Sie sich dabei? Also, die erste Botschaft dieses einen Satzes heißt für mich: Es ist nicht das älteste Kind, das die Seele des Verstorbenen befreit, **es muss schon ein Junge sein**. Sind Frauen unrein? machtlos? unfähig? Natürlich weiß ich, dass es auch praktische Gründe gibt, weil die Tochter zur Familie ihres Mannes zieht; aber ist der Sohn immer in der Nähe der Eltern? Wohl kaum – es gibt außer den praktischen auch rituelle Gründe und solche der sozialen Stellung. Bei mir überträgt sich die Herabsetzung der indischen Töchter auf alle Frauen – ich empfinde ungerechtfertigte Herabsetzung und kriege Kampfeslust.

Aber da ist noch ein weiterer herabsetzender Aspekt: «der älteste Sohn des Verstorbenen». Ist das «nur» sexistische Sprache oder meinen die wirklich «des Verstorbenen»? Was ist mit der Verstorbenen? Gibt es sie gar nicht, weil die Ehefrau gleich mit auf den Scheiterhaufen kommt? Oder hat sie vielleicht keine Seele, die befreit werden müsste? Lohnt sich so ein schöner ritueller Scheiterhaufen nicht für Frauen? Zu viel Ehre für lebenslang entwertete Menschen?

Sie sehen, liebe Leser*innen: Wenn es nicht die Kultur ist, die Frauen abwertet, kann man(n) es immer noch durch die Berichterstattung nachliefern.

040.

Drei Stichwörter – gesellschaftliche Geringschätzung von Frauen, Ultraschall, Abtreibungspille – ein Ergebnis: Massenabtreibungen von Mädchen. «Ein Drama, das jedes Jahr Millionen von ungeborenen Mädchen im Krankenhausmüll enden lässt und eine unbekannte Zahl von Säuglingen und Kleinkindern zu Mordopfern ihrer eigenen Familien macht.»[62] Ein weiteres Stichwort ist «ökonomisches Kalkül»: Mädchen brauchen eine Aussteuer und werden später nicht der eigenen Familie, sondern der ihres Mannes als Arbeitskraft zur Verfügung stehen. Nennen wir es die individuelle Sicht. Und die volkswirtschaftliche Sicht? «Wenn sich die weibliche Hälfte der Bevölkerung ständig ums Überleben und Diskriminierung sorgen muss, schlägt das negativ auf das ökonomische Potenzial einer Gesellschaft zurück. Frauen sind die Hälfte des Fortschritts.»[63]

---

61 WENDLER, Frank, 2011: Die Ruhe der Toten. Bestattungskultur gestern und heute – vom steinzeitlichen Hockergrab bis zum «Friedwald». In: Der Tagesspiegel, Abschied zu Allerheiligen am 1. November vom 2011-10-30 (B2)

62 BLUME, Georg, 2012: Der mörderische Makel Frau. Massenabtreibungen und Mädchen, die sterben müssen – das ist die Schattenseite des asiatischen Wirtschaftsbooms. In: DIE ZEIT Nr. 12 vom 2012-03-15

63 BLUME, Georg, 2013: Indien ermordet seine Frauen. Ehefrauen werden verbrannt, Witwen

Das ist eine Welt, die nur versteht, wer in sie hineingeboren wurde – denke ich. Wie können sich Mord und Totschlag an weiblichen Säuglingen als ganz normale Handlungsoption so sehr in einer Gesellschaft verankern? Was macht das mit jeder erwachsenen Frau, zu wissen, dass sie vielleicht nur zufällig diesem Schicksal entgangen ist? «Es geht um eine Brutalisierung der individuellen Einstellung zum menschlichen Leben, wie sie erst die Modernisierung hervorbringen konnte»,[64] stellt Shanta SINHA, Vorsitzende der Nationalen Kommission für Kinderrechte in Indien, fest. Für sie sind **«Genderzid» oder «Femizid»** «kein grausames, patriarchalisches Kulturerbe, sondern eine Folge des Sittenverfalls in einer Konsumgesellschaft. Das menschenverachtende Denken hat sich in den guten Stuben eingerichtet.» Jeder Satz zu diesem Thema erschüttert mich. Woher kommt diese Gewalt?

Ich muss Ihnen noch ein Zitat vorstellen. Einen solchen Text hätte ich nicht formulieren können, Demografieforschung ist nicht mein Fachgebiet, aber die Perspektive ist so bedeutsam: «Als Folge droht nach Ansicht einiger Experten noch in diesem Jahrhundert das größte Geschlechterungleichgewicht der Menschheitsgeschichte. Demografieforscher Christopher Guil-Moto spricht von einer alarmierenden Maskulinisierung der Welt. Weil es damit langfristig an Frauenarbeitskraft fehlen wird, sieht die Ökonomin Jayati Ghosh von der Jawaharlal-Nehru-Universität in Delhi das Wachstum in den dynamischsten Volkswirtschaften der Welt in Asien bedroht. Soziologen sehen im Frauenmangel gar eine zukünftige Ursache für soziale Gewalt und Krieg – Männerplus und Kapitalakkumulation könnten eine verstärkte Militarisierung zur Folge haben.»[65]

041.

Wieder kommen wir zum Thema gesellschaftliches Klima. Auf einer Fachtagung des GenderKompetenzZentrums an der Berliner Humboldt Universität zu Equal Pay «Entgeltgleichheit herstellen – Strategien, Instrumente, gute Beispiele», wurde folgendes Beispiel einer grundsätzlichen Frauenunter- und Männerüberbewertung angeführt. Erstens: Eine gemischte Gruppe soll den **Marktwert eines Bildes** schätzen – das Bild stammt (angeblich) von einer Malerin. Ergebnis: 25.000 €. Zweitens: Eine gemischte Gruppe soll den Marktwert desselben Bildes schätzen – das Bild stammt (angeblich) von einem Maler. Ergebnis: 45.000 €.

Das lehrt uns: Frauenarbeit ist nur (etwa) halb so viel wert wie Männerarbeit. Ist ja auch bekannt: Männer sind kreativer als Frauen! Man(n) muss nur die richtig falschen Wertmaßstäbe haben! Aber im Ernst: Sind Frauen zu bescheiden? Nutzen sie den möglichen Spielraum nicht aus? Lehnen sie gar die krankhafte Gier nach immer Mehr prinzipiell – also für sich und andere – ab? Dabei wird die Gier der Männer immer schlimmer. In der Industrie ist es schon egal, ob Gewinn oder Verluste gemacht werden, Hauptsache die Boni stimmen. Wie bringt frau die zur

---

verstoßen, Mädchen sterben an systematischer Unterernährung. Westliche Ökonomen haben erstmals die schreckliche Bilanz gezogen: Über zwei Millionen Tote – pro Jahr. In: DIE ZEIT Nr. 13 vom 2013-03-21

64 BLUME, 2012

65 BLUME, 2012

Vernunft? Sollte jemand von Ihnen darauf eine Antwort haben – ich wäre daran interessiert, kann aber nicht garantieren, dass ich sie ungeprüft übernehme. Ich denke weiter nach!

042.

Noch 2009 soll Gerhard CROMME, als Aufsichtsratschef von Thyssen-Krupp und von Siemens einer der mächtigsten Männer der Wirtschaft, zu Juristinnen, die einen Platz für Frauen an der Spitze von Unternehmen einforderten, gesagt haben: Ein Aufsichtsrat sei «kein Kaffeekränzchen».[66]

Manchmal glaube ich, es geht gar nicht darum, Macht zu teilen oder nicht zu teilen, sondern um etwas ganz Banales – sonst könnten die Männer nicht so saudämliche Ausreden suchen und finden. Stören die Frauen vielleicht nur, wenn die Herren mal wieder einen Vertragsabschluss oder was es sonst so zu feiern gibt, im Bordell bejubeln und bev….. wollen? Stellen Sie sich Aufsichtsrätinnen und weibliche Vorstandsmitglieder dabei vor. Die wollen dann womöglich gar nicht mitgehen, diese Spielverderberinnen und würden die ganze schöne Unternehmenskultur der hohen Herren kaputt machen! PS: Ich wollte es ja erst nicht glauben, aber aus unserer politischen Arbeit mit Sexarbeiterinnen weiß ich inzwischen, dass viele Vertragsabschlüsse im Puff gefeiert werden. Fragen Sie doch mal Ihren Mann, liebe Leserin.

Ob Gerhard CROMME von der folgenden internationalen Untersuchung der Beratungsfirma KPMG gehört hat? «**Korruption ist hausgemacht**»[67]: «Ausgerechnet langjährige Mitarbeiter in Führungspositionen schaden laut einer Studie ihren Firmen durch kriminelles Verhalten am häufigsten. Aus Frustration oder Leistungsdruck greifen sie in die Firmenkasse oder lassen sich bestechen.» (dpa) Und dann wird der Täter so beschrieben:

- meist männlich (87 Prozent)
- Mitte 30 bis Mitte 40
- Führungsposition (82 Prozent)
- vor allem im Finanzbereich oder Vertrieb
- länger als 5 Jahre im Betrieb, wenn die Tat aufgedeckt wird.

Das ist der typische Wirtschaftskriminelle – Ergebnis der KPMG-Studie[68], für die rund 350 Delikte aus 69 Ländern einschließlich Deutschland untersucht wurden. Diese Kriminellen sind auch im Bordell immer dabei. Schaurige Männerwelt mit Frauen als Konsumware und kriminellen Konsumenten! Ich kann gar nicht oft genug für «Geschlechtergerechtigkeit als Gesellschaftsmodell» plädieren! Wir brauchen eine menschliche Unternehmenskultur!

---

66 NOLTE, Barbara, 2011: Sie da oben. Frauen, die Fußball spielen? Kein Problem mehr. Doch in der deutschen Wirtschaft gibt's keine . Das muss sich ändern – und ein Seminar hilft dabei. In: Der Tagesspiegel vom 2011-07-17

67 Der Tagesspiegel vom 2011-08-25

68 Who is the typical fraudster?
http://www.kpmg.de/docs/20110801_Profile_of_a_Fraudster.pdf
http://www.kpmg.com/IS/is/utgefidefni/greinar-og-utgefid/Documents/Who_is_the_typical_fraudster.pdf

043.

Sind Sie sicher, dass Sie den Unterschied zwischen Männern und Frauen kennen? Na, liebe Leserin*, lieber Leser, ich werde ihn Ihnen doch lieber noch mal erklären: Ich sitze im Flugzeug nach Kolumbien, wo ich für sechs Jahre mit den ärmsten der armen Frauen gearbeitet habe – Berufsausbildung! Damals gab es im Flugzeug zu den Mahlzeiten noch – je nach Gesellschaft manchmal sogar ganz hübsches – richtiges (Metall-)**Besteck**. Das habe ich gerne meinen Frauen mitgebracht, denn die hatten von allem zu wenig bis gar nichts. Also frage ich die Stewardess, ob ich das Besteck wohl mitnehmen dürfte. Ihre Antwort: «Nur, wenn ich es nicht merke!» Da durfte sie dann ihr Besteck behalten.

Anschlussflug, dieselbe Prozedur, nur dass es diesmal ein Steward war. Seine Antwort: «Aber, gnädige Frau, Sie werden doch kein schmutziges Besteck mitnehmen. Ich bringe Ihnen sofort ein frisches.»

Was haben wir gelernt? Es gibt Frauen, die ihre Möglichkeiten nicht ausschöpfen, und es gibt Männer, die ihre Kompetenzen überdehnen. Was wünsche ich mir? Geschlechtergerechtigkeit auch in unserem eigenen Verhalten! Seien Sie großzügig in der Einschätzung Ihrer Kompetenzen, liebe Leserinnen!

044.

Für viele – nach meinem Geschmack zu viele – Männer ist keine Situation zu banal, um nicht doch den Versuch zu unternehmen, sich selber vor dem unfreiwillig versammelten Publikum wahre Größe zu verleihen.

Flughafen. Die Passagierinnen* und Passagiere müssen per Bus zum Flugzeug transportiert werden. Ich steige in den Bus, gleich rechts sind zwei Plätze frei, aber ein aufgebrezelter Jungsporn steht davor und blockiert sie – auch noch mit seinem Köfferchen. Ich sage «gestatten Sie, bitte» und strebe auf einen Platz zu. Da sagt mein Jungsporn nicht etwa «Entschuldigung, ich stehe hier wohl im Weg» oder so, sondern «Sie wollen dahin?» Kluge Frage, was wohl sonst? Ich bejahe – das war dann wohl doch nicht so richtig überraschend für ihn, jedenfalls macht er etwas Platz – aber mit großer Geste und einem Satz, der an Gütigkeit kaum zu überbieten ist: «Aber dann lasse ich Sie doch dahin!» Großherzig! Solche noblen Kavaliere lieben wir Frauen – oder etwa nicht?! War wohl gut für sein Image, er war nämlich mit einem weniger prätentiösen jungen Mann im Gespräch, mann hatte sich gerade zufällig getroffen. Der Unprätentiöse war außerdem in Begleitung zweier weiterer junger Hoffnungsträger, es folgt die Prozedur des Vorstellens. Die Situation schrie geradezu danach, sich bedeutend zu machen; davon war er so absorbiert, dass er blind war für seine Umwelt – dann steht mann schon mal im Weg! Drei Geschlechtsgenossen auf einmal beeindrucken – da lohnt sich schon die Mühe, schließlich wird ja täglich dafür geübt!

Mein Aufgebrezelter rundet das Geschehen gekonnt ab mit den Worten: «Aber Sie haben sicher schon von mir gehört! Referatsleiter im Bundeswirtschaftsministerium, Abteilung Industriespionage, Spionageabwehr blablabla ....» Mei, so'n wichtjes Bengelchen, muss mann unbedingt kennen, hat sich wohl einer der Hoffnungsträger gedacht und sagt: «Wie war noch mal Ihr Name?» «Müller, ganz einfach Müller.» Da hat mein gespreizter Jungstar ganz furchtbar gelitten! Keiner hat von ihm gehört und dann noch Müller, ganz einfach Müller! Wie schön wäre jetzt «von und zu Maîtredeplaisir» gewesen! Da frage ich mich: Warum tun sich Männer das an? Rechnen Sie nicht damit, dass ihr Publikum sie nicht so bedeutend finden könnte, wie sie sich finden, und sie dann ziemlich nackert in der Gegend rumstehen? Wird Misslingen nie antizipiert? Ohne seine Angeberei hätte er sich diesen Absturz erspart. Ich habe dann immer das Bild von einem Seiltänzer im Kopf, der nicht weiß, dass rechts und links nichts weiter ist als Abgrund.

045.

Jahrzehnte habe ich zu der nun folgenden Einsicht gebraucht! Aber der Reihe nach:

Immer wieder passierte es, dass mein Mann mit mir über irgendetwas reden wollte, während ich mit – welcher auch immer? – **Hausarbeit** beschäftigt war, und ich reagierte abweisend bis gereizt. Mein allerliebster Herrgemahlsgatte wurde dann regelmäßig grundsätzlich: «Es ist ganz furchtbar mit dir, wenn du bei der Hausarbeit bist, da bist du nicht anzusprechen, das ist dein verdammter Perfektionswahn, den hast du von deiner Mutter und deiner Großmutter, die als hauswirtschaftliche Gewerbelehrerin und als Lette-Haus-Schülerin Haushalt so wichtig gemacht haben, blablabla!.»

Neulich war ich beim Kochen und, wie so häufig, hatte mein intellektuell anstrengender Mann gerade etwas Wichtiges mit mir zu besprechen. Endlich ging mir ein Licht auf! Weder Mutter noch Großmutter sind schuld, sondern wir selber. Mein allerliebster Herrgemahlsgatte, der eigentlich ganz partnerschaftlich und – außer im Intellektuellen – pflegeleicht ist, findet offenbar, dass Hausarbeit keine Arbeit ist. Wenn ich am Schreibtisch sitze, fragt er: «Bist du ansprechbar?» und ist nicht gekränkt, wenn ich sage: «Im Augenblick nicht.» Aber beim Kochen zum Beispiel brauche ich dieselbe Konzentration wie beim Lesen oder Schreiben. Eigentlich noch mehr. Ein unterbrochener Satz kann jederzeit noch mal gelesen werden. Ein nicht geschriebener Satz ist meist nicht so flüchtig, dass er sich nicht rekonstruieren ließe. Aber zu viel Salz im Salat, zu dunkel gebratenes Fleisch etc. das sind Fehler, die sich nicht korrigieren lassen – die Mahlzeit, das Essvergnügen hin, die Arbeit umsonst! Es braucht die Konzentration auf den Punkt!

So weit also mein allerliebster Herrgemahlsgatte. Und was mache ich falsch? Ich beteilige mich an der Geringschätzung der Hausarbeit und lasse es zu, dass er Hausarbeit nur für langweilige Lockerungsübungen hält, die man jederzeit unterbrechen und anspruchsvoller machen kann – sozusagen der Small Talk unter den Tätigkeiten, Marke: «das bisschen Haushalt!» Wie hätte es sonst so lange dauern können, bis mir diese Einsicht nun endlich kam? Also mehr Respekt! Selbst- und Fremdrespekt vor der Hausarbeit, auch wenn sie vielfach «nur» Frauenarbeit ist!

046.

«Beamte in der **indonesischen Provinz Gorontalo** können nach Ansicht ihrer Vorgesetzten nicht mit Geld umgehen.» Na gut, das können viele Männer und

Frauen nicht so gut, wie es wünschenswert wäre. Hier aber geht es um eine Schwäche der familienfeindlichsten Art: «Sobald sie ihr Gehalt bekommen, legen sie sich eine Geliebte zu», heißt es nämlich weiter bei Spiegel online.[69] Und was haben sich die Vorgesetzten in der Indonesischen Provinz als Konzept gegen Seitensprünge der Beamten ausgedacht? Die Beamtengehälter werden an Ehefrauen ausgezahlt! Das erinnert an die «große Kindergeldreform» in Großbritannien, die eigentlich das Kindergeld nur von den Konten der Väter auf die der Mütter umgelenkt hat. Wieso können Männer – bei der offensichtlich getroffenen Vereinbarung der Arbeitsteilung zwischen Mann und Frau – glauben, das ganze Geld gehöre ihnen? Wenn das ganze Geld zu ihrem Selbstwertgefühl gehört, müssen sie andere Vereinbarungen treffen und andere Muster leben, sie müssen bezahlte und unbezahlte Arbeit gerecht teilen. So einfach ist das. Nix mehr mit «Hol mir mal'n Bier.»

«Männer sind in der Regel nicht in der Lage, sich zu beherrschen, wenn sie zu viel Geld in der Tasche haben», sagte ein Sprecher der Provinz Gorontalo. Da könnte frau/man natürlich auch auf die Idee kommen: Die Jungs kriegen einfach zu viel Geld! Das haben sich die Indonesier aus Gorontalo vielleicht auch gedacht. «Die Initiative beruht laut dem Provinzsprecher auf Freiwilligkeit, 90 Prozent der 3200 männlichen Beamten nähmen an dem Programm teil.» Oder wollten sie nur nicht als Wüstling dastehen? Auch recht! Ich kenne keine Frau, die die Seitensprünge ihres Mannes glücklich machen. Mag sein, dass es sie gibt, aber mich treibt eine emanzipative gesellschaftliche Vision um, die einen Kulturwandel bringt mit einem Geschlechterverhältnis auf Augenhöhe. «Viele Frauen hätten sich beschwert, dass sie gar nicht wüssten, wie hoch das Einkommen ihrer Ehemänner sei. In der Regel verdienen die Beamten umgerechnet zwischen 82 und 330 Euro monatlich.» Hübsch finde ich auch die folgende Feststellung: «Zur Zahl der Seitensprünge vor der Umsetzung der Maßnahme konnte der Sprecher keine Angaben machen: ‹Das haben wir leider nie untersucht.›» Bei Christof KUCKLICK ist «Männlichkeit ... die Kurzformel für Missstände aller Art.» [70] Wollen wir das? Tut uns das gut?

047.

Auch in der Beschreibung historischer Frauengestalten können wir Sätze finden, die noch immer die Realität beschreiben: «Auf ihrem Zeugnis muss die Anrede ‹Herr› durchgestrichen werden, stattdessen tippt man sorgfältig ‹Fräulein› daneben. **Für Frauen ist der Vordruck nicht gedacht**»[71] heißt es über die erste Diplom-Ingenieurin Jovanka BONTSCHITS, die ihr Examen in Darmstadt ablegte.

69 http://www.spiegel.de/panorama/konzept-gegen-seitenspruenge-indonesische-provinz-zahlt-beamtengehaelter-an-ehefrauen-a-818884.html 2012-07-08

70 KUCKLICK, Christof, 2012: Das verteufelte Geschlecht. Wie wir gelernt haben, alles Männliche zu verachten. Und warum das auch den Frauen schadet. Ein Essay. In: DIE ZEIT Nr. 15 vom 2012-04-12 (Dossier)

71 LÜBKE, Friederike, 2013: Fräulein Diplom-Ingenieur. Vor 100 Jahren verlieh die TU Darmstadt als erste deutsche Hochschule den Ingenieurstitel an eine Frau. In: DIE ZEIT Nr. 38 vom 2013-09-03

Auch heute noch stoße ich, wenn auch nicht mehr so häufig, auf nicht geschlechtergerechte Vordrucke. Ich bin immer mal wieder «Patient». Einmal wurde ich gefragt, ob ich das bei mir entnommene Gewebe für ein Forschungsprojekt zur Verfügung stelle. Ich habe mir das Forschungsdesign angesehen, da gab es nur «Patienten». Mit «Sie machen ja nur Männerforschung», habe ich abgelehnt. Medizin und Frauen ist ein spezielles Thema, Sie finden es in einem späteren Kapitel. Und an so mancher Einzelhandels- oder Restaurantrechnung habe ich schon vor der Unterschrift «Kunde» in «Kundin» geändert – auch im KDW in Berlin. Weltläufig sind nur die Geschäfte!

Zu Ingenieurin Jovanka BONTSCHITS' Universitätsabschluss war übrigens in der «Berliner Illustrierten Zeitung» damals zu lesen: «Den Frauen werden immer mehr von jenen Berufen erschlossen, die sonst die ureigenste Domäne des Mannes gewesen sind.» «Ureigenste Domäne des Mannes» – kommt Ihnen das auch sehr bekannt und gar nicht weit weg vor?

048.

Als Anke ENGELKE 2004 mit «Ankes Late Night» Harald SCHMIDT beerben wollte, stand in der «Süddeutschen» zu lesen: «Das Grunddilemma blieb: **Wer will sich abends von einer Frau die Welt erklären lassen.**» [72] Ich verstehe nicht, was in einem Männerkopf vorgeht, wenn so etwas herauskommt. So dämlich können doch Männer nicht sein, dass sie sich alle für klüger halten als alle Frauen. Woher kommt diese Verachtung?

049.

Es ist, als hätten sich die Zuständigen einen Spaß daraus gemacht, die übelsten Geschlechterklischees zu reproduzieren, um alle Feministinnen dieser Welt gegen sich aufzubringen. Wahrscheinlicher ist leider: Die meinen das ernst. «… **Gender-Apartheid gilt in der Spielzeugbranche** als mehrheitsfähig.»[73]

Da können wir Frauen uns lange wundern, dass auch junge Männer z. T. Geschlechterrollen im Kopf haben und gerne Modelle leben würden, die jede Partnerschaft mit gleichen Anteilen der bezahlten und der unbezahlten Arbeit für Partnerin und Partner ausschließen.

Aber Pink ist eine Signalfarbe, kein weibliches Gen. «Früher galt Rosa als ausgesprochene Jungsfarbe, Mädchen war dagegen Hellblau zugeordnet. Das drehte sich erst im 20. Jahrhundert.»[74] Diese Behauptung ist öfter zu finden, aber sie wurde von Marco DEL GIUDICE widerlegt.[75] Harro ALBRECHT stellt fest: «Bis zu

72 WEBER, Silke, 2012: Kalauer sucht Frau. Witze zu reißen ist in Deutschland Männersache. Nicht mehr lange? Wie drei Komikerinnen das sehen. In: Der Tagesspiegel vom 2012-10-21

73 Leber, Sebastian, 2014: Ausweitung der Spielzone. Mädchen mögen's rosarot und kriegen einen Frisiertisch geschenkt, Jungs kämpfen mit Schwertern und basteln an einer Werkzeugbank. Beim Spielzeug überleben die ärgsten Klischees. Das soll sich ändern. In: Der Tagesspiegel vom 2014-11-30 (Printversion) http://www.tagesspiegel.de/weltspiegel/sonntag/lego-barbie-und-tkkg-sexismus-debatte-im-kinderzimmer/11049550.html

74 LEBER, 2014

75 ALBRECHT; Harro, 2018: Pink als Wille und Vorstellung. Wie unterschiedlich Frauen und

einem Alter von zwei bis drei Jahren lieben Jungen und Mädchen die einfachen, bunten Primärfarben. Rot und Blau sind bei den Kleinen begehrt, Pink und Orange nicht so sehr. Werden die Kinder sich aber ihres Geschlechts bewusst und sondieren das Umfeld auf geschlechtsspezifische Informationen, ändern sich ihre Vorlieben. … Diese allein biologisch zu erklären, nennt die kanadisch-britische Wissenschaftsautorin Cordelia FINE in ihrem Buch ‹Delusions of Gender› neurosexistisch.» [76]

Der Barbie-Hersteller Mattel steht seit Jahren mit beiden Beinen in diversen Gender-Fettnäpfchen. Warum Barbie bei Feministinnen und anderen aufgeklärten Menschen so unbeliebt ist, hat Sebastian LEBER sehr klar zusammengefasst: «Gäbe es einen Menschen mit den Proportionen der Barbie, wie sie aktuell in den Regalen steht, müsste diese Person auf allen vieren laufen und wäre nicht imstande, den Kopf zu heben.» Und was geschieht mit den Mädchen, die mit der Barbie-Puppe spielen? Sie gewöhnen sich an den Anblick dieser kranken Proportionen und ihr Selbstwertgefühl nimmt Schaden, weil sie mit zunehmendem Alter bewusst oder unbewusst erkennen, dass sie diese Maße nie erreichen.» Die Tatsache, dass Mattel diesen Zusammenhang bestreitet mit der Behauptung, Barbie war nie als realistische Puppe geplant, hilft nicht gegen das «erhöhte Risiko der Puppenbesitzerinnen (aus), später an Essstörungen zu erkranken.» Gendergerechtes Spielzeug sieht anders aus!

050.

Noch 1984 berichten MAYER/AHLERT von der weiten Verbreitung von **Menstruationstabus im Nahrungsmittelgewerbe**: Frauen dürfen während ihrer Menstruation weder in der Herstellung noch in der Verarbeitung von Lebensmitteln beschäftigt werden, vielfach sogar nicht einmal die Räume betreten, weil ihr «Menstruationsgift» die Lebensmittel verderben lässt. Elternhaus und Berufsausbildung sind die Hauptvermittler solcher Meidungsgebote wie «keine Fleischwaren berühren», «keine Salate herstellen», «nicht einlegen oder einkochen», «keine Milchspeisen herstellen», «nicht schlachten oder konservieren», «weder kochen noch backen» etc. Und das Verwegenste daran: Die Regeln werden von vielen Berufsangehörigen auch noch für berechtigt gehalten.

Tätigkeitsbeschränkungen aufgrund ihres Frauseins – das sind diskriminierende Momente weiblicher Erwerbsarbeit. In Verbindung mit dem Glauben männlicher Berufsangehöriger an die Berechtigung dieser handlungsleitenden Verhaltensregeln ist klar: Frauen können wegen dieser Verbote und den dadurch eingeschränkten Berufserfahrungen keine leitenden Positionen einnehmen. Fertig! Konkurrenz ausgeschaltet! «Menotoxinnachweise» anstelle eines Blicks auf die hygienischen Unzulänglichkeiten.[77]

Männer Farben sehen und was daraus folgt. In: DIE ZEIT Nr. 34 vom 2018-08-16

76 ALBRECHT, 2018

77 MAYER, Christine / AHLERT, Burkhard, 1984: Tradierung von Vorurteilen in Berufsausbildung und -praxis. Menstruationstabus und Nahrungszubereitung. Zeitschrift für Berufs- und Wirtschaftspädagogik, 80. Band, Heft 1 (1984), Wiesbaden

051.
Sie erinnern sich sicher an den Hashtag **#aufschrei**. Die Journalistin Laura HIMMELREICH hatte in ihrem Porträt von Rainer BRÜDERLE «Der Herrenwitz» im Stern vom 24. Januar 2013 eine anzügliche Bemerkung des FDP-Spitzenkandidaten am Abend des Dreikönigstreffens am 6. Januar 2012 geschildert. In einer Hotelbar hatte BRÜDERLE auf ihren Busen geschaut und gesagt: «Sie können ein Dirndl auch ausfüllen.» Die Veröffentlichung dieses Vorfalls und die Schilderung weiterer Situationen zeichneten das Bild eines Mannes in «Dauererotisierung», Schlüpfrigkeiten sollten der Popularität dienen. Der Artikel löste eine Sexismus-Debatte aus, Sexismus wurde ein beherrschendes Thema in Print-Medien und Fernsehsendungen. Endlich hatte eine Frau gewagt, an einem Beispiel klar zu machen: Wir wollen das nicht mehr hinnehmen! Frauen haben es einfach satt, sich in ihrem alltäglichen Leben immer wieder sexistischen Bemerkungen und Übergriffen ausgesetzt zu sehen.

Natürlich wurde Laura HIMMELREICH kritisiert und Rainer BRÜDERLE bedauert – na klar, war ja auch das erste Mal, dass eine Frau solche widerlichen sexuellen Anspielungen öffentlich machte. Es dauerte nicht lange, dann wurde gefragt: «Müssen wir wirklich noch darüber reden: über den Fall Brüderle und die Frage, wo ein Witz aufhört und eine Belästigung beginnt? Darüber, ob Deutschland ein Sexismus-Problem hat?»[78] «Ja, das müssen wir.» – sagte Tina HILDEBRANDT. Jenseits der Skandalisierung müssen Männer und Frauen über Alltagssexismus reden. «Reden wir also nicht über Rainer BRÜDERLE, reden wir über den abstrakten Fall, darüber, wie er diskutiert wurde und was diese Debatte über die Machtverhältnisse in der Gesellschaft verrät. Sie haben sich verändert, die ungeschriebenen Regeln in dem alten Spiel zwischen Männern und Frauen werden neu verhandelt.» Das ist Tina HILDEBRANDTS Anliegen und meins auch. Für sie ist eine Geschichte von einem Mann, meist in Vorgesetztenposition, der glaubt, sich den Blick auf den Busen, einen anzüglichen Spruch, eine Hand auf dem Knie oder zwischen den Beinen erlauben zu können, «eine Hund-beißt-Mann-Geschichte». Für mich ist Political Correctness kein Moralknigge, sondern ein Verhältnis auf Augenhöhe zwischen noch so verschiedenen Menschen.

Die Berliner Frauensenatorin Dilek KALAYCI erklärte in einem Interview: «Ich finde es gut, wenn Frauen in allen Bereichen klarmachen, dass sie bestimmte Grenzüberschreitungen durch sexistische und diskriminierende Äußerungen, Blicke oder Gesten nicht länger hinnehmen. Sexismus ist kein Kavaliersdelikt, keine Normalität, die frau ertragen muss.» Da kann ich nur zustimmen. Sie bestärkt Frauen, auch in einem Abhängigkeitsverhältnis bestimmte Dinge nicht hinzunehmen, sondern sich der Situation bewusst zu werden und darüber zu reden, anstatt sich zu schämen und die Schuld bei sich zu suchen. Sie lässt auch keinen Zweifel daran, dass es eine Grenzüberschreitung war und nicht eine verirrte Charmoffensive.

Aber sie spricht auch den Fall Bernhard BLASZKIEWITZ, Direktor des Tierparks Berlin, und seine skandalösen Umgangsformen mit den Beschäftigten an.

---

78 HILDEBRANDT, Tina, 2013: Schwer angefasst. Viele finden die Debatte überzogen: Es geht aber nicht um den »stern«, sondern um Machtverhältnisse. In: ZEIT ONLINE vom 2013-01-31

Er gab nicht nur den Patriarchen, sondern versah in einem internen Schreiben die Namen von Mitarbeiterinnen mit dem Zusatz «0,1» – das steht in der Zoowelt für «Weibchen», aber bei einigen Arten auch für auch «Zuchtstuten». Die Frauensenatorin fand, BLASZKIEWITZ habe sich total disqualifiziert, denn von Führungskräften erwarte sie, dass sie konsequent gegen Diskriminierungen in ihren Unternehmen vorgehen und sie nicht selbst praktizieren.

Der Hashtag #aufschrei ließ erstmals erkennen, dass Frauen eine ausreichende Meinungsmacht aufgebaut haben, um den Sexismus des Mainstreams zu bannen. Sie setzen die Maßstäbe, was als diskriminierend empfunden wird. Ihre Empfindungen markieren die rote Linie, sie haben – bei aller Subjektivität des Erlebens – ein gutes Gespür dafür, wenn der Herrenwitz darauf zielt, ein Hierarchieverhältnis herzustellen, denn das ist immer das Hauptziel des Witzerzählers. Es dürfte in Zukunft für Frauen leichter werden, sich in bestimmten Kreisen frei zu bewegen. Männer, die die Grenzen überschreiten, können nicht mehr von der gesellschaftlichen Normalität des Sexismus ausgehen, sie disqualifizieren sich auch in den Augen anderer Männer und das macht den Witz zur Brutalität.

052.

Jürgen KOCKA hätte es 2009 schon besser wissen können, denn ein Standardwerk zu nicht-sexistischen Forschungsmethoden lag bereits seit 1988 vor[79] – davon aber später mehr. In seinem Artikel im Tagesspiegel[80] setzt der Autor, damals Professor für die Geschichte der industriellen Welt an der Freien Universität Berlin und Präsident des Wissenschaftszentrums Berlin für Sozialforschung (WZB), sich unter der Überschrift «Gläserne Mauern» – offenbar dem in der Geschlechterforschung beschriebenen Phänomen der «gläsernen Decke», die den Aufstieg von Frauen verhindert, nachempfunden – mit der Tatsache auseinander, dass trotz der unbestreitbar sozial kurativen Bildungsexpansion nicht für alle akademisch Gebildeten ein unbegrenzter Aufstieg Realität geworden ist. Er schreibt: «Beispielsweise sind die Karriereaussichten promovierter Juristen, Ökonomen und Ingenieure sehr unterschiedlich. Wer aus dem gehobenen Bürgertum stammt, hat eine fast doppelt so hohe Chance, in eine Führungsposition eines Spitzenunternehmens einzurücken, wie Promovierte aus den mittleren und unteren Schichten. Die Forschung erklärt das mit der Bedeutung karriererelevanter Persönlichkeitsmerkmale. Dazu gehören souveränes Auftreten, angemessene Umgangsformen und optimistische Lebenseinstellung.» Ich hätte es wissen müssen! Bei der Sprache! Und dann das dazugehörige Bild: eine Jungenklasse von Anno dunnemals! Der Mann ist von Geschlechterblindheit geschlagen, dass man ihn prämieren müsste.

Weiß er nicht, dass alle seine Aussagen wertlos, weil nicht nach Geschlechtern differenziert sind? «Wer aus dem gehobenen Bürgertum ...» (s.o.) – wenn, ja wenn dieser «Wer» ein Mann ist! Was nützt Frauen «souveränes Auftreten, angemessene Umgangsformen und optimistische Lebenseinstellung» gegen die

79 EICHLER, Margrit, 1988: Nonsexist Research Methods. A Practical Guide, Boston

80 KOCKA, Jürgen, 2009: Gläserne Mauern. Bildung kann als Schlüssel zum Aufstieg dienen. Sie kann soziale Unterschiede aber auch befestigen. In: Der Tagesspiegel vom 2009-05-27

Borniertheit männlicher Entscheidungsträger, die sich Frauen nicht als Führungskräfte vorstellen können und Frauen schon gar nicht in Personalentwicklungsmaßnahmen einbeziehen, die sie für ihren männlichen Nachwuchs organisieren – jedenfalls nicht 2009. Hier schreibt wieder einmal ein Mann über Männer und tut so, als ob er über alle Menschen schreibt – dabei gehen ihm 52 Prozent der Menschheit mal eben verloren! Frauen als **Machtschattengewächse**! Wie kann ein Mensch noch so vernagelt rumrennen – bei *der* Arbeitsbiografie! Und dann ist der Knabe auch noch jünger als ich! Ich muss es ja nicht verstehen! Da kann frau nur dankbar sein, dass das WZB jetzt eine Präsidentin hat, die geschlechterdifferenziert und damit wissenschaftlich arbeitet.

Und parallel dazu: Das Ergebnis des Berichts zum «Gender Pay Gap» in Führungspositionen der Privatwirtschaft in Deutschland: Die Frauen an der Spitze sind genauso gut ausgebildet wie Männer und sie arbeiten fast immer in Vollzeit. Ein Unterschied ist, dass sie rund ein Viertel weniger verdienen. «Einen großen Teil dieser Lohnlücke können wir mit den herkömmlichen Theorien nicht erklären», sagt Wirtschaftswissenschaftlerin Elke HOLST.[81]

Natürlich kann man/frau auch reine Männer- oder Frauenforschung machen – nur, dass diese Forschungsergebnisse auch als reine Männer- oder Frauenforschung gekennzeichnet werden müssen!

053.

In Venezuela ist ein Traum geplatzt. Es geht um Prostitution, Korruption und politische Verstrickungen bei den legendären Miss-Wettbewerben. Die «**Quinta Miss Venezuela**» in Caracas, aus der sieben Miss Universum und sechs Miss Mundo hervorgegangen sind, ist Geschichte, der «Zar» des Ganzen, Osmel SOUSA, ist zurückgetreten, er hat zwar über vierzig Jahre an der Spitze der Organisation gestanden, war aber offenbar für nichts verantwortlich. Komisch, nicht wahr? Ob es eine Wiedergeburt gibt, ist bei dem augenblicklichen «Abgrund von Skandalen, in denen es um Korruption, Prostitution, Geld, Gier und Macht»[82] geht, nicht abzusehen.

Anonym wissen wir von einer Miss, «wie ihre Laufsteg-Lehrerin von reichen Geschäftsleuten Geld kassierte, um Mittagessen mit den Anwärterinnen zu arrangieren.» Eine andere Ex und spätere Schriftstellerin erzählte, wie sie zu einem der Sponsoren beordert wurde, um vor ihm den Badeanzug anzuprobieren. «Er erwartete mich bereits in der Unterhose.»

Für mich ist das Schlimmste daran: «Das war schon immer ein offenes Geheimnis. Einige Mädchen machen mit, andere nicht.» Und das Beispiel steht für viele ähnliche Einrichtungen in allen Ländern der Welt. Die Ex-Miss und Schauspielerin

---

81 HOFFINGER, Isa, 2009: Das haben sie nicht verdient. Frauen gelangen selten in Führungspositionen und bekommen oft weniger Lohn als ihre männlichen Kollegen. In: DIE ZEIT Nr. 35 vom 2009-08-20

82 WEISS, Sandra, 2018: Abgründe der Schönheit in Venezuela. Venezuela war so stolz auf die Miss-Wettbewerbe. Nun ist das Land geschockt von Korruption, Prostitution und politischen Verstrickungen in der Szene. In: Der Tagesspiegel vom 2018-04-02 https://www.tagesspiegel.de/weltspiegel/skandal-um-miss-wettbewerbe-abgruende-der-schoenheit-in venezuela/21134318.html

Patricia VELASQUEZ schilderte – vor Jahren – in ihrer Autobiografie, wie sie sich prostituierte, um die von SOUSA verlangten Schönheitsoperationen für die Wettbewerbe zu finanzieren, und «niemand fand das anstößig». Was ist das für eine Gesellschaft? Sind die denn alle von «Schönheit» besessen – egal, ob von der Natur oder vom Operationstisch? Was lernen kleine Mädchen in einer solchen Umgebung? Du bist nichts wert, es sei denn, du bist schön und tust alles, um perfekt zu werden, koste es, was es wolle – Prostitution eingeschlossen und Schönheits-OPs – mit teils verheerenden Folgen. Es gibt immer wieder Todesfälle, weil Frauen in Kliniken ohne Lizenz Geld sparen wollen. Da fällt mir nur ein: Denn sie wissen nicht, was sie tun!

Ich bin ja nicht naiv; natürlich geht es um viel, viel Geld – und nicht nur für die Frauen! Für die Organisatoren und wenigen Organisatorinnen geht es um Macht, um Einfluss, aber der enge Kontakt zur Politik ist doch immer wieder erstaunlich: 2017 publizierten investigative Online-Plattformen «Details über ehemaligen Schönheitsköniginnen, die von sozialistischen Regierungsfunktionären Geld bekamen im Austausch für sexuelle Gefälligkeiten oder gemeinsame öffentliche Auftritte». Die regierenden Sozialisten wollten den berühmtesten Schönheitswettbewerb Lateinamerikas in ein politisches Propagandainstrument verwandeln. «Die Ex-Miss Claudia Suarez tauchte im Zusammenhang mit dem Geldwäscheskandal von Andorra auf. Sie soll Millionen auf ein Konto von Diego Salazar verschoben haben, Neffe des langjährigen Erdölministers Rafael Ramirez und ein für grenzenlose Prasserei bekannter Multimillionär. Beide galten als enge Vertraute des verstorbenen Expräsidenten Hugo Chavez.» Auch der Sozialismus benutzt Frauen zur Bereicherung – das wäre dann auch geklärt. «Es lebe der Sozialismus» – Aber der doch nicht! Ja, welcher denn nun?

Und was machen die «normalen» Mädchen? In meinen sechs Jahren in Kolumbien, in denen ich Frauen ausgebildet habe, hätte jede «meiner Frauen» Geld gut gebrauchen können, aber es ist mir keine junge Frau begegnet, die die Voraussetzungen mitgebracht hätte – und wenn, ich hätte alles getan, um sie von einer Miss-Karriere – in doppelter Hinsicht – abzuhalten. Die Bedingungen sind so unvorstellbar und so vorhersehbar menschenunwürdig. Das Schlimme daran ist m.E., dass die kleinen Mädchen schon auf diese Rolle getrimmt werden – damit die Familie endlich aus der Not kommt. Und es sind ja nicht nur die Erfolgreichen; wie viele junge Mädchen nehmen wohl allein an den Castings teil?

Schon 2013 schrieb Sonja ÁLVAREZ[83]: «Gabriela Isler ist die schönste Frau des Universums. So lautet zumindest der Titel, den sie kürzlich bei der Wahl zur ‹Miss Universum› gewonnen hat. Doch kaum setzte sich Isler die Krone auf, wurde spekuliert, was alles echt an ihr ist – und was nicht. Isler kommt aus Venezuela, dem Land der ‹Missen›, dem Plastikland: Wer es sich leisten kann, legt sich hier unters Messer, wer es sich nicht leisten kann, auch. Für Schönheitsoperationen werden hier Kredite aufgenommen, Silikonbrüste gelten als Statussymbol.»

83 ÁLVAREZ, Sonja, 2013: Aufgepumpte Puppen. In Venezuela kommt der Silikontrend ins Schaufenster. Auch in Deutschland werden Plastikfiguren dem Schönheitsideal angepasst. In: Der Tagesspiegel vom 2013-12-22

054.

Ach, und dann wollte ich Sie – jawohl liebe Leserin, diesmal nur Sie – noch fragen, ob Sie wissen, wie eine Frau sein sollte? Also nicht nervig! Also, nervig geht gar nicht, egal, was es bedeutet. Z.B.: «Oh! Aber ist die nicht **ziemlich nervig**? Dieser Satz ist ein Killer. Er tötet fast immer und es lässt sich nur schätzen, in wie vielen Berufungskommissionen, Vorstandssitzungen und Parteigremien mit ihm schon verhindert wurde, dass eine Frau einen begehrten Posten bekam.»[84] «Nervig» ist für Frauen reserviert, Männer sind nie nervig! Zu Männern passt besser: schwierig, launisch, autoritär oder teamunfähig – gern in Führungspositionen. Da steckt doch der ganze Kerl drin! Wenn Sie als Frau normal, nett, hilfsbereit und fähig sind, sind Ihre Chancen auf einen leitenden Posten aber leider auch nicht besser, ehrgeizig dürfen Sie auch keinesfalls sein. Merken Sie denn nicht, dass Sie stören? Also, Sie können sein, wie Sie wollen, Sie gehören einfach nicht in diese schöne, alte Männerwelt.

Ganz abgesehen davon, dass viele Männer insgeheim natürlich froh sind, sich der neuen, stressigen Konkurrenz durch hoch qualifizierte Frauen mit einem Trick erwehren zu können..

Ist das nicht ein hübsches Wortspiel? «Der Reflex – Etiketten aufkleben – ist im Zweifelsfall schneller da als jede Reflexion?»

055.

Das müssen Sie sich mal vorstellen – aus DIE ZEIT[85]: «**Sagen Sie mal, Sie als Frau ...**»

Frauen, die Karriere als Wissenschaftlerin machen, müssen ständig Fragen beantworten, die nichts mit ihrer Forschung zu tun haben. DIE ZEIT hat fünf Wissenschaftlerinnen gefragt: Welche können Sie nicht mehr hören? – und diese Fragen ihren männlichen Kollegen gestellt.

«Haben Sie manchmal das Gefühl, dass Sie Ihre Familie vernachlässigt haben, nur um Karriere zu machen?»
Isabel SCHNABEL. Professorin für Finanzmarktökonomie an der Universität Bonn und seit 2014 eine der «fünf Wirtschaftsweisen»

«Wachen Sie manchmal auf und denken: Huch! Das ist ja eine große Aufgabe?»
Muriel HELBIG. Promovierte Psychologin, ist seit 2014 Präsidentin der Fachhochschule Lübeck

84 GASCHKE, Susanne, 2008: Der Fluch der Nervensägen. Frauen, die etwas wollen und können, werden gerne als »anstrengend« abgestempelt. Warum machen Männer wie Frauen bei diesem ewigen Spiel immer noch mit? In: Zeit-Magazin Nr. 41 vom 2008-10-01

85 SCHOLZ, Anna-Lena, 2016: »Sagen Sie mal, Sie als Frau ...«. Frauen, die Karriere als Wissenschaftlerin machen, müssen ständig Fragen beantworten, die nichts mit ihrer Forschung zu tun haben. Wir haben fünf Wissenschaftlerinnen gefragt: Welche können Sie nicht mehr hören – und diese Fragen ihren männlichen Kollegen gestellt. Aus dem Englischen von Matthias Schulz. In: DIE ZEIT Nr. 16 vom 2016-04-07

«Warum betreiben immer nur Frauen zusätzlich zu der Forschung in ihrem Fach auch noch Gender-Studies?»
Susanne BAER. Professorin für Öffentliches Recht und Geschlechterstudien an der HU Berlin und Richterin des Bundesverfassungsgerichts

«Gut, dass immer eine Gleichstellungsbeauftragte dabei ist»
«Sind nicht inzwischen die Männer im Wissenschaftssystem diskriminiert – angesichts all der Gesetze und Verordnungen zur Frauenförderung?»
Barbara HOLLAND-CUNZ ist an der Uni Gießen Professorin für Politikwissenschaft mit dem Schwerpunkt Gender Studies und Mitglied der Ethikkommission.

«Lassen wir Ihre Forschung doch beiseite. Erzählen Sie mal – wie haben Sie eigentlich Ihre Wohnung eingerichtet? Wie wäre es mit einer Homestory?»
Nicole DEITELHOFF leitet die Hessische Stiftung Friedens- und Konfliktforschung. Sie ist Professorin für Internationale Beziehungen.

056.

Am 2018-08-24 war ich zu einem Sommerfest der SPD-Berlin eingeladen. Natürlich gibt es bei solcher Gelegenheit Begrüßungsworte und politische Statements. Die Begrüßungsrede hielt – natürlich – der Gastgeber, also der Regierende Bürgermeister – **alles lauscht**. Anschließend wird die Berliner Kandidatin für die Europawahlen 2019 vorgestellt, wie vorgesehen ergreift sie das Wort. Und was soll ich Ihnen sagen? Keine Rede von «alles lauscht». Viele – zu viele – Gäste unterhalten sich fröhlich quer über den Tisch, nach rechts, nach links – eine vollkommen andere Atmosphäre als bei der Rede des Regierenden Bürgermeisters. Wieso auch nicht – es redet ja bloß eine Frau und welcher Mann will sich die Politik schon von einer Frau erklären lassen? Und ganz traurig: Auch Frauen haben sich munter unterhalten!

057.

Auf einer internationalen Konferenz 1982 in Kanada ging uns Frauen die Dominanz der Männer über die Hutschnur. Aufgeplustert liefen sie über das Konferenzareal, ein Universitätsgelände, besetzten jedes Podium und alle Posten des Leitungsgremiums des Weltfernunterrichtsverbandes, hielten fast alle Vorträge – Frauen kamen nicht vor. Sie bewiesen nicht einmal auch nur das leiseste Gespür für dieses Ungleichgewicht. Wir wollten das ändern, so schlossen sich drei Frauen zusammen, um eine Frauenvollversammlung vorzubereiten. Parallel lief an diesem Abend die auf Konferenzen übliche Festveranstaltung. Einzeln gingen wir an den Tischen vorbei und fragten die am nächsten sitzende Frau: «**Are you also fed up with male domination?**» (Hast Du die Dominanz der Männer auch satt?) Wo wir Zustimmung spürten, deuteten wir mit dem Kopf an, dass wir uns draußen treffen, bei «Hä?» «Wie?» «Was?» haben wir uns für die Verwechslung entschuldigt – die Männer am Tisch sollten nicht eingeweiht werden.

Dann waren wir schließlich vielleicht zehn oder zwölf Frauen, entwarfen die Einladung und ein Programm, kopierten sie für jede Frau – dann mussten wir den männlichen Hausdrachen beschwatzen, denn wir wussten ja nicht, in welchen Zimmern die Frauen wohnten. Danach ging es an die Verteilung – unter der Tür durch. Es wurde eine lustige Nacht – wir haben den Zusammenhalt von uns Frauen sehr genossen.

Auf der Frauenvollversammlung haben wir Kandidatinnen für die anstehenden Präsidentschaftswahlen gemeinsam bestimmt. Ich glaube, wir haben damals alle Kontinente berücksichtigt. Allerdings kannten wir unsere Vertreterinnen eigentlich nur beim Vornamen, die Familiennamen dieser Frauen aus aller Herren Länder haben wir uns im Eifer des Gefechts nicht eingeprägt. Dann waren auf den Wahlzetteln aber alle Vornamen zu Initialen verkürzt. Wie sollten wir sie wiederfinden? Die Männer hatten es da einfacher. Die Männernamen waren im Gegensatz zu den Frauennamen geläufig – als Autoren, Referenten, international anerkannte Fachleute, Präsidenten, Podiumsteilnehmer etc. Und die Frauen? Ausgetrickst! Aber auch ein grober Fehler unsererseits. Immerhin haben wir damals WIN gegründet, das Women's International Network.

058.

Auf derselben Konferenz ließ ein Konferenzkollege umständlich fragen, ob wir uns mal unterhalten könnten. Also ganz formell Datum, Ort und Uhrzeit bestimmt. Ich fand das ganze Prozedere merkwürdig. Worüber wollte John aus Australien mit mir reden? Ich rechnete mit einer fachlichen Frage – z.B. zu geschlechtergerechter Sprache, die hatte ich auf der Konferenz eingefordert. Und was kam? «**Ist Dir bewusst, dass Du Dich ständig mit Frauen umgibst?**» Ich konnte nur sagen: «Ja! Und das absichtlich!»

059.

Soeben (2018-09-24) sind wir beim Kaffeetrinken zufällig in die Sendung «**Panda, Gorilla & Co.** | rbb» geraten. Ein Tierpfleger versucht, ein Tierpärchen aus seiner Behausung in die Freianlage zu locken. Das Männchen marschiert voran, das Weibchen erscheint kurze Zeit später. Kommentar des Tierpflegers: Ja, sie braucht immer etwas länger, wie Frauen eben so sind. War ja auch naheliegend; sie hat sich wahrscheinlich noch geschminkt, nachdem sie die Hausarbeit, die er nicht gemacht hat, fertig hatte. Also Frauen: Aufgepasst! Wir dürfen uns nicht übereilen, sonst erfüllen wir die männlichen Vorurteile über den weiblichen Geschlechtscharakter nicht.

Nächster Tag, wir sitzen wieder bei Kaffee, Kuchen und Zeitung, mein Mann will nach dem Wetter gucken und wieder geraten wir an «Panda, Gorilla & Co. | rbb». Keine fünf Minuten bis zur nächsten Parallele «Tier – Frau». Ein Tierpfleger füttert diese monströsen Seekühe (500 – 1500 kg laut «Biologie-Schule.de») und lässt uns wissen: «Ich komme mir vor wie ein Fitnesstrainer für dicke Frauen.» Also, nicht-schlanke Frauen, da freuen wir uns doch alle, dass der junge Mann immer an euch Seekühe denkt! Mieser Macho!

060.

Auf Einladung einer Abgeordneten tagt der Vorstand der Arbeitsgemeinschaft sozialdemokratischer Frauen (AsF) in einem der großen Säle des Berliner Abgeordnetenhauses. Die Sitzung wird von der Landesvorsitzenden der AsF geleitet, einer Bundestagsabgeordneten. Zum Referat eingeladen ist der für die Finanzen der SPD-Berlin zuständige Genosse. Es kommt ein Jüngelchen und stellt gleich zu Anfang fest, er fühle sich wie der **Hahn im Korbe**.

Das ist ja das Fatale an solchen Sprüchen, dass die Benutzer*innen über die sozialen Zusammenhänge, die sie mit solchen Äußerungen herstellen, nicht nachdenken – oder sie vielleicht nicht einmal kennen. Bei diesem Spruch ist die Sache aber einfach: Der Hahn im Korb oder auf dem Hühnerhof ist für die Begattung der Hühner zuständig. Ich habe darum gebeten, ausgelassen zu werden.

Ist es nicht ungeheuerlich, dass so ein Jüngelchen sich hinsetzt und aus (mindestens) dreißig erwachsenen und qualifizierten Frauen, die alle seit Jahren, wenn nicht seit Jahrzehnten in politischen Ämtern wichtige Arbeit leisten, zu Hühnern, ja, zu seinen Hühnern macht? Übrigens, wenn es ein alter Hahn gewesen wäre, wäre es genauso unerträglich gewesen. Zu seiner Entschuldigung führte er an, er hätte den Spruch von seiner Großmutter. Er sollte sich noch mal überlegen, ob die Oma die richtige Referenz ist, wenn er im Hier und Jetzt politisch ankommen will. Meine wäre es ganz bestimmt nicht.

061.

Wie sexuelle Belästigung und struktureller Sexismus in einer Institution zum Dauerzustand werden, lässt sich am Beispiel der **Stasiopfer-Gedenkstätte** in Berlin-Hohenschönhausen beispielhaft sichtbar machen: Frauen beschweren sich, aber ihre Beschwerden werden als Gefahr für den Gedenkstättenleiter umgewidmet, weil er sich gegen die «anonymen Beschwerden von Frauen, mit Ungefährem … nicht hätte wehren können».[86] Die Täter sind also die Opfer.

Beim Leiter der Einrichtung hätten alle Alarmglocken schrillen müssen. Das «Ungefähre» hätten die oder der Belästiger sehr klar beschreiben können. Und die Namen der betroffenen Frauen waren in der zuständigen Senatsverwaltung bekannt; von der ersten Beschwerdeführerin lag ein Bericht vor, der aber noch Vertrauensschutz hatte.

Die Vorwürfe bezogen sich zunächst auf den Stellvertreter des Gedenkstättenleiters, der von der Kulturverwaltung bereits mehrfach gerügt worden war. Der noch amtierende Staatssekretär verfügte: «Die jungen Mitarbeiterinnen sollen nicht in Frauendorfers Umfeld eingesetzt werden.» Das wurde missachtet, der Gedenkstättenleiter zeigte nicht die Spur eines Problembewusstseins – spätestens jetzt hätte er handeln müssen – mit der Betonung auf «spätestens», denn eigentlich hat ein Institutsleiter die Pflicht, beim leisesten Verdacht einer unge-

86 FRÖHLICH, Alexander, 2018a: Ende eines Aufklärers. Intrige, Politikum oder richtige Entscheidung? Wie es zur Entlassung des Chefs der Stasiopfer-Gedenkstätte Hubertus Knabe kam. In: Der Tagesspiegel vom 2018-10-08 (Printversion)

setzlichen Handlung sofort einzugreifen. Der Leiter der Einrichtung «weist … Vorwürfe ausdrücklich als falsch zurück», er müsse «bis zum Beweis des Gegenteils davon ausgehen, dass es zu den (…) sexuellen Belästigungen nicht gekommen ist» … und spricht vom strafrechtlich relevanten Verdacht der «üblen Nachrede und Verleumdung, sollten sich die Vorwürfe als falsch erweisen.»[87] Hier war Angriff einmal nicht die beste Verteidigung.

Auch der Hinweis der Behörde, der Leiter sei «für seine Mitarbeiterinnen und Mitarbeiter gemäß dem Allgemeinen Gleichbehandlungsgesetz zuständig» und die Empfehlung «Maßnahmen zum Schutz und zur Prävention zu ergreifen und mit den Stiftungsgremien abzustimmen»[88] fruchteten nicht.

Dieses Sich-Dumm-Stellen und die gnadenlose Verachtung von Frauen kennzeichnen manchen «Führungsstil». Da gedeiht sexuelle Belästigung hervorragend zur Freude der Hierarchen, die immer von nichts wissen!

Machtmissbrauch und sexuelle Belästigung sind auch dann zu verurteilen und zu ahnden, wenn sie nicht unbedingt strafrechtlich relevant sind.

062.

Moritz SCHULLER[89] hat den sexuellen Missbrauch von Frauen und Männern – vor allem aber die Reaktionen darauf verglichen; er zitiert den amerikanischen Fernsehunterhalter Jay LENO, der ungleiche Maßstäbe beim Umgang mit sexuellem Missbrauch kritisiert: «50 Frauen gehen an die Öffentlichkeit und werden von den Medien als Lügner bezeichnet: ‹Ach, ihr habt 40 Jahre gewartet?› Männer warten 50 Jahre, um zu sagen, dass ein Priester sie berührt hat, und sie bekommen sieben Millionen Dollar. Warum glauben wir ihnen und nicht den Frauen? Das erscheint mir furchtbar sexistisch.»

SCHULLER findet die Ähnlichkeiten der beiden folgenden Fälle größer als die Unterschiede. Die betroffenen Frauen und Männer standen über Jahrzehnte jeweils einer gesellschaftlichen Institution gegenüber, an deren Integrität niemand zweifelte – einerseits einer kulturellen Ikone Amerikas (Bill Cosby), andererseits der weltweit tätigen katholischen Kirche. Erst als deren **Autorität zerfiel**, begann man den Opfern zu glauben. Für die Opfer ist das vielleicht das Schlimmste: Die Gesellschaft glaubt ihnen nicht oder erkennt die Tatsachen nicht als Sexismus, sie sind in ihrem Schmerz allein. Ich will dazu beitragen, dass sich das ändert. So ist es ein dringendes Anliegen dieses Buches, Sexismen in ihrer Vielfalt bewusst zu machen, damit alle verstehen, wann und wo wir handeln müssen anstatt zu beschwichtigen oder wegzuschauen – getreu dem Satz: The problem is not, that I see sexism everywhere, the problem is, that you don't.[90]

---

87 FRÖHLICH, 2018
88 FRÖHLICH, 2018
89 SCHULLER, Moritz, 2015: 35 Frauen gegen eine kulturelle Ikone. In: Der Tagesspiegel vom 2015-08-17
90 pinkstinks

063.

Schwer vorstellbar: In Schweden gab es jetzt ein Rock-Festival, zu dem Männer keinen Zutritt hatten! Wie heftig muss die sexuelle Belästigung und Gewalt auf dem vorherigen Festival gewesen sein, dass im liberalen Schweden, dem Vorbild in Sachen Gleichstellung, eine so drastische Entscheidung getroffen wurde? 4 Frauen wurden 2017 vergewaltigt und 23 sexuell belästigt! Wenn Ihnen das nicht reicht, zählen sie einfach alle Frauen dazu, die den ganzen Abend über in «Hab-Acht-Stellung» waren, weil sie sich nicht sicher fühlten. So möchte niemand ein Fest erleben – sich der Musik hingeben? Ausgeschlossen! War Gewaltfreiheit nicht ein Anspruch der Menschen an ihren Staat? Ein «Festival» unter Polizeiaufsicht? Und wer passt auf die Polizisten auf?

Es war ein «**Statement-Festival**»! «Ein Event nur für Frauen – das ist so praktisch wie schön und sicher sehr frei und fröhlich und unbeschwert» und notwendig, «bis alle Männer gelernt hätten, sich zu benehmen».[91] Frauen müssen sich ständig fragen: Wie viel Risiko halte ich aus? Ertrage ich die Konflikte, die ich unweigerlich oder zumindest höchstwahrscheinlich aushalten muss? Mit anderen Worten: Frauen sind nicht wirklich frei und gleich und sie sind für ihre Sicherheit immer selbst verantwortlich. Ist das nicht quälend, in jedem Mann einen potentiellen Täter sehen zu müssen?

«Selbst in den fortschrittlichsten Ländern klafft eine Lücke zwischen Gleichheits- und Freiheitsanspruch und der Realität von Gleichheit und Freiheit. Am Ende sind es trotz aller schützenden Maßnahmen immer die Frauen selbst, die im Alltag ihr Recht auf Freiheit, körperliche Unversehrtheit und sexuelle Selbstbestimmung verteidigen müssen.» [92]

064.

Auch das noch: Frauen sind jetzt selbst schuld am Sexismus! Aber der Reihe nach:

Wollen Sie, liebe Leser*innen, dass Frauen selbstbewusst sind? Ich schon – das Leben schafft dann weniger Leiden, wird einfach reichhaltiger und macht mehr Spaß! Nur, was ich nicht will, ist, dass Selbstbewusstsein zur gesellschaftlichen Pflicht aller Frauen wird mit der Folge: Selber schuld, wenn der Erfolg trotzdem ausbleibt! Zwang zum Selbstvertrauen «lädt die Schuld am eigenen Misserfolg auf die Schultern jeder einzelnen Frau und macht institutionelle, systematische Diskriminierung unsichtbar».[93] Leider im öffentlichen Diskurs oft erlebt – finde ich verheerend!

Die soziale Ungleichheit zwischen Männern und Frauen ist immer noch vorhanden, ob ich nun selbstbewusst bin oder nicht, ob ich nun erfolgreich bin oder

---

91 SAUERBREY, Anna, 2018: Ihr müsst leider draußen bleiben. In Schweden gibt es jetzt ein Festival, zu dem Männer keinen Zutritt haben. Wirksamer Schutz für Frauen oder neue Diskriminierung? In: Der Tagesspiegel vom 2018-09-09

92 SAUERBREY, 2018

93 OTT, Ursula, 2018: Macht was draus, Ladys! Seit 100 Jahren sitzen Frauen im Parlament. Ernüchternd: Keines der Themen, für die sie damals gekämpft haben, hat sich 2018 wirklich erledigt. In: chrismon 11. 2018

nicht. Und, wer definiert überhaupt, was für mich Erfolg ist? «Diese Form der Psychologisierung ist typisch für den Neoliberalismus, in dem strukturelle Probleme oft als persönliche Fragen gezeichnet und so entpolitisiert werden.»[94] Und sie wird in der Werbung kräftig genutzt! BARTHELS[95] nennt Weight Watchers, Always, L'Oréal und Dove, die «mit solchen Kampagnen, in Fachkreisen ‹**Femvertising**› genannt, extrem erfolgreich» sind.

065.

Den Satz: «Frauen interessieren sich weniger für Politik» kann ich nicht mehr hören – und möchte ich nicht mehr lesen! Er gehört zu den unehrlichsten Behauptungen über Frauen; Männer benutzen ihn gerne, um die eigene Profilierungssucht zu bemänteln. Außerdem wird damit das Definitionsrecht der Männer über das, was Politik ist, erhoben nach dem Motto: **Was ich mache, ist Politik** (wird bezahlt), was du machst, ist Ehrenamt (wird nicht bezahlt), also Kaffeekränzchen. Ist Engagement für Bildung, Gesundheit und in weiteren sozialen Bereichen keine Politik?

«Eine Studie des Bundesfamilienministeriums zum freiwilligen Engagement zeigt allerdings, dass sich deutlich mehr Männer in ihrer Freizeit mit Politik und politischer Interessenvertretung befassen, während sich Frauen häufiger in der Schule ihrer Kinder oder im sozialen Bereich engagieren. An dieser Stelle kommt offenbar besonders in ländlichen Regionen eine traditionelle Rollenverteilung ins Spiel.»[96] Rollenverteilung – nicht mangelndes Interesse! Sonst müssten sich bei der Wahlbeteiligung große Unterschiede zwischen Frauen und Männern zeigen – tun sie aber nicht!

066.

Haben Sie von der Ausstellung «Gewalt und Geschlecht. Männlicher Krieg – Weiblicher Frieden?» im Militärhistorischen Museum in Dresden gehört? Diese Ausstellung war eine Gelegenheit, Neues zu entdecken oder Altes aus neuer Perspektive zu sehen. Für mich war neu und skandalös: «Nach der Wiedervereinigung wurden weibliche Armeeangehörige der DDR entlassen und weibliche Kasernennamen durch männliche ersetzt. Erst seit 2001 sind in der Bundeswehr Frauen in allen Bereichen zugelassen. Im Sozialismus war man in Geschlechterfragen eben längst weiter, nicht nur im militärischen Bereich …»[97]

Ich kann ja noch verstehen, dass Kasernennamen des jahrzehntelangen Feindes nicht akzeptabel sind. Nur stehen für mich zwei Fragen im Raum: Erstens: Fand

94 OTT, 2018
95 BARTHELS, Inga, 2018a: Wenn Selbstvertrauen zum Zwang wird. Rosalind Gill über neue Normen für Frauen. In: Der Tagesspiegel vom 2018-05-23
96 SALZEN, Claudia von, 2019: Männerwirtschaft. Frauen sind in der Politik weiterhin in der Minderheit. Woran liegt das – und was lässt sich dagegen tun? In: Der Tagesspiegel vom 2019-03-07
97 SOBOCZYINSKI, Adam, 2018: Gender in Dresden. Das Militärhistorische Museum zeigt eine Ausstellung über Geschlechterfragen – und stürzt darüber in eine große Krise. In: DIE ZEIT Nr. 19 vom 2018-05-03

die Umbenennung im Einvernehmen mit dem neuen Partner statt – oder hatte sie Annektionscharakter? Mir klingt der Artikel eher nach «Übernahme».

Die zweite Frage ist für mich viel drängender: Wieso wurden «weibliche Armeeangehörige der DDR entlassen und **weibliche Kasernennamen durch männliche ersetzt**»? Auch das klingt nach Annektion.

067.

Von dem folgenden Ereignis habe ich erst durch die Arbeit an diesem Buch erfahren. Es ist ein weiteres Paradebeispiel aus der Geschichte der Frauendiskriminierung: «**The Famous Five**».

1927 fragten fünf Frauen in Alberta, Canada, den Supreme Court of Canada und später das Judicial Committee of the Privy Council, ob «Frauen Personen sind»? «Der Fall, in Kanada bekannt als Persons Case, endete mit der Entscheidung des Supreme Courts, dass Frauen keine Personen im Sinne des Gesetzes seien, der Privy Council in London widerrief dies jedoch.»[98]

Die Frauen (alle aus Alberta) waren:

1. Emily MURPHY – auch erste Richterin des Britischen Empires
2. Irene MARRYAT PARLBY – Führerin der Landfrauen, Aktivistin und erste weibliche Ministerin in Alberta
3. Nellie MOONEY MCCLUNG – Suffragette und Mitglied des Parlaments von Alberta
4. Louise CRUMMY MCKINNEY – Erste Frau, die in die Legislative Albertas oder Kanadas oder des Britischen Empires gewählt wurde
5. Henrietta MUIR EDWARDS – Gründerin des Victorian Order of Nurses

Der Hintergrund ihrer Frage war, «ob der Constitution Act von 1867 es Frauen erlaubt, Mitglieder des kanadischen Senats zu werden.»

Dort heißt es: «The Governor General shall ... summon qualified Persons to the Senate; and ... every Person so summoned shall become and be a Member of the Senate and a Senator.» (Der Generalgouverneur soll ... qualifizierte Personen in den Senat berufen ... und jede berufene Person soll ein Mitglied des Senats werden und sein.)

Die Entscheidung des Supreme Court war, dass sich «Personen» ausschließlich auf Männer bezieht. Die Begründung wird Sie, liebe Leser*innen ganz gewiss überzeugen:

1. Die Gesetzgebung hatte beim Beschluss des Gesetzes keine Frauen im Sinn.
2. Sprachlich ist das Gesetz ausschließlich in der männlichen Form abgefasst, es verwendet nur das männliche Personalpronomen, wenn von Senatoren die Rede ist. (Schöne Grüße vom «generischen Maskulinum»!)

---

98 https://de.wikipedia.org/wiki/The_Famous_Five ; https://www.google.com/search?q=the+famous+five+canada&client=firefox-b-ab&tbm=isch&source=iu&ictx=1&fir=QWbUSVLXu3t9gM%253A%252Cn3Gwj0J5nlLy1M%252C_&usg=AI4_-kQ3Xuq8B70Nwvl--woRLhh4XfCpaw&sa=X&ved=2ahUKEwjHkbDEja7fAhVIp4sKHRn8DTUQ_h0wFnoECAYQDg#imgrc=ez0a3MNE49NAdM

Die «Famous Five» wandten sich danach an das «höchste Berufungsgericht für das gesamte britische Empire außerhalb Großbritanniens», den Justizausschuss des Privy Council in London. «Das entschied am 18. Oktober 1929 (Edwards v. Canada (Attorney General) [1930] A.C. 124 (P.C.)), dass Frauen tatsächlich Personen im Sinne des Gesetzes seien und bezeichneten den Ausschluss von Frauen als ‹Relikt barbarischerer Zeiten›. Das Urteil war bindend für das gesamte britische Empire; nur innerhalb der britischen Inseln nicht, sodass die Frage, ob Frauen im House of Lords in London sitzen konnten, noch einige Jahre lang umstritten blieb.»

Diese fünf Frauen sind wahrscheinlich nicht unsere uneingeschränkten Heldinnen, sie haben politische Ansichten vertreten, die zumindest ich nicht teile. Ihr Verdienst ist es aber, die öffentliche Aufmerksamkeit auf eine grobe Diskriminierung gelenkt und diese zu Fall gebracht zu haben.

04 Die fortwährende Vermisstenanzeige – Sexismus[99] in der Sprache

Sprache ist Macht! Welche Macht Sprache ist oder hat, lässt sich am Beispiel Martin Luthers zeigen. «Er wollte eine Bibel, die jeder lesen kann, und er schuf über die Sprache die Grundlage der Einheit Deutschlands als Volk und Nation.»[100] Sprache als Gestalterin der Gesellschaft hat für mich etwas Überwältigendes. Eins aber hatte Luthers Sprache nicht: Geschlechtergerechtigkeit – das hat dann noch mal fünfhundert Jahre gedauert. Mehr als mein halbes Leben war ich «mitgemeint, aber ausgeschlossen».[101]

Sie finden das Thema «geschlechtergerechte Sprache» nervig oder halten es für eine feministische Schimäre oder «Genderismus» oder «Genderwahn»? Ist es nicht! Da die Frau von der Grammatik an den Rand gedrängt wird, nehmen Mädchen Minderwertigkeitsgefühle bereits mit der Muttersprache auf. Jungen werden auf Überlegenheit gepolt. Der Einfluss der Muttersprache auf unser Denken ist «eine Folge des Umstands, dass Menschen von Kindesbeinen an gewohnheitsmäßig bestimmte Ausdrucksweisen verwenden. Denn schließlich können sich Sprachgewohnheiten zu geistigen Gewohnheiten verfestigen, die uns über das Sprechen hinaus beeinflussen, und die Konsequenzen für unsere Denkweise und Wahrnehmung der Welt haben können.»[102] Das ist Identitätsstiftung!

Außerdem: Wie wollen Sie Geschlechterdifferenzen – z. B. in der Medizin – erkennen, wenn Sie die Geschlechter nicht sprachlich differenzieren? Oder wollen Sie die Einen weiter im Licht, die Anderen weiter im Dunkel wandeln lassen? Ich nicht! Ich will Frauen, wie ihre Leistungen, ihre Interessen, ihre Bedürfnisse und ihre Perspektive auf die Welt sichtbar machen. Und ich will noch mehr: Entsprechend der Einsicht: «Sprache gleich Denken gleich Macht» will ich, dass nicht nur Politik für Männer gemacht wird, sondern auch für Frauen und von Frauen, aber dafür dürfen wir uns nicht länger verstecken oder verstecken lassen! Wir brauchen eine klare Geschlechtsidentität.

---

99 «Sexismus ist eine Bezeichnung für jede Art der Diskriminierung und Benachteiligung von Menschen aufgrund ihres Geschlechts sowie für eine diesen Erscheinungen zugrunde liegende Ideologie.» Positionspapier der SUB gegen Sexismus an der Universität Bern (vom SR genehmigt an der Sitzung vom 30. September 2004)

100 KÖSTER, Roman, 2019: Der Mann, der Deutschland erfand. In: TV Hören und Sehen, 2019/4

101 DIEWALD, Gabriele, 2018: Mitgemeint, aber ausgeschlossen. Das generische Maskulinum erlaubt keine geschlechtergerechte Sprache. Eine Replik auf Peter Eisenberg. In: Der Tagesspiegel vom 2018-09-18
«Die sprachgeschichtliche Analyse entlarvt die Behauptung, dass in geschlechtsspezifisch männlichen Formen Frauen schon immer eingeschlossen seien, als historisch falsch. Und empirische Untersuchungen belegen, dass die Verwendung des sogenannten generischen Maskulinums auch heute die Vorstellung von Frauen als relevante Personen erschwert.»

102 DEUTSCHER, Guy, 2012: Dem Gefängnis der Sprache entfliehen. Die Muttersprache prägt unser Denken und unsere Wahrnehmung. Dabei entstehen geistige Gewohnheiten, die aber überwunden werden können. In: Der Tagesspiegel vom 2012-04-04

Sprache hat immer eine Wirkung, sonst brauchten wir uns nicht zu äußern. Deshalb kann sie immer auch für andere Menschen verletzend, diskriminierend oder wertschätzend und anerkennend sein. Tragweite und politische Relevanz einer «Frauen ausschließenden Sprache» sind endlos. Eine «geschlechtergerechte Sprache» will – neben den sprachlich unübersehbaren Männern – auch Frauen im täglichen Sprechen und Schreiben unübersehbar machen. «Das Ziel Frauenbelange sichtbar zu machen, steht in unmittelbarem Zusammenhang mit dem Ziel, ihnen mehr Geltung zu verschaffen, sie in die Politik hineinzubringen.»[103] Wenn wir an die mangelnde Repräsentanz von Frauen in der Politik denken, ist klar: Frauen, die man(n) nicht sieht, brauchen auch kein politisches Amt!

Eine UNESCO-Resolution von 1987 zur Sichtbarmachung von Frauen in der Sprache gab erste Empfehlungen zur linguistischen Gleichbehandlung von Frauen und Männern – für weitere Geschlechter haben wir bisher keine sprachliche Form. Der Europarat hat 1990 die Empfehlung N° R (90) 4 über die Beseitigung von Sexismus aus der Sprache beschlossen. Die Bundesregierung hat in der Gemeinsamen Geschäftsordnung der Bundesministerien bestimmt: «Gesetzentwürfe sollen die Gleichstellung von Frauen und Männern sprachlich zum Ausdruck bringen.» ...Grundlage dieser Entwicklung ist der Gedanke, dass sich in der Grammatik einer Sprache die gesellschaftlichen Machtverhältnisse ausdrücken. Die Sprache soll sich ändern, damit sich die Machtverhältnisse ändern. Mit jedem Sprechakt reproduzieren wir sonst alte Denk- und Weltbilder.

«Nicht-Genannte sind mitgemeint» – Nein danke! Wir haben beim Thema geschlechtergerechte Sprache endlich deutliche Fortschritte gemacht. Nur gibt es noch immer so viele Menschen, die Probleme bei der Umsetzung oder sogar nicht die leiseste Ahnung haben. Trotz aller Fortschritte: Mädchen und Frauen kommen noch immer nicht in allen Arten von Texten sprachlich gleichberechtigt vor; ihre Existenz, ihre Lebenswelt wird ignoriert, weil Autoren in der Überzahl sind und sie Frauenleben nicht kennen, also nicht mitdenken oder banalisieren. Handlungs- und Sympathieträgerinnen, die sich zur Identifikation eignen, sind mit der Lupe zu suchen. Wenn Frauen «im Schatten eines Mannes oder von einem Mann geleitet»[104] vorkommen, sind ihnen Rollen zugewiesen, die sie als passiv, ignorant, unfähig und minderwertig beschreiben – in sogenannten Sachtexten wie in der Literatur. Für mich gehört das zu den wirkmächtigsten gesellschaftlichen Entwertungsmustern, denen Frauen hartnäckig ausgesetzt sind. Sie müssen sich noch immer häufig als Männer bezeichnen lassen – manchmal sind sie ein «weiblicher Mitarbeiter». Wird dagegen ein Mann als Frau angesprochen, fühlt er sich lächerlich gemacht und wird es zurückweisen. Wenn eine solche Umkehrung – hier also eine «männliche Mitarbeiterin» – falsch oder lächerlich klingt, ist auch ein «weiblicher Mitarbeiter» falsch oder lächerlich. Nur in sich stimmige Formulierungen sind reversibel.

---

103 BITZAN, Maria, 1997: Der geschlechterdifferenzierende Blick .... In: Widersprüche. Zeitschrift für sozialistische Politik im Bildungs-, Gesundheits- und Sozialbereich, Heft 65, September 1997, S. 78-91

104 KLÜGER, Ruth, 1997: Frauen lesen anders, 3. Auflage, München

Die Formulierung «Gewalt durch Sprache» hat Senta TRÖMEL-PLÖTZ für ihr Grundlagenwerk der feministischen Linguistik gewählt. Sie zeigt kompromisslos die tägliche Unterdrückung von Frauen in gemischtgeschlechtlichen Gesprächen auf. Sie analysiert also einerseits Gesprächssituationen, aber es geht andererseits auch um Abwehr- und Verteidigungsstrategien und natürlich um weibliche Kompetenz und Leistung in Frauengesprächen. Das ist – und war es vor allem beim Erscheinen – feministische Grundlagenliteratur und gleichsam die wissenschaftliche Basis für die permanente Arbeit an der Umsetzung des Gleichstellungsgebotes, an Frauenförderplänen oder an Gesetzen wie Gewaltschutzgesetzen. «Gewalt durch Sprache» ist für die, die die «neue» Frauenbewegung nicht miterlebt haben, eine Informationsquelle über die politischen Grundlagen, für feministisches Gedankengut, die Problemstellungen und Lösungen. Das Wissen um die Gewalt in der Sprache hilft uns auch, die alltägliche Gewalt sowie die Gewaltpolitik zu durchschauen, um politische Änderungen im Kleinen wie im Großen bewerkstelligen zu können. Sprache hat eben eine eminent identitätsstiftende Funktion.

Hier aber erstmal Beispiele, die nicht unwidersprochen bleiben dürfen. Dabei ist wichtig, dass eine sexistische Sprache sehr unterschiedliche Folgen für die Texte hat:

Die deutsche Sprache hat eine sexistische Struktur und eine patriarchale Grammatik:

- Der Wortstamm ist männlich, die Frau ist das Anhängsel (Schüler/in, *Arzt*helferin)
- viele Wortbildungen mit «Herr» oder «Mann» (herrschen, Mannschaft, Landsmann, Staatsmann, seinen Mann stehen, es hat sie übermannt)
- selbst das Buchstabieralphabet enthält mehr männliche Namen/Wörter als weibliche, macht also Werbung für den Mann
- Die Grammatik ist vermännlicht und damit falsch («*Die* Polizei – Dein *Freund* und *Helfer*»); das Stichwort heißt hier «Kongruenz» der Sprache
- Es gibt zahllose sexistische Begriffe und Redewendungen (starkes Geschlecht – schwaches Geschlecht, Menschen aus aller Herren Länder, bemannte Raumfahrt, Volk der Dichter und Denker, Übung macht den Meister, alle Menschen werden Brüder)
- Sexistische Sprache verfälscht den Inhalt oder macht eine geschlechterdifferenzierte Aussage unmöglich («Jeder zweite Deutsche ist zu dick»)

Das Sprachverhalten von Frauen und Männern unterscheidet sich deutlich (dominant contra zurückgenommen). Aber die Sprachzentren im Gehirn von Männern und Frauen funktionieren auch unterschiedlich: «Die für die Sprache relevanten Gehirnareale sind bei Frauen deutlich stärker ausgebildet als bei Männern. Im Schnitt finden sich hier im weiblichen Gehirn um elf Prozent mehr Nervenzellen.»[105] Und nun meine Beispiele für sexistische Sprache:

105 GÖBEL, Tina, 2014: Der Highway ist weiblich. Die Gehirne von Frauen und Männern ticken anders. Das beeinflusst die Kommunikationsstile erheblich. In: profil – Österreichs unabhängiges Nachrichtenmagazin, Nr. 33 vom 2014-08-11

068.

Aus der gültigen **Geschäftsordnung des Abgeordnetenhauses** von Berlin:

«§ 93 Sprachliche Gleichstellung

Um die Lesbarkeit zu erhöhen, wird in dieser Geschäftsordnung für Funktions- und Personenbezeichnungen allein die männliche Form gebraucht. Sie bezieht sich jedoch auf Frauen und Männer gleichermaßen. In der Praxis ist jeweils diejenige Form anzuwenden, die der tatsächlichen Besetzung oder der jeweils handelnden Person entspricht.» (Gesetz- und Verordnungsblatt für Berlin 62. Jahrgang Nr. 39 vom 21. November 2006, S. 1066)

Wieso «sprachliche Gleichstellung»? Da hat jemand – schlimmer: da haben viele – etwas gründlich missverstanden, denn das ist «sprachliche Ungleichstellung»! Frauen werden wieder einmal «mitgemeint» statt gleichgestellt. Damit macht sich das Abgeordnetenhaus zu einem halbdemokratischen Organ und steht im Gegensatz zur Verfassung des Landes Berlin, Art. 10 Abs. 3.[106] Mächtige haben das Sagen. Machtlose haben nichts zu sagen!

Natürlich habe ich Walter MOMPER, dem damaligen Präsidenten des Abgeordnetenhauses, geschrieben und gehofft, es käme Einsicht auf. Nix da! Er schrieb mir, in der Geschäftsordnung seien in einer früheren Fassung (2005) generische Maskulina durch neutrale Formulierungen ersetzt worden. Ausgenommen blieben lediglich Funktionsbezeichnungen wie «der Präsident», «die Vizepräsidenten» oder «der Ausschussvorsitzende». Frau möcht's ja nicht glauben! Als ob es sich um läppische Funktiönchen handelte, auf die es nicht ankäme! Da fällt mir Luise F. PUSCH ein: «Das übergeordnete Ziel ist ja immer: Gleiche Chancen des Gemeintseins und Identifiziertwerdens für Frauen und Männer.»[107]

Ich zitiere weiter aus dem Brief: «An deren Stelle wären allenfalls sog. Paarformen in Betracht gekommen, deren Verwendung jedoch die Verständlichkeit und Klarheit einer Regelung erheblich beeinträchtigen kann und die häufig zu nicht eben wünschenswerten Satzungetümen führt.» Sie können es einfach nicht! Diese Begründung ist so haarsträubend unintellektuell, so politisch unehrlich und lässt auf einen handwerklichen Dilettantismus schließen, bei dem mir um unser Gesetzgebungsorgan Angst und Bange wird! Und was heißt hier «allenfalls» – «selbstverständlich» wären «sog. Paarformen» anzuwenden gewesen! Beidnennung – das wäre korrekt und zeitgemäß!

Bei dem folgenden Satz könnte ich Mitleid kriegen, wenn er nicht so viel mangelnde Professionalität zum Ausdruck brächte: «Da es sich gerade bei der Geschäftsordnung um ein Regelwerk handelt, auf das im laufenden Parlamentsbetrieb kurzfristig und häufig unter erheblichem Zeitdruck zurückgegriffen werden muss, habe ich mich gegen die Verwendung von Paarformen und stattdessen für einen Kompromiss in Form der von Ihnen kritisierten Generalklausel in § 93

106 «Frauen und Männer sind gleichberechtigt. Das Land ist verpflichtet, die Gleichstellung und die gleichberechtigte Teilhabe von Frauen und Männern auf allen Gebieten des gesellschaftlichen Lebens herzustellen und zu sichern. Zum Ausgleich bestehender Ungleichheiten sind Maßnahmen zur Förderung zulässig.»

107 PUSCH, Luise F., 1991: Das Deutsche als Männersprache. Aufsätze und Glossen zur feministischen Linguistik, Frankfurt/Main

der Geschäftsordnung entschieden.» Auwei, auwei!!! Die Legislative als Chauvi-Bude!

Aber ganz am Ende bin ich noch nicht. Ich habe zwei Staatssekretärinnen und zwei frauenpolitische Sprecherinnen aufgekäschert! Ob's helfen würde? Nee, hat nicht geholfen, mehrere Legislaturen und Präsidenten später setze ich 2018 ganz neu an – diesmal mit mehr Frauenpower – und im Laufe des Prozesses sicher auch mit Manpower. Mein schlagendes Argument: «Mit Sprache werden Machtverhältnisse etabliert, gerechtfertigt und bekräftigt, wird Politik gemacht; die Regelung der gesellschaftlichen Ordnungen – ist letztlich auf Sprache aufgebaut.»[108]

069.

Wir kommunizieren nie unschuldig. «Für eine **bessere Lesbarkeit** verwenden wir nur die männlichen Personenbezeichnungen» oder «Wählerinnen sind beim Begriff Wähler mitgemeint» beschönigen nur, dass Frauen unsichtbar gemacht werden. Sie fühlen sich auch einfach nicht mitgemeint, sondern weiterhin ausgeschlossen.

Wir müssen einfach wissen: Durch die Sprache und die Bilder, die wir uns voneinander und von der Welt machen, haben sich die Herrschaftsverhältnisse tief eingegraben. Das gesellschaftliche Machtgefälle, das sich in unseren kollektiven Sprachmustern verbirgt, erscheint harmlos oder ist unkenntlich durch Gewohnheit. Die verquere Logik des «Mitmeinens» als Begründung für die mangelnde sprachliche Differenzierung in Männer, Frauen und weitere Geschlechter erinnert mich immer an eine andere verquere Logik durch eine kumulative Aussage: Die Bundesbank hat z. B. für 2003 errechnet, über wie viel Geldvermögen (Bargeld, Wertpapiere, Bankguthaben, Ansprüche an Versicherungen und Pensionskassen) private Haushalte verfügen. Das waren Ende 2003 über vier Billionen Euro. Rein statistisch besitzt jeder deutsche Haushalt in Deutschland ein Geldvermögen von mehr als 100.000 €. Sie können sich jetzt fragen, wo Ihre 100.000 € sind; oder Sie können sich fragen, was diese Zahl überhaupt aussagt? Nix! Jedenfalls nix Brauchbares für politisches Handeln! Genauso ist es mit der Aussage: Der Betrieb hat 10.000 Mitarbeiter – eine kumulierte Zahl ohne Aussagekraft z. B. über die Struktur des Betriebes und seiner Beschäftigten. Sie wissen nicht, wie viele Frauen, wie viele Männer, Sie wissen nur, dass er größer ist als ein Betrieb mit 1000 Mitarbeitern oder kleiner als …

070.

Dass die geschlechtergerechte Sprache besonders von Konservativen bekämpft wird, bleibt niemandem in Deutschland verborgen. Aber von einem Konflikt, wie er in der **Französischen Nationalversammlung** passiert ist, hatte ich zuvor noch nichts gehört. Der Konflikt entzündete sich 2014 an der seit 1998 vorgeschriebenen weiblichen Anrede von Parlamentarierinnen: «Geldstrafe wegen männlicher

---

108 Bundesministerium für Bildung, Wissenschaft und Kultur (Hrsg.), 2001: Macht und Sprache. Redaktion Mag. Manfred Wirtitsch unter Zugrundelegung von Texten von Bernd Matouschek und Verena Krausneker, Wien

Anrede» habe ich im Netz gefunden. Ein konservativer Abgeordneter sprach eine Abgeordnete in ihrer Funktion als Parlamentspräsidentin wiederholt – auch nach Ermahnung – statt mit der korrekten Form «Madame la présidente» mit «Madame le président» an. Das hat ihn 1378 Euro gekostet. Es folgte eine hitzige Debatte; die Argumente wiederhole ich hier nicht, mein ganzer Text ist voll davon.

Dies war aber nicht die erste Beleidigung einer Parlamentarierin in der französischen Nationalversammlung. Als 2012 die Wohnungsbauministerin mit «Frau Minister» angesprochen wurde, hat sie sich das verbeten und dem Abgeordneten gedroht, ihn als «Herr Abgeordnete» zu bezeichnen.[109]

071.

Und das hier ist eine tolle Grammatik! **«Die Polizei – dein Freund und Helfer!»** Vor Jahren wurde diese Bezeichnung benutzt, um die Arbeit der Polizei der Bevölkerung näherzubringen. Bis dahin hatten Polizisten eher als «Erziehungshelfer» im Sinne von «Wenn du nicht artig bist, kommt der Polizist und schimpft mit dir!» gegolten; Polizisten sollten nun also zivilgesellschaftstauglich gemacht werden.

Aber schauen Sie sich die Grammatik an! Sehen Sie was ich sehe? Erstens: Ein feminines Substantiv «Die Polizei» wird vermännlicht als «Freund und Helfer». Das ist ungrammatisch. Woher kommt so etwas? Offenbar ist die Polizei als Macht, als Staatsmacht ausübende Institution, zu wichtig, um mit Weiblichkeit – und sei sie nur grammatisch – in Verbindung gebracht zu werden. Mit «Polizei» wurde bis ins 18. Jahrhundert noch ganz allgemein «Staatsverwaltung, Regierung» und auch «Politik» bezeichnet. Die Polizei ist männlich – die Armut ist weiblich! Zweitens: Ich paraphrasiere «Die Mutter – dein Ernährer und Erzieher!» oder «Der Vater – deine Ernährerin und Erzieherin!» Alles, was nicht richtig klingt, wenn wir das Geschlecht umkehren, ist nicht richtig! Wie schon gesagt: Für mich gibt es solange keinen «weiblichen Mitarbeiter», wie es keine «männliche Mitarbeiterin» gibt. Das ist der Hintergrund für mein Mutter-Vater-Beispiel. Als die ersten Frauen zur Bundeswehr gingen, hießen sie offiziell «Soldat (w)». Auch hier haben wir es mit einer mächtigen Männerinstitution mit Staatsauftrag zu tun, die sich schwertut, das fatale Eindringen von Frauen in eine der letzten Männerbastionen sprachlich sichtbar zu machen. Das ist aber nötig, denn eine Armee mit (genügend) Frauen, verändert ihre Kultur.

072.

Der sonst kultur- und sprachsensible Präsident der Stiftung Preußischer Kulturbesitz sagt in einem Interview am 2018-02-12 im Tagesspiegel: «Die **Stiftung Humboldt Forum ist Eigentümer**, wir nutzen nur die Fläche.»[110] Wenn die Stiftung Eigentümer ist, dann ist sie wohl eher ein Stift, der kann Eigentümer

---

109 bbm / 24. Okt 2014

110 PARZINGER, Hermann / KUHN, Nicola, 2018: «Es muss neue Erzählungen geben». Stiftungspräsident Hermann Parzinger über das Humboldt-Forum und die Last des kolonialen Erbes. In: Der Tagesspiegel vom 2018-02-12

sein. Ist «Stiftung» Herrn PARZINGER zu groß und zu wichtig, um weiblich, um Eigentümerin zu sein? Der Grammatik wär's dienlich – zumal wir hier befürchten müssen, dass die Stiftung Preußischer Kulturbesitz bei diesem sonst klugen Mann auch zum ganzen Manne gerät. Oder wir sagen gleich: «Der Stift Preußischer Kulturbesitz», der kann dann für alles stehen, was Mann ist. Kein Fortschritt für eine geschlechtergerechte Sprache, aber wenigstens in der Grammatik kongruent. Unbelebte Objekte haben nun mal kein biologisches, sondern nur ein grammatisches Geschlecht. Und dann noch dies am 2018-02-21 im Tagesspiegel: Der Regierende Bürgermeister hält die Hauptstadt für einen geeigneten Bewerber um Olympische Sommerspiele …

073.

Die Sprache ist durchsetzt von männerzentrierten Begriffen und Redewendungen. Parallele Wortwahl und Grammatik sind in deutschen Texten – im Gegensatz z. B. zu englischen Texten – die Ausnahme. Frau muss also immer darauf gefasst sein, von Sprache beschädigt zu werden. Aber mit einem derart frauenfeindlichen und frauenvernichtenden Beispiel im Duden habe auch ich nicht gerechnet! In einem Artikel zu «Frauenforschung, Geschlechterforschung und feministische Politik»[111] wird das Wort «**apologisiert**» verwendet. Kannte ich nicht! Ein Blick in den Fremdwörter-Duden soll Klarheit bringen. Und was findet frau? «… apologisches Sprichwort: erzählendes oder Beispielssprichwort, z. B. «Alles mit Maßen, sagte der Schneider und schlug seine Frau mit der Elle tot.»[112]

074.

Einige der folgenden Missachtungserfahrungen haben alle Frauen bewusst oder unbewusst gemacht, die mit den 25.000 Seiten Lehrmaterial zur beruflichen Fortbildung gelernt haben, die ich einer exemplarischen Genderanalyse unterzogen habe und die hier schöne Beispiele abgeben:

Ein Lehrtext zur Volks- und Betriebswirtschaftslehre hält für Frauen eine Überraschung bereit – oder hätten Sie in diesem Zusammenhang den folgenden Spruch erwartet: «**Drei Dinge treiben den Mann zum Wahnsinn**, das Glücksspiel, die Frauen und das Studium der Wechselkurse.»[113] Ist das die von Männern gern verteidigte Objektivität der (Wirtschafts-)Wissenschaft, zu der Frauen nicht so recht fähig sind?

Solche Redensarten, Stichwörter, sexistischen Anspielungen und auch Witze auf Stammtischniveau gehören definitiv nicht in Lehrmaterial! Hier schreibt ein Mann für Männer! Der Autor biedert sich bei der vermeintlich ausschließlich männlichen Leserschaft an, er erwartet Zustimmung und brüllendes Gelächter in der Annahme, frauenfeindliche Anzüglichkeiten sind in Männerrunden immer ein Erfolg. Armes Würstchen!

---

111 BRAUN, 1995

112 Der Große Duden. Band 5:60f.

113 FLI 6: «Fachberater/Fachberaterin für Finanzdienstleistungen (IHK)», Grundlagen der Volkswirtschaftslehre; Grundlagen der Betriebswirtschaftslehre, Lehrbrief 1/4:22

Solche Bezüge sexualisieren die Lernatmosphäre, stützen geschlechtsbezogene Zuweisungen und stellen eine Verbindung von Machtstrukturen und Sexualität her. Für HOVESTADT sind die sexuellen Beziehungen ein Feld, das bei der Aushandlung von Machtstrukturen vornehmlich den Männern zur Verfügung steht. Sie deutet Sexualisierungen als patriarchale Herrschaftstechnik, da «Frauen nur und nur Frauen» als Geschlechtswesen wahrgenommen werden. Treffen solche Bemerkungen auf eine bestätigende Kommunikationsstruktur zwischen Männern, wird die Situation verschärft und die angestrebte Gleichheit der Beteiligten am Bildungsprozess konterkariert. «Ich vermute, daß Zoten und Sprüche vor allem dazu dienen, eine Verständigung unter den Männern herbeizuführen: Sie dienen der Vergewisserung und der Bestätigung innerhalb der Männergemeinschaft über die gemeinsame Zuordnung zum dominanten Geschlecht.»[114]

Aber neben dem Verletzenden ist da ja noch das Ausschließende. Wir reden über einen Lehrtext zur Volks- und Betriebswirtschaftslehre. Wenn Frauen nicht in die Wirtschaft gehören, muss sich die Wirtschaft mit männlichem Personal begnügen, also keine Chance zur Beseitigung eines Fachkräftemangels. Nur wer Frauen angemessen anspricht, erschließt sich die weibliche Hälfte der Bevölkerung als Arbeitskräftepotential. Sprache spielt hierbei nachweislich eine entscheidende Rolle.

075.

Von einem Lehrbrief zum Recht der Berufsausbildung ist zu erwarten, dass Berufe in der männlichen und der weiblichen Form erwähnt werden. Nicht so in diesem Beispiel: «Industriekaufmann», «KFZ-Mechaniker», «Friseur», «Bilanzbuchhalter», «Polier», «Sekretärin», «Fachwirte», «Meister», «Techniker», «Bäcker», «Bürokaufmann». Das Einzige, was Frauen werden können, ist also Sekretärin – abgesehen von der nicht ganz ernst gemeinten «Verkehrspilotin»! Auf Seite 2 kommen zu den männlichen Berufen außerdem noch «Rechtsanwälte», «Steuerberater», «Architekten», «Ärzte» und «Apotheker» hinzu. Zum Schluss kommen dann noch eine Bürokauffrau und eine Friseurin vor. So lassen sich Frauen in Frauenberufe dirigieren. Solche Ausführungen suggerieren Frauen ein stark eingeschränktes Berufswahlspektrum; Männer dagegen haben die Wahl zwischen vielen interessanten und angesehenen Berufen. In einem anderen Lehrbrief kommen Frauen gelegentlich vor; ihre Karriere reicht bis zur (einfachen?) Angestellten, während die **Männer mit allen möglichen Respekt einflößenden Attributen** ausgestattet sind: «Referendar», «Hauptabteilungsleiter bei einem großen Handelshaus», «promoviert», «stolzer Sportwagenbesitzer», «Architekt», «selbständig». Ist ja wahr: Wozu braucht eine Frau solche Attribute?

Das ist also Lehrmaterial zur Vorbereitung auf Fortbildungsprüfungen der IHK – es soll das Lernen steuern! Und wo steuert es Frauen hin? In Selbstzweifel und die Aufgabe der erhofften Weiterqualifizierung. Das immer wieder geforderte

114 HOVESTADT, Gertrud, 1997: «Schade, daß so wenig Frauen da sind». Normalitätskonstruktionen der Geschlechter in männerdominierter Bildungsarbeit, Münster (Lernen, um zu handeln, Bd. 9/10 der Hans Böckler Stiftung)

Sichtbarmachen von Frauen in der Sprache ist keine Wortklauberei. Die in vielen Lehrbriefen belegbaren sprachlichen Androzentrismen schließen – im Verein mit der Dominanz männlicher Akteure – Frauen aus; so wird den Teilnehmerinnen an solchen IHK-Fortbildungslehrgängen – für viel Geld – jegliche Perspektive auf einen Aufstieg, der mit einem Fernlehrgang zu einem Fortbildungsberuf in der Regel angestrebt wird, genommen. Nur durch die ausdrückliche Nennung von Frauen – auch in Leitungsfunktionen – werden Frauen in solchen Positionen vorstellbar, und zwar für sich selber wie für ihre männlichen Kollegen und gegebenenfalls auch für ihre Kundinnen und Kunden. Werden Frauen in Sprache, Inhalt wie in konstruierten Fällen und Beispielen der aktuellen Lebenswelt entsprechend dargestellt, ergeben sich motivationsstiftende Identifikationsmöglichkeiten für Lernerinnen.

Und dann noch dies: Die bloße Erwähnung einer Frau schafft noch keine Geschlechtergerechtigkeit; es können sich subtile Diskriminierungen einschleichen. So hat der Witwer den Namen Lenz, die Witwe borgt sich den Namen von ihrem Mann: «die Witwe des Beamten Stefan D.»

Inzwischen sieht man zumindest von einem Fernlehrinstitut Werbung, die sich auch an Frauen richtet. Das war lange Zeit anders: Er saß am Schreibtisch, sie brachte ihm den Kaffee. Meine ganze Hoffnung: ILS und Co. haben etwas dazugelernt. Aber ich gucke mir die 25.000 Seiten nicht alle nochmal an.

076.

Schwer zu knabbern hatte ich an folgender Episode: Ich war in den 90er-Jahren im Bundesinstitut für Berufsbildung zuständig für die Erarbeitung einer bundesweit gültigen «**Fortbildungsordnung** für Industriefachwirte». Ein solcher Prozess läuft in Zusammenarbeit mit Vertreter*innen der Tarifparteien, des Bundes und der Länder in einem Fachausschuss ab. Ich bestand darauf – allein auf Grund des Frauenanteils bei den Prüfungen vor der Industrie- und Handelskammer – dass wir von «Industriefachwirten und Industriefachwirtinnen» – oder auch umgekehrt – sprachen und nicht allein von «Industriefachwirten». In diesem politischen Aushandlungsprozess gingen die «Industriefachwirtinnen» sprachlich immer verloren – alles reine Bequemlichkeit, wenn es keine politische Absicht war. Ich wollte ja schließlich keine Prüfungsordnung nur für Männer machen, Frauen sollten auch sichtbar sein. Als ein Arbeitgebervertreter die Sitzung eines Tages eröffnete, schlug er zynisch vor, mir zuliebe heute nur von «Industriefachwirtinnen» zu sprechen. Natürlich war das als Ridikülisierung gemeint, ich «merke» so etwas einfach nicht und nehme es umso ernster. Dann passierten zwei Dinge. Nach etwa zehn Minuten kreischte ein anderer Arbeitgebervertreter «Das geht aber nicht, ich komme als Mann ja jetzt gar nicht mehr vor!» Meine Feststellung: «Jetzt sehen Sie, was ich meine!» hat diesen jugendlichen Patriarchen nicht zur Einsicht geführt – so schlau war er nicht. Dann kam es aber dicke! Ein weiterer Arbeitgebervertreter gab zu bedenken: «Glauben Sie nicht, dass viele Frauen lieber ‹Industriefachwirt› als ‹Industriefachwirtin› werden wollen?» Da hörte ich mich sagen :«Dafür könnte ich Sie ermorden!» – ich konnte es nicht fassen! Ich habe dann von meinen mörderischen Absichten Abstand genommen und über seine Frage nachgedacht. Was er in Wirklichkeit gesagt hatte, war ja: «Industriefachwirtin» ist doch nicht dasselbe wie «Industriefachwirt». Göttin, ist es wirklich sooo schlimm? Hat die Gesellschaft nicht nur Frauenberufe als unterwertig definiert, sondern auch die feminine Bezeichnung eines vermeintlichen «Männerberufs»? Wie tief sitzt die Geringschätzung für Frauen und ihre Leistung in unserer Gesellschaft und besonders in unserer Berufswelt? Ist eine Ärztin kein richtiger Arzt, eine Lehrerin kein richtiger Lehrer in der Ausübung ihres Berufs? Arbeiten Frauen nicht genauso professionell? Können Frauen immer noch nicht das Gleiche wie Männer? Wollen Frauen tatsächlich lieber die männliche Berufsbezeichnung, wollen sie vielleicht sogar alle(!) lieber Männer sein? Statistisch ist es wohl so, dass mehr Frauen Männer sein wollen als Männer Frauen sein wollen. Bei der gegebenen Anerkennung oder besser Nichtanerkennung von Frauen ist das ja auch verständlich. Aber halt: Ich habe hier meine Erlebnisse aus den 90er-Jahren beschrieben. Ich bin sicher: Da hat sich etwas geändert!? Aber allzu sicher sollten wir uns nicht fühlen: Seit 1990 war es auf Bundesebene schon gesetzeswidrig, Frauen sprachlich auszuschließen.[115]

Nun ging es also nicht mehr nur um die richtige Berufsbezeichnung, sondern auch um die Identifikation der Frauen mit ihrem Geschlecht. Als ich dem Problem nachging, fand ich eine Untersuchung, die die Identifikationsfrage mit der Ausbildung der Frauen in Zusammenhang brachte: Je höher die Ausbildung, desto größer die Identifikation mit dem eigenen Geschlecht. Womit wir bei dem Thema «Selbstbewusstsein» wären! Wie kommen wir Frauen bei aller Abwertung und Diskriminierung, die wir in unserem Leben erfahren, selbstbewusst durchs Leben? Und eigentlich sind wir jetzt bei dem Anlass für dieses Buch: Ich möchte «Agentin des Wandels»[116] sein, d.h. ich möchte Frauen Mut machen, die Abwertungen nicht persönlich zu nehmen – sie sind strukturell –, stattdessen erhobenen Hauptes als Frauen im Einklang mit dem Geschlecht durchs Leben zu schreiten – jawoll, schreiten! Sichtbar werden wir erst durch Selbstbewusstsein und das ist für mich unter anderem eng mit Beruf verknüpft – da spüren wir trotz aller versuchten Abwertung unsere Kompetenz und persönlich-fachliche Autorität! Und da hat sich auch wirklich etwas Grundlegendes verändert: Es gibt wunderbare Beispiele von erfolgreichen Frauen, die «ihr Ding» machen, egal wie viele männliche oder weibliche Attribute man/frau ihrem Leben zuschreibt.

077.

Achtung: Sexistische Sprache schadet auch der Wissenschaft! Der Tagesspiegel berichtete unter der Überschrift: «Mädchen können Mathe wie Jungen. US-Forscher finden unter sieben Millionen Schülern keine Unterschiede» über diverse diesbezügliche Studien. Die Psychologin Janet HYDE von der Universität von Wisconsin in Madison und ihr Team hatten die **mathematischen Fähigkeiten von**

115 Deutscher Bundestag, 1990b: Maskuline und feminine Personenbezeichnungen in der Rechtssprache. Bericht der Arbeitsgruppe Rechtssprache vom 17.01.1990. Drucksache 12/1041

116 Cornelia EDDING hat «Agentin des Wandels» als Buchtitel verwendet

Jungen und Mädchen in zehn US-Staaten untersucht. Dazu analysierten sie die Ergebnisse von Mathematikprüfungen von mehr als sieben Millionen Schülern aus den Klassenstufen zwei bis elf. «Wir konnten keine geschlechtsspezifischen Unterschiede feststellen», schreibt HYDE im Wissenschaftsmagazin «Science».[117]

Schade, dass wir nicht erfahren, wie viele Mädchen und Jungen hier zu «Schülern» zusammengezählt wurden – ein Mangel im Projekt oder ein Mangel in der Berichterstattung? Hier wird durch fehlende sprachliche Geschlechterdifferenzierung nicht nur die Überschrift konterkariert, sondern die Seriosität des ganzen Forschungsprojektes infrage gestellt. Mir ist völlig unverständlich, wie ein Autor oder eine Autorin, eine Übersetzerin oder ein Übersetzer so sprachblind sein kann, dass der Zusammenhang von Sprache und Inhalt völlig ignoriert wird.

078.

Was ein Autor mit neun Wörtern so anrichten kann: «Ausbildende*r* ist *der*jenige, *der* eine*n* andere*n* zur Berufsausbildung einstellt.»[118] Von neun Wörtern sind fünf männlich markiert. Dabei wäre es ganz einfach: **Ausbildende sind diejenigen, die andere zur Berufsausbildung einstellen.**

Auch in Grafiken fehlen oft die Frauen – sei es als Wort, sei es als Symbol (z. B. ♀). Oft können Grafiken durch Hinzufügen eines einzigen Wortes in einem einzigen Kästchen – in einem Beispiel «Ausbilderinnen» – geschlechtergerecht werden. An solchen Beispielen lässt sich zeigen, dass die Behauptung, Texte würden durch die ausdrückliche Erwähnung der weiblichen Form von Personenbezeichnungen umständlich und schwer lesbar, oft gar nicht relevant ist. Es handelt sich hier nicht um das Bemühen um Sprachästhetik, sondern um mangelnde Gendersensibilität und/oder Geringschätzung von Frauen. Wenn solche Übersichten, Grafiken o.ä. sexistisch sind, ist dies ein besonders schwerwiegender Mangel, weil Grafiken etc. ja gerade das Lernen unterstützen und intensivieren sollen; anders als in Texten wird hier der Ausschluss von Frauen didaktisch verstärkt.

079.

«Am Arbeitsplatz entscheidet sich, ob **der Einzelne seine Persönlichkeit entfalten** kann und was in diesem Bereich geschieht, beeinflußt auch *sein* Freizeitverhalten: *Seine* Stellung im Betrieb bestimmt meist *seinen* Lebensstandard und *sein* Ansehen bzw. *seine* Anerkennung in der Gesellschaft.» (Hervorhebung GP) So heißt es in einem Lehrbrief zum Arbeitsrecht. Was tut das mit uns Frauen? Ich fühle mich nicht gemeint, ich lese solche Texte inzwischen unbewusst nur noch oberflächlich. Sie glauben doch nicht, dass so ein Satz Frauen zu starken Partnerinnen für einen Betrieb – nach innen wie nach außen – macht!?

Ein – allein in sprachlicher Hinsicht – androzentrischer Lehrgang der beruflichen Fortbildung vergibt die Chance, seine Lernerinnen zu ermutigen, das selbst gesteckte Ziel des Lehrgangsabschlusses zu erreichen. Es fehlt dann an der notwendigen Unterstützung, denn erst wenn die Lernerinnen sich auch selbst einen

---

117 Band 321, Seite 494

118 FLI 4, LB 9:23 – Hervorhebung GP

beruflichen Aufstieg zutrauen, erfüllt ein Lehrgang seine Funktion in der beruflichen Fortbildung.

Wenn Frauen aufgrund einer sexistischen Sprache in Lehrbriefen nicht vorkommen und nicht der Rede wert sind, werden sie als Lernende benachteiligt und demotiviert – ob ihnen das bewusst ist oder nicht. Die mentalen Bilder, die eine sexistische Sprache erzeugt, passen nicht für Lernerinnen. Wenn Frauen nicht in der gleichen Weise wie Männer angesprochen werden, besteht für sie der ständige Zweifel, ob sie mitgemeint sind oder nicht. Isabel ROHNER[119] gibt verschiedene Beispiele, dass die Zweifel der Frauen durchaus berechtigt sind. Sie zitiert Papst Johannes XXIII: «Jeder kann Papst werden.»; Helmut KOHL: «Wer ja zur Familie sagt, muss auch ja zur Frau sagen»; die Fachzeitschrift «Zahnärztliche Mitteilungen» vom 2006-06-16 mit einem Satz, in dem Männer normalerweise eine eher untergeordnete Rolle spielen: «Jeder, der in den letzten 50 Jahren selbst ein Kind bekommen hat ...»

080.

Im Fach Kunden(!)beratung lernen die Teilnehmer*innen: «**Der Kunde ist das Maß aller Dinge**» – und die Kundin? Die Lernenden erfahren zumindest nichts über sie. Wie soll so gelernt werden, ein individuelles Angebot – insbesondere für Kundinnen – zu entwickeln? Frauenbild und Sprachgebrauch eines Autors sind ausschlaggebend dafür, ob Teilnehmerinnen sich in Lehrbriefen wiederfinden und sich sowohl als Lernende wie auch als Marktteilnehmende ernst genommen fühlen. Wir brauchen also viel mehr Autorinnen – denn «Egal, in welchen Raum sich der Mensch begibt, er nimmt sich immer selber mit.»[120] – erwiesenermaßen auch in den virtuellen, in den Schreibraum, den öffentlichen, den privaten ... Das ist ja kein Schaden, wenn wir unsere männliche oder weibliche Weltsicht bewusst reflektieren!

Aber es gibt auch einen aktuellen Anlass, Frauen explizit in Texten über Kundenberatung zu benennen. Es wird gegenwärtig verstärkt darüber nachgedacht, welchen Nutzen die Verhaltensökonomik für die Verbraucherpolitik und -gesetzgebung haben kann. Die Vorstellung vom ausschließlich vernunftgeleiteten Verbraucher ist passé. «Demnach kommt es für die Verbraucherpolitik nicht nur auf die Inhalte von Verbraucherinformationen an, sondern auch darauf, von wem sie vermittelt werden (Sender), in welcher Form die Informationen dargestellt werden (Framing) ...»[121]. Wenn «Sender» und «Präsentation», also der «Rahmen» im Marktgeschehen, auf diese Weise an Bedeutung gewinnen, stärkt das die Rolle

119 ROHNER, Isabel, 2006: Von Bekanntinnen und Herrenrechtlern. Genderbewusste Sprache am Beispiel von Katia Manns Großmutter Hedwig Dohm (1831 – 1919). In: Der Sprachdienst 6/06, S. 185 – 192

120 SCHNABEL, Ulrich, 2006: »Der Mensch nimmt sich immer selber mit«. In seinen Romanen beschrieb Stanislaw Lem die Wissenschaft des 21. Jahrhunderts. Doch der technischen Zivilisation stand er skeptischer gegenüber. Zum Tode des Science-Fiction-Pioniers. In: DIE ZEIT Nr. 14 vom 2006-03-30, S. 55

121 THORUN, Christian, 2010: Was die Verbraucherpolitik von der Verhaltensökonomie lernen kann. WISO direkt September 2010, Analysen und Konzepte zur Wirtschafts- und Sozialpolitik der Friedrich-Ebert-Stiftung

von Beraterinnen und Beratern – eigentlich unser aller Alltagserfahrung. Wenn die «Chemie» zwischen Kundin und Beraterin oder Berater stimmt, kommt es zum Abschluss eines Geschäfts – ob Kleidung, Finanzprodukt oder Medikament! Darauf sollten Lernende vorbereitet werden, damit sie im Berufsleben nicht überrascht feststellen, dass es außer Kunden auch noch Kundinnen gibt, mit denen sie nichts anzufangen wissen!

081.

Personalwirtschaftslehre: Der Autorin und dem Autor sind offenbar die herausragende Bedeutung weiblicher Arbeitskräfte im Handel bewusst. Stichwörter wie «Heirat», «Schwangerschaft» und andere Beispiele zeigen, dass Frauen in der Personalplanung mitgedacht werden. Und dann?

Ein besonders «schönes» Beispiel, wie sich weiblicher Ehrgeiz dämpfen lässt: Im **«Instanzenbild»** gibt es nur den «Stelleninhaber», «seinen Stellvertreter», «Abteilungsleiter», «Gruppenleiter», «Sachbearbeiter», «Meister» etc. Auf diese Weise wird Frauen deutlich gemacht, dass sie für Ehe und Mutterschaft, aber nicht für einen Aufstieg vorgesehen sind. Das Ignorieren von Frauen und ihren Leistungen verunsichert die Lernerinnen und gibt ihnen das Gefühl der Bedeutungslosigkeit – und das vorwiegend unbewusst! Das ist für Frauen in einer Fortbildungsmaßnahme in hohem Maße demotivierend und untergräbt ihr für erfolgreiches Lernen notwendiges Selbstbewusstsein.

Auch hier bestätigt sich wieder HOVESTADTS Beobachtung: Dass «Frauen nur und nur Frauen»[122] als Geschlechtswesen wahrgenommen werden. Das Muster heißt für mich: Männer haben kein Geschlecht, Frauen sind nur Geschlecht!

Schon 1903 schreibt Hedwig DOHM: «Dass man bis in die neueste Zeit hinein dem Weib nur einen geschlechtlichen Wert zubilligt, ist oft gesagt und beklagt worden. ... Geschlechtlicher Reiz und Nutzen des Weibes Wertmesser! Eine animalische Auffassung ihrer Wesenheit, eine naive Schamlosigkeit, die einem früheren Zeitalter entsprochen haben mag, der Reife und Höhe des jetzigen aber Hohn spricht; denn sie entmenscht das Weib ...» [123]

HOVESTADT stellt fest, dass die sozialen Strukturen – z. B. in Seminaren – wesentlich auf Geschlechterverhältnissen beruhen und beobachtete bei Seminarteilnehmern in Territorialverhalten, Redestil, Themensteuerung etc. eine «ritualisierte Dominanzbehauptung» gegenüber der Frau, die sie als ritualisierte Aufforderung zum Dominanzverhalten gegenüber dem männlichen Publikum deutet. Ihre Interpretation: Durch Selbststilisierung konstituieren männliche Teilnehmende eine hegemoniale Männlichkeit. In diesem Sinne gibt es auch kein Interesse an der Aufklärung von Geschlechterfragen, denn patriarchale Auffassungen «scheuen» die Thematisierung.[124] Erst die Enttabuisierung des Geschlechterverhältnisses ist

122 HOVESTADT, Gertrud, 1997: «Schade, daß so wenig Frauen da sind». Normalitätskonstruktionen der Geschlechter in männerdominierter Bildungsarbeit, Münster (Lernen, um zu handeln, Bd. 9/10 der Hans Böckler Stiftung)

123 DOHM, Hedwig, 1982: Emanzipation. Vor- und Nachwort von Berta Rahm, 2. Auflage, Zürich [Originaltitel: Die wissenschaftliche Emanzipation der Frau, 1874]

124 HOVESTADT, 1997:164: «Das Verschweigen (der Geschlechterverhältnisse – GP) beruht auf

ein Ansatzpunkt für Veränderung. Was ich geradezu erschütternd finde, ist das Ergebnis einer neuen Studie zum Wohlbefinden von Kindern: Mädchen fühlen sich mit zunehmendem Alter immer weniger wohl und weniger zufrieden. «Ihr Selbstbewusstsein sinkt, sie machen sich viele Gedanken um ihr Aussehen, den eigenen Körper. Dieser Befund deckt sich mit anderen, auch internationalen Studien. Wir sollten uns fragen, was das zu tun hat mit sozioökonomischen Ursachen und Diskriminierungserfahrungen – und ob diese jungen Mädchen bereits darunter leiden, dass wir nach wie vor in einer Gesellschaft leben, in der das gängige Frauenbild noch sehr unter Druck setzt», und dies überwiegend in Sprache, aber auch in Bildern vermittelt.

082.

Im Tagesspiegel vom 2007-03-09 steht unter der umnachteten Überschrift **«Handwerk wird zur Mädchensache»** (gezeichnet: rik) der denkwürdige Satz: »Unter den angehenden Malern in Berlin waren im vergangenen Jahr 9,3 Prozent Frauen.» Was machen die da unter den Malern? Wir sollten sie eilends hervorziehen und blitzartig sichtbar machen, wenn wir junge Frauen in Handwerksberufe kanalisieren wollen – diese baldigen Malerinnen. Hier wird doch deutlich, wie relevant Sprache eigentlich ist.

»Sprache ist ... sexistisch, wenn sie Frauen und ihre Leistungen ignoriert, wenn sie Frauen nur in Abhängigkeit von und Unterordnung zu Männern beschreibt.»[125]

»Durch die Verwendung weiblicher wie männlicher Personalbegriffe wird erreicht, dass Frauen wie Männer in jedem Kontext vorstellbar sind.»[126]

Es gibt dazu eine schöne Studie, die Auswirkungen des geschlechtergerechten Sprechens auf unser Denken belegt: Darin wurden SPD-Mitglieder befragt, wer für das Amt des Bundeskanzlers – oder eben der Bundeskanzlerin – infrage käme. Die Personen, die mit dem generischen Maskulinum konfrontiert waren, nannten nur Männer, während die andere Gruppe unter Verwendung der Paarform auch mit Kandidatinnen aufwartete.[127]

Und dann noch dies: 9,3 Prozent! Und 9,5 Prozent angehende Feinmechanikerinnen! Und 16,5 Prozent zukünftige Tischlerinnen – das muss rik ja erschrecken!

---

einer Alltagsabsprache zwischen Männern, aber auch Frauen können daran beteiligt sein, die Normalität der Geschlechterverhältnisse nicht anzutasten. Das Nicht-Thematisieren ist nicht unschuldig, es dient vielmehr der stummen Herstellung und Aufrechterhaltung von Diskriminierung, Rollenzuweisung und -übernahme, enthält unausgesprochen die Behauptung, daß Frauenwirklichkeiten irrelevant, bestenfalls die Ausnahme sein. Die Normalität könnte durch ihre Thematisierung zur Disposition gestellt werden und wird deswegen unterlassen.»

125 Deutscher Bundestag, 1990a

126 Deutscher Bundestag, 1990b

127 HANNOVER, Bettina / SCHOLZ, Anna-Lena, 2015: Feuerwehrfrauen und Geburtshelfer helfen bei der Berufswahl. Geschlechtergerechte Sprache kann die Entscheidung für einen Beruf beeinflussen, hat die Psychologin Bettina Hannover in einer Studie festgestellt. Wird die weibliche Form verwendet, trauen sich auch Mädchen den Beruf zu. Aber auch Jungen lassen sich motivieren. Interview. (Online-Version) http://www.tagesspiegel.de/wissen/gender-in-der-sprache-feuerwehrfrauen-und-geburtshelfer-helfen-bei-der-berufswahl/12023192.html

Und die wollen dann auch noch Meisterinnen werden, meint rik. Ob rik ein Mann ist, der schon um seinen Job fürchtet? Ich hätte sicher Mühe, Frauen zu finden, die einen Beruf bei einem Anteil von 9 oder 16 Prozent für eine «Mädchensache» hielten. Wie kann man/frau sich damit zufriedengeben?

083.

Wenn Sie, liebe Leserin, eine Frau sind, was ich bei «Leserin» irgendwie annehme, haben Sie eine «**Scham**». Sie schämen sich aber nicht? Wieso auch? Kann mir mal jemand erklären, wie ich zu einer «Scham» gekommen bin? Meinem Mann geht es da besser. Er hat ein «Gemächt». Kann mir mal jemand erklären, wie er als klitzekleines Bübchen schon ein «Gemächt» haben konnte? Und kann mir mal jemand erklären, wieso mein Mann und ich so jämmerlich ungleich ausgestattet sind? Das passt doch nicht zueinander, wenn zwei Menschen eine Ehe auf Augenhöhe führen wollen. Ich glaube, mein Mann weiß gar nicht, dass ich bloß eine Scham habe, und nach 56 Ehejahren möchte ich ihn jetzt auch nicht mit einer so grässlichen Wahrheit gruseln. Ich werde es ihm verschweigen. Und das bisschen, was im Ruhezustand an so einem Mann dranhängt, finde ich auch nicht so, dass ich es «mächtig» nennen würde. Wenn ich mich mal irgendwann langweile und gerade nichts Vernünftiges zu denken habe, überlege ich mir eine schmusigere Bezeichnung. Im Duden steht, «Gemächt» würde heute nur noch scherzhaft verwendet und wäre ein veralteter Begriff. Dann *muss* mein Mann geradezu ein «Gemächt» haben, schließlich sind wir alt!

Immerhin gibt es den Ausdruck noch im Internet: «Das Gemächt ist jene Stelle die besonderer Aufmerksamkeit bedarf und welche sich zwischen den unteren Extremitäten der männlichen Exemplare der Gattung Homo sapiens befindet und kopulativer Fortpflanzung und Bespaßung weiblicher Artgenoss(inn)en dient.»[128] Und da habe ich schon wieder Erklärungsbedarf: Was sind «weibliche Artgenoss(inn)en»? Oder tut sich da jemand nur schwer mit der gendergerechten Sprache? Und dann fand ich noch: «Manche Worte klingen größer als andere. Zwischen Gemächt und Pimmel liegen für mein Gefühl mindestens fünf Zentimeter.»[129]

084.

Mit schöner Regelmäßigkeit erzeugt das Thema «**Wahlen**» bei mir Wut pur. In Frankreich fanden 2007 «Präsidentenwahlen» statt. Für die Stichwahl haben sich eine Frau und ein Mann qualifiziert – die Rede ist aber weiter von der «Präsidentenwahl». Hier ist deutlich zu sehen, wie die männliche Sprache die traditionelle gesellschaftliche Realität solchen – für die Demokratie zentralen – Begriffen ihren Stempel aufdrückt. Wieso muss ein abstrakter Begriff männlich markiert werden? Wer denkt bei «Präsident» an eine Frau? Ist das die Botschaft: Wählt den Mann, die Frau kann es nicht!? Häufig ist die Rede davon, eine geschlechtergerechte Sprache sei umständlich und schwer lesbar. Hier, wie so oft, eine

---

128 http://www.stupidedia.org am 2007-06-25
129 www.assoziations-blaster.de

androzentrische Mähr! Es handelt sich nämlich um «Präsidentschaftswahlen»! So einfach ist das mit einem wirklich geschlechtsneutralen Begriff, der das Ergebnis nicht suggestiv vorwegnimmt. Mir fallen andere Ausdrücke ein: «Redeliste» statt «Rednerliste», «Vorsitz» statt «Vorsitzender». Eingeführt sind immerhin «Senatsverwaltung für ...»[130] statt «Senator für ...» und «Ministerium für ...» statt «Minister für ...».

Zurück zum Thema Wahlen: Es wird mir immer unbegreiflich bleiben, dass in einer zivilen Gesellschaft die Leute, die zur Wahl gehen, «Wähler» heißen. Wenn nur die Männer wählten, wären die Klagen über eine zu geringe Wahlbeteiligung noch lauter. Glauben denn die politischen Akteure und wohl auch Akteurinnen, das Wort «Wähler» elektrisiert die Frauen und lässt sie in die Wahllokale strömen? Alle Parteien klagen, zu wenige Frauen seien politisch aktiv, sie fänden ja gerade immer keine qualifizierte Kandidatin, da nehmen sie schnell einen (unqualifizierten) Mann – da weiß «man», was «man» hat. Das Problem in den Parteien können am ehesten starke Frauenorganisationen oder -netzwerke lösen. Aber der Kern sitzt noch tiefer. Wie lange haben Frauen um das Wahlrecht gekämpft? Wir haben das Frauenwahlrecht ja erst einhundert Jahre.

Und dann ist da noch die Tatsache, dass «mann» es 1871 überhaupt nicht anstößig fand, das Männerwahlrecht als «allgemeines und gleiches Wahlrecht» in die Reichsverfassung zu schreiben. Glauben Sie mir: So viel Geschlechtsblindheit hat in erster Linie mit Macht, aber auch mit Sprache zu tun. Eine Frauen ausschließende Sprache schließt Frauen auch aus allen traditionell nicht «weiblichen Gesellschaftsbereichen» aus. Gleiche Teilhabe, die ein Leben erst vollständig macht, wächst so niemals! In Finnland ist der Kampf ums Wahlrecht noch bewusst. Zum «100. Jahrestag des gleichberechtigten und allgemeinen Wahlrechts», also am 2006-06-01 brachte Finnland eine 2-Euro-Gedenkmünze heraus.

Da habe ich noch eine Frage an Sie: Sie wollen keine «Quotenfrau» sein? Sind Sie immer oder nie – je nach Betrachtungsweise. Immer, weil bei allen Kandidaturen das Geschlecht eine Rolle spielt. Ich bin lieber eine Quotenfrau bei einer vierzigprozentigen Frauenquote als keine Quotenfrau bei einer hundertprozentigen Männerquote. Oder glauben Sie, deren Geschlecht spielt bei der Wahl keine Rolle? Nie! Lassen Sie diese Herabsetzung einfach an sich abgleiten – das heißt in Berlin «janich injorieren» – und/oder hauen Sie kurz aber trocken mit einem mehr oder weniger bösen Spruch zurück à la «lieber qualifizierte Quotenfrau als unqualifizierter Geschlechtsloser». Ihnen fällt sicher was ein, was zu Ihnen passt.

Zusammenfassend sage ich: Wir reden über kulturelle Differenzen zwischen Frauen und Männern mit grundsätzlichen gesellschaftspolitischen Folgen. Luise PUSCH war es wohl, die den folgenden Vergleich ins Spiel brachte: Einen Italiener und einen Franzosen fassen wir nicht zu «zwei Franzosen» zusammen, warum dann eine Kandidatin und einen Kandidaten zu «zwei Kandidaten»? Im Übrigen ist

---

130 «Der neue rot-grüne ‹Momper-Senat› kommt zu seiner ersten Sitzung zusammen. Weil jetzt acht Frauen mitmachen, also eine feminine Senatsmehrheit herrscht, sollen die Senatsverwaltungen ihre Briefköpfe ändern. Künftig heißt es nicht mehr ‹Der Innensenator›, ‹Die Senatsverwaltung für Inneres›.» (loy, 2009: Wendekalender. 21. März 1989. In: Der Tagesspiegel vom 2009-03-21)

die Quote eine der vier geschlechterpolitischen Säulen – neben Normen, Gender Mainstreaming und autonomen frauenpolitischen Ansätzen.

085.

Mein Lieblingsthema: das «generische Maskulinum»; es erlaubt – entgegen mancher Behauptung – keine geschlechtergerechte Sprache! Denn Personenbezeichnungen, bei denen unklar ist, auf wen sie sich beziehen, werden von großen Teilen der Sprachgemeinschaft als diskriminierend, ja ausschließend wahrgenommen.[131] Beim sogenannten «generischen Maskulinum» wird behauptet, die männlichen Substantive («Bürger») ließen sich als Oberbegriff für «Bürgerin» und «Bürger» verwenden. Am «generischen Maskulinum», ist aber nichts «Generisches», denn «generisch» heißt «in allgemein gültigem Sinne». Männer lassen sich sehr ungern als Frauen bezeichnen. Warum sollen sich Frauen als Männer bezeichnen lassen? Sind sie dann mehr wert? Zweitens üben wir uns in «Beidnennung», d.h. überall dort, wo Frauen beteiligt sind oder sein könnten und sollten, nennen wir sie auch:

Bei mir heißt das Ganze: Niemand kann mir einreden, dass alle an Königin Luise denken, wenn niemand von ihr spricht! Das Gleiche gilt übrigens für Napoleon!

Das «generische Maskulinum», enthält die Behauptung, mit «Bürger» würden auch «Bürgerinnen» angesprochen, deshalb sollten sie sich auch mitgemeint fühlen – das ist teils Mär, teils Zumutung![132] «Bürger»[133] ist ein männliches Substantiv und wird auch als solches sprachlich und politisch genutzt: Wenn «unbescholtene Bürger» ein Wahlrecht haben, haben es «unbescholtene Bürgerinnen» noch lange nicht! Das sind Tatsachen, aber es geht auch um das Gefühl des Mit-Gemeint-Seins. Wenn die Mitgemeinte sich nicht mitgemeint fühlt, ist die Kommunikation misslungen, dann kann man sie auch gleich ganz lassen. Dasselbe würde für ein «generisches Femininum» gelten.

«Die ersten Dokumente, die darüber sprechen, dass Personenbezeichnungen wie Bürger oder Müller in verallgemeinernder Weise für beide Geschlechter stehen können, berufen sich gerade nicht auf eine angebliche Geschlechtsneutralität der Maskulinformen, sondern ganz explizit darauf, dass sie geschlechtsspezifisch männlich sind. Dabei wird – in offen sexistischer Manier – mit der «natürlichen»

---

131 DIEWALD, Gabriele, 2018: Mitgemeint, aber ausgeschlossen. Das generische Maskulinum erlaubt keine geschlechtergerechte Sprache. Eine Replik auf Peter Eisenberg. In: Der Tagesspiegel vom 2018-09-18 (Printversion)

132 «Im 19. Jahrhundert, in Aufzeichnungen zu Sitzungen der Frankfurter Nationalversammlung, wird eine generische Interpretation von Maskulinformen wie Bürger, Abgeordneter in rechtlichen Texten sogar explizit verneint. Diese Formen wurden spezifisch männlich definiert, Frauen waren ausgeschlossen.» DIEWALD, 2018

133 «Das Suffix -er – das wichtigste Mittel, um Substantive zur Bezeichnung von Personen zu erzeugen – wurde in althochdeutscher Zeit aus dem Lateinischen entlehnt. Von Anfang an hatte es das semantische Merkmal männlich. Es erzeugt Substantive, die männliche Personen benennen, die eine bestimmte Funktion, einen Beruf, eine Tätigkeit ausüben: Bauer, Müller, Kläger. Oft ist die Ableitungsbasis ein Verb (arbeiten – Arbeiter), gelegentlich ist es auch eine weibliche Personenbezeichnung: So wird zur Hexe ein Hexer gebildet, zur Witwe ein Witwer. Auch diese Ableitungen von einer semantisch weiblichen Basis belegen, dass das Suffix -er eine spezifisch männliche Bedeutung hat» DIEWALD, 2018

Rangordnung der Geschlechter argumentiert: Männer seien das erste, privilegierte und würdigere Geschlecht, daher muss bei verallgemeinernder Bedeutung die männliche Sprachform, zum Beispiel Bürger (semantisch männlich, grammatisch Maskulinum), gewählt werden. Da Frauen an sich nachrangig sind, muss man sie nicht nennen.»[134]

Oder man(n) machte es, wie es gerade machtpolitisch opportun war. Hieß es im Gesetz – alternativ in der Verordnung – «Anwalt», konnten nur Männer Anwälte werden und das reichte zur Versagung der Zulassung als Anwältin auch für eine promovierte Juristin. Das nächste Beispiel «Landrat» – auch das konnten Frauen angeblich nicht werden; und aus der Schweiz ist bekannt, dass eine Frau nicht Standesbeamtin werden konnte, weil im Gesetz «Standesbeamter» stand.

Dies sind dokumentierte Fälle offener Diskriminierung vom Beginn des 20. Jahrhunderts, die sich explizit darauf berufen, dass eine maskuline Form im entscheidenden Text dann doch spezifisch und ausschließlich auf Männer bezogen sei. «Es trifft also nicht zu, dass die Maskulinformen paariger Personenbezeichnungen historisch jemals eine geschlechtsneutrale lexikalische Grundbedeutung hatten.»[135] Das gilt auch heute noch und ist seit Mitte der 70er Jahre in den Berufsbezeichnungen für Ausbildungsberufe umgesetzt. Und ein Blick in die Wissenschaft: Seit Jahrzehnten wissen wir, dass das Ergebnis von Untersuchungen in der Linguistik, der Kognitionspsychologie, der Psycholinguistik, der Erziehungswissenschaft, der Medien- und Textwissenschaft durch den Gebrauch einer gendergerechten oder eben einer sexistischen Sprache entscheidend beeinflusst wird. Das gilt für alle Untersuchungsmethoden! «Die Wahl einer bestimmten sprachlichen Form zur Personenbezeichnung hat großen Einfluss auf die Vorstellung von Menschen, die durch diese Form gemeint sein könnten. Durch die Verwendung des generischen Maskulinums werden Frauen entweder gar nicht oder zumindest nicht adäquat repräsentiert. Männer erscheinen als prototypische Exemplare der jeweiligen Inhalte der Personenbezeichnung.»[136] Ein Beispiel habe ich unter «Handwerk wird zur Mädchensache» erwähnt.

Also: «Finger weg vom generischen Maskulinum!» – Sie greifen garantiert ins Leere!

Und wie werden nun alle Menschen «Schwestern und Brüder»? Wir üben uns in «Beidnennung», d.h. überall dort, wo Frauen beteiligt sind oder sein könnten und sollten, nennen wir sie auch: «Wähler und Wählerinnen» (denken Sie auch an den ewigen Kampf der Frauen um das Wahlrecht!), «Parlamentarierinnen und Parlamentarier», «Mitarbeiterinnen und Mitarbeiter», «Wähler*innen» (die neueste Form mit Platzhalterchen für ein drittes Geschlecht) – und wenn es Ihnen mit der Beidnennung zu viel wird, dann suchen wir wirklich neutrale Wörter wie z. B. «Beschäftigte», gegebenenfalls «Angestellte» oder wir entpersonalisieren flugs die «Rednerliste» zur «Redeliste» etc. – es gibt nicht eine Lösung für alle Sprachsituationen. Außerdem machen wir den «Reversibilitätstest». Wir kehren im Zweifels-

134 DIEWALD, 2018
135 DIEWALD, 2018
136 DIEWALD, 2018

fall sprachlich das Geschlecht um: Der Ausdruck «weibliche Mitarbeiter» ist nur dann richtig, wenn «männliche Mitarbeiterinnen» akzeptabel ist. Schließlich rufen Sie https://www.google.com/search?q=geschlechtergerechte+sprache&ie=utf-8&oe=utf-8&client=firefox-b auf und haben wunderbare Anleitungen für eine geschlechtergerechte Sprache, denn die Gegner einer nicht-sexistischen Sprache sind oft keine Ideologen und Ideologinnen, sondern Menschen, die unsicher sind, wie's geht!

Und jetzt sehen Sie, dass Marlies KRÄMER[137][138], die für die weibliche Anrede auf Sparkassenformularen kämpft, vollkommen Recht hat. Da kann der Bundesgerichtshof entscheiden, was er will – die Richter (und Richterinnen?) wissen leider nicht, was sie tun. Schon in den 1980er Jahren hat eine «interministeriellen Arbeitsgruppe Rechtssprache» über »Maskuline und feminine Personenbezeichnungen in der Rechtssprache« ihren Bericht vorgelegt.[139] Nicht zu vergessen das «Gesetz für die Gleichstellung von Frauen und Männern in der Bundesverwaltung und in den Unternehmen und Gerichten des Bundes (Bundesgleichstellungsgesetz - BGleiG)». Statt der Aufforderung der interministeriellen Arbeitsgruppe nachzukommen und ihrer Pflicht Genüge zu tun, die Gesetzessprache an die Gesetzeslage anzupassen, perpetuieren sie das ständige Unsichtbarmachen und die dauernde Diskriminierung der Frau.

Ein weiterer Grund gegen das Unsichtbarmachen von Frauen: Kinder halten typisch männliche Berufe in ihrer weiblichen Form (Ingenieurin) für leichter zu erlernen; durch die geschlechtergerechten Bezeichnungen erhöht sich vor allem bei Mädchen das Selbstvertrauen. Es ist «nicht nur ein Gebot der Höflichkeit, mit und über Menschen in der öffentlichen Kommunikation so zu sprechen, dass Männer und Frauen explizit benannt sind. Allein das sollte ja eigentlich schon Grund genug sein, dies zu tun. Es ist darüber hinaus geradezu eine demokratische Pflicht, die Entfaltung von Chancengleichheit und -gerechtigkeit nicht schon durch die Ablehnung geeigneter sprachlicher Mittel zu behindern.»[140]

---

137 JANISCH Wolfgang, 2018: Wie Marlies Krämer für die weibliche Anrede kämpft. Die Sparkassen-Kundin lässt beim BGH klären, ob Geldinstitute bei Formularen auch die Kundin und Kontoinhaberin ansprechen müssen. In: Süddeutsche Zeitung vom 2018-02-20 www.sueddeutsche.de/panorama/entscheidung-am-bundesgerichtshof-wie-marlies-kraemer-gegen-die-sparkassen-kaempft-1.3873611

138 JAHBERG, Heike, 2018: Geschlechterkampf auf dem Formular. Grundsatzfrage vor Gericht: Darf auf Vordrucken nur von «Kunden» die Rede sein? Am Dienstag gibt es die Antwort des BGH. In: Der Tagesspiegel vom 2018-03-11 (Printversion)

139 «1, Der Deutsche Bundestag hat folgenden Beschluß gefaßt:
Die Bundesregierung wird aufgefordert, ab sofort in allen Gesetzentwürfen, Rechtsverordnungen und Verwaltungsvorschriften geschlechtsspezifische Benennungen/ Bezeichnungen zu vermeiden und entweder geschlechtsneutrale Formulierungen zu wählen oder solche zu verwenden, die beide Geschlechter benennen, soweit dies sachlich gerechtfertigt ist und Lesbarkeit und Verständlichkeit des Gesetzestextes nicht beeinträchtigt werden.
Darüber hinaus wird die Bundesregierung aufgefordert, bei grundlegenden Änderungen von Gesetzen, Rechtsverordnungen und Verwaltungsvorschriften diese auf ihre geschlechtsspezifischen Formulierungen hin zu überprüfen und entsprechend den in Absatz 1 genannten Grundsätzen in angemessener Zeit zu ändern.» https://archive.org/stream/ger-bt-drucksache-12-1041/1201041_djvu.txt

140 LOBIN, Henning / NÜBLING, Damaris, 2018: Tief in der Sprache lebt die alte Geschlechterord-

Fazit: «Das generische Maskulinum macht Frauen besser unsichtbar als jede Burka.»[141]

086.

Schauen Sie sich diesen Satz an: «Fünf Jahre nach Ausbildungsabschluß hatte bereits jeder siebte ehemalige Auszubildende eine **mittlere oder höhere Führungsposition**.» (Hervorhebung GP). Diese Angabe soll einer Befragung von 3600 Absolventen der Industrie- und Handelskammern aus Nordrhein-Westfalen entnommen sein. Das Problem bei dieser Darstellung ist, dass dieser Satz richtig sein mag, er kann aber ebenso gut falsch sein, weil nicht klar ist, ob Frauen hier wieder «mitgemeint» sind oder tatsächlich nur männliche Auszubildende befragt wurden. Auch hier fehlt es an einer Geschlechterdifferenzierung: So ist die Aussage wenig nützlich. Aufgrund der Darstellung ist auch nicht nachzuvollziehen, ob die Untersuchung nicht sogar nach Geschlechtern differenziert durchgeführt wurde. Dann wären möglicherweise Geschlechterunterschiede zutage getreten, die eine Basis für die Erforschung der Ursachen solcher Geschlechterunterschiede beim Aufstieg in «mittlere oder höhere Führungspositionen» gelegt haben.

Eine Nachfrage bei der IHK Düsseldorf ergab, dass beide Geschlechter in die Untersuchung einbezogen waren. Eine Einsichtnahme in die Untersuchungsberichte war leider nicht möglich. Also alles für die Katz! Der Mühe und Kosten nicht wert!

087.

Ein anderes Beispiel für missverständlich bis falsche Aussagen durch mangelnde Geschlechterdifferenzierung in der Sprache fand ich in einer Überschrift in Der Tagesspiegel (2008-01-31). Da heißt es: **«Jeder zweite Deutsche ist zu dick.»** Was verstehe ich? Ich verstehe, dass jeder zweite deutsche Mann zu dick ist. Falsch! Oder ich verstehe – wenn ich unterstelle, dass die Sprache frauenausschließend gebraucht wird – dass die Hälfte der deutschen Männer und Frauen zu dick ist. Wieder falsch! Diese Formulierung hat überhaupt keinen Informationswert, wenn wir die Fakten, die beschrieben werden sollen, ansehen: Zwei Drittel der deutschen Männer und gut fünfzig Prozent der deutschen Frauen sind übergewichtig – oder besser waren damals übergewichtig. Das Verhältnis hat sich inzwischen verschoben.

Wie hätte die Überschrift korrekt heißen können? Zum Beispiel «Mindestens *jede* zweite Deutsche ist zu dick» – das wäre eine richtige Aussage gewesen, wenn auch nur eine Teilaussage. Die nächste Zeile hätte heißen können – «und zwei von drei deutschen Männern». Aber eine Überschrift, die auf Frauen abhebt, ist wohl keine wichtige politische Aussage! Dann wäre noch korrekt gewesen: «Zwei von drei deutschen Männern sind zu dick – aber nur gut jede zweite deutsche Frau». Was für eine Niederlage für den deutschen Mann! Also pfeift man(n) auf Wahrheitsgehalt und Informationswert zugunsten einer männerschonenden

---

nung fort. Gastbeitrag. In: Süddeutsche Zeitung vom 2018-07-07

141 Der Satz soll von Luise PUSCH stammen.

Formulierung – für eine Zeitung, die dem Motto folgen will «Rerum cognoscere causas» blamabel. Sprache ist nicht geschlechtsneutral, und so werden wir «die Ursachen der Dinge» nicht «kennen» lernen!

088.

Der Tagesspiegel teilt am 2008-12-21 mit: **«Jeder fünfte Meister ist eine Frau!»** Wie machen die das? Haben 20 Prozent der Meister ein unbestimmtes Geschlecht – oder gar alle, und jeweils 20 Prozent geben sich immer als Frau? Unsere Sprache ist so stark maskulinisiert, dass dem Redakteur (Himmel – doch nicht etwa der Redakteurin?) nur dieser Unsinn einfällt – das ist doch keine Meldung, Junge! Ich gehe mal davon aus, dass er sagen wollte: «Jeder fünfte Meisterbrief geht an eine Frau» oder «Jeden fünften Meisterbrief erwirbt eine Frau» – zugegeben neun oder zehn Anschläge mehr! Aber wenn die Struktur der Zeitungsseite das nicht zulässt – was ich nicht glaube – dann muss sich die Struktur ändern! Wollen wir Frauen ewig an irgendwelche Strukturen anpassen oder lieber gleich ganz weglassen, wenn sie denn nicht gleich reinpassen? Etwas mehr Mühe mit den Formulierungen, meine Herren und Damen, und schon sind Sie in der Lage, die ganze Welt zu beschreiben. «20 Prozent Meisterinnen» hätte ich dann noch anzubieten! Ich erinnere an das aktuelle Programm der SPD, das wieder den schönen Satz enthält: «Wer die menschliche Gesellschaft will, muss die männliche überwinden.» Und hier können wir anfangen: mit einer durchdachten Sprache, die nicht nur die Männer ausleuchtet und Frauen im Dunklen lässt! Auch im Text dieser kleinen Notiz gelingt es dem Redakteur Unsinn zu verbreiten: «Im vergangenen Jahr seien unter den Absolventen der Meisterprüfung 20,3 Prozent Frauen gewesen ...» Wie machen die das? Wo kriechen die denn da rum? Sollen solche Aussagen sprachlich korrekt, also aussagekräftig sein, geht nur «unter den Absolventen und Absolventinnen» oder umgekehrt oder «unter den Absolvent*innen». Fällt Ihnen noch was Besseres ein?

089.

Der Aspekt des **Sprechverhaltens** darf beim Thema «Sprache» nicht fehlen. Was hinzukommt, ist die Bewertung von Gesprächen von Frauen als Tratsch, Kaffeeklatsch, Geplauder, Gequassel, Geschnatter, Geschwätz etc. Auch das Gespräch über den Gartenzaun, bei dem sich z. B. Mütter über Kindergärten, Schulprobleme, gesundheitliche Fragen, ärztliche Versorgung, Ernährung und Fragen des VerbraucherInnenschutzes oder budgetschonende Einkaufsmöglichkeiten austauschen – alles Geschwätz, auch wenn es für die Familie existenziell sein sollte! Die ernstzunehmenden Gespräche finden (bisher) oder fanden rauchgeschwängert und biergedünstet am Stammtisch statt – da geht es dann um lebenswichtige Fragen zum Fußballklub und zu anderen großen Politikbereichen in deklarativ-dominierendem Ton. Das erheischt Respekt! Was für eine Weltsicht!

Seriöse Quellen beschreiben das Sprechverhalten von Frauen als fragend-kooperativ, d.h. Frauen wollen mit anderen ins Gespräch kommen, Meinungen austauschen und dabei auch selbst zu Wort kommen sowie über ihre Interessen und Themen sprechen; sie beziehen sich häufiger unterstützend auf vorangegangene Gesprächsbeiträge anderer Gruppenmitglieder, mehr Frauen als Männer bemühen sich um eine Frauen einschließende Sprache. Männliches Sprechverhalten wird charakterisiert als: deklarativ-dominierend, d.h. männliche Teilnehmer erklären uns die Welt, bestimmen Themen und Redestil, nehmen sich das Wort, setzen ihre Themen auch dann durch, wenn sie weder das Wort haben noch jemand an ihrem Thema interessiert ist: «Gewalt durch Sprache»![142] Redner beziehen sich häufiger auf eigene Gesprächsbeiträge, vielfach begleitet von Imponiergehabe, nur wenige Männer zeigen Sensibilität für geschlechtergerechtes Sprechen.[143]

090.

Aber die Geschlechterhierarchie wird nicht nur durch Machtmissbrauch in Institutionen immer wieder reproduziert, sondern oft auch in Podien und im persönlichen Gespräch. Bevor ich Ihnen das Muster vorstelle, mit dem Männer auf Kosten des Rederechts anwesender Frauen «ihr Wissen zeigen» und «ihre Autorität etablieren», berichte ich von einem persönlichen Erlebnis.

Als wissenschaftliche Mitarbeiterin des Bundesinstituts für Berufsbildung war ich nach **Málaga** zu einer Konferenz eingeladen, ich sollte das deutsche System der dualen Berufsausbildung vorstellen – ich spreche Spanisch. Sorgfältige Vorbereitung, lange Anreise. Im internationalen Podium war ich dann die einzige Frau und die letzte Sprecherin, vorgegebene Redezeit 15 Minuten. Alle Männer hatten ihre Zeit – meist in schlechtem Englisch redend – weit überzogen, viel Selbstdarstellung, wenig für die Sache Taugliches.

Kaum hatte ich begonnen, wurde mir bedeutet, dass die Zeit weit fortgeschritten war – als ob ich nicht mit großer Geduld alles selbst ertragen hatte. Ich glaube, die Einleitung durfte ich dann noch vortragen, dann bedankte sich der Moderator – meine Redezeit war auf wenige Minuten zusammengeschnurrt. Da hatte er die Falsche erwischt. Ich habe nur lakonisch festgestellt: «Dafür bin ich nicht angereist!» – begleitet von lautem Protest im Publikum, das an meiner Darstellung – in spanischer Sprache – offenbar interessiert war.

Ich «durfte» weitersprechen, es hat mich auch nicht aus dem Konzept gebracht, aber meine Konzentration war geteilt zwischen Sache und Affront! Der Mann hat sich wahrlich keinen Gefallen getan bei seinen anwesenden Vorgesetzten – alle haben sich bei mir entschuldigt. Seine anwesende Schwester war so empört, dass sie mir gerne etwas Gutes angetan hätte. Und die Zuhörerinnen und Zuhörer? Sie haben mich in der anschließenden Diskussion mit Fragen bombardiert, um mir Gelegenheit zu weiteren Erläuterungen zu geben. Sie fanden das duale Berufsbildungssystem interessant.

142 TRÖMEL-PLÖTZ (Hrsg.), 1984

143 PRAVDA, Gisela, 1997: Women's Ways of Learning. In: The New Learning Environment. A Global Perspective. Conference Abstracts (in der Kurzfassung) und auf CD-Rom (in der Langfassung), Veröffentlichung anläßlich der 18. Weltfernunterrichtskonferenz des International Council for Distance Education (ICDE) vom 1997-06-02 bis 06 an The Pennsylvania State University, Penn State, USA

Als sich der Moderator bei mir entschuldigte, war mir das schon gleichgültig, er hatte sich ins Off katapultiert. Und ich war zufrieden, ohne Kopfzerbrechen Widerstand in einem fremden Land und einer fremden Sprache, auf einer international besetzten Konferenz, in großem Saal und als einzige Frau im großen Podium geleistet zu haben. Ich war nämlich sicher: Auch ohne Sprecherlaubnis hatte ich etwas zu sagen!

Sie denken jetzt: Ein bisschen viel Selbstgefälligkeit? Mag sein – nur geht es darum nicht. Es geht um die Tatsache, dass wir uns nicht zu Opfern machen lassen dürfen, indem wir uns brav und kampflos die traditionelle weibliche Sprechrolle andienen lassen. «Frauen kommen nicht umhin, Anstoß zu erregen und gegen Konventionen zu verstoßen in ihrem Bemühen, ihr Denken, ihr Empfinden, ihr Sprechen gegen überkommene und herrschende Definitionen durchzusetzen.»[144]

091.

Testosteron macht angriffslustig und witzig!? So eine Spekulation im datenfreien Raum. Na, die Sorte Witze kennen wir. Sie sind aggressiv und diskriminierend, funktionieren immer schön auf Kosten anderer Menschen, am besten Frauen herabsetzend, da wird man(n) von Männern mit den lautesten Lachern belohnt. Und wenn man(n) dann noch eine herausgehobene Position hat, müssen alle, die nicht aus dem Männerbündnis aussortiert werden wollen, mitlachen. Da sind solche Männer genügend Marketingexperten in eigener Sache. Nicht über den (dreckigen) Witz eines «Alphatieres» zu lachen, ist so ungehörig, wie eine ausgestreckte Hand nicht zu ergreifen – wird bekanntgegeben! Es gibt Männer, die lieben es, ihre Rangfolge auch mit Hilfe von Witzen festzulegen. Vielleicht ist das ja ihr größtes Potenzial!?

Also ist auch **der Witz ein Machtmittel**. Wer nicht über meine Witze lacht, ist gegen mich und wird ausgeschlossen – oder gar nicht erst zugelassen, weil sie ja Spielverderber sind oder besser Spielverderberinnen. Frauen mögen sogar vorgeben, den Witz nicht zu verstehen, aber den «Witz» hinter dem Witz verstehen sie sehr gut: Der Scherz als Demütigung nicht nur einer Frau, sondern der Spezies Frau, der Witz als Kitt im Männerbund, geeignet zur Pflege von Vorurteilen, zur Erhaltung der Geschlechterhierarchie, zur Zementierung männlicher Dominanz als Gesellschaftsnorm. ... und kennen Sie auch folgende Situation? Ein Witz ist Ihnen zu dämlich, Sie können nicht darüber lachen. Es findet sich in der Regel ein Mann, der Ihnen den Witz nochmals erzählt oder zu erklären bereit ist, Sie brauchen nicht darum zu bitten!

Das führt uns zu der Frage: Haben Frauen keinen Humor? Nein, haben sie nicht – wenn nur das als Humor gilt, was Männer amüsiert! Wenn Ihr Humor weniger öffentlich sichtbar und vermarktet wird, dann liegt das im Fernsehen mit Sicherheit an der Quote! Phallokratie statt Demokratie! Die Macher glau-

144 LAUPER, Heidi / LOTZ, Constance, 1984: «Also wir müssen jetzt aufpassen, liebe Frau Struck»: Untersuchung einer Fernsehdiskussion zwischen Karin Struck und Hans Apel. In: TRÖMEL-PLÖTZ, Senta (Hrsg.): Gewalt durch Sprache. Die Vergewaltigung von Frauen in Gesprächen, Frankfurt/Main, S. 246-257

ben, dass sich Männer auf die Schenkel schlagen wollen; das sollen sie haben, statt ihnen womöglich die grauen Zellen mit Sprachwitz und Hintergründigem zu verschwurbeln. BETHGE[145] zitiert Benimmbücher aus den sechziger Jahren: «Die Dame halte sich bei Tisch mit der Darbietung von Scherzen zurück.» Auch das kann nachwirken, falls die Frau in einer gemischten Gesellschaft bei Tisch überhaupt zu Wort kommt. Humorforscherin KOTTHOFF: «Humor als selbstbewusster Akt wurde damals der Frau nicht zugebilligt.» – vielleicht wurde er ja auch dadurch nicht in gleichem Maße in den Wurzelbestand eingemoost. Und heute? Achtung, Frauen: Bitte keine Selbstverzwergung!

092.

Gretel und Hänsel, Julia und Romeo, Eva und Adam, Isolde und Tristan ... Sie stutzen? Selbst Mutter und Vater, Schwester und Bruder, Mädchen und Jungen konnten Sie früher so nicht lesen und hören, sondern wie oben als stereotyp benutzte Paarbegriffe, bei denen die weibliche Form immer an zweiter Stelle steht. Ich erwische mich immer mal dabei, wenn ich eine kleine Familie sehe, dass ich denke: Vater, Mutter, Kind. In England war die Reihenfolge etwas erweitert: Vater, Mutter, Sohn, Tochter, Hund, Katze.

093.

Männer sind das Maß aller Dinge – auch sprachlich! Warum? Überall, wo Frauen ankommen, sind Männer schon lange da! Das ist Geschichte, aber warum sind die Männer deshalb gleich der Maßstab? Frauen sind das «andere Geschlecht», sie denken, fühlen, handeln «anders», ja, sie investieren «anders»! Natürlich, weil sie «weniger risikobereit» sind, weil sie «weniger informiert» sind .... Anders ist also nicht anders aus eigenem Recht, anders ist in diesem Kontext immer weniger wert.

094.

Sprache spielt bei **Stereotypisierungen** eine entscheidende Rolle. Stellen Sie sich eine Stellenanzeige vor, mit der Sie eine besonders qualifizierte Person – z. B. für Ihre Entwicklungsabteilung – suchen. Ob Mann oder Frau, ist Ihnen egal. Hier kommt es entscheidend auf die Wortwahl an, damit kompetente Frauen die Annonce überhaupt auf sich beziehen und antworten. Ich zitiere aus einer Studie der Technischen Universität München. Bei ihren «Bemühungen, die Vielfalt zu steigern und mehr Führungspositionen mit Frauen zu besetzen, unterschätzen oder übersehen Unternehmen die Wirkung von Stereotypen. So verwenden Stellenanzeigen zum Beispiel Bilder, Formulierungen und Worte, die das stereotype Bild vom hemdsärmeligen Manager nachzeichnen – und damit auch vorgeben. Nicht nur Frauen, auch Menschen, die nicht aus Deutschland kommen oder sich durch andere Merkmale vom Stereotyp unterscheiden, fällt es schwer, sich mit

145 BETHGE, Philip, 2008: Herr der Pointe. Ein britischer Forscher behauptet: Männer haben mehr Humor als Frauen. Wahr ist: Frauen finden nur selten lustig, worüber Männer lachen – und umgekehrt. In: Der Spiegel 2/2008

der gesuchten Stelle zu identifizieren. Daran ändert auch ein dem Jobtitel pflichtschuldig hinzugefügtes ‹(m/w)› bzw. heute ‹(m/w/d)› nichts.» Den Bestimmungen des Allgemeinen Gleichbehandlungsgesetzes (AGG) genügt das, aber davon fühlen sich Frauen nicht wertschätzend angesprochen. Die Annonce hätten Sie sich sparen können.

Von aufgaben-, leistungs- und führungsorientierten Formulierungen wie «durchsetzungskräftig» und «ehrgeizig» (sogenannte agentische Begriffe) fühlten sich männliche Studienteilnehmer angesprochen, Frauen dagegen nicht; sie nehmen an, mit ihren Fähigkeiten und Stärken nicht zu dem Unternehmen und dem Job zu passen, und bewerben sich nicht. Frauen reagieren positiv auf mehr beziehungs- und gemeinschaftsorientierte Formulierungen («kommunale» Formulierungen), also Begriffe wie «kommunikativ», «kooperationsfähig», «teambildend», «diplomatisch» und «motivierend». Die sind sogar ein doppelter Trumpf, denn sie sprechen auch Männer an. Für die Autorinnen und Autoren der Münchner Studie[146] entscheidet bereits die Formulierung einer Annonce darüber, ob eine Frau oder ein Mann am Ende eine Führungsposition besetzt. Und noch ein Vorteil: Diese Begriffe beschreiben viel genauer die Anforderungen an ein modernes Führungsprofil. Am vorteilhaftesten sind kombinierte Strategien, 1. die Nennung beider Geschlechter («Projektleiter und Projektleiterin»), 2. alternativen Wortformen («Mitarbeitende» statt «Mitarbeiter») und 3. Versachlichungen («Kundschaft» statt «Kunde»), aber natürlich in der Kombination mit kommunalen Formulierungen.

095.

Noch einen Blick in die tieferen Strukturen von Sprachen und deren durchschlagenden Einfluss auf unser Denken am Beispiel des Wortes «**Brücke**»: In den romanischen Sprachen – wie Italienisch, Spanisch oder Französisch – hat eine Brücke grammatikalisch ein männliches Geschlecht: il ponte, el puente, le pont; anders im Deutschen, da hat das Wort Brücke in der Grammatik ein weibliches Geschlecht. Das führt tatsächlich dazu, dass Sprecher*innen, die die «männliche» Brücke beschreiben, sie mit anderen Adjektiven belegen als die, deren Brücke «weiblich» ist. «El puente» wird eher technisch beschrieben, gibt Sicherheit, ist technisch anspruchsvoll konstruiert etc.; «die Brücke» hingegen wird eher mit Begriffen aus der Ästhetik belegt, sie ist elegant, schwungvoll etc.

096.

Womit ich nicht gerechnet habe, aber eigentlich hätte rechnen müssen, ist die Tatsache, dass **digitale Übersetzungsprogramme** alles andere als frei von sexistischer Sprache, Rollenklischees und Vorurteilen sind. Damit eine Software nämlich die praktisch unerschöpfliche Vielfalt einer Sprache lernt, wird sie mit

146 JABLONSKI; Hans / NEUHAUS, Tobias, 2015: Da fühle ich mich nicht angesprochen. Sprache transportiert Klischees – auch in Stellenanzeigen. Darum sollten Unternehmen, die Führungskräfte suchen, sehr bewusst formulieren. https://www.tagesspiegel.de/themen/diversity/recruiting-da-fuehle-ich-mich-nicht-angesprochen/12538274.html

riesigen Mengen von Texten gefüttert. Nur so besteht die Aussicht, dass die Maschine eines Tages Wörter mit unterschiedlicher Bedeutung, Sachverhalte, die auf unterschiedliche Weisen ausgedrückt werden können, und die Sprech- und Schreibweise aller Angehörigen einer Sprachgemeinschaft sinnvoll übersetzen kann.

Eva WOLFANGEL schreibt in ihrem Text zu «Google und die Frau am Herd»[147]: «Viele Faktoren tragen dazu bei, dass maschinelle Übersetzung nicht immer korrekte Ergebnisse liefert: Die menschliche Sprache ist komplex, unpräzise, idiosynkratisch und uneindeutig. Mehrdeutige Wörter, Sätze mit mehrdeutigen grammatischen Strukturen, der Bezug von Pronomen und andere grammatische Probleme bringen eine Übersetzungssoftware zum Stolpern.» Erst wenn die Software weiß, dass man an eine Bank (Sitzmöbel) keine Briefe schreibt, kann sie den Satz: «Er schrieb einen Brief an die Bank» richtig übersetzen. Und woher soll die Maschine das menschliche Welt- und Erfahrungswissen bekommen? Texte, Texte, Texte – und die enthalten alle Vorurteile und Rassismen, die wir da so reinschreiben. Deshalb ist künstliche Intelligenz anfällig für Rassismus, Rollenklischees und Vorurteile wie diese: Schlecht bezahlte Jobs werden automatisch Frauen zugeordnet, gut bezahlte Männern; Algorithmen verstärken unbewusste Diskriminierungen. Künstliche Intelligenz assoziiert «Blumen ebenso wie europäisch-amerikanische Vornamen mit positiven Begriffen …, wohingegen Insekten genau wie afroamerikanische Namen eher mit negativen Begriffen verbunden werden. Die Namen junger Menschen werden eher als angenehm, jene von älteren eher als unangenehm eingestuft. Und vor allem: Männliche Namen werden semantisch automatisch in die Nähe von Karrierebegriffen gerückt, weibliche Namen hingegen eher mit Familie assoziiert. Ebenso wird Mathematik mehr mit Männern in Verbindung gebracht, Kunst mehr mit Frauen – die Maschinen denken also genauso in Rollenklischees wie Menschen.» Nicht auszudenken, welchen Schaden digitale Übersetzungsprogramme bei der Sichtung von Bewerbungsunterlagen für Vorstellungsgespräche anrichten können.

097.

«Zu Risiken und Nebenwirkungen fragen Sie Ihre Ärztin oder Apothekerin.» Können Sie mir sagen, warum kein Pharmahersteller diese Formulierung gebraucht? Für mich würde das anzeigen, dass die Firma verstanden hat, dass Frauen und Männer unterschiedliche Medikamente oder zumindest oft eine unterschiedliche Dosis benötigen. Das wäre nicht nur ein Eyecatcher, sondern würde auch Vertrauen aufbauen!

Pillen werden für Männer gedreht und an ihnen getestet – schon beim Mäusetest werden Mäuseriche genommen. Bis 1990 wurden neue Substanzen so gut wie nie an weiblichen Versuchspersonen in der ersten Erprobung getestet. Wie soll die Medizin Frauen und Frauengesundheit ernst nehmen, wenn Frauen doch

147 WOLFANGEL, Eva, 2017: Google und die Frau am Herd. Digitale Übersetzungsprogramme stecken voller Tücken: Weshalb künstliche Intelligenz anfällig ist für Rassismus, Rollenklischees und Vorurteile. In: DIE ZEIT Nr. 29 vom 2017-07-13

in unserer Sprache gar nicht vorkommen, wenn Anatomieatlanten ausschließlich Männer zeigen, wenn Ärzte und Ärztinnen in ihrer Ausbildung wenig über Geschlechterdifferenzen und Wirkungsunterschiede von Medikamenten bei Männern und Frauen lernen, wenn Frauenheilkunde nur Gynäkologie ist? Haben Frauen keine Herzinfarkte? Also sollten wir uns die Sprache, unser «geronnenes gesellschaftliches Bewusstsein», näher anschauen, denn sie ist allgegenwärtig. An diesem Beispiel lässt sich zeigen, was eine Frauen ausschließende Sprache anrichtet: Die Frauen werden unsichtbar, ihre Lebenswelt bleibt im Verborgenen! Wenn Frauen nicht der Rede wert sind, sind sie auch keinen Gedanken wert, kein Thema – wollen wir das? Wollen wir nicht eigentlich eine diskriminierungsfreie Gesellschaft – also auch Sprache – und in der Folge z. B. eine Frauen einschließende Medizin?

Nur eine geschlechtergerechte Sprache stellt nicht immer wieder die alten Rollenbilder und -zuweisungen her. Wir kommunizieren nie «unschuldig», immer offenbaren unser Reden und Schreiben unser Denken und unsere Wertvorstellungen – ob gewollt oder ungewollt. Die «Rhetorik des verletzenden Sprechens» kennt viele Formen. Ihre äußerste ist das Schweigen – «Schweigen als Gewalt». «Wer nicht gerufen, genannt wird, der existiert nicht. Wer falsch gerufen wird, dessen Identität, Würde und Existenz sind unmittelbar attackiert.»[148]. So ist sogar das Nicht-Sprechen, also das Ignorieren oder Verschweigen, nicht «unschuldig»: Konstant (sprachlich) ignoriert zu werden, ist der soziale Tod!

Sprache ist Teil unserer Identität und entwickelt sich – wie wir – ständig weiter. Männer werden in der Sprache in ihrer Identität permanent gestützt, Frauen müssen immer die Extrameile gehen und sich fragen: Bin ich «mitgemeint?», wenn von «Kunden», «Verbrauchern» oder «Mitarbeitern» die Rede ist. Viele Frauen fühlen sich heute bei der üblichen Männersprache eben nicht mehr mitgemeint. Was wir brauchen, ist eine Sprache für beide Geschlechter, eine Sprache, die moderne gesellschaftliche Realitäten widerspiegelt. Außerdem: Sprache hängt nicht nur mit Denken zusammen, sondern auch mit Macht. «Die Dinge nicht beim Namen nennen», ist eine Entmächtigung; mit Sprache bringen wir die Welt «auf den Begriff». Begriffe neu zu bilden oder mit neuen Inhalten zu füllen, sie gar zu einem Slogan zu verdichten, kann Denken und Verhalten breiter Bevölkerungsschichten ganz grundlegend beeinflussen: «Atomkraft? Nein danke!» – was für eine mächtige Formel!

Was wir in den meisten Medien finden, ist eine «Sprache ohne Frauen», da ist es kein Wunder, dass in der Gesellschaft die Macht zwischen Frauen und Männern asymmetrisch verteilt ist. Sprache stellt auf vielfältige Weise Hierarchie her: Sie kennen die Begriffspaare «Arzt und Krankenschwester», «Pilot und Stewardess», «Chef und Sekretärin», «Redakteur und Assistentin» – der Mann immer wichtig und die Frau untergeordnet, von ihm abhängig, ihm zu Diensten! Wie relevant eine Sprache für beide Geschlechter – auch rechtlich – ist, sehen

148 FETSCHER, Caroline, 2006: Gleich geht's weiter. Heute ist Internationaler Frauentag. Wo verlaufen am Beginn des 21. Jahrhunderts die Geschlechterfronten? In: Der Tagesspiegel vom 2006-03-08

wir am Bundesgleichstellungsgesetz. § I Abs. 2 verpflichtet die Bundesverwaltung, die Gleichstellung von Frauen und Männern auch sprachlich zum Ausdruck zu bringen. Nur von «Wählern» oder «Bürgern» zu sprechen und zu schreiben, ist somit ein Rechtsverstoß, denn das Bundesgleichstellungsgesetz bindet alle Bundesbürgerinnen und Bundesbürger – wie das BGB, Wahlgesetze, Strafgesetze etc.

Die Struktur der deutschen Sprache ist männerzentriert. Diese «strukturelle Androzentrik» zeigt sich besonders in zusammengesetzten Wörtern: Wir bilden sie vom maskulinen Wortstamm – «Bürgerversicherung», nicht «Bürgerinnenversicherung», «Schülerparlament», «Rednerliste». Die Sprache ist außerdem durchsetzt von Wörtern und Redewendungen, die von «Herr» oder «Mann» abgeleitet sind: «herrschen», «bemannte» Raumfahrt, «mannshohes» Gras, «Landsmann», «Staatsmann», «Bauherr», «Hausherr» und «Amtmann», «übermannt» werden, sich «ermannen», «Volk der Dichter und Denker», «Alle Menschen werden Brüder» – Sie, liebe Leserin und lieber Leser, kennen sicher viele, viele andere Beispiele. Alle sind für Männer schön positiv besetzt und lassen kaum ein weibliches Pendant zu. Wie finden Sie «Amtmännin»? Was halten Sie von «Bauherrin»? Landsfrau geht, aber ist die Bundeskanzlerin nun eine «Staatsfrau?». Das Wort «Hausdame» gibt es zwar, ist aber mitnichten das Pendant zu «Hausherr». Und was denkt sich eine Astronautin oder eine Kosmonautin, die an der «bemannten» Raumfahrt teilnimmt? Das Problem lautet: Mensch gleich Mann und sonst gar nichts!

098.

Wie wenig das generische Maskulinum ein richtiger Sprachgebrauch ist, wird sonnenklar, wenn wir die Reaktion auf **das generische Femininum** betrachten. Sie erinnern sich: In der Grundordnung der Universität Leipzig ist durchgängig von Professorinnen, Mitarbeiterinnen, Hochschullehrerinnen und der Dekanin die Rede, eine Fußnote stellt klar, dass damit auch Männer gemeint sind und sich kein Professor Professorin nennen muss. «In dieser Ordnung gelten grammatisch feminine Personenbezeichnungen gleichermaßen für Personen männlichen und weiblichen Geschlechts. Männer können die Amts- und Funktionsbezeichnungen dieser Ordnung in grammatisch maskuliner Form führen.» Na, wie fühlen sich meine Herren Leser dabei?

Hier haben Gremien entschieden, Männern genau das anzutun, was von Männern Frauen Jahrhunderte lang zugemutet wurde. Die Umkehrung des generische Maskulinums in ein generisches Femininum hat auch keine Logik und ist nicht das, was ich anstrebe – wenn auch ein schöner Bewusstmachungsprozess. Ich will eine geschlechtergerechte und gendersensible Sprache, d.h. für mich: mindestens Frau und Mann und zusätzlich einen Platzhalter für Menschen, die sich bei keinem dieser Geschlechter gemeint fühlen, also Mitarbeiter_innen, noch lieber ist mir Professor*innen.

099.

Heute geht es bei «Sprache und Geschlecht» um sprachliche Einbeziehung in einem erweiterten Zusammenhang. Zunächst war da die Frauenbewegung, die sich nicht damit abfinden wollte, dass Frauen sich immer angesprochen und mitgemeint fühlen sollten, wenn da «Lehrer», «Student», «Politiker» oder «Geschäftsführer» stand. Sie wollten explizit genannt werden. Männer wollten und wollen auch nicht «Krankenschwester» werden, wenn sie den Beruf anstreben. Es geht also erst einmal um die sprachliche Einbeziehung von Frauen; wer das begriffen hat und akzeptiert, hat keine Probleme mit dem **«Gender-Sternchen»**. Die Sprache lässt uns dann nicht nur an Männer und Frauen denken, sondern auch an andere mögliche Geschlechtsausprägungen.

Wann sind Sie dem Thema «drittes Geschlecht» o.ä. das erste Mal begegnet? Bei mir war es vor vielen Jahren bei der Einreise in die USA: In der Kategorie «Sex» (also Geschlecht) hatte ich die Wahl zwischen «Male», «Female» oder «Other». Das hat mir eine neue Gedankenwelt eröffnet, aber der Weg zum «Gender-Sternchen» war damals noch lang.

Aus Sicht der Sprache ist das Thema «Gender-Sternchen» ganz unkompliziert. Es gibt Menschen, die sich nicht mit der gängigen Vorstellung von «Mann» oder der von «Frau» identifizieren können. Das hat z. T. körperliche Gründe – genetische oder anatomische oder hormonelle etwa –, es können psychische oder gesellschaftliche Gründe sein. Viele tragen innerlich und äußerlich Merkmale von Mann und Frau. Auch das Bundesverfassungsgericht hat zugunsten eines dritten Geschlechts im Geburtenregister entschieden – es heißt «divers». Dazu zwei Anmerkungen:

1. Ein drittes Geschlecht? Für mich sind es mehr als ein zusätzliches Geschlecht. Ich will mich auch gar nicht auf eine Zahl festlegen lassen. Wozu auch unnötige Kategorien bilden?
2. «Divers» gefällt mir viel besser als other/anders. Es deutet auf Vielzahl statt Abweichung.

Die medizinischen Unterschiede von biologischem Geschlecht, Geschlechtsidentität, chromosomalem Geschlecht sind für die sprachliche Einbeziehung völlig unwichtig, es braucht nur eins: die Bereitschaft, Menschen, die weder Mann noch Frau sind oder sein wollen, sprachlich einzubeziehen. Das Sternchen ist ein Platzhalterchen für diese Menschen, es steht für die Vielfältigkeit. Jährlich werden ca. 80.000 Menschen in Deutschland mit mehrdeutigen Geschlechtsmerkmalen geboren, das sind 0,1 % der Bevölkerung. Und wie funktioniert das «Gender-Sternchen»? Ganz einfach: «Frauen*», «Männer und Frauen*», «Ärzt*innen» oder «Leser*innen» z. B. Mit all diesen Formen hat sich nun erstmals der Rat für deutsche Rechtschreibung im Juni 2018 befasst und den Bericht der von ihm im November 2017 eingesetzten Arbeitsgruppe «Geschlechtergerechte Sprache» beraten, er hat aber keine Empfehlung ausgesprochen. Anatol STEFANOWITSCH, Professor für Sprachwissenschaften an der Freien Universität Berlin, schreibt dazu: «Nützliche Sternchen brauchen keine Amtshilfe.»[149]

149 STEFANOWITSCH, Anatol, 2018: Nützliche Sternchen brauchen keine Amtshilfe. In: Der Tagesspiegel vom 2018-06-06

100.

Und zum Schluss etwas ganz Neues vor dem Hintergrund von etwas ganz Altem: Als mein Mann und ich 1992 nach sechs Jahren Entwicklungszusammenarbeit in Kolumbien nach (West-)Deutschland zurückkamen, kehrte ich an meinen alten Arbeitsplatz im Bundesinstitut für Berufsbildung in die Fernunterrichtsforschung zurück. Da brach gerade das Computer-Zeitalter an. Nach kurzer Zeit hatten alle Kolleginnen und Kollegen einen eigenen Computer und ich machte erstaunliche Entdeckungen: Computerrechtschreibprogramm und Thesaurus waren erheblich dümmer als ich, bei ihnen hatten Frauenvornamen in was für Texten auch immer nichts zu suchen! Keine Bruni, keine Gerda, keine ... aber sehen Sie selbst:

Bruni	wird zu	Bruno
Carola	wird zu	Carlo(s)
Christiane	wird zu	(Christine oder) Christian
Gerda	wird zu	Gerd
Marion	wird zu	(Marino (?) oder) Mario
Mary	wird zu	Mark
Romina	wird zu	Roman
Sigrid	wird zu	Siegfried
Ulrike	wird zu	Ulrich
Valentina	wird zu	Valentin

Ich habe mich gefragt und frage jetzt Sie: «Was haben Bruno, Carlo(s), Christian, Mark, Roman, Siegfried, Ulrich und Valentin, was sie wichtiger macht als Bruni, Carola, Christiane, Marion, Mary, Romina, Sigrid, Ulrike und Valentina?» Und sogar bei Nachnamen von Frauen fielen dem Computer männliche Vornamen ein:

Eckert	wird zu	Eckart
Hermani	wird zu	Hermann
Huber	wird zu	Hubert

Wenn ihm zu den weiblichen Vornamen keine männlichen einfielen, dann fiel ihm meist nur noch Blödsinn ein:

Angela	wird zu	Angola
Annelore	wird zu	Anleger
Antje	wird zu	Antue (?)
Astrid	wird zu	Abstritt, Abtritt, Antritt, Austritt

Bertha	wird zu	Brett
Christa	wird zu	Christ
Christel	wird zu	Christen
Dörte	wird zu	Dörrte
Ebba	wird zu	Ebbe
Edith	wird zu	Edikt
Elke	wird zu	Ekle, Elbe
Elsa	wird zu	Elsaß
Emilia	wird zu	Email
Eveline	wird zu	Eleven
Friedel	wird zu	Frieden
Friederike	wird zu	Freitreppe
Gerlinde	wird zu	Gelinde
Gesine	wird zu	Gesinge, Gespien, Gesinnt, Gesten, Geiste
Gretchen	wird zu	Gerochen
Gretel	wird zu	Greuel
Hannelore	wird zu	Hahnenkleer (?)
Helena	wird zu	Hellend (?)
Helene	wird zu	Hellere (?), Hellen, Helden (!)
Ida	wird zu	Dia
Ina	wird zu	Na (?)
Irmela	wird zu	Irreal
Ilse	wird zu	Isl. (?)
Ivonne	wird zu	Ikone
Juliane	wird zu	Jubiläen
Karen	wird zu	Karren
Lieschen	wird zu	Leichen
Linda	wird zu	Lind
Luise	wird zu	Leise
Madlen	wird zu	Maden
Maren	wird zu	Margen
Marianne	wird zu	Marinade

Marlis	wird zu	Marille
Martha	wird zu	Malta
Milena	wird zu	Milane (Greifvogel)
Mona	wird zu	Mono
Pauline	wird zu	Pallien (?)
Rosemarie	wird zu	Rosmarin
Ruth	wird zu	Ruht
Senta	wird zu	Senat
Susan	wird zu	Sudan
Ulla	wird zu	Ulk
Uta	wird zu	TA (?)
Vera	wird zu	Verb
Wendy	wird zu	Wende
Wibke	wird zu	winke

Da wundert sich frau schon gar nicht mehr, wenn für Ebba Ebbe kommt! Für Clara, Janina, Margrit, Mechthild, Natascha, Saskia, Wiltrud hat das Rechtschreibprogramm «keine Vorschläge». Der PC blieb beim Rechtschreibprogramm also bei Frauennamen viel häufiger hängen als bei Männernamen; außerdem: Herausgeber nimmt er mühelos, Herausgeberinnen kennt er nicht! Dafür kennt er aber Haushälterin und nicht Haushälter![150] Unfreundlich fand ich von meinem schönen neuen Teil auch, dass es ganz harmlose Begriffe militarisierte:

dual	wird zu	Duell
exzerpieren	wird zu	exerzieren
Paradigmen	werden zu	paradieren
(Theorie des) Führens	wird zu	Führers

Beim nächsten PC dachte ich: lange her, alles überarbeitet, kommt heute nicht mehr vor. Und dann das: Für mein Kapitel über Religion und Frauen gebe ich bei Google «Bibel: Hirtin» ein. «Hirtin» ist in diesem Zusammenhang einer der am meisten umstrittenen Begriffe. Sie glauben ja nicht, was Herr Google mich fragt: «**Meintest du: Bibel: Hirte**»? Nee, meinte ich nicht, sonst hätte ich Hirte geschrieben! Und bei diesem feinen Unterschied verschreibe ich mich auch nicht! Computer, du bist immer noch doof!

150 Zwei Begriffe, bei denen die weibliche Form eine eher private und untergeordnete Funktion und die männliche eine öffentliche Funktion mit Entscheidungskompetenz bezeichnet.

101.

Die Spielregeln ändern sich: Im Tagesspiegel fand ich das Ergebnis einer **Umfrage unter deutschen Verlegerinnen und Verlegern** zum Gendern der Sprache (in Auszügen):[151]

Daniel BESKOS, Mairisch, Hamburg:

- «Ich glaube nämlich sehr wohl, dass Sprache Auswirkungen auf unser Handeln hat. Es trägt entscheidend zu einer gleichberechtigten Position der Frau bei, wenn wir jedes Mal, wenn Personen angesprochen werden, die Leser*innen eines Textes zum Nachdenken über das Geschlecht bzw. die Zuweisung (Ist es ein Autor? Sind es Autoren? Sind da auch Frauen dabei und gemeint?) bringen. Einfach, weil die Sprache ja schon immer so strukturiert ist, dass der Mann der Regelfall und die Frau der Sonderfall ist. Das gilt es zu ändern.»

Britta JÜRGS, Aviva Verlag, Berlin:

- «Wer nicht genannt wird, wird leider nicht automatisch mitgedacht. Daher finde ich die Umsetzung einer geschlechtergerechten Sprache wichtig und sehe dies als eine Bereicherung an, nicht als Beschneidung.»

Annette KNOCH, Droschl, Graz:

- «Bewusst zu gendern scheint uns eine Frage der Generation und der politischen Haltung zu sein.»

Nikola RICHTER, Mikrotext, Berlin:

- «Wenn aber durchgängig nur das generische Maskulinum verwendet wird, aber deutlich werden soll, dass Frauen mitgemeint sind, ergänzt das Lektorat schon mal die weibliche Form. Sprache ist Ausdruck und Spiegel unseres Zusammenlebens … Wir sollten, wenn deutlich wird, dass Sprachgewohnheiten ausschließend wirken, in der Folge anders formulieren. Vor allem sollten wir uns aber auch anders verhalten.»

Exkurs: «Geschlechtergerechte Sprache»

Kaum ein Thema hat ein so hohes Konfliktpotenzial wie das Thema «Sprache» – wegen der engen Verbindung von Sprache, Macht und Hierarchien. Sprache wird – nicht nur im Deutschen – zur politischen Instrumentalisierung benutzt, so schleicht sich Frauendiskriminierung – und nicht nur die – «Auf leisen Sohlen ins Gehirn».[152] Das ist für mich eine gelungene Beschreibung dessen, was durch eine sexistische Sprache passiert; sie stammt vom Linguisten George LAKOFF und der Linguistin Elisabeth WEHLING. Sie wiesen nach, wie gängige Metaphern (mein Beispiel «das starke und das schwache Geschlecht») unser Denken und unsere

151 Der Tagesspiegel vom 2019-03-20

152 WÜSTENHAGEN, Claudia, 2014: Große Worte, subtiler Einfluss. Ständig werden wir mit Sprache manipuliert – von Verkäufern und Politikern, von Kollegen und Geliebten. Bereits einzelne Buchstaben können darüber entscheiden, welche Gefühle ein Begriff in uns auslöst. In: DIE ZEIT Nr. 51 vom 2014-12-11 http://www.zeit.de/2014/51/sprache-manipulation-gefuehle/komplettansicht

Weltsicht mitprägen. «Denn schließlich können sich Sprachgewohnheiten zu geistigen Gewohnheiten verfestigen, die uns über das Sprechen hinaus beeinflussen, und die Konsequenzen für unsere Denkweise und Wahrnehmung der Welt haben können. Wenn unsere Sprache uns dazu zwingt, auf gewisse Aspekte der Erfahrung gewohnheitsmäßig achtzugeben, kann diese Notwendigkeit uns trainieren, ein besonderes Gespür oder eine Sensibilität für bestimmte Details zu entwickeln, und fördert bestimmte Arten von Gedächtnis und Assoziationen.»[153]

Die Linguistik hat schon immer den Zusammenhang von Sprache und Gesellschaftsordnung beobachtet und erforscht. Als deutlich geworden war, wie wichtig der Zusammenhang zwischen Sprache und Gleichstellung ist, wurde 1987 von allen Bundesministerien gemeinsam die «Arbeitsgruppe Rechtssprache des Deutschen Bundestages» eingesetzt. Diese interministerielle Arbeitsgruppe sollte die Rechts- und Verwaltungssprache auf geschlechtsbezogene Formulierungen hin prüfen und im Hinblick auf die Gleichstellung von Frauen und Männern untersuchen. Der Hintergrund waren Anträge aller Fraktionen des Deutschen Bundestages, die die Gleichstellung von Frauen und Männern forderten.[154] Am 1990-01-17 legte die «Arbeitsgruppe Rechtssprache» ihren Bericht vor.[155] Ich führe hier nur ein einziges Ergebnis an: «Die männliche Rechtssprache verfestigt überkommene gesellschaftliche Strukturen und behindert weitere gesellschaftliche Veränderungen zugunsten der Frauen.»[156]

Auch sprachliche Missachtung ist Verletzung, ist Gewalt, die Frauen angetan wird. In Berlin hat im November 2006 die Konferenz «Gewalt durch Sprache. Rhetoriken des verletzenden Sprechens» stattgefunden. Caroline FETSCHER berichtet im Tagesspiegel[157] (2006-11-15) über die Konferenz, über verbale Attacken auf dem Schulhof und die verletzende Rede als Forschungsgegenstand. Auch aus der Genderperspektive gelesen kann ich ihr nur zustimmen: Worte sind Taten – zwar nur symbolische Handlungen, aber physisch wirksame. Wir kennen «schlagende» Beweise, «treffende» Argumente und «ins Auge fallende» oder «unter die Haut gehende» Beschreibungen. Wörter können «wie eine Ohrfeige» oder «ein Tritt vors Schienbein» wirken – immer werden Körper und Seele verletzt. Die Rhetorik des verletzenden Sprechens kennt viele Formen. Ihre äußerste ist das Schweigen.

«Frauen kämpfen darum, wahrgenommen zu werden. Frauen kämpfen um ihre Existenzberechtigung», schreibt Julia ONKEN[158] in ihrem Buch mit dem wundervollen Titel «Herrin im eigenen Haus. Weshalb Frauen ihr Selbstbewusstsein verlieren

153 DEUTSCHER, Guy, 2012: Dem Gefängnis der Sprache entfliehen. Die Muttersprache prägt unser Denken und unsere Wahrnehmung. Dabei entstehen geistige Gewohnheiten, die aber überwunden werden können. In: Der Tagesspiegel vom 2012-04-04

154 Deutscher Bundestag, 1990a:4

155 Deutscher Bundestag, 1990b

156 Deutscher Bundestag, 1990b:7

157 FETSCHER; Caroline, 2006b: Verbale Attacken. Unser Sprechen wirkt auf Leib und Seele: Forscher erkunden die verletzende Rede. In: Der Tagesspiegel vom 2006-11-15 https://www.tagesspiegel.de/themen/gesundheit/verbale-attacken/774696.html

158 ONKEN, Julia, 2000: Herrin im eigenen Haus. Weshalb Frauen ihr Selbstbewusstsein verlieren und wie sie es zurückgewinnen, München

und wie sie es zurückgewinnen». Existenzberechtigung! Existenzsicherung! Deshalb ist eine Frauen einschließende Sprache so wichtig. In der Geschäftswelt ist Bekanntheit ein ökonomischer Wert. Bekanntheit ist die Voraussetzung für ein positives öffentliches Image. Bekanntheit ist die Voraussetzung für wirtschaftlichen Erfolg. Mir wird immer unverständlich bleiben, wieso das bei Frauen anders sein soll. Wenn wir uns verstecken, will sagen auf explizite Nennung verzichten oder unser Licht unter den Scheffel stellen, dürfen wir uns nicht wundern, wenn es an Anerkennung fehlt. Aber welcher Mensch kann und will völlig ohne Anerkennung leben? Nach meiner Erfahrung sind das nur sehr wenige Menschen; auch die Bescheidensten freuen sich über die Anerkennung ihrer Leistung, wenn denn jemand sie entdeckt. Aber der Weg dahin führt über das Sichtbarmachen von Frauen – das wusste schon Hedwig DOHM im 19. Jahrhundert! Isabel ROHNER[159] (2006) schreibt dazu: «Diese bewusst gestaltete Sprache (Hedwig DOHMs – GP) macht die gebräuchliche Unterrepräsentanz der Frauen sichtbar: Indem Dohm Frauen nicht nur zum Thema ihrer Werke macht, sondern sie auch in einer das Geschlecht reflektierenden Sprache wiedergibt, macht sie das übliche Nichtvorhandensein deutlich.»

Sexismus nennen wir den Ausschluss oder die Diskriminierung von Frauen; er lässt sich in unserem Sprachsystem dokumentieren, und zwar im Vokabular, in grammatischen Regeln, in der Sprache der Literatur, der Lexika, der Lehr- und Kinderbücher, in der Sprache der Gesetzgebung, im täglichen Umgang. Und es wird deutlich, dass die männliche Perspektive den semantischen Raum beherrscht, sonst müssten Frauen nicht als solche markiert werden wie in «Ärztin» etc.; ohne Markierung wird – selbst in der englischen Sprache, die ihren Substativen kein grammatisches Geschlecht zuweist – angenommen, «Referenten» seien männliche Personen, denn im Englischen, wie im Deutschen, ist die maskuline Form, die morphologische Grundform, mit ihr werden also die Wörter gebildet. Die maskulinen Formen sind auch die Bausteine, die in Komposita, also in zusammengesetzte Wörter wie z. B. «Schülerparlament», «Ärzteschaft» eingeht. – Darin dokumentiert sich die männliche Omnipräsenz in unserem Vokabular.

Die Linguistin Senta TRÖMEL-PLÖTZ[160] hat die gesellschaftliche Funktion von Sprache umfassend analysiert und sieht «Sprache als politisches Instrument, Sprache als Instrument der Mächtigen, die die Wirklichkeit zu ihren Gunsten und auf Kosten von anderen definieren, Sprache als Instrument der Unterdrückung.»[161] Und Sprache stellt auch Hierarchie her – der Mann immer wichtig und die Frau untergeordnet, von ihm abhängig, ihm zu Diensten! Und wenn Sie und ich glauben, das seien olle Kamellen, belehrt uns Rainer W. DURING im Tagesspiegel vom 2009-09-04 eines Schlechteren! Da heißt es in seinem Artikel über eine erfolgreiche Unternehmerin: «Seit der Eröffnung ist die Zahl der Mitarbeiter (Sic) von

159 ROHNER, Isabel, 2006: Von Bekanntinnen und Herrenrechtlern. Genderbewusste Sprache am Beispiel von Katia MANNs Großmutter Hedwig DOHM (1831-1919). In: Der Sprachdienst 6/06, S. 185 – 192

160 TRÖMEL-PLÖTZ, Senta, 1984: Gewalt durch Sprache. In: TRÖMEL-PLÖTZ, Senta (Hrsg.), 1984: Gewalt durch Sprache. Die Vergewaltigung von Frauen in Gesprächen, Frankfurt/Main

161 TRÖMEL-PLÖTZ, Senta, 1981: Sprachen der Unterdrückung. Rezensionen, Linguistische Berichte 71, S. 65

38 auf 162 gewachsen, vom Arzt bis zum Zimmermädchen.» 2019 gibt es ein zusätzliches Schlachtfeld – das Gender-Sternchen. Und es gibt eintausend Gründe einen empörten Leser*innenbrief zu schreiben. Da kommen dann so zugkräftige Argumente wie: Zu umständlich, alles Humbug, verlängert die Texte, ich bin dagegen, überbordender Genderwahn, keiner möchte Lücke sein!

Beim Lesen und Verstehen eines gesprochenen oder geschriebenen Textes stören aber nicht nur die männlichen Substantive, die in der Regel nicht isoliert vorkommen. Ihnen folgen maskuline – bestimmte und unbestimmte – Artikel, Personal-, Relativ- und Possessivpronomina etc., die in ihrer Häufigkeit den männerzentrierten Eindruck eines Textes außerordentlich verstärken (Pronominale Referenz).

Wir wissen aber alle auch: Eine geschlechtergerechte Sprache ist nicht alles – aber ohne Geschlechtergerechtigkeit in der Sprache ist alles nichts! Und die Lesbarkeit ist auch kein Problem, wenn man/frau das geschlechtergerechte Schreiben kann!

Wir fragen also längst nicht mehr, ob Frauen in unserer Sprache explizit vorkommen, sondern wie? Damit sind wir bei den verschiedenen Möglichkeiten, Frauen sprachlich einzubeziehen

Vor allen anderen rangierte für mich die «Beidnennung» – also «Leserinnen und Leser» oder «Leser und Leserinnen», aber, bitte in wechselnder Reihenfolge, um nicht weiterhin einem Geschlecht den Vorrang zu geben. Das hat sich durch das Bewusstsein von einem oder mehreren weiteren Geschlechtern geändert. Allein das Wort «Beidnennung» entspricht nicht mehr meinen Absichten, aber es war für mich ein wichtiger Schritt.

Eine total unkomplizierte Form bietet sich häufig durch wirklich neutrale Wörter wie «Lehrkraft». Regelmäßig verschaffen uns zum Substantiv gewordene Partizipien Präsens (Auszubildende) und Perfekt (Angestellte) diese elegante rhetorische Figur; aber natürlich nur in der Pluralform. Hier dürfte sich das «dritte Geschlecht» auch mitgemeint fühlen. Mir gefällt auch das Beispiel aus einem Wiener Sprachleitfaden: Statt: «Unterschrift des Antragstellers/Lektors/Bewerbers» schlicht «Bitte unterschreiben Sie hier».[162]

Und noch dies zum Thema Gesellschaft: Bettina HANNOVER und Anna-Lena SCHOLZ haben 2015 eine höchst interessante Studie vorgelegt.[163] Sie war in ein großes, EU-finanziertes Forschungsprojekt eingebunden, das deutlich den Zusammenhang zwischen dem Verwenden von Sprache und der Wahrnehmung von Geschlecht belegt. «Unsere Studie zeigt, dass Kinder Berufe anders bewerten, je nachdem, ob man nur die männliche oder auch die weibliche Berufsbezeichnung verwendet. Vor allem Mädchen trauen sich dann viel eher zu, den Beruf zu

162 ALKER, Ulrike / WEILENMANN, Ursula, 2006: Sprachleitfaden. Geschlechtergerechter Sprachgebrauch an der FH Campus Wien

163 HANNOVER, Bettina / SCHOLZ, Anna-Lena, 2015: Feuerwehrfrauen und Geburtshelfer helfen bei der Berufswahl. Geschlechtergerechte Sprache kann die Entscheidung für einen Beruf beeinflussen, hat die Psychologin Bettina Hannover in einer Studie festgestellt. Wird die weibliche Form verwendet, trauen sich auch Mädchen den Beruf zu. Aber auch Jungen lassen sich motivieren. Interview. (Online-Version) http://www.tagesspiegel.de/wissen/gender-in-der-sprache-feuerwehrfrauen-und-geburtshelfer-helfen-bei-der-berufswahl/12023192.html

erlernen. Wir haben uns in der Studie auf Berufe konzentriert, die als typische Männerberufe gelten. Die Leitfrage lautete: Kann geschlechtergerechte Sprache dazu beitragen, junge Frauen für «männliche» Berufsfelder zu motivieren? Jetzt wissen wir: Ja, kann sie.»[164] Und die Studie hat noch mehr erbracht: Die männlichen Berufsbezeichnungen machen sogenannte «Frauenberufe» auch für Jungen attraktiver – Beispiel «Entbindungshelfer». Warum sollte ein Junge auch Entbindungshelferin oder ein Mädchen Ingenieur werden wollen, wenn diese Berufe deutlich nur für ein Geschlecht markiert sind?

Außer über die Sprache selbst müssen wir für die Gleichberechtigung noch einen Blick auf das Sprechverhalten werfen. Wie erkennen wir ein zuträgliches oder ein abträgliches Sprechverhalten? Ich schlage folgende Kriterien für eine Gesprächsanalyse vor:

- Wie oft bekommen Frauen das Wort?
- Wie nehmen Frauen sich das Wort?
- Wie lange reden Frauen?
- Werden Frauen unterbrochen oder können sie ihren Beitrag beenden?
- Reden Frauen und Männer unterschiedlich?
- Werden sie unterschiedlich behandelt – z. B. vom Moderator?[165]
- Alternativ: Haben Frauen und Männer unterschiedliche Rechte in gemischtgeschlechtlichen Gesprächen – z. B. ein eingeschränktes Rederecht wie Kinder!

Wenn wir uns nun wieder fragen: «Was tut das mit uns und was tun wir damit oder dagegen?» so sind die Antworten diesmal einfach: Wissen über die Macht der männlichen Sprache macht uns unsere Rolle in Gesprächen bewusst und erst dann können wir uns fragen: «Wollen wir das?» Also was tun wir, wenn wir es nicht wollen? Wir setzen die subtilen Mechanismen der Diskriminierung außer Kraft und nutzen die Gesprächsstrategie und -praxis der «Herren der Schöpfung», anstatt ihnen die Gesprächskontrolle zu überlassen, und niemand wird über uns sagen: «... sie arbeitete mit, die männliche Überlegenheit herzustellen.»[166]

Ein schöner Schlusssatz von Luise PUSCH: «Das Maskulinum ist mit Sicherheit nicht mehr das, was es noch vor 30 Jahren war.»

164 HANNOVER/SCHOLZ: 2015

165 TRÖMEL-PLÖTZ, Senta, 1984: Gewalt durch Sprache. In: TRÖMEL-PLÖTZ, Senta (Hrsg.), 1984: Gewalt durch Sprache. Die Vergewaltigung von Frauen in Gesprächen, Frankfurt/Main

166 TRÖMEL-PLÖTZ, 1984

05 Was für ein Frauenbild in den Medien!

In der Zeitung war in einem Bericht über den Kongress «Law and Society in the 21st Century» zu lesen, dass 2500 Rechtssoziolog*en* – Frauen waren offenbar nicht zugelassen – eine Vielzahl von Themen diskutierten «bis zu den Rechten von Frauen, Minderheiten und Menschen».[167] Das hat mich dann doch überrascht. Frauen und Minderheiten war eine beliebte Kombination, es gab sogar Zeiten, da wurden Frauen als Minderheit bezeichnet. Dann hat irgendjemand wohl doch mal nachgezählt – und es waren und sind 52 Prozent der Bevölkerung. Also, damit umzugehen, habe ich gelernt. Aber mit der Aufzählung «Frauen, Minderheiten und Menschen» hatte ich jetzt nicht so wirklich gerechnet! Ich hätte schon gern gesehen, dass meine Erkenntnis «auch Frauen sind Menschen» sich allmählich durchsetzt. Muss ich wohl etwas an der Journalistin arbeiten. Wenn *sie* schon zweifelt oder eher weiß, dass zwischen «Frauen» und «Menschen» zu unterscheiden ist, wer glaubt uns dann noch unsere Geschichte von der Erschaffung des Menschen: Als Gott den Mann erschuf, übte sie bloß! Muss ich drüber nachdenken! Jetzt kommen aber die ernsteren und ärgerlichen Beispiele.

102.

Ich fange an mit einem kurzen, aber zornigen Rückblick zum Thema «Frauen und Männer in Sprechsituationen in den Medien».[168] Cheris KRAMARAE gibt einen Überblick über die **Geschichte des Nachrichtensprechens** bei der BBC. Sie ist so detailreich recherchiert, dass ich es lohnend finde, hier wenigstens einen chronologischen Überblick zu geben. Sie sollten auch nicht glauben, dass der Widerstand gegenüber dem öffentlichen Sprechen von Frauen in Großbritannien die Ausnahme war – nein, er war die Regel!

1926-09-19:

Seit «der frühen Zeit des Radios» gab es in Großbritannien die Kontroverse um die Eignung von Frauenstimmen zum Nachrichtensprechen – zu trennen von Frauenstimmen in Unterhaltungssendungen oder Frauen- und Kinderprogrammen. Die hatten ja weder Prestige noch die «richtige» Zuhörerschaft!

- Nachrichten sind Männern wichtig! Um sich die Welt nicht von Frauen erklären lassen zu müssen, gab es gegen Nachrichtensprecherinnen den hartnäckigsten Widerstand mit den sonderbarsten Argumenten. Der «Daily Express» schrieb:

---

167 FETSCHER, Caroline, 2007c: «Juristische Missionare». Kann man Verfassungen einfach in ein anderes Land verpflanzen? Rechtssoziologen aus aller Welt diskutieren. Der Tagesspiegel vom 2007-07-30

168 KRAMARAE, Cheris, 1984: Nachrichten zu sprechen gestatte ich der Frau nicht: Widerstand gegenüber dem öffentlichen Sprechen von Frauen. Mit einem Kommentar über die deutschen Nachrichtenfrauen von Ute Remus. In: TRÖMEL-PLÖTZ, Senta (Hrsg.): Gewalt durch Sprache. Die Vergewaltigung von Frauen in Gesprächen, Frankfurt/Main, S. 203-232

- «Viele langjährige Zuhörerinnen und Zuhörer behaupten, daß ... Adam eine natürlichere Rundfunkstimme hat als Eva. Einige Zuhörer gehen so weit, daß sie sagen, eine Frauenstimme wird nach einiger Zeit monoton, ihre hohen Töne werden scharf und ähneln dem Feilen von Stahl, während ihre tiefen Töne oft wie Stöhnen klingen.»
- Offizielle Vertreter der BBC hatten beschlossen, «keine Frauen als Sprecherinnen anzustellen». Außerdem war «man» in der BBC der Meinung, diese Arbeit sei für Frauen körperlich zu anstrengend und es gebe zu wenige Frauen – «nur eine Frau unter ungefähr hunderttausend» – «die, was die allgemeinen Probleme des Tages anbelangt, genügend gebildet ist, um Nachrichten in der Art und Weise ansagen zu können, wie sie angesagt werden sollten».

1926-09-21:

- Frauenorganisationen protestieren. Im «Manchester Guardian» kommentiert eine Frau, «daß der wirkliche Grund für die Zurückweisung von weiblichen Nachrichtensprecherinnen der ist, daß die Arbeit so hoch bezahlt ist».

1927-05:

- Im «Evening Standard» wird ein BBC-Vertreter zitiert mit dem Satz: «Es gibt keinen Einwand gegen die Frauenstimme aufgrund ihrer Ungeeignetheit, sondern das Gebiet für Nachrichtensprecher ist sehr begrenzt.»
- In dieser Satzkonstruktion bleiben die Frauenstimmen «ungeeignet», tatsächlich war die BBC zu diesem Zeitpunkt aber wohl etwas offener gegenüber der Anstellung von Nachrichtensprecherinnen.

Ende 1928:

- Aber nicht lange: «Ende des Jahres 1928 sagten die BBC-Sprecher explizit, daß sie keine Pläne hätten, Frauen als Nachrichtensprecherinnen anzustellen und dass sie ihr Urteil über die Geeignetheit von Frauenstimmen geändert hätten. Sie sagten, sie hätten eine große Anzahl von weiblichen Bewerberinnen getestet und keine passende Kandidatin gefunden.»
- Es wird wieder auf die Schwere und Unregelmäßigkeit der Arbeit hingewiesen, Verantwortung, Entscheidungsfähigkeit und Disziplin seien erforderlich.
- GP: Hält heute noch jemand diese Eigenschaften für typisch männlich?

1928-11-09:

- Cheris KRAMARAE fand im «Southern Daily Echo» einen Beleg für den vermeintlich «wirklichen» Grund: Es ist schlicht so, dass «aus irgendeinem Grund ein Mann seine Persönlichkeit besser durch seine Stimme allein ausdrücken kann als eine Frau».
- GP: Wie Recht der Autor – eine Autorin wird es schon nicht gewesen sein – hat! Natürlich transportiert die männliche Stimme «Persönlichkeit» besser, wenn «Persönlichkeit» nur fest genug mit Männlichkeit verknüpft ist! Und die Wissenschaft war – z. B. in Deutschland – ja gerade noch dabei, die Nicht-Persönlichkeit von Frauen durchzubuchstabieren – mit Argumenten eines abstrusen Biologismus!
- Und die «Daily News» fand sowieso, dass es nie eine große Rednerin gege-

ben hatte! Ob das wohl an der Wahrnehmung des Autors liegt oder an der Tatsache, dass Frauen die Teilnahme an und das Rederecht auf öffentlichen Versammlungen verwehrt wurde?

1929-05-09:

- «Es gibt keine Radiofrau, die wirklich für das Mikrophon geeignet ist. Um ganz ehrlich zu sein, denke ich, daß Frauen überhaupt für den Rundfunk nicht taugen.»
- Dies gibt einer, der selbst höchst interessiert daran ist, dass Frauen keine Konkurrenz für ihn werden, in einem Interview zu Protokoll – Cheris KRAMARAE hat auch dies in der «Daily News» gefunden. Es soll sich um einen der populärsten BBC-Sprecher gehandelt haben.

1930-08-21:

- Die «Daily Mail» berichtet von dem großen Erfolg, den «Rundfunksprecherinnen in Provinzstationen» haben, die BBC erhält dazu viele positive Briefe.
- Wenn auch niemand mehr – aus Höflichkeit – zu sagen wagte, dass Frauen ein Misserfolg im Rundfunk seien, hieß es doch im «Evening Standard», «die männlichen Erfolge seien zu konsistent, um ignoriert werden zu können.»
- Der Schreiber meinte, «daß die hohe Stimmlage bei Frauen für viele Zuhörer irritierend sei, und daß Frauen dazu neigen, zu schnell zu sprechen. Weiterhin würden viele Frauen unwichtige Wörter überbetonen oder versuchen, die Zuhörer durch sehr schönes Sprechen zu beeindrucken.»
- GP: Da sehen wir es wieder – nichts als Eitelkeit bei den Frauen und Suggestivkraft! Beides liegt Männern völlig fern – oder? Klar ist auch: Die Frauen sind selber schuld!
- Richtig böse ist die Folge. Cheris KRAMARAE weist darauf hin, dass die frühere Abwesenheit von Frauen noch lange von Kritikern als Rechtfertigung und Garantie für die jeweils gegenwärtige Abwesenheit von Frauen benutzt wurde.
- GP: Da hat sich seit 1930 viel verändert! Mir geht es hier auch nicht um die aktuelle Situation, sondern um Transparenz. Je klarer wir uns darüber sind, welche Vorgeschichte eine Gleichstellungsfrage hat, desto eher erkennen wir Muster und sind gegen Wiederholungen – z. B. bei der Besetzung herausgehobener Positionen in der Medienwirtschaft – gefeit. Also merken: «Die männliche Stimme ist die Norm für öffentliches Sprechen.» – oder eben nicht!
- Das aufzubrechende Tabu heißt: Männer schreiben nur ihren eigenen Stimmen die nötige Qualifikation zu! Das müssen wir ja nicht unterstützen!

1933-06:

- Dass die damaligen Mikrofone Frauenstimmen nicht so gut trugen wie Männerstimmen, war im Übrigen ein Fehler der Frauen – nicht etwa der Mikrofone und ihrer männlichen Konstrukteure. Das lehrt uns zweierlei:
  - Selbstverliebt bilden sich die Menschen immer selber ab!
  - Wenn sie ertappt werden – hier in ihrer Geschlechterblindheit – lassen sich die Opfer immer noch zu Täterinnen machen!

1933-07-29:

- Eine Frauenstimme kündigt die Teemusik vom Londoner Hotel Metropol an und die Ansagerin ist doch tatsächlich in der Lage «schwierige Namen wie Dvorak ohne Zittern in Angriff» zu nehmen.
- Und ihr gut einjähriger Sohn war auch begeistert, fand die Presse berichtenswert.

1933-08-22:

- Aus der «Times» erfahren wir, dass «Mrs. Giles Barrett zum ersten Mal seit ihrer Anstellung die Sechs-Uhr-Nachrichten gesprochen hätte.»

1933-10-16:

- Mrs. Giles BARRETT soll zurückgetreten sein!
- Mrs. Giles BARRETT erklärte: «Ich habe nicht gekündigt, ich bin nicht zurückgetreten, fragen sie die BBC darüber.»
- Die sieht sich zu keiner Stellungnahme in der Lage.

1933-10-17:

- Dann kam das offizielle Statement der BBC in der «Morning Post»: «Nach einem Experiment hat die BBC. beschlossen, keine Frauen in den regulären Nachrichten sprechenden Stab einzuschließen. Eine Konsequenz dieser Entscheidung ist, daß Mrs. Giles Barrett, die vorübergehend als Nachrichtensprecherin in London eingestellt war, von dieser Arbeit in der nächsten Zukunft zurückgezogen wird. Zuhörer werden jedoch weiterhin die Möglichkeit haben, Mrs. Barrett von Zeit zu Zeit als Künstlerin in Programmen zu hören.»
- Technische – nicht persönliche – Gründe wurden außerdem angeführt! Ob damit die ausschließlich auf Männer orientierte Unternehmenskultur gemeint war?
- «Die Kontroverse über die Kündigung dauerte bis 1935.»

1936/37:

- Es gab weitere «Experimente» – aber für seriöse Berichterstattung wurden Frauen weiterhin nicht akzeptiert.

1939:

- Nun «stellte die BBC eine ganztagsbeschäftigte Sprecherin an, die zweite in der Geschichte Des BBC-Rundfunks.»
- Elizabeth COWELL galt als voller Erfolg, aber als im selben Jahr «fünf oder sechs neue Ansager» angestellt wurden, waren es wieder nur Männer.

1940:

- Während die BBC einerseits wiederum feststellte, dass sie keine Ansagerinnen mehr wollte, wurden bei der zwei Monate später erfolgenden Einstellung von zehn «Ansagern» auch Frauen berücksichtigt. Wie zu erwarten, wurde die Tätigkeit der Frauen auf die Ansage leichter Programme beschränkt.
- Aber etwas hatte sich grundlegend verändert: Die Zuhörerschaft hatte sich an Frauenstimmen im Radio gewöhnt und es gab Anzeichen für eine Präferierung weiblicher Stimmen.

1941:

- «Die achte Ansagerin wurde ernannt.»
- Da wurde der lange Schatten des Zweiten Weltkrieges sichtbar.

1942-01-24:

- Die BBC hatte zehn Sprecherinnen und machte sich auf die Suche nach weiteren geeigneten Frauen, um die Männer, die zum Militär eingezogen wurden, zu ersetzen.
- In den «Evening News» war zu lesen: «Das alte Vorurteil gegen weibliche Sprecherinnen ist seit dem Krieg verschwunden, und die Zuhörerschaft sowohl wie die BBC. haben beschlossen, daß die Ansage im Unterschied zum Nachrichtensprechen eine Arbeit ist, die die Frauen mit Fähigkeit und Charme handhaben können.»
- Auch Giles BARRETT wurde wieder eingestellt und die BBC bildete Frauen sogar als Ingenieurinnen aus. Aber ein Weltkrieg ist dafür ein zu hoher Preis.

1945–1949:

- Nun galten die Ansagerinnen wieder als «Kriegsexperiment», wurden zum «abgetakelten Kriegsutensil», hatten keine «Mikrophonpersönlichkeit» – und da niemand wusste, was das ist, konnten Frauen so etwas auch nicht erwerben. Intransparenz macht Diskriminierung immer leicht!
- «Definitionen erhalten vor allem dann Machtcharakter, wenn sie und ihre Grundlagen nicht überprüfbar sind, wenn nicht offengelegt wird, weshalb etwas so oder so definiert wird, diese oder jene Bedeutung erhält.»[169]
- Die Männer waren wieder zu Hause bei ihren Frauen und lebten nicht mehr «unter Bedingungen des Militärlebens wie Mönche», wer wollte da noch Frauenstimmen hören?

1950er Jahre:

- Nun stehen die Fernsehnachrichten im Mittelpunkt des Interesses – doch dafür sind Frauen wieder einmal nicht geeignet.

Ende 1958:

- Es gab in der BBC keine Fernsehansagerin mehr.

1960-06-20:

- Im «Daily Telegraph» hieß es, dass die BBC am Vortag – also dreißig Jahre oder eine ganze Generation nach dem Beginn der Diskussion um die Eignung von Frauenstimmen zum Nachrichtensprechen – die Fernsehnachrichten erstmals von einer Frau lesen ließ, um die Reaktion der Öffentlichkeit auf diesen «Bruch der Tradition» zu prüfen.

1961-03:

- Das Experiment der BBC mit einer «Fernsehansagerin» (Nan Winton) ist «vorbei», es werden nur noch männliche «Nachrichtensprecher» beschäftigt.
- Cheris KRAMARAE nennt dabei folgendes Argument: Frauen erschienen zu selbstbewusst, reagierten auf schlechte Nachrichten zu emotional und ihre Attraktivität lenke männliche Zuschauer von dem Inhalt der Nachrichten ab.

---

169 LAUPER/LOTZ, 1984:251

1963-08:

- Alle Nachrichtensprecher sind krank oder im Urlaub, für einen Abend wird das Verbot aufgehoben und eine Frau liest die Nachrichten – nicht ohne Kaskaden der Erklärung und Entschuldigung seitens des Senders.

Die Lehre, die wir aus der Geschichte des Nachrichtensprechens bei der BBC ziehen müssen, heißt: Nichts ist sicher! Kein Fortschritt ist stabil! Alles kann plötzlich wieder infrage stehen! Wir müssen jeden Faden an Emanzipation, den wir in die Hand bekommen, festhalten und darum kämpfen! Wir brauchen eine kritische Masse an Frauen in Entscheidungsgremien – das sind mindestens dreißig Prozent! Das Dumme daran ist leider, dass wir das seit fast dreißig Jahren wissen! Eine einzelne Frau oder einige wenige in einem überwiegend von Männern besetzten Gremium werden überhört, übersehen, überstimmt, mundtot gemacht, ignoriert, lächerlich gemacht, verspottet, ausgeschlossen, ihre Beiträge werden als nicht zum Thema gehörig, irrelevant und emotional bezeichnet – oder die Frau sitzt einer schweigenden Mehrheit gegenüber. Der einzige Weg damals, das Argument einer Frau in die Öffentlichkeit zu bringen: Ein Mann gibt es als seine Idee aus und macht daraus seinen Beitrag. Ich weiß nicht, was ich demütigender und deprimierender finde. Ein Blick nach Deutschland macht es auch nicht besser. Besonders schwer hatten es die ersten Sprecherinnen; sie arbeiteten in dem Bewusstsein: Wenn ich scheitere, ist der Job für Frauen längere Zeit verschlossen. Und wenn ich sehr erfolgreich bin, halten Männer das nicht aus und ich bin noch länger isoliert.

Aber Männer machen, was sie am besten können: sich gegenseitig Konkurrenz! Als die ARD schwerfällig anfing, über Frauen als Sprecherinnen laut nachzudenken und dies mit regionalen Sendeanstalten abzustimmen, fand das ZDF: »Das können wir schneller.» Die erste Nachrichtensprecherin im bundesdeutschen Fernsehen war Wibke BRUHNS: «Die Programmverantwortlichen im ZDF vom Intendanten Karl Holzammer abwärts hatten dementsprechend Angst vor der eigenen Courage, andererseits trauten sie sich was und traten damit einen Wirbel los, den niemand, ich auch nicht, vorhergesehen hatte.»[170]

«Was war passiert? Ich hatte mich auf den seit Fernseh-Urzeiten Männern vorbehaltenen Stuhl im geheiligten Nachrichtenstudio gesetzt und vorgelesen, was andere mir aufgeschrieben hatten. Das war's. Hätte ich, ausgewiesene ZDF-Redakteurin, die seit sechs oder sieben Jahren ihre eigenen Sätze in die Kamera sprach, auch nur ein Wort geändert, meinetwegen lediglich zum Wohle der Grammatik: Es hätte Krieg gegeben. Wenn schon ‹trauen›, dann bitte mit Sicherheitsgurt.» Dass eine Frau die Nachrichten vorlas, führte zu Protesten. Welcher Art, hat Wibke BRUHNS beschrieben. Ich zitiere sie, denn wer kann einen Text von Wibke BRUHNS mal eben verbessern?

«Empört haben sich überwiegend Frauen. Es kreischte aus dem Schwarzwald, ich solle mich gefälligst um Mann und Kinder kümmern. Aus Schleswig-Holstein

170 BRUHNS, Wibke, 2009: Als sich das ZDF etwas traute. 12. Mai 1971, 22.14 Uhr: Zum ersten Mal liest im deutschen Fernsehen eine Frau die Nachrichten. Eine Domäne der Männer fällt. In: DIE ZEIT Nr. 23 vom 2009-05-28

war zu hören, warum ich über Dinge redete, von denen ich nichts verstünde. In Berlin machte man sich Gedanken über die Farbe meines Nagellacks und in Bayern über meine Frisur. Männer waren fantasievoller. Einer schickte mir einen riesigen Büstenhalter – ‹Wenn ich Ihren winzigen Busen eine Weile massiere, passt er da rein!› –, ein anderer hatte einen großen Haufen – Verzeihung! – Scheiße auf ein Heiligenbild gesetzt und sorgfältig verpackt: ‹Gott straft Frauen, die ihren angestammten Platz verlassen.› Unendliche Variationen gab es von Samaritern, die dafür sorgen wollten, mir meine ‹Weiblichkeit› zurückzugeben mit Angabe von Wiesbadener Hotels.»

Die erste Nachrichtensprecherin in der ARD hieß Dagmar BERGHOFF: «Für mich war der Job schwer, weil ich mir selbst unheimlichen Stress gemacht habe. … Weil ich dachte: Wenn ich versage, ist dieser Beruf für uns Frauen auf Jahre verloren.» «Karl-Heinz Köpcke war auch der Meinung, dass Frauen keine harten Nachrichten lesen können, ohne in Tränen auszubrechen.»

«Als ich 50 wurde, fragten alle: Wie lange wollen Sie noch? Eine blöde Frage! Uli Wickert ist einen Monat älter als ich, den hat das keiner gefragt.»[171]

Ganz anders in der DDR: Annerose NEUMANN las bereits am 8. März 1963 erstmals die Nachrichten in der Aktuellen Kamera des DFF. Und dann erfahre ich am 30. Dezember 2009 im Radio in einem Jahresrückblick: «Weibliche Stimmen unerwünscht. Das öffentlich-rechtliche Polskie Radio erklärt sein Frühprogramm zur Frauen freien Zone.»

«Das polnische Parlament hat die Rundfunkgebühr abgeschafft – für die Bürger sicherlich eine gute Nachricht. Weniger gut werden die Hörer von Polskie Radio den jüngsten Erlass der Programmdirektion aufgenommen haben. Mit der Begründung, Männerstimmen klängen besser und seien glaubwürdiger als Frauenstimmen, hat die Leitung des Senders alle Moderatorinnen aus seinem Frühprogramm gestrichen.» (http://www.dradio.de/dlf/sendungen/europaheute/985910/)

103.

Und dann 2014: Da muss man(n) erstmal drauf kommen: «**Weibliche Humorattacken**: Ein Jammertal.» Aber es geht noch weiter: «Seit sieben Jahren gibt es im WDR das Kabarett-Format ‹Ladies Night›. Aber machen Frauen wirklich die besseren Witze? Eine TV- Kritik»[172] – aus Männersicht! Es gibt nur diese; undenkbar, dass eine Sendung nicht von und für Männer gemacht ist! Ignoranten und Antifeministen wie Richard WEBER kämen nie auf so eine abwegige Idee! Und eine andere Perspektive als die ihrige haben sie ja nicht: «Eine Kabarett- und Comedyshow ausschließlich von und mit Frauen. Würg!» Göttin, was hat denn der Junge? Und was müssen wir Frauen alles an Männerquatsch im Fernsehen aushalten!

Und diese schwachsinnige Konkurrenzidee! Es geht gar nicht um «die besseren

171 BERGHOFF; Dagmar / ZERVAKIS, Linda / ENGELS, Laura / MICHAELIS, Simon / SEIFERT, Leonie, 2016: «Es geht um Ausstrahlung». Vor genau 40 Jahren wurde Dagmar BERGHOFF die erste Frau der «Tagesschau». Linda ZERVAKIS ist die erste Sprecherin der Nachrichtensendung mit ausländischen Wurzeln. Ein Gespräch über Männer, Gleichberechtigung und das Älterwerden im Fernsehen. In: DIE ZEIT Nr. 26 vom 2016-06-16

172 WEBER, Richard, 2014: Humor ist, wenn Frau macht. In: Der Tagesspiegel vom 2014-10-18

Witze»; es geht um die Lust am verqueren Gedanken, an einer überraschenden, witzigen Perspektive, am Kratzen an Tabus etc. Ganz schön armselig – das Leben mit dem Tunnelblick! Die Autisten müssten sich nur darauf einlassen können, dann wird der Kopf gelüftet – neuer Wind ..., na, Sie wissen schon!

Richard WEBER quält sich mit Fragen wie

- «Haben Frauen die komischere Sicht auf die Widrigkeiten des Lebens?»
  Darum geht's doch gar nicht! Wieso kommt er nicht auf die näherliegende Frage: Haben Frauen eine andere Sicht auf die Widrigkeiten des Lebens?
- «Gibt es speziellen Frauenhumor?»
  Na, wenn schon! Brauchen wir den? Keine Ahnung! Vielleicht erben wir den von unseren Müttern mit dem Kloputzen!
- «Sind Frauen witziger als Männer?»
  Geht gar nicht! Da würde ja jede Uhr 13 schlagen. Frauen witziger als Männer! Womöglich auch noch intelligenter? Da hört der Spaß aber auf!

Und völlig zusammenhanglos heißt es: «Sendeschluss für Beckmann, ... der mit der schlechtesten Quote.» Da sehen sie, was Frauen so anrichten. Sie machen sich ja keine Vorstellungen! Und dann traut sich Gerburg JAHNKE ... noch «als Anti-Weibchen. Kurze Haare, graues Kleid, zu eng und zu kurz, flache Stiefel» auf die Bühne – nix für Voyeure! Auch das noch! «Ziemlich altes Material. Aus der hintersten Ecke. Lauter Klischees und Vorurteile.» Ja, Jungs, genau! Eure Klischees und Vorurteile, auf die Frauen heute noch treffen! Dann kommt «Carolin Kebekus. Langes Wallehaar. High Heels. Enges Oberteil und kurzer Rock. Sicher nur die ironische Brechung üblicher Männerphantasien.» – Sehen Sie, was ich meine? «Die nächsten ‹Gästinnen›: Mirja Boes und Simone Solga. Beide Wallehaare. Frau Solga auf High Heels.»

«Die Lobeshymnen, die die ARD-Seite auf sie (Gerburg JAHNKE – GP) singt – viel komischer als ihr Auftritt.» Aus Männersicht: Da verlässt man(n) sich auf die ARD und denkt, die ticken wie wir – und dann das! Lob für Frauen!

Das wird richtiggestellt: «Aus diesem Jammertal weiblicher Humorattacken sticht nur eine Nummer hervor. Ein alter Ausschnitt. Der 7. Sinn. Verkehrserziehung aus vorfeministischer Zeit. Einparken mit Stoßstangenkontakt. Gefährliche Stöckelschuhe. Kein Sicherheitsgurt aus Angst um den Busen. Da hat das Studiopublikum mal richtig was zu lachen gehabt. Wahrscheinlich war der Macher ein Mann.» Wie schön! Ein Riesentrostpflaster auf die verletzten Männerseelen.

Dann haben mein Mann und ich uns die aufgezeichnete «Ladies Night» angesehen und haben uns – beide! – gut amüsiert. Aber es stimmt: Gerburg JAHNKE hatte ein graues Kleid an!

104.

Ich schlage die Zeitung auf und sehe folgendes Bild[173] (siehe S. 117).
Hätten Sie gedacht, dass die Menschheit ohne Frauen auskommt? Haben wir da etwas missverstanden in Biologie und Soziologie? Wie kommt es, dass Männern

173 Der Tagesspiegel vom 2003-10-08

«Lebenszyklus»
Quelle: Rijksmuseum Amsterdam

so etwas nicht auffällt? Müssen wir ihnen sogar sagen, dass Männer ohne Frauen in dieser Welt sehr, sehr selten wären? Die Welt im Deutungsmonopol von Männern, Omnipotenzhaltung und Allmachtsanspruch in der Postmoderne! Schwer zu glauben! Für Frauen – und nur für Frauen – sind Alltag, Sonn- und Feiertag diskriminierungsträchtig.

Was mich auch daran ärgert, ist die Tatsache: Männer machen Zeitungen für Männer und stellen dann fest, dass Frauen doch zu blöd seien, denn sie lesen ja nicht einmal Zeitung. Ich halte mich jetzt nicht damit auf, die unterschiedlichen Frauenanteile in der Leser*innenschaft der verschiedenen Zeitungen und der anderen Druckerzeugnisse auseinanderzupuzzlen, ich will nur – mit «Zeitungsforscher Horst Röper vom Dortmunder Institut Formatt» – feststellen, dass Frauen «als Zeitungsleserinnen sträflich vernachlässigt» worden sind. «Viele Verlagshäuser seien lange davon ausgegangen, dass ein männlicher Haushaltungsvorstand entscheidet, welche Zeitung im Briefkasten liegt. Strategisch hätten sie deshalb auf eine männliche Themenauswahl gesetzt und beispielsweise den Sportteil üppig gestaltet.»[174] Endlich hat sich auch in Fachkreisen das Wissen durchgesetzt, was wir Feministinnen schon lange hatten – und es wird auch ausgesprochen! Das sind die Nachrichten, die mir für dieses Buch wichtig sind: Männlichkeitswahn, den schwarzen Peter heftet «man» wie immer den Frauen an, wir haben mit unberechtigten Anwürfen zu kämpfen, es beschädigt uns, obgleich wir wissen, dass es unberechtigt ist – und endlich platzt die Seifenblase! Solche bisher in der allgemeinen Öffentlichkeit nicht enthüllten Strategien will ich ans Tageslicht holen – das entlastet uns ungeheuer!

Meilen- oder Mosaikstein? Das Glücksgefühl darf aber nicht überborden. Es geht nicht um die Anerkennung der Frau als Subjekt aus eigenem Recht. Mein Entzücken – mental verstoffwechselt – wird durch die Tatsache gedämpft, dass hinter der intendierten stärkeren Beachtung von Fraueninteressen durch die Zeitungsverlage rein ökonomische Ziele stecken. «Folglich haben viele Tageszeitungen bislang ein großes Potenzial brachliegen lassen, das sie nun aktivieren wollen. Auch, weil es sich den Anzeigenkunden als konsumfreudiges und kaufkräftiges Zielpublikum verkaufen lässt. Denn immer mehr Frauen verfügen über gute Ausbildungen und machen vermehrt beruflich Karriere.» Also ran an das Geld der Frauen!

Frauen werden besser wahrgenommen, unsere Interessen interessieren eher und werden etwas mehr anerkannt – als Trägerinnen von Kaufkraft! Wie war das bei den Männern? Ganz genauso! Wegen ihrer Verfügung über Kaufkraft wurden ihre Interessen berücksichtigt, auch ihre Macht war die Kaufkraft! Die Macht hat sich dann wohl zu sehr verselbständigt, so dass in der gesellschaftlichen Wahrnehmung, gestützt durch ein androzentrisches Rechtssystem, jeder Mann mit Macht assoziiert wurde und patriarchalisch-hierarchische Strukturen ins Kraut schossen. Müssen wir nicht fortsetzen! Damit wäre auch die besonders dämliche Frage Ewiggestriger: «Wozu braucht ihr Frauen Geld?» beantwortet. Es ist doch merkwürdig: Männliches Selbstbewusstsein ist eng an beruflichen Erfolg und an die Macht des Geldes geknüpft. Warum soll das bei Frauen anders sein, wenn ihnen die Möglichkeiten für Beruf und rechtmäßiges Einkommen offenstehen? Als Mensch könnte ich fragen: Was tut das mit den Männern? Als feministisch gehärteter Mensch finde ich: Das müssen die Männer selber bearbeiten. Ich werde Männerforschung aus Überzeugung nicht behindern, aber als kampferprobter Feministin wird mir immer die mangelnde Unterstützung der Männer im Ohr bleiben: Das sind Frauenfragen, die müsst ihr schon selber lösen.

Die Entdeckung der Leserin hat aber noch einen weiteren wichtigen Aspekt. «Männer neigten dazu, mit erhobenem Zeigefinger zu schreiben, während Frauen damit wenig anfangen könnten – weder als Autorin noch als Leserin», schreibt POHLMANN und zitiert Christoph AMEND, den damaligen Leiter des «ZEIT-Magazins»: «Auch deshalb sollten Autorinnen in einem Blatt genauso präsent sein wie ihre männlichen Kollegen.»[175]

174 POHLMANN, Sonja, 2007: Gesucht: jung, treu und lesefreudig. Was sich Zeitungen einfallen lassen, um dem weiblichen Publikum besser zu gefallen. Der Tagesspiegel vom 2007-07-22

175 POHLMANN, 2007

105.

Noch ein schönes Beispiel für die Ubiquität geschlechtsspezifischen Handelns und Erlebens, ein weiterer Tag, an dem ein geschlechtsneutrales Selbstbewusstsein nach einem Blick in die Zeitung nicht mehr aufkommen sollte.[176]

«**Dr. Bär**»
Foto: Andreas Klaer

Sehen Sie, was ich sehe? Teddys sind auch Menschen! Selbst als Teddys sind Männer bedeutender als Frauen. Hier kurieren zwei Ärzte an einem Patienten herum und im Hintergrund steht erkennbar eine Frau – als Krankenschwester! Sie ist passiv, wie Mädchen es heute noch in Kinderbüchern sind.[177] Dort lassen sie sich ärgern, schauen zu und helfen – diese einfallslosen Geschöpfe! … und wer sein Leben mit so viel Zurücksetzung verbringt, guckt dann auch ein bisschen spinös – oder spinne ich jetzt schon? Dann schieben Sie es bitte auf die Anstrengung: «Es braucht schon ziemlich viel Energie, um die sich ständig zur Darstellung bringende Entwertung und Geringschätzung der Frau übersehen zu können.»[178]

106.

Eine wichtige Regel für Medienleute lernen wir von Ella Carina WERNER: Wenn Sie gerade kein geeignetes Bild finden, mit dem sie Frauen richtig nett herabsetzen können, geht immer noch folgender Trick: Sie suchen sich eine frauenfeindliche Vokabel – sagen wir «**Zickenkrieg**» – als Überschrift! Jetzt muss noch etwas «Butter bei die Fische», also z. B. «Zickenkrieg im Forst», da entwickeln Leser*innen doch eine konkrete Vorstellung! Damit die aber nicht gleich alle

176 Der Tagesspiegel vom 2002-09-27
177 HEIDEL, 1999, berichtet über eine Untersuchung von HERRMANN, Tatjana-Nicole im Rahmen ihrer Diplomarbeit an der Uni Bonn. Titel der Arbeit: «Rollenwandel in Bilderbüchern?»
178 ONKEN, 2000

hinrennen und gucken und dabei feststellen: Nüscht zu sehen – machen sie die Rolle rückwärts, mit einer Unter-Überschrift – selbstverständlich in viel kleinerer Schrift – wie z. B. «... gibt es zum Glück nicht. Die meisten Frauen können sich im 21. Jahrhundert doch nüchtern miteinander auseinandersetzen.»[179] Geht auch, wenn Sie eine Medien*frau* sind. Sollte aber nicht gehen! So werden Frauen beschädigt, auch wenn es dazu (wie fast immer) keinen Anlass gibt – nur mal so, sagen wir spielerisch, denn wer nur die Überschrift liest, «weiß»: Frau = Zicke – mehrere Frauen = Zickenkrieg – alles klar! So sticht der Zickenkrieg, der nicht stattfand, wenigstens medial ins Auge. (Entschuldigung, aber ich würde jetzt so gern «Zicke!» sagen; kommt sehr selten vor!)

107.

Keiner liebt «**Zickenkriege**» so wie die Medien! Wenn sich Böcke die Schädel einrammen, ist das für Medienleute ein ernstzunehmendes Ereignis, bei dem es um Inhalte geht, dem man(n) auf den Grund gehen muss. Frauen haben keine inhaltlichen Interessen, also auch keine inhaltlichen Differenzen, können sie ja gar nicht haben. Sie gehören ja alle dieser amorphen Masse «Frauen» an, keine Subjekte aus eigenem Recht, keine Persönlichkeiten, höchstens Körper mit langen blonden Beinen.

Noch ein Beispiel: Ganz schlimm kommt es für die Medien, wenn das einzig Interessante, der «Zickenkrieg», nicht stattfindet. Aber auch dafür wissen diese tollen Typen einen Rat. Vielleicht sind Sie, liebe Leser*innen, so naiv wie einst ich und denken, etwas, das nicht stattfindet, ist keine Nachricht wert. Weit gefehlt! Man(n) kann immer noch schreiben: «Der erwartete Zickenkrieg zwischen Beyoncé und Swift blieb aus – man (?) teilte sich schwesterlich das Rampenlicht.» Was für eine Enttäuschung! Fragt sich nur: Wer hat hier einen «Zickenkrieg» erwartet? Zwei Frauen – jede macht ihr Ding und geht damit an die Öffentlichkeit, wo sehen die da Kriegsgefahr? Die ganz Verzweifelten dürfen weiter hoffen und notfalls wieder über Nichts berichten, Hauptsache, sie bringen die Vokabel «Zickenkrieg» unter! Dumme Böcke eben!

Eine passende Beschreibung der Rollen von Frauen und Männern – wie viele Medien sie sehen und uns sehen lassen wollen – stammt von Christine HADERTHAUER, der früheren CSU-Generalsekretärin und Ministerin: «Frauen tanzen vor, Männer präsentieren sich.»[180] Aus der Medienperspektive heißt das: Frauen werden vorgeführt, Männer bekommen Raum zur Selbstdarstellung.

108.

Jonas VIERING, schreibt in «DIE ZEIT» vom 2007-04-22 über Jutta ALLMENDINGER, die damals neue Chefin des Wissenschaftszentrums Berlin (WZB). Im

179 WERNER, Ella Carina, 2018: Zickenkrieg im Forst. «... gibt es zum Glück nicht. Die meisten Frauen können sich im 21. Jahrhundert doch nüchtern miteinander auseinandersetzen.» In: Frankfurter Rundschau vom 2018-10-10

180 HADERTHAUER, Christine / HILDEBRANDT, Tina / PAUSCH, Robert, 2019: «Männer haben Spaß daran»: Vor dem CSU-Parteitag in München spricht die ehemalige Ministerin Christine Haderthauer über Machtkämpfe, Machismo und darüber, warum in der CSU Frauen kaum eine Rolle spielen. Interview. In. DIE ZEIT Nr. 4 vom 2019-01-17

Artikel weiß er noch, erstens, dass «zu wenig Perspektive» für die Menschen viel schlimmer ist als «zu wenig Geld». Zweitens weiß er, wie fest Rollenklischees auch bei Sozialwissenschaftlern noch sind, sodass **«Autorität einer Frau leichter übel genommen** werde als einem Mann». Und dann pappt er eine Grafik dazu mit vier Reihen à 15 Männern minus eins, das soll wohl dann Frau ALLMENDINGER sein – als ob das die Beschäftigtenstruktur des WZB sei. Wie kann man so genderblind sein?

Wenn im WZB außer Frau ALLMENDINGER tatsächlich nur Männer arbeiteten, müsste es sofort geschlossen werden, weil es dann eine Einrichtung wäre, die nicht auf dem Boden des Grundgesetzes steht! Es ist schon so schlimm genug: «Die durch Medien getreu dokumentierte spärliche weibliche Besetzung in sämtlichen obersten Führungsetagen sowie alltägliche Erfahrungen wirken auf das Unbewusste ein und prägen die Zukunftsvision nachhaltig.»[181] Wenn im WZB auch Frauen arbeiten, ist die Grafik «suboptimal», und unter dem Gesichtspunkt «Perspektive» und «Rollenklischees» ist sie das auf alle Fälle. Enttäuscht, betrübt und unzufrieden legen wir den Artikel zur Seite – oder vielleicht doch nicht? Wie wäre es mit einem Leserinnenbrief?

109.

Die neueste Masche ist, das mangelnde Interesse von Jungen an Schule und Bildung in deren Benachteiligung umzudeuten. Angeblich hat das Bildungsministerium Untersuchungen ausgewertet und die **Benachteiligung von Jungen** festgestellt – die möchte ich sehen, bevor ich an diesen männlichen Aufwertungstrick einen weiteren Gedanken verschwende. Wenn ich das Artikelchen im Tagesspiegel lese, entsteht – nicht nur bei mir – eher der Eindruck: Da die «intelligentere» Spezies «Junge» schlechtere Noten hat als die «angepasste» Spezies «Mädchen», kann es nur an Benachteiligung liegen. Mädchen zeigen wieder einmal «das sozial zumeist angepasstere Verhalten», das dann in die Note – zugunsten der Mädchen – einfließt. Seit wann denn das? Hier schreibt jemand, der oder die sich mit dem Thema bisher nicht beschäftigt hat! Das klingt nach vorsätzlicher Verunklarung, wenn es heißt: «Insgesamt schneiden männliche Schüler den Experten zufolge deutlich schlechter ab als weibliche (Schüler?). So betrage der Jungenanteil an den Hauptschulen 56 Prozent, an den Gymnasien aber nur 46 Prozent.» Na bitte! Wenn das kein Beweis für Benachteiligung ist! Die Autoren – keine Autorinnen? – des Berichts schlagen vor, die: «Umgestaltung des schulischen Alltags nach geschlechtergerechten Gesichtspunkten.» Dafür bin ich auch – mit Verve sogar! Aber was heißt das? Sprache geschlechtergerecht! Geschichte geschlechtergerecht! Den «an Jungeninteressen orientierter(n) Unterricht» haben wir bisher als einziges erlebt, was sich Unterricht nannte! Wie schön, dass es weiterer Erhebungen bedarf! Dann wird sich vielleicht auch klären, dass die vielen Erzieherinnen und Lehrerinnen im Grundschulbereich schuld am männlichen Versagen sind. Die wollen die Jungs einfach nicht zu besseren Leistungen anspornen!

---

181 ONKEN, 2000

110.

Kaum ein Schritt vor die Tür bleibt ohne anziehende Werbung mit ausgezogenen Frauen! Was wollen wir sein? Begehrt vielleicht schon – aber nur Sexobjekt? Die sexualisierte Werbung trägt auch nicht dazu bei, dass Männer sich mit der Realität ihrer «normalen» Frauen anfreunden, sondern Sexualphantasien entwickeln, in denen ihnen ihr Spiegelbild einen Schrecken einjagen müsste! Aber die Werbung fällt nicht nur in der Öffentlichkeit ins Auge, sie tropft auch in der Privatheit ins Ohr; und wenn wir den Fernseher anstellen, können wir die geringe Bedeutung von Frauen und ihre Herabwürdigung fast mit allen Sinnen fühlen! Von Susanne GASCHKE stammt der schöne Ausdruck «geschlechtsspezifische Medien-Fehlnutzung».[182]

Wie sehr sich die Botschaften der Werbung unter unsere Haut und in unsere Köpfe schleichen und wie früh dies geschieht, hat Marianne GRABRUCKER beschrieben. Sie wollte ihre Tochter nicht auf die eingeengte weibliche Rolle hin programmieren, sondern ihr alle Möglichkeiten des menschlichen Seins erschließen. Zur Kontrolle führte sie die ersten drei Jahre im Leben ihrer Tochter Tagebuch und beobachtete die Prägungen, die die Tochter erfährt – von ihr, dem Vater, anderen Kindern und deren Müttern, den Großeltern, aber auch der gegenständlichen Welt, in der sie leben. Filmplakate sprechen offenbar deutlich zu uns, aber auch Erfahrungen in gemischten Gruppen setzen Maßstäbe, dabei nimmt das Mädchen wohl auch ihm vorgelebte Strategien der Hierarchisierung wahr. Das Kind fasst familiale und öffentliche Prägungen so zusammen: **«Frau nackig» – «Mann redet»!** Da ist die Tochter ein Jahr und sechs Monate alt.[183]

111.

Aber die Welt hat sich bei Filmplakaten weitergedreht – jetzt gibt es «**The Headless Women of Hollywood**». Ja, Sie lesen richtig: Frauen ohne Kopf auf Werbeplakaten! Schön übersichtlich gesammelt! Die amerikanische Filmindustrie kennt viele Formen der Frauendiskriminierung. 2016 hat die US-Schauspielerin Marcia BELSKY auf der Blog-Plattform Tumblr über hundert Filmplakate mit kopflosen Frauenkörpern platziert. Gesichtslos und austauschbar und gerne mit gespreizten Beinen und Stöckelschuhen – was scheren uns Individualität und Persönlichkeit – passives Objekt des männlichen Blicks, reduziert auf den sexuellen Gebrauch. Individualität, Persönlichkeit, Gefühle und intellektuelle Kompetenzen haben nur Männer?[184]

112.

Katrin MÜLLER-HOHENSTEIN moderierte am 2006-01-28 erstmalig das «**Aktuelle Sportstudio**». Die Moderatorin dazu im Tagespiegel-Interview am 2006-01-22:

---

182 GASCHKE; Susanne; 2006: Ihr Verlierer! Die Männer sind in Not: In der Schule, auf dem Arbeitsmarkt und im Familienleben. Eine Schadensbilanz. In: DIE ZEIT Nr. 25 vom 2006-06-14

183 GRABRUCKER, Marianne, 1985: «Typisch Mädchen ...». Prägungen in den ersten drei Lebensjahren. Ein Tagebuch, Frankfurt/Main

184 http://www.frauensicht.ch/KulturKirche/Am-Pranger-Frauen-ohne-Kopf-auf-Werbeplakaten http://headlesswomenofhollywood.com/archive

«Ich glaube, auch beim ZDF sehnt man sich nach einer gewissen Normalität. Denen ist auch bewusst geworden, dass es vielleicht ein bisschen eigenartig ist, wenn da nur Männer herumspringen, weil das nicht unbedingt den Querschnitt der deutschen Bevölkerung widerspiegelt.» Und dann sagt sie noch: «Aber selbst Nikolaus Brender sagte so schön, ich dürfte alle Fehler machen, die auch ein Mann machen darf.»

Das war im Jahr 2006 – und das ist alles noch nicht selbstverständlich?!

Und auch dies ist – im Jahr 2007 – noch nicht selbstverständlich: «Bibiana Steinhaus tritt an, um als erste Schiedsrichterin in Deutschland ein Spiel in einer der beiden höchsten Ligen zu pfeifen.»[185] «... die Pressetribüne ist trotz einer durchschnittlichen Zweitligapaarung voll besetzt.» Aus der vorletzten Reihe schreit jemand: «Die hat doch nie Fußball gespielt.» Was mag das Bürschlein zu bieten haben? Bibiana STEINHAUS hat nicht nur jahrelang Fußball gespielt, sondern ist als Polizistin auch in Großeinsätzen erfahren, kennt also die Dynamik großer Veranstaltungen. Es finden sich dennoch genügend mäßig begabte Männer, die die Qualifikation einer Frau – in welchem Amt auch immer – infrage stellen. Wir mussten ja schon zur Kenntnis nehmen: Autorität wird einer Frau leichter übel genommen! Es geht aber wohl nicht um «Autorität» generell, sondern um jene Art von «Autorität», die Frauen in die Lage bringt, sie Männern gegenüber auszuüben. Da gelten die Spielregeln – vorzugsweise für Hinterbänkler – nicht mehr! Was ist das für ein krankes Selbstwertgefühl bei Männern, dass sie die persönliche, fachliche und regelgerechte Autorität einer Frau nicht akzeptieren – im kränksten Fall nicht ertragen?

Und als sie nicht gleich aus der Kabine kommt, lässt sich schnell noch ein anderes Klischee bedienen: «Frauen müssen sich stundenlang schön machen.»

«Fast unsichtbar leitet Steinhaus das Spiel», schreibt Kerstin LEPPICH und auch: «Steinhaus agiert im Hintergrund, aber in entscheidenden Momenten greift sie durch.» Ein Spieler lobt «ihre unauffällige Spielleitung». Wie könnte frau/man es besser machen? Gar nicht! Sie demonstriert keine Macht, sie inszeniert sich nicht selbst, sie stellt das Spiel in den Mittelpunkt. So ist Sport noch Sport! Schön, dass es solche Frauen auch im Fußball gibt! «Ab jetzt wartet sie auf den Tag, an dem sie nicht mehr als etwas Besonderes gesehen wird.» Ich kann nur sagen: Ich auch! Und der kam ja dann auch – gaaanz laaangsaaam!

Zum Schluss nur noch diese Frage: Warum nennt Kerstin LEPPICH ihren kleinen Artikel «Frau Schiedsrichter»? Ist «Schiedsrichter» mehr als «Schiedsrichterin»? Es ist nicht reversibel, also ist es falsch. Stellen Sie sich vor: «Herr Schiedsrichterin»!

Und dann gab es doch noch eine bizarre Fortsetzung beim Thema Fußball, und zwar während der Fußballweltmeisterschaft 2011. Roger WILLEMSEN schrieb in DIE ZEIT: «Jedes Element in diesem Ablauf ist männlich konnotiert. Die Fanblöcke bestimmen Männer, die Fangesänge auch, die Vorstände sitzen da in Politbüro-Ästhetik, und glaubt jemand, Frauen hätten den Text erfinden

185 LEPPICH, Kerstin, 2007: Frau Schiedsrichter. Das Debüt von Bibiana Steinhaus im Profifußball. In: Der Tagesspiegel vom 2007-09-23

können: ‹Schiedsrichter, wir wissen, wo dein Auto steht!›? Auch die Gesten auf dem Platz sind männliche Gesten: das phallische Drohen. Das Imponierritual. Das Aus-der-Nase-Rotzen. Das Aus-dem-Rachen Rotzen. Das Brust-gegen-Brust-Aufbäumen im Konflikt. Das Auf-die-Brust-Hämmern im Torjubel. Das Springen an den Zaun.»

«In den Umkleidekabinen der Männer wird die Frauenverachtung zelebriert. Der Männerfußball wird zum guten Teil von Neureichen, Wohlhabenden, sogar Reichen gespielt, tut aber gern proletarisch. Hier wird in den Kabinen dumpfeste Frauenverachtung gestattet, Männerbündisches gepflegt und Milieu produziert. Das ist seine Folklore. … in der Herablassung gegenüber dem Frauenfußball pflegt dieser Sport seine Vergangenheit, als die Spieler noch nicht metrosexuell auftraten, Parfüms kreierten oder für Kokosmilch warben. Das Reinheitsgebot des Fußballs straft die Frauen auch für das, was die Männer daraus gemacht haben. Den Frauen gegenüber tun sie männlicher, damit man nicht sieht, dass auch sie schön, zart, schwul und empfindlich ausfallen können.»[186]

Wenn Männer so schwer daran arbeiten, die alten Rituale der Frauenverachtung zu pflegen, ja nicht untergehen zu lassen, nimmt es nicht Wunder, dass die Frauen als Amateurinnen weniger Trainingszeit investieren können. Die bescheidene finanzielle Ausstattung hat auch der DFB zu verantworten: Der Körper der Frau eignet sich nicht für die Trikotwerbung («Verzerrungen durch die Anatomie») war die Botschaft 1986. Sponsorenverträge und Medienpräsenz sind die Schlüssel. «Schließlich wird auch bei den Männern die Größe der Spieler von außen produziert, durch Fans und Medien, Vereins- und Eigen-PR gesteigert auf eine Weise, für die den Spielerinnen Möglichkeiten und Medienpräsenz fehlen.»[187]

«Fußball wurde für viele Spielerinnen zum Symbol des Aufstands gegen die Eltern und Klischees. Er ist weit mehr als ein Spiel rund um den Ball.»[188] Für viele Fußballerinnen ist ihr Sport «Leitmedium ihrer Emanzipation». Wir müssen uns schlicht die Ängste der Männer klar machen: Eine Männerbastion nach der anderen fällt – zu Recht! Da sind alle Mittel recht, den Prozess so gut es eben geht aufzuhalten und mit Kampfgeschrei zu «würdigen» – das nützt wenigstens der Präsenz des Frauenfußballs im öffentlichen Raum. Auch ein kleiner Fortschritt. Bei ZEIT-ONLINE sind es heute (2011-07-14) sieben Seiten mit Titeln von Artikeln zum Frauenfußball.

113.

Von Karin MÜLLER-HOHENSTEIN stammt der Satz: **«Mit Hilfe der ‹Bild› ist Carmen Thomas damals ‹gescheitert worden›.»**

Sie erinnern sich? Carmen THOMAS hatte den läppischen Fehler gemacht, sich zu versprechen: Schalke 05 statt Schalke 04! Schwere tragische Kost. Ein bleibender Schaden für den Verein! So eine alberne kleine Ziffer ist eben bei Frauen ein

186 WILLEMSEN, Roger, 2011: Fußball ist Freiheit. Ein Wort zur Weltmeisterschaft der Frauen, die nun in unserem Land beginnt. In: DIE ZEIT Nr. 26 vom 2011-06-22, https//www.zeit.de/2011/26/Frauenfussball-WM/komplettansicht

187 WILLEMSEN, 2011

188 WILLEMSEN, 2011

Ausdruck von Ignoranz, sie beschädigt das Wertegefühl aller Sportfans – auch der bierbäuchigen Sesselsportler. Finde ich alles tiefsinnig-sinnlos. Diskriminierungen und die Zuschreibung traditioneller Rollen passieren nicht irgendwo im Nirgendwo, sondern werden in der Regel im Hier und Jetzt von konkreten Personen an lebenden Subjekten verübt. Dafür ist Bild immer wieder gut! Jeder altbekannte Abwehrreflex gegen die Gleichstellung von Frauen und Männern – auch wenn sie nur in Trippelschritten vorankommt – ist dienlich und zur Hand.

114.

Auf die Frage «**Kommen Frauen im Fernsehen gut voran?**» entgegnet Angela ELIS: «Fakt ist, es gibt inzwischen etliche Frauen auf dem Bildschirm in inhaltlich ernst zu nehmenden Sendungen. Die Männer sind aber immer noch in der Überzahl. Es ist allerdings für beide Geschlechter ein Glücksfall, dass die Frauen, die es können, inzwischen auch dürfen. Das war ja nicht immer so. ‹Frau = nette Unterhaltung› – diese Reduzierung gilt so nicht mehr.»[189]

Die dafür angegebenen Gründe sind und waren immer vorgeschoben. Die Wahrheit lautet: Nachrichtensendungen bringen eben Prestige und große Zuhörerschaft, die wollen wir mit Männlichkeit besetzen. Und aus der Zuhörersicht klingt das so: Nachrichten sind uns zu wichtig, die wollen wir uns nicht von einer Frau vorlesen lassen. Es passierte, was seit Tausenden von Jahren passiert: Die Machtfrage wurde auf den weiblichen Körper verschoben, denn Frauen werden seit jeher mit Körper, Männer mit Geist identifiziert. Das Problem waren also ihre Stimmen, nicht etwa die Mikrofone, die ja schließlich auf männliche Stimmen eingestellt waren. Außerdem wurde die Arbeit als «wahrscheinlich körperlich zu anstrengend» für Frauen dargestellt, in der folgenden Beschreibung der Tätigkeit eines Nachrichtenansagers werden lächerliche Hilfstätigkeiten zur Professionalität aufgeblasen – «schwere Aufgaben zu unerwarteten Zeiten», «exekutive Fähigkeiten», Verantwortung, «schnelle Entscheidungen», «gute Disziplin». Die Frauen protestieren! Dennoch: Wir sind ein Stück vorangekommen! Aber Achtung: Wachsamkeit ist immer angesagt!

Was übrig bleibt von so viel Frauenentwertung, ist die Art, wie Frauen auf dem Bildschirm betrachtet werden. Angela ELIS erlebt, wie selbst im seriösen Fernsehen «von den Zuschauern» – (sind hier nur Männer gemeint? Solche Unklarheiten werden von einer sexistischen Sprache verursacht!) – «sehr genau verfolgt und vor allem kommentiert (wird), wie eine Moderatorin sich kleidet, welche Frisur sie trägt. Bei Männern ist das nicht so.» Und weiter stellt sie fest, dass die Zuschauer (?) ihre «Vorschläge» manchmal mit beeindruckender Selbstüberzeugtheit im «Befehlston» äußern. So macht Frausein doch richtig Spaß – oder? Für manche Männer bleiben auch kompetente, erwachsene Frauen die jungen Dinger – oder eher die dummen Hühner –, denen «man» sagen muss, was gut für sie ist. Respekt kommt da nicht auf – ist das bewusst oder unbewusst?

---

189 ELIS, Angela, 2007: «Sie sehen dann gut aus, wenn ...». Schön und klug, aber mit 49 Jahren weg vom Schirm? Moderatorin Angela ELIS über Frauen im Fernsehen. Das Interview führten Thomas ECKERT und Joachim HUBER. In: Der Tagesspiegel vom 2007-07-09

Hier fallen mir die Erkenntnisse eines amerikanischen Soziologen zum Thema Selbstwahrnehmung von Mitgliedern privilegierter und benachteiligter Gruppen ein. Fragen Sie eine weiße und eine schwarze Frau, was sie sehen, wenn sie morgens in den Spiegel gucken. Die weiße Frau wird antworten, sie sieht eine Frau, vielleicht unfrisiert und ungeschminkt, aber eben eine Frau. Die schwarze Frau wird Sie darauf aufmerksam machen, dass sie im Spiegel eine schwarze Frau sieht. Das heißt, die weiße Frau nimmt ihre Privilegierung nicht wahr. Fragen sie einen Mann, was er morgens im Spiegel sieht, und er wird – so das Ergebnis des Experiments – behaupten, einen Menschen zu sehen. Er weiß nicht, dass er nur einen Mann sieht. Die weiße Frau nimmt sich als «pars pro toto», obwohl sie nur einen Teil der Frauen repräsentiert, und der (sagen wir weiße) Mann sieht in sich gleich die ganze Menschheit, also wieder «pars pro toto». Es geht also darum, Männern ihre Privilegierung bewusst zu machen. Sonst denken sie weiter, wir Frauen wollten etwas abschaffen, was gar nicht existiert! Eben typisch Frau!

115.

Und dann liest frau, bildungsbeflissen, wie sie nun einmal ist, ein Dossier in «DIE ZEIT» zum Thema soziale Mobilität, **Schichtenabhängigkeit von Bildung** etc. – mit dem Bild eines Mädchens als Blickfang.[190] Da bringen es Autorin und Autor doch tatsächlich fertig, über das explosive Thema «Herkunft – Bildung – Chancen» in unserer Gesellschaft zu schreiben, ohne auch nur einmal die durch Geschlecht produzierten Unterschiede zu benennen – oder auch nur anzudeuten! Da stehen, nachdem reihenweise bekannte Männer aus großen Unternehmen aufgezählt wurden, scheinbar ganz «unschuldig» Sätze wie: «Denn deswegen sind sie schließlich hierhergekommen, ins Schlosshotel Kronberg im Taunus, zur ‹Hall of Fame› der deutschen Wirtschaftselite, veranstaltet vom manager magazin wie jedes Jahr, um zu reden. Übers Geschäft und manchmal auch über Privates. Hundert Männer, die unter sich sein wollen. Aber eigentlich sind sie das ja sowieso fast immer. Denn egal, wo sich die Chefs der großen Unternehmen treffen, egal, ob sie in München, Frankfurt oder Stuttgart leben, sie stammen aus derselben Gegend: dem gehobenen Bürgertum.»

Hier wird beschrieben, was es heißt «ganz oben angekommen» zu sein. Hier wird beschrieben, wie stark dieser berufliche und gesellschaftliche Aufstieg mehr von der Herkunft als von Bildung und Leistung abhängig ist. Hier wird nicht beschrieben, dass dies höchstens die halbe Wahrheit ist, dass dieses Gesellschaftsbild nur die Hälfte der Gesellschaft im Auge hat, uns das aber als die ganze Wahrheit andient. Wieso fällt der Autorin oder dem Autor nicht auf, dass sich ihre ihnen so wichtige Beobachtung nicht übertragen lässt auf die andere Hälfte der Gesellschaft – auf Frauen? Wieso merken sie nicht, dass ihre Sicht und ihre Darstellung einäugig sind? Ihre Botschaft: Nur wenn du aus dem gehobenen Bürger-

190 KOHLENBERG, Kerstin / UCHATIUS, Wolfgang, 2007: Von oben geht's nach oben. Man zieht in gute Viertel, schickt die Kinder auf Privatschulen, achtet auf Stil und Manieren: Das Bürgertum grenzt sich ab – und erschwert Menschen aus den unteren Schichten den Aufstieg. In: DIE ZEIT Nr. 35 vom 2007-08-23, Dossier

tum kommst, hast du eine Chance, «ganz oben anzukommen». Sie unterschlagen: du musst allerdings auch noch darauf achten, dass du als Junge geboren wirst! Das beschriebene Aufstiegsmuster gilt nämlich nur für Söhne. Töchter interessieren hier – mal wieder – nicht! Sollte der Artikel einen gesellschaftskritischen Anspruch gehabt haben – und das hätte das Thema verdient – so sind Autorin und Autor nur halb so weit gesprungen wie gesellschafts- und geschlechterpolitisch vonnöten! Auch ihre Wahrnehmung ist androzentrisch imprägniert. Schade!

PS: Von einer anderen Autorin und in einem Kästchen nebenan finde ich dann doch noch einen Hinweis, wie Frauen den Weg nach «ganz oben» schaffen – zumindest in den USA: «durch Heirat mit einem reichen Mann». Ein ganz neues und zeitgemäßes Muster, da wäre ich jetzt nicht so leicht drauf gekommen! Sehr emanzipatorisch! Und auch schöne Grüße von Esther VILARS «dressiertem Mann». Der Heiratsmarkt als die erfolgreichere Alternative zum Arbeitsmarkt für Frauen.

116.

Wie sehr die männliche Perspektive die Medien, also auch die öffentliche Meinung bestimmte, lässt sich gut an einem Zeitungsartikel aus dem Jahre 1974 zeigen. Da war ich bereits eine erwachsene Frau von 37 Jahren, diese Art des einäugigen Blicks auf die Welt hat mich also mein ganzes Leben begleitet und ist nicht eine Erscheinung, die ich irgendwie tief in der Geschichte verorten kann, es ist auch meine Geschichte! Die Überschrift heißt: **«Immer Ärger mit den Frauen.** Streifzüge durch die Geschichte (VI)».[191] Die Botschaft ist: Die Frauen sind schuld, wenn die Frauen nicht wären, hätten diese «großen Männer» keine Probleme gehabt!

Aus dem «Volk der Dichter und Denker» werden prominente Namen genannt und es wird ihr Verhältnis zu Frauen beschrieben. Wie ging Johann Wolfgang VON GOETHE, Dichter, Dramatiker, Theaterleiter, Naturwissenschaftler, Kunsttheoretiker und Staatsmann, mit Christiane VULPIUS um? 18 Jahre Zusammenleben und 5 gemeinsame Kinder brauchte er, bis er sie heiratete, er hat sie nicht nur vor der Öffentlichkeit, sondern bei Besuchen auch im eigenen Haus versteckt – sie aß in der Küche. Als sie starb, hielt er es nicht für nötig, an Trauerfeier oder Beerdigung teilzunehmen. «Immer Ärger mit den Frauen»? oder doch eher «Immer Ärger mit den Männern?»

Georg Christoph LICHTENBERG, Schriftsteller und Professor, holte sich als fast 40-jähriger erst ein 12-jähriges Blumenmädchen ins Haus, sie durfte die Wohnung nie verlassen, bis sie mit 14 starb. Die Nächste war 23 Jahre alt und Erdbeerverkäuferin. «… acht Kinder zeugte er ihr, und erst als es mit ihm fast zu Ende ging, hat er die Frau – um sie und die Kinder versorgt zu wissen – geheiratet.» Na, wenigstens das! Aber hat sie so etwas wie soziale Anerkennung bekommen? «Immer Ärger mit den Frauen!»

191 TRATSCHKE, 1974: Immer Ärger mit den Frauen. Streifzüge durch die Geschichte (VI). In: DIE ZEIT vom 1974-05-17

Der im Duell verstorbene Ferdinand LASALLE, Schriftsteller und Rechtsphilosoph, hat von allen im Text erwähnten Männern den höchsten «Frauenverbrauch»! «Während er mit einer zwanzig Jahre älteren (und recht wohlhabenden) Frau zusammenlebte, machte er einer seiner jüngeren Gefährtinnen ein Kind, verführte die Frau seines Verlegers, hatte zugleich eine Affäre mit einer anderen Dame der Gesellschaft und unterhielt Beziehungen zu einem Arbeitermädchen und zu einer Verkäuferin.» Was für ein Vorbild für die sozialistischen Männer!

Und die Selbstgerechtigkeit, mit der diese Egomanen sich zu schmücken wussten: «Man kann keinem Frauenzimmer etwas Gutes tun, denn dafür bekommt man nur Undank und Beschimpfung als Ersatz» soll Alfred NOBEL geäußert haben, als sich seine Geliebte, ein armes, junges Wiener Blumenmädchen, das er sich in sein vornehmes Pariser Haus geholt hatte, in einen Rittmeister verliebte und NOBEL mit seinen Liebesbriefen zu erpressen versuchte. Was hat er ihr denn Gutes getan? Er hat sie aus ihrer Welt gerissen, um sich an ihr – im günstigsten Fall mit ihr – zu vergnügen. Also wer hat hier wem selbstlos etwas Gutes getan? Niemand!

Das Hauptproblem in den geschilderten Beziehungen ist die Hierarchie zwischen Mann und Frau. Männer der Oberschicht lassen es sich gutgehen mit ihnen in Herkunft, Bildung, Lebenserfahrung und sozialer Anerkennung nicht ebenbürtigen jungen Frauen – sie nutzen deren Abhängigkeit für ihre sexuelle Begierde aus. Eine stimmige Überschrift für diesen Artikel wäre gewesen: «Das Volk der Dichter und Denker hält Frauen für Gebrauchsobjekte. Streifzüge durch die Geschichte». Mir wird hier deutlich: Eine Feministin muss auch gegen gesellschaftliche Schranken kämpfen! Jede politische Entwicklung müssen frauenbewusste Frauen daraufhin prüfen: Was tut dieser beabsichtigte gesellschaftliche Wandel mit den Frauen? Der erste Schritt zu einer «Gender Impact Analysis» oder «Genderanalyse». Geübte Analytikerinnen und Analytiker stellen immer geschlechterpolitische Folgen fest – allerdings nur ausnahmsweise zugunsten der Frauen. Ohne Zynismus: Ich habe es wieder und wieder versucht. Ich habe keine politische Maßnahme gefunden, die keinen Einfluss auf das Geschlechterverhältnis hatte – also geschlechtsneutral war.

117.

Noch 2005 hat **Jutta ALLMENDINGER**, damals Direktorin des Instituts für Arbeitsmarkt- und Berufsforschung, angesprochen auf das Bild, das die Medien von ihr zeichnen, entgegnet: «... bei diesen Porträts müssen Sie mal versuchen, an die Stelle meines Namens den Namen eines Mannes einzusetzen. Da kugeln Sie sich vor Lachen! Wenn Sie da statt Jutta ALLMENDINGER immer Ulrich WALWEI lesen – das ist mein Stellvertreter – wird es völlig absurd. Unglaublich in der heutigen Zeit.»[192] Stellen Sie sich vor: Sie kniet gelegentlich auf einem Stuhl! Wenn

192 ALLMENDINGER, Jutta, 2005: «Störe ich – oder darf ich Platz nehmen?» Mit dieser Frage sollen sich Frauen an den Tisch mächtiger Männer setzen. Denn dort beginnen viele Karrieren. Und wo noch, Frau ALLMENDINGER? Das Interview führten Deike DIENING und Norbert THOMMA. In: Der Tagesspiegel vom 2005-07-31

das keine Nachricht ist! Dagegen verblasst natürlich die Tatsache, dass sie einer der brillantesten Köpfe dieser Republik ist! … und sie schnippst mit den Fingern, wenn sie einen Punkt deutlich machen will! Wo gibt es denn so etwas? «Dieser ‹Spiegel›-Artikel über die Bundesagentur für Arbeit bestand aus vielen kleinen Porträts, und bei den Männern geht es den Journalisten eher ums Dienstliche, um Kompetenz. Es ist so.»

Jutta ALLMENDINGER ist Sozialwissenschaftlerin – sie erforschte damals die Berufswelt. Für sie ist das Verhältnis zwischen Frauen und Medien ein interessantes Beobachtungsfeld. Über Angela MERKEL und die Medien sagt sie: «Seitdem sie sich anders anzieht und die Haare anders frisiert, wird sie auch anders porträtiert.» … und bedauert, «dass es das braucht.»

Was hat das für einen Nachrichtenwert, was so über Frauen berichtet wird? Klimbim statt Informationen über Kompetenz und Führungsfähigkeiten von Frauen – das ist eine ins Auge springende Facette des großen Unterschieds zwischen den Medienbildern von Männern und Frauen. «Im Feuilleton der ‹FAZ› wurde ausführlich geschildert, wie sich dieses Rosa von Frau Merkel zum Pink von Frau Christiansen verhält. Ich halte es für schlicht undenkbar, dass dem braunen Anzug von Herrn Müntefering im Zusammenspiel mit der rot-weiß gestreiften Krawatte von Herrn Wickert so viel Raum eingeräumt würde.» Warum auch?

Die Medien sind sicher nicht alleine schuld an solchen Zerrbildern. Bisher frauenlose Gesellschaftskreise, professionsfeindliche Kleidung für Frauen – alle spielen mit! Immer wieder stört mich, dass Röcke und Jacken, oft sogar Hosen keine Taschen haben. Also müssen sie Schlüssel, Taschentücher, Visitenkarten etc. in der Hand halten oder umständlich in einer Handtasche unterbringen, womit sie die Hände auch nicht immer frei haben. Hübsch finde ich diese Geschichte: Jutta ALLMENDINGERS «Konferenzbericht» aus einer Veranstaltung der Deutschen Forschungsgemeinschaft. «Da gab es Namensschilder, und zwar große, Moment, ich falte Ihnen mal eines: Etwas kleiner als ein Viertel DIN-A-4-Blatt. So etwa! Bei den Männern passte das genau so in die Brusttasche des Sakkos, dass der Name gut zu lesen war. Frauen haben dort keine Taschen! Ich fuchtelte also die ganze Zeit mit diesem Zettel in der einen Hand herum, mit der anderen drückte ich zur Begrüßung Hände, ich konnte auch nicht wie die Männer ein Glas in der Hand halten. Und schon heißt es wieder: Mein Gott, ist die zappelig, was wedelt die da immer, und man kann nicht mal mit ihr anstoßen, vermutlich ist sie Asketin. Völliger Schwachsinn!» Werden Frauen deshalb seltener auf Konferenzen geschickt? Nein, ich glaube, es ist umgekehrt! Frauen müssen verstärkt auf Konferenzen präsent sein, damit sich die Konferenzorganisation an sie anpasst! Haben sie das inzwischen?

118.

Wir Frauen sind für die Medien wirklich eine Bürde! Das finden viele Journalisten und es lässt sich genüsslich hochschreiben! Wir verschrecken sie, wo immer wir auftauchen. Der Tagesspiegel bekommt sogar Mitleid mit Institutionen, die Frauen einstellen, und betrachtet Frauen als «Kulturschock» z. B. für den Arbeitgeberverband Gesamtmetall an. Als Heike KUNSTMANN Hauptgeschäftsführerin wird, spricht er von «kleine Revolution» oder «**ungewöhnliche Personalie**». «Ein Experiment, dessen Sinn sich manchen Verbandsherrschaften nur schwer erschloss.»[193] Wenn wir den Autor, Alfons FRESE, fragten, warum er das so schreibt und damit Stimmung gegen Frauen in Führungspositionen macht, wird er vielleicht behaupten, dass «manche Verbandsherrschaften» tatsächlich das Eindringen von Frauen in Männerdomänen für überflüssig hielten. Kommentarlos teile ich so etwas aber doch nur mit, wenn ich dem nichts entgegenzusetzen habe oder entgegensetzen möchte! Herr FRESE «outet» sich hier als Tendenzschreiber.

So geht seine Bilanz der Tätigkeit von Heike KUNSTMANN als Chefin von 35 Mitarbeitern in der Berliner Zentrale und mehr oder weniger wichtigen und mächtigen 21 Regionalverbänden weiter: «Ihr größter Fehler: Sie war blond», sagt ein Verbandsmensch über KUNSTMANN, die bei manchem Mitglied der Altherrenmannschaft belächelt wurde. Nach der Devise: «Mädchen, du hast keine Chance.»

Oder wollte der Autor doch ein kritisches Licht werfen auf die deutsche Wirtschaft? Dazu gibt es reichlich Grund: «Sachlich wollte sie (Heike KUNSTMANN) immer sein, doch die Verbandswelt mit ihren Eitelkeiten, Machtkämpfen und Seilschaften, vor allem auch Männerfreundschaften, funktioniert anders. Nach Mitternacht, wenn die Herren bei Rotwein und Zigarren saßen, war sie schon weg. Um halb sechs ging ihr Wecker, dann Joggen, kurz nach sieben war sie im Büro. Den Laden in Schwung bringen.» Da kann ich nur sagen: Der deutschen Wirtschaft sind viele Heike KUNSTMANNs zu wünschen! Zieht der Autor auch diesen Schluss?

«Sie führte einen neuen Stil ein. Mehr Offenheit, Transparenz, klarere und standardisierte Abläufe ... Am Ende des Tages sollte Gesamtmetall schneller werden und näher an die Mitglieder, die Unternehmen heranrücken.» Warum klingt der Artikel dann so nach Scheitern? Wer hat die Hauptgeschäftsführerin nicht ausreichend unterstützt, als zwei Welten, die unterschiedlicher nicht sein könnten, aufeinanderprallten, was für Insider sicher abzusehen war? Nach der Lektüre des Artikels von Alfons FRESE weiß ich wenigstens: Alle sind froh, dass Heike KUNSTMANN dem Mutterglück entgegensieht und endlich da angekommen ist, wo sie langfristig nicht sein will.

119.

Muss ich verstehen, wenn sich eine Journalistin in der Wochenzeitung DIE ZEIT einerseits beklagt, dass «**Deutschland ... schwieriges Terrain für intellektuelle Frauen**» ist und wenn dieselbe Journalistin im selben Artikel z. B. schreibt: «Da war Marion Dönhoff, Publizistin, Herausgeberin der ZEIT, schon tot.» Also können wir sie gleich ganz vergessen? [194] Muss ich das verstehen? Nein, das kann

193 FRESE, Alfons, 2008: Allein unter Männern. Heike Kunstmann war die erste Frau an der Spitze von Gesamtmetall. Ende Februar geht sie. In: Der Tagesspiegel vom 2008-02-10

194 MAYER, Susanne, 2008: Unsere Glamourgirls. Die Amerikanerinnen Susan Sontag und Joan

man/frau nicht verstehen, dass Susanne MAYER über die Unsichtbarkeit intellektueller Frauen in Deutschland klagt: «Ein Scherz, die Frage nach der Rolle der Frau in der intellektuellen Szene der Bundesrepublik» … «einer traurigen Geschichte, in der mal Namen aufblitzen – und gleich verglühen.» Und gleichzeitig beteiligt sich Susanne MAYER in geradezu impertinenter Weise daran. Die Medien – oder besser die einzelnen Journalist*innen – sind es doch, die die Unsichtbarkeit intellektueller Frauen überhaupt erst herstellen – noch besser: Die Sichtbarkeit herstellen können! Fehlt ihnen vielleicht das Gespür für das «Glamour-Potenzial» intellektueller Frauen amerikanischer «Redakteure und Verleger»?

Stattdessen huldigt sie Joan DIDION und Susan SONTAG – Letztere übrigens auch «… schon tot». Sie findet, dass sich daran «gut überlegen lässt, warum sich in Deutschland eigentlich keine Frauen wie Susan Sontag und Joan Didion finden. Weshalb bei uns die intellektuelle Bühne beherrscht wird von wichtigen Männern mit wichtigen Gesten, wie es passieren konnte, dass die Deutungshoheit in der Republik, nach fünf Jahrzehnten Bildungsreform, noch immer das Privileg von Männern ist. Wieso es in Deutschland nicht gelang, hochgebildete Frauen wie Susan Sontag oder Joan Didion dort zu platzieren, wo sie hingehören, im Rampenlicht.» Wo Marion GRÄFIN DÖNHOFF, ob sie lebt oder gelebt hat, auch hingehört!

Aus einem Gespräch mit Christina VON BRAUN destilliert MAYER: «Frauen, die eine starke Meinung haben, werden vor allen Dingen als Frauen gesehen. Man schaut auf ihre Frisur, die Schuhe, …» Warum fragt sie sich nicht: «Was ist mein Part als Medienfrau?», wenn sie denn das Terrain für intellektuelle Frauen in Deutschland etwas weniger schwierig machen will. Diese Frauen in den Medien sichtbar zu machen und sich respektvoll und fundiert mit ihnen auseinander zu setzen, wäre mein Vorschlag!

120.

Aber es sind nicht nur die «alten» Medien, in denen Frauen nicht richtig zum Zuge kommen, herabgesetzt oder zur Karikatur verkommen dargestellt werden. Der Sexismus beherrscht auch die neuen Medien. Neulich musste ich in einem Geschäft den Klingelton eines Jungen mit anhören. «**Du verdammte alte Fotze**» war da zu hören. Wer bietet so etwas Frauenverachtendes als Klingelton an? Wie krank muss man(n) dazu sein?

Und wenn es ins Netz geht, stehen die Dinge auch nicht besser: «In der Wikipedia, auf Twitter, in Politblogs: In vielen Ecken des Web 2.0 sind Frauen wenig vertreten oder weniger sichtbar. Ein Grund dafür sind sexistische Anfeindungen.»[195] Und wenn Sie glauben, es habe sich seit Anke DOMSCHEIT-BERG das 2012 geschrieben hat, etwas geändert, haben Sie Recht – leider nur nicht zum Besseren.

Didion sind intellektuelle Stars, auch in Deutschland. Wo es Frauen wie sie nicht gibt. In: DIE ZEIT Nr. 37 vom 2008-09-04

195 DOMSCHEIT-BERG, Anke, 2012: Geht da raus! In der Wikipedia, auf Twitter, in Politblogs: In vielen Ecken des Web 2.0 sind Frauen wenig vertreten oder weniger sichtbar. Ein Grund dafür sind sexistische Anfeindungen. Ein Appell an die Netzmänner – und die Frauen. In: Der Tagesspiegel vom 2012-10-13

Wikipedia ersetzt für viele von uns – auch für die alten «Brockhausbesitzer und -benutzerinnen» – die papierenen Nachschlagewerke; Wikipedia ist die größte Enzyklopädie der Welt. DOMSCHEIT-BERG schreibt, dass zu etwa 85 Prozent Männer ihr männliches Weltwissen hier digital verpacken. Wollen wir Frauen damit als Referenzbibliothek auskommen? Informationen sind doch immer ein Produkt aus Fakten und Perspektiven; oft genug Ersteres in bescheidenem Umfang und Letzteres immer schön entlang am Geschlecht der vielen Autoren und wenigen Autorinnen. Wer schreibt, kann ja die unbewusste Genderfärbung seines oder ihres Denkens nicht derweil in die Ecke stellen. Wir haben die Inhalte, die wir im Text verarbeiten, schon als Frauen oder als Männer gesehen, gehört und in unser weibliches oder männliches Wissen integriert. Nur wenn bei Wikipedia u.a. das Wissen beider Geschlechter gleichwertig einfließt, werden «die starken geschlechterspezifischen Prägungen unserer Gesellschaft durch Bildung, Vorbilder, Werbung oder Medienkonsum» angemessen sichtbar. ... und dann noch dies: «Es sind fast immer Männer, die bei neuen Wikipediaeinträgen über Frauen einen Löschantrag wegen Irrelevanz stellen.» Lebenswissen von Frauen irrelevant? Wie ignorant muss ein Mensch sein, um das Wissen der (größeren!) Hälfte der Menschheit auch nur für sich persönlich für irrelevant zu erklären? Ich habe dafür mal ein paar Beschreibungen anzubieten: Hier wird ein Übermaß an männlichem Ego verströmt. Oder: In Bezug auf Frauen halten sich Männer gerne an ihren gusseisernen Vorurteilen fest. Oder schlicht: *borniertes Machotum.*[196]

Gucken wir mal einen für das Recht auf körperliche Unversehrtheit für Frauen wichtigen Inhalt: «Frauen, wichtig genug für einen Eintrag? Nö. Besonders deutlich wird das beim Thema weibliche Genitalverstümmelung. Die Diskussionsseite dazu ist endlos, Maskulinisten wollten die Seite verharmlosend umbenennen, griffen Autorinnen persönlich und öffentlich an, ignorierten die vorgelegten Quellen. Mindestens eine Autorin warf deshalb nach Jahren des ehrenamtlichen Engagements das Handtuch.»[197]

Da Frauen ja immer an allem selber schuld sind, heißt hier der Vorwurf: Ihr beteiligt Euch zu wenig! Wenn Frauen das dann tun, müssen sie eine unzivilisierte, respektlose Debattenkultur mögen oder wenigstens aushalten können und sich nicht ständig als zu bekämpfenden, herabzuwürdigenden Störenfried fühlen müssen. Wer's mag? Dass Ihre Affinität zum Internet in manchen Gegenden des Web 2.0 nicht nur ausreicht, zeigen die sozialen Netze: «bei Twitter sind es 64 Prozent, bei Facebook 58. Beim Online-Gaming haben Frauen die Männer sogar abgehängt. Selbst die deutschsprachigen Blogs werden mehrheitlich von Frauen geschrieben. Auch wenn das immer wieder mal zu lesen ist: Das Internet ist nicht männlich. Auch nicht das Social Web», schreibt Anke DOMSCHEIT-BERG 2012.

196 WEHLER, Hans-Ulrich, 2012: Das Ende des bornierten Machotums. An einer gesetzlich geregelten Quote zugunsten der Frauen in Führungspositionen führt kein Weg mehr vorbei. In: DIE ZEIT Nr. 40 vom 2012-09-27

197 DOMSCHEIT-BERG, 2012

121.

Caroline FETSCHER[198] wägt im Tagespiegel ab, ob Alice SCHWARZERS Werbung für die Bild-Zeitung – «Jede Wahrheit braucht eine Mutige, die sie ausspricht» – **Missbrauch oder Mission** ist. Caroline FETSCHER behauptet, in Deutschland gäbe es – im Gegensatz zum Englisch und Französisch sprechenden Ausland – keine weiteren Feministinnen der A-Liga. Da bin ich nun völlig anderer Meinung. Und wenn sie so unbekannt erscheinen: Woran liegt es denn wohl? Als feministisch interessierte Frau habe ich viele Göttinnen gehabt – jede zu ihrer Zeit und viele vor Alice SCHWARZER. Mir war immer unverständlich, warum sich die Medien für diese Frauen, die auch ausreichend provozierend waren, nicht oder unangemessen flüchtig interessiert haben. Alice SCHWARZER ist – zu Recht – groß geworden wegen ihrer kampfesmutigen Persönlichkeit und ihrer streitbaren Äußerungen, vor allem aber, weil die Medien ihr Beachtung geschenkt haben und sie selber dafür gesorgt hat.

Caroline FETSCHER schreibt: «Dermaßen vehement war die Weimarer Frauenbewegung vom Nationalsozialismus zerschlagen worden, dass danach lange nichts kam – und dann schließlich Alice SCHWARZER.» Natürlich ist wahr, dass der Nationalsozialismus die Frauenbewegung zurückgeworfen und auch dezimiert hat. Aber warum findet sie all die Frauen im Widerstand und die der Nachkriegszeit nicht erwähnenswert? Müssen sich die Medien nicht fragen: Welchen Anteil sie an der mangelnden Wahrnehmung frauenpolitisch aktiver Persönlichkeiten haben? Zum Beispiel:

1. Die «Mütter des Grundgesetzes»: Dr. Elisabeth SELBERT (1896 – 1986, SPD), Friederike NADIG (1897 – 1970, SPD), Dr. Helene WEBER (1881 – 1962, CDU) und Helene WESSEL (1898 – 1969, Zentrum), ab 1949 die Vorsitzende der Zentrumspartei, damit die erste Frau an der Spitze einer Partei in Deutschland und die erste Frau als Fraktionsvorsitzende. Der Kampf dieser vier Frauen – vor allem aber Elisabeth SELBERTs – um den Satz «Männer und Frauen sind gleichberechtigt» (Art. 3 Abs. 2) in das Grundgesetz zu schreiben, wäre wirklich einer Würdigung durch die Medien Wert gewesen, gerade weil sie – von den Nationalsozialisten dezimiert und politisch gelähmt – diesen Neuanfang schafften! Stattdessen war in den Medien jahrzehntelang ausschließlich von den «Vätern des Grundgesetzes» die Rede.

   Eine andere herausragende Frauenpolitikerin war Agnes VON ZAHN-HARNACK. Von ihr stammt der Satz «Vom Nähfaden bis zur Atombombe ist alles Politik». Dabei bezieht sich der «Nähfaden» nicht auf kleinteiligen Hausfrauenalltag – was auch legitim gewesen wäre – sondern auf die damalige Situation der Heimarbeiterinnen in Berlin. «Unmittelbar nach dem Zweiten Weltkrieg trafen sich Agnes VON ZAHN-HARNACK und weitere der früheren Aktivistinnen, um die Gründung eines neuen «Deutschen Frauenbundes» vorzubereiten. Hieraus entstand der «Berliner Frauenbund 1945 e.V.». Durch Agnes VON ZAHN-HARNACK ist der «Berliner Frauenbund» dem nichtfaschistischen

198 FETSCHER, Caroline, 2007b: Alice im Springerland. Die Feministin Schwarzer macht Werbung für «Bild»: Missbrauch oder Mission? Der Tagespiegel vom 2007-07-18

«anderen» Deutschland verbunden: Als letzte Vorsitzende des «Bundes Deutscher Frauenvereine» hat sie 1933 die Selbstauflösung des BDF durchgeführt, weil der Verband nach Hitlers Machtergreifung Jüdinnen ausschließen und nationalsozialistische Funktionärinnen in den Vorstand aufnehmen sollte. So konnte die Einflussnahme durch die NSDAP verhindert werden.»[199]

Der Berliner Frauenbund 1945 e.V. (BFB) ist historisch aus dem 1894 gegründeten Dachverband der damaligen Frauenorganisationen «Bund Deutscher Frauenvereine» (BDF) hervorgegangen, einem Zusammenschluss mehrerer Organisationen der Frauenbewegung Ende des 19. Jahrhunderts. Mit über 1500 Vereinen vor dem Ersten Weltkrieg und über einer Million Mitfrauen 1931. Hier wurden die vielfältigen Aktivitäten der Frauenbewegung koordiniert, Hauptziel war «durch eine größere Breitenwirkung bessere Erfolgschancen zu sichern und im Reichstag mehr Durchsetzungskraft zu haben.» Kommt Ihnen das Anliegen irgendwie bekannt vor?[200]

Weiter heißt es auf der Website des BFB: «Nach der Neugründung setzten sich die Frauen der ersten Stunde für einen Verein ein, dessen Hauptziel nicht nur in caritativer Arbeit liegen sollte. Sie befürworteten ‹eine Zielsetzung auf weite Sicht›, die vor allem die aktive politische Beteiligung von Frauen meinte. Zur Durchsetzung kommunaler Frauenpolitik hat der BFB sehr früh sowohl ein Netzwerk zwischen Verbandsfrauen, Politikerinnen und Expertinnen der Behörden entwickelt – als auch ein ‹Kommunales Frauenprogramm› entworfen. Beim Verfassungsausschuss der Berliner Stadtverordnetenversammlung reichte der BFB den Entwurf eines Friedensparagraphen ein, beim Parlamentarischen Rat, der das Grundgesetz erarbeitete, den Entwurf für ein Kriegsdienstverweigerungsrecht.»

Heute wirkt der BFB – gut vernetzt – weiter in der frauenpolitischen Szene und hat verschiedene höchst erfolgreiche und lebendige Projekte hervorgebracht wie das «FrauenComputerZentrumBerlin» – inzwischen selbständig – und «Kobra», «Mehr Frauen in die öffentliche Verantwortung», den vielfach ausgezeichneten «Großelterndienst» etc. «So verbindet der BFB die Forderungen der damaligen Frauenbewegung nach gleichen Rechten in allen gesellschaftlichen Bereichen mit den feministisch geprägten Arbeitsformen der heutigen Frauenbewegung.»[201]

Dass endlich eine Straße am Berliner Hauptbahnhof nach Agnes VON ZAHN-HARNACK benannt wurde, ist feministisch orientierten Stadtführerinnen wie Claudia VON GELIEU oder Beate NEUBAUER zu verdanken – nicht den Medien!

2. Überhaupt nicht genutzt haben die Medien die Botschaften der feministischen *Linguistinnen* in ihren zahlreichen Veröffentlichungen in den 80er-Jahren: Luise F. PUSCH, Senta TRÖMEL-PLÖTZ, Marianne GRABRUCKER, Marlis HELLINGER, Ingrid GUENTHERODT. Auch sie alle Aktivistinnen für die Sache der

199 https://de.wikipedia.org/wiki/Agnes_Zahn-Harnack
200 http://www.berliner-frauenbund.de/index.php/geschichte
201 http://www.berliner-frauenbund.de/index.php/geschichte

Frauen und für Menschen, die ihre Arbeiten kennen, – haben sie mit Sicherheit in der A-Liga gekämpft! Ihre Bücher und Vorträge waren für frauenpolitisch Interessierte von prinzipieller Bedeutung. Sie haben sich auch um die Öffentlichkeit bemüht – Larmoyanz über die fehlenden Protagonistinnen in Deutschland ist auch hier völlig fehl am Platz. Man/frau muss sie aber kennen! Wären die Medien ihrer Botschaft gefolgt, hätten wir heute eine moderne, geschlechtergerechte Sprache in den Medien und hätten damit einen qualitativen gesellschaftlichen Fortschritt, der ein neues Denken ermöglicht und eine demokratische Gesellschaft hätte vorstellbar werden lassen! So sind wir in Sprache, Denken und gesellschaftlichen Strukturen in der Androkratie hängen geblieben und haben einen starken Impuls für eine moderne, offene und tolerante Gesellschaft verpasst! Kann ich *jetzt* hoffen?

3. Eine prominente Frauenrechtlerin ist für mich auch Heide PFARR: Ab 1976 Professorin für Bürgerliches Recht und Arbeitsrecht an der Universität Hamburg, 1984 – 1986 Senatorin für Bundesangelegenheiten und Europabeauftragte des Landes Berlin, 1991 – 1993 Staatsministerin für Frauen, Arbeit und Sozialordnung des Landes Hessen und damit erste Frauenministerin. Von 1995 bis 2011 war sie Direktorin des Wirtschafts- und Sozialwissenschaftlichen Instituts und Mitglied der Geschäftsführung der Hans-Böckler-Stiftung. Heide PFARR hat als Frauenministerin das Hessische Gleichberechtigungsgesetz vorbereitet und damit nicht nur für Hessen, sondern für die ganze Bundesrepublik Beispielhaftes erarbeitet – und das gegen den heftigen Widerstand der Hessischen CDU; erst die Gerichte gaben ihr Recht und der Europäische Gerichtshof hat das Gesetz im Jahre 2000 in vollem Umfang bestätigt. Eine Frau, die Spuren hinterlassen hat, an die sich die interessierte Öffentlichkeit erinnert.
4. Barbara STIEGLER, Diplom-Psychologin und Diplom-Pädagogin, wissenschaftliche Referentin und Leiterin des Arbeitsbereiches Frauen- und Geschlechterpolitik der Friedrich-Ebert-Stiftung. Seit 1982 hat Barbara Stiegler unzählige Studien im Bereich der Frauenforschung vorgelegt – immer informativ und immer aktuell: Ob zur Ausbildung von jungen Frauen in männlich dominierten Berufen, zur Frauenförderung in der privaten Wirtschaft, zur so genannten weiblichen Qualifikation «soziale Kompetenz», Gender Mainstreaming, Frauenarbeit als bezahlte und unbezahlte Arbeit und ihre gesellschaftliche Bedeutung etc. Wissenschaftliche Politikberatung für Frauen durch Verknüpfung wissenschaftlicher Ergebnisse der Frauen- und Geschlechterforschung mit politischen Fragestellungen war ihr Tätigkeitsfeld und später verstärkt Forschung, Konzeptualisierung und Beratung verschiedener Zielgruppen zum Thema Gender Mainstreaming.
5. Ich bin noch nicht am Ende meiner Aufzählung. Mir fallen vor allem die Gründerinnen der Fraueneinrichtungen in der reichen Berliner Landschaft – allen voran die «WeiberWirtschaft eG», das «FrauenComputerZentrumBerlin e.V. (FCZB)».

   Eine der Mitbegründerinnen der «WeiberWirtschaft eG» ist Claudia NEUSÜSS, Diplom-Politologin, sie war Mitglied des Vorstandes und Aufsichtsrätin. Auf-

und Ausbau von Frauengewerbezentren sind verbunden mit der Idee der Existenzgründerinnenförderung; dazu gehören die Frage nach günstigen Standortfaktoren sowie nach Gründungen unterstützender Infrastrukturen. Gründerinnenzentren sind Kristallisationspunkte, an denen die Wirtschaftskraft und der Gestaltungswille von Frauen erkennbar und konkret werden. Für Unternehmerinnen und Selbständige sind sie Lern- und Erfahrungsorte, an denen sowohl spezifische Schwierigkeiten erkennbar als auch spezifische Stärken deutlich werden. Bundesdeutsche Gründerinnenzentren verfügen inzwischen über eine vorzeigbare Erfolgsgeschichte. Ihre (potenzielle) Strahlkraft unterstreicht das Motto «Deutschland muss Gründerinnenland werden».
Ausblick: Eine wichtige politische Aufgabe sehe ich – mehr als zuvor – im Bereich der Einflussnahme auf europäische und nationale Wirtschaftspolitiken unter gleichstellungspolitischer Perspektive. Hier kommt den nationalen Netzwerkbildungen von Frauen im Bereich der Ökonomie eine wachsende Bedeutung zu.

6. «33 Jahre Gleichstellungspolitik: Renate WIELPÜTZ und das FCZB» finden Sie im Netz. Renate WIELPÜTZ ist vor 33 Jahren Teil der neuen Frauenbewegung und vor allem hellwach, als sich in den 80er-Jahren die Digitalisierung in die Arbeitsplätze schleicht und vor allem Frauen um ihre Beschäftigung oder Rückkehr in den Beruf fürchten lässt. Das ist ihr Arbeitsgebiet! «Frauen und Arbeitsmarkt» waren der Diplompolitologin und Absolventin des damals neuen Otto-Suhr-Instituts ein echtes Anliegen. Das traf bei ihr auf eine frauenpolitisch herausragende Kompetenz. Mit dem Berliner Frauenbund e.V. als Träger gründete sie 1984 mit anderen Feministinnen das FrauenComputerZentrumBerlin e.V. (FCZB) – bundesweit die erste frauenspezifische Weiterbildungseinrichtung in Deutschland, die sich um Frauen und neue Technologien kümmert. Hier konnten Frauen herausfinden, ob sie mit Computern arbeiten wollten – eine Frage, die sich heute kaum noch stellt.
Außerdem erwähnenswert: das starke europapolitische Engagement, das nicht nur dem FCZB mit vielen transnationalen Projekten nutzte, sondern ein Stück zum vereinigten Europa beigetragen hat. Gute Beispiele sind die Europäische Datenbank, mit der Frauen in Führungspositionen in allen europäischen Ländern sichtbar geworden sind, das frühe Engagement in EU-Gleichstellungs-Netzwerken oder die Möglichkeit für Frauen, über das FCZB ein Berufspraktikum im Ausland zu machen.
7. Gisela NOTZ – eine unbeschreibliche Frau! Es bleibt mir nichts anderes als zu zitieren: «1979 - 2007 wissenschaftliche Referentin im Forschungsinstitut, später im Historischen Forschungszentrum der Friedrich-Ebert-Stiftung, Forschungsabteilung Sozial- und Zeitgeschichte in Bonn. Durchführung von Forschungsprojekten zur Humanisierung des Arbeitslebens, Alternativen Ökonomie, Bürgerschaftlichem Engagement und Ehrenamt, Beruflichen Aus- und Weiterbildung, Sozial- Arbeitsmarkt- und Familienpolitik, zur Geschichte der ArbeiterInnenbewegung und zur historischen Frauenforschung. Zahlreiche Buch- und Zeitschriftenveröffentlichungen zu diesen und ande-

ren Themen.»[202] Und immer wieder in der Lehre tätig! 1985 bis 1997 war Gisela NOTZ Redakteurin der Zeitschrift «beiträge zur feministischen theorie und praxis». Sie ist weiter kreativ: Ihre Frauenkalender sind spektakulär. Es ließen sich unendlich viele andere Frauen nennen, deren Beiträge zu mehr Recht und Freiheit für Frauen nicht minder bedeutsam sind. Am besten ist, sie fragen Gisela NOTZ.

122.

Oktober 2012: Das Deutsche Institut für Wirtschaftsforschung e.V. (DIW Berlin) veranstaltet in Kooperation mit der Friedrich-Ebert-Stiftung die Tagung «**Institutionelle Rahmenbedingungen und Geschlechterverhältnisse. Gender Studies-Tagung des DIW Berlin**». Auf dem (elektronischen) Plakat an der Stirnseite des Konferenzsaales sind ein junger Mann und eine junge Frau zu erkennen, die auf einer langen Treppe sitzen. Er, langgestreckt, liegt eher auf der Treppe und blockiert mit seinen Füßen ihre Füße, sie sitzt in normaler Gesprächshaltung – ein unübersehbar unterschiedliches Territorialverhalten. Er nimmt viel mehr Raum ein als sie. Möchte sie so lässig bis unkontrolliert auf der Treppe lümmeln? Ich glaube nicht! Er wirkt nicht gerade interessiert, kompetent oder professionell. Er chillt, sie denkt und spricht.

Perfekt passt zu diesem Bild die Standpauke, die uns Thomas SATTELBERGER, Telekom, nach jeder Menge inhaltlich wie fachlich exzellenter Vorträge von Frauen hält: Frauen seien zu schüchtern, trauten sich nichts zu, sprächen leise und undeutlich, wären unsicher, könnten mit dem Mikrofon nicht umgehen, wenn sie das nicht alles ändern, würde es nichts mit «Frauen in Führungspositionen». So einen Schwachsinn hatte ich lange nicht gehört! Der Einzige, der mit dem Mikrofon nicht umgehen konnte, war er. Meine Altersschwerhörigkeit reichte nicht aus, um seinen Ausführungen schmerzlos zu lauschen. Begreifen denn solche Platzhirsche nicht, dass Frauen viel mehr wollen, als Karriere machen und gerecht bezahlt werden? «Wer die menschliche Gesellschaft will, muss die männliche überwinden», das kennen Sie, liebe Leserin, lieber Leser, schon! Und auch das: «Geschlechtergerechtigkeit als Gesellschaftsmodell» mit Änderungen in jedem einzelnen Politikbereich, die dem Leben von Frauen und anderen Diskriminierten gerecht werden. Hier sollen wieder die Frauen an die «Rahmenbedingungen» (sprich: «kompetitives Rattenrennen» – HIRSCHHAUSEN, 2008) angepasst werden, statt die «Rahmenbedingungen» zu modernisieren. In der Wirtschaft sind meine Stichwörter: eine menschliche Unternehmenskultur statt der Männerwirtschaft, mehr Team als Konkurrenz.

Als ich am Ende des Empfangs für die Veranstalterin überraschenderweise doch noch zwei Bier organisieren konnte, setzte Herr SATTELBERGER seinem bornierten Machotum die Krone auf: «Und mir holen Sie jetzt doch sicher noch eine Flasche Wein.» Egal, ob Sie ein Studium abgeschlossen haben, promoviert sind, das Bundesverdienstkreuz tragen – eine Frau bleibt eine Frau. Ich habe ihm dann den Gang gewiesen, an dessen Ende er fragen konnte, woraufhin er ent-

---

202 http://www.gisela-notz.de/

gegnete: «Sie glauben jetzt, ich komme ohne Flasche zurück!» Warum sollte ich? Ich hatte mich nicht missbrauchen lassen, das war's für mich! Wieso Zeit an ihn verschwenden? Da waren so viele hochinteressante Gesprächspartnerinnen. Er hat sich daraus eine Konkurrenzsituation gesponnen. Es wird ihn nicht gefreut haben, aber eigentlich war ich nur so tough, wie seine Idealfrau sein soll, und tough genug, um mich nicht von seinem Übermaß an männlichem Ego manipulieren zu lassen.

123.

Frau möchte es nicht glauben! Da wird der damalige **Arbeitgeberpräsident** Dieter HUNDT interviewt und er führt uns seine ganze Ignoranz vor Augen! Auf die Frage: «Warum interessieren sich so wenige Frauen für technische Berufe?» antwortet er entwaffnend ehrlich: «Ich weiß es nicht.» Dabei hätte er bleiben sollen, dann hätte er sich eine Blamage erspart. Dann fährt er aber fort: «Womöglich ist die Erziehung ein Grund, Mädchen spielen eben lieber mit Puppen als mit Werkzeugbaukästen. Dabei gibt es tolle berufliche Möglichkeiten im Fahrzeug- und Maschinenbau oder in der Chemieindustrie.»

Ein Arbeitgebervertreter, der seine Betriebe nicht kennt? Ein Mann, der sich zu allen politischen und gesellschaftlichen Fragen meldet, weiß nicht, wie die Situation von Frauen in technischen Studiengängen, auf dem Arbeitsmarkt und der entsprechenden Arbeitswelt ist, die Atmosphäre, in der sie überleben müssen? Ich fasse es nicht! Es interessiert ihn einfach nicht, Genderwissen braucht er nicht, er ist ja ein Mann, also in der Position der Macht! Muss ich mir das so erklären?

Erst lassen sich die Mädchnen von ihren doofen Müttern immer diese Puppen in den Arm drücken und dann merken sie nicht, was es für «tolle berufliche Möglichkeiten im Fahrzeug- und Maschinenbau oder in der Chemieindustrie» – besonders für sie – gibt.[203]

124.

Es gibt nichts, was den Medien zu blöde ist, um daraus keine frauenfeindliche Offensive zu konstruieren! Wenn es der Text nicht hergibt, muss die Überschrift die Vorurteile immer schön weitertragen; so ein kleiner Kunstfehler – wer merkt den schon? Wer wird sich da «künstlich» aufregen, doch höchstens ein paar «durchgeknallte Feministinnen». Die Überschrift heißt in diesem Fall «**Denkblockade Östrogen**». Die Botschaft ist also erstmal klar: Hast du Östrogen, hast du Denkblockaden. Nicht einmal für ein Fragezeichen hat es gereicht.

Es geht um Multitasking – Achtung, die Frauen sollen da besser sein! – und um einen «Schiedsspruch» der Wissenschaft «im Konkurrenzkampf der Geschlechter»[204]. Muss unbedingt her – na ja, für mich eher nicht! Jedenfalls brin-

203 HUNDT, Dieter / FRESE, Alfons, 2013: «Mädchen spielen eben lieber mit Puppen». Warum arbeiten in den Top-Jobs der deutschen Industrie so wenige Frauen? Schuld daran sei nicht die Männerdominanz, sondern das Desinteresse potenzieller Bewerberinnen, meint Arbeitgeberpräsident Dieter Hundt. Einen Grund sieht er in der Erziehung von Mädchen. Interview in: Der Tagesspiegel vom 2013-02-14

204 KUTTER, Inge, 2013: Denkblockade Östrogen. Multitasking gilt als typisch weibliche Fähigkeit.

gen es Männer bei einem unter zahlreichen Forschern und bei einer unter zahlreichen Versuchsanordnungen zu einem grandiosen Ergebnis: Männer sind im Multitasking «womöglich sogar besser als die Frauen.» Und die echte Katastrophe für die Frauen: «Die meisten Fehler machten die Frauen, deren Menstruationszyklus sich gerade in der Phase des Eisprungs befand.» Aber immer noch weniger als die Männer? Ach was, Frauen sind doch ständig «gerade in der Phase des Eisprungs», jedenfalls irgendeine von ihnen, und Denkblockaden sollen ja auch ansteckend sein. Weiß jemand, wie Testosteronüberschuss auf das Denken wirkt? Sie können es nicht lassen, die Deppen: Biologismen vom Anfang der Welt bis überüberübermorgen! Und warum schreibt ausgerechnet eine Frau darüber? War wohl «gerade in der Phase des Eisprungs». Übrigens: Sollte «biologisch» wirklich mal zu platt sein, «stammesgeschichtlich» geht immer!

125.

Sollten Sie mal an einer **Frau** nichts finden, womit Sie sie **beschädigen** können, fragen Sie Hans MONATH vom Tagesspiegel. Sehr empfehlenswert in dieser Hinsicht ist der Artikel vom 2016-06-21 über Juliana SEIFERT. Diese war gerade Bundesgeschäftsführerin der SPD geworden, nachdem sie so erfolgreich Malu DREYERS Landtagswahlkampf organisiert und durchgezogen hatte. Gegen alle Zweifel ist Malu DREYER dadurch wieder Ministerpräsidentin im Bundesland Rheinland-Pfalz geworden.

Soll man so einer Frau das Management eines Bundestagswahlkampfes anvertrauen? «Wie kann sich eine noch nicht einmal 40-jährige da zutrauen, einen Bundestagswahlkampf auf die Beine zu stellen – gemeinsam mit Generalsekretärin Barley, die noch weniger Erfahrung auf diesem Gebiet mitbringt?»[205] Wie praktisch: Da lässt sich gleich noch eine hochqualifizierte Frau beschädigen! Ab wann darf sich bei Hans MONATH eine Frau so einen Job zutrauen? Ein 38-jähriger – auch weniger qualifizierter – Mann wäre sicher überfällig für eine verantwortungsvolle Aufgabe. Was der Schreiber wohl auch nicht weiß: Frauen können Kooperation!

Also Frauen: Hört auf den allgegenwärtigen Aufruf «Frauen traut Euch»!!! Die Politik und die Gesellschaft brauchen *euch*!!!

126.

Eine Geschichte aus dem Zweiten Weltkrieg: Die Rotarmistin Natalja BODE dokumentierte als Einzige die erbitterte Schlacht um Stalingrad – eine von 5 Fotografinnen der Roten Armee, deren Namen uns bekannt sind: Im Ganzen waren 20 Frauen unter 400 Fotograf*innen. Auch die Namen der meisten Männer wurden vergessen, aber 360 ihrer Bilder wurden 1948 in Moskau ausgestellt – 88 Männer waren dabei, kein Bild einer Frau.

Zu Recht? In: DIE ZEIT Nr. 46 vom 2013-11-07

205 MONATH, Hans, 2016: Die Optimistin. Juliane Seifert gilt als unerschrocken. Das ist von Vorteil. Denn als neue Bundesgeschäftsführerin soll die 38-jährige den Wahlkampf der verzagten SPD organisieren. In: Der Tagesspiegel vom 2016-06-25

1987 tauchten 2 Namen von Fotografinnen auf – Olga LANDER und Galina SANKO – und 2005 wurden in Moskau 200 Fotos von Natalja BODE ausgestellt. In der Berliner Ausstellung «Kriegsfotografinnen in Europa 1914 – 1945» wurden Fotos von Natalja BODE und Olga LANDER sowie Bilder deutscher, britischer, französischer, amerikanischer Kriegsfotografinnen ausgestellt, nur die Russinnen waren im offiziellen Einsatz. Ihre Bilder sollten «die Menschen an der Front zeigen» und dem Volk Standhaftigkeit und Disziplin von Kämpfern und Helden bildhaft vermitteln.

Aber das Bild der **Kriegsfotografinnen** ist «ein weißer Fleck in einem weißen Fleck». Über die 400 Fotografen der Roten Armee weiß man wenig, über die Kriegsfotografinnen so gut wie nichts! Stellen wir uns das mal vor: Frauen tun dasselbe wie Männer, sie gehen ihrer Leidenschaft für die Fotografie nach, sie wollen Dinge zeigen und dokumentieren, die für die meisten Menschen nicht erfahrbar, nicht vorstellbar sind. Sie riskieren ihr Leben wie die Männer – aber ihre Produkte, ihre Arbeitsergebnisse, ihre Botschaften sind später nichts wert. Sie verschwinden in der Geschichte und ihre Namen, ihr Leben gleich mit. Kein unbekannter Vorgang! «Sucht man nach einer Gemeinsamkeit der europäischen Fotografinnen, dann ist es vielleicht dieses Verschwinden ihrer Arbeiten. Oft tauchten sie nur durch einen Zufall wieder auf.» Und die Frauen haben Glück, wenn man ihre Arbeiten dann nicht irgendeinem Mann in ihrer persönlichen Umgebung zuschreibt!

Zurück im zivilen Leben schlug ihnen auch noch Misstrauen entgegen: Eine Frau unter so vielen Männern, was war da wohl so alles geschehen? Ein breites Verständnis für ihren wahren Beitrag, nämlich den weiblichen Blick auf Not und Krieg, auf Menschen in extremen Lebenslagen, aber auch in Alltagsszenen, ist heute noch nicht selbstverständlich.

Und noch dies: Ihre Arbeiten sind nicht nur in den Archiven verschwunden – wenn sie dort überhaupt je gelandet sind, sondern auch bei ihrer Arbeit waren sie Anfeindungen ausgesetzt. Karl KRAUS, einer der bedeutendsten österreichischen Schriftsteller des beginnenden 20. Jahrhunderts ließ sich, als die österreichische Reporterin und Fotografin Alice SCHALEK 1916 an der Front in Tirol auftauchte, zu Hasstiraden hinreißen. An dieser Front krepierten 500.000 Männer der habsburgischen Truppen, aber die SCHALEK, befand der Autor, sei «eines der ärgsten Kriegsgreuel, die der Menschenwürde in diesem Krieg angetan wurden».[206]

127.

Viele Medien neigen dazu, «Geschlechter in platter Weise (zu) vereindeutigen», statt ihre Komplexität herauszuarbeiten. «... das Problem liegt ... bei den **populärwissenschaftlichen Publikationen**, die krude in einem «naturalistischen» Sinne argumentieren, anders als die Forschung selber.»[207] Ich weiß nicht, warum

206 MAYER, Susanne, 2018: Die Fotografin von Stalingrad. Nur wenige Frauen berichteten aus dem Krieg. Die Rotarmistin Natalja Bode dokumentierte als einzige die erbitterte Schlacht an der Wolga. 75 Jahre danach sind ihre Aufnahmen erstmals in Deutschland zu sehen. In: DIE ZEIT Nr. 6 vom 2018-02-01

207 VILLA, Paula-Irene / ROEDIG, Andrea, 2010: «Das Geschlecht ist komplex». Die Genderstudies

krude Biologismen für die Medien so interessant sind. Für mich klingt jeder Satz, der mit «aus der Biologie wissen wir» anfängt, wie eine Sirene. Diese warnt mich vor missbräuchlicher Nutzung oder falscher Interpretation naturwissenschaftlicher Ergebnisse. Meist bestätigt sich genau das! Der Schaden für die Frauen wird dann regelmäßig gesteigert durch das Muster: Gibt es Unterschiede zwischen den Geschlechtern, ist das Merkmal bei der Frau ein negatives Merkmal. Mann gleich Maßstab und gut – Frau Abweichung und schlecht! Egal, was es ist, und die Frauen sind auch noch immer selber schuld! Schöne Grüße von Adam und Eva!

128.

Werbung[208] für Konsumgüter sorgt bei mir auch nicht unbedingt für gute Laune. Alles hat ein Geschlecht: Kommen Sie ja nicht auf die Idee, Ihrer Tochter einen hellblauen PC zu kaufen. Es könnte sein, dass Ihr Sohn diesen für sich reklamiert. Aber Ihre Tochter wird schon wissen, was sie braucht, nämlich *Rosa*! Im Ernst: **Konsumgüter werden vergeschlechtlicht** – auch wenn es nicht immer gleich dransteht. Geschlechtliche Markierungen von Produkten sind nichts Anderes als die Etiketten auf Flaschen, willkürliche Zeichen, die geschlechtsspezifisch verschiedene Wünsche erzeugen und verstärken sollen – und es vielfach auch schaffen. Pure Umsatzstrategie, damit sie ja nicht Kleidung, Spielsachen usw. Ihrer Tochter Ihrem Sohn «vererben». Ist doch schön für Industrie und Einzelhandel, wenn Sie alles doppelt kaufen müssen, falls Ihre Kinder unterschiedlichen Geschlechts sind. Diese Zuschreibungen geschehen nicht im luftleeren Raum, sondern rufen gesellschaftlich verankerte Metaphern und Selbstbilder auf und – schlimmer noch – die gängige Praxis geschlechtlicher Aufgabenteilung.

Die Zuweisung von Geschlecht zu Produkten schließt in der Regel an herkömmliche Rollen, Interessen, Wünsche und Begehren an, so können oder müssen wir das eigene Geschlecht zur Geltung bringen. Mir macht die durchgreifende Normierung unserer Wahrnehmung keinen Spaß, aber ich muss ja auch nicht das «Frauenbier» Beck's Gold trinken.

129.

2014 haben Jungsozialist*innen in Berlin einen Antrag an den Landesparteitag gestellt, eine **Werbewatchgroup** nach Wiener Vorbild einzurichten. Hier die Begründung: «Jeden Tag sind wir alle von Werbung umgeben. Sei es im Fernsehen, im Radio oder auf Plakatwänden. Ob wir Werbung bewusst wahrnehmen oder nur im Vorübergehen ein Blick darauf werfen – Sie prägt uns alle.»

«Oft bedient sich Werbung ... sexistischer, diskriminierender und frauenfeindlicher Motive und reduziert dabei Menschen auf stereotype Normen und diskriminierende Rollenvorstellungen und festigt Geschlechterklischees.

---

ordnen sich neu: Die Münchner Soziologin Paula Villa zu den Zielen. In: Der Tagesspiegel vom 2010-01-26

208 ROEDIG, Andrea, 2010: Das Prinzip Rosa. Nicht nur Menschen haben ein Geschlecht, auch Konsumgegenstände sind männlich oder weiblich. In: Der Tagesspiegel vom 2010-08-10

Solche Art von Werbung beeinflusst die gesamte Gesellschaft und fördert dabei ein Denken, das wir zutiefst ablehnen. Ein besonderes Augenmerk ist auch darauf zu legen, dass gerade Kinder und Jugendliche stark durch Werbung beeinflusst werden und ihr Bild von Geschlechterrollen so nachhaltig negativ geprägt wird. Vor allem im Internet, dem Medium das Jugendliche am stärksten nutzen, bilden sich neue Formen der sexistischen Werbung. Hierauf sollte ein Schwerpunkt gelegt werden.»

130.

Werfen wir einen Blick auf die alltägliche Darstellung von Frauen und Männern im deutschen Fernsehen. Obgleich öffentlich-rechtliche Sender (neben ARD, ZDF und den dritten Programmen auch Arte, 3sat u.Ä.) einen gesellschaftlichen Auftrag vor sich hertragen und gebührenfinanziert sind, werden Geschlechterverhältnisse nach wie vor als hierarchisch inszeniert, erklärt die Sozialpsychologin Gitta MÜHLENACHS von der Universität München. Ein Beispiel: Als Moderator Frank PLASBERG in «Plasberg persönlich» (WDR) beim Thema Fußballleidenschaft Kabarettist und VfL-Bochum-Fan Frank GOOSEN mitteilt, er habe ja «sogar zwei Söhne», interveniert Bärbel HÖHN von Bündnis 90/Die Grünen mit «He!» Daraufhin ergänzt Plasberg: «Jetzt kommen Sie mir nicht mit dem Frauenkram.».Also doch «Gedöns», wie der ehemalige Bundeskanzler Gerhard SCHRÖDER – «Familie und das ganze Gedöns» – formulierte. Suchen Sie mal im Internet unter «Schröder und Gedöns» und Sie werden fündig unter «Schröders beste Sprüche!» Ein bisschen pervers müssen Sie schon sein, um in dieser Gesellschaft gerne Frau zu sein! Ich habe für solche Männer nur totale Verachtung, denn so redet man(n) nur, wenn man(n) so denkt!
Eine Woche hat Simone SCHELLHAMMER ferngesehen, und zwar unter dem Aspekt: «Was ist typisch weiblich/männlich?» Ihr Fazit: Es ist als Subtext in vielen Formaten präsent. Den Grund für so manches Klischee liefert Andrea ABELE-BREHM, Professorin für Sozialpsychologie: «Stereotype dienen dazu, schneller Informationen über eine Person zu verarbeiten und den Aufwand fürs Denken möglichst gering zu halten.»[209] Ist ja richtig: Warum auf Frauen und ihre Lebenswelt so viel Zeit verschwenden?

131.

In kaum einer Branche kommen Frauen so schwer nach oben wie in den Medienhäusern – belegt eine Studie von 2013 und kommt zu dem Schluss: Hier ist die Quote unerlässlich. Aber der **Medienverein ProQuote** durfte sich erst einmal anhören, dass es den Frauen nur um Eigeninteressen gehe, die sie in ihrem egoistischen Streben als gesellschaftlich relevant aufblasen. Kommt Ihnen das bekannt vor? Machen Männer immer, aber wehe, wenn …

209 SCHELLHAMMER, Simone, 2013: «Jetzt kommen Sie mir nicht mit Frauenkram!» Debatte in den Talkshows, doch in Familienserien, Soaps, Krimis und Dokus finden sich genug sexistische Bemerkungen und Rollenklischees. Die Geschlechterverhältnisse im deutschen Fernsehen sind nach wie vor zementiert. In: Der Tagesspiegel vom 2013-02-06

«Dass eine stärkere Präsenz von Frauen in den Medien sogar von großer gesellschaftlicher Bedeutung ist, erkannten die Vereinten Nationen und die Europäische Union bereits im Jahr 1995; sie erklärten es zu einem dringenden Anliegen, das eklatante Ungleichgewicht zwischen weiblicher und männlicher Führung in Medienhäusern künftig auszutarieren.»[210]

Fernsehen, Radio, Zeitungen und Magazine liefern für ihre Kundschaft Informationen und Denkanstöße und prägen dadurch Meinungen. Geschlechterrollen lassen sich mit immer denselben Bildern zementieren – oder eben hinterfragen. Hausfrau oder Chefingenieurin, Kraftprotz oder partnerschaftlicher Mann? So entsteht gesellschaftliche Normalität für Frauen und Männer und wer dem nicht entspricht, muss dagegen anleben!

Mehr Frauen in den Entscheidungsgremien eröffnet den Blick auf die ganze Welt. Themen und Schwerpunkte werden vielfältiger und wenn Frauen ihre Meinung in Leitartikeln veröffentlichen, fördert das im besten Fall das gleichberechtigte Zusammenleben in einer Gesellschaft. Medien haben die Aufgabe, Gesellschaften in ihrer ganzen Vielfalt wahrzunehmen, abzubilden und zu analysieren.

Und auch dies: Das Europäische Institut für Gleichstellungsfragen hat 2013 eine Studie veröffentlicht, mit der – knapp zwanzig Jahre nach der Erklärung von EU und UN – die Veränderungen in der Fernseh-, Radio- und Printwelt erfasst werden sollen. Ohne die öffentlich-rechtlichen Rundfunkanstalten, bei denen Frauen in vielen Ländern systematisch gefördert werden, wäre das Ergebnis wirklich jämmerlich. Mir ist aber eine andere Aussage wichtig: «In Medienberufen gehen deutlich mehr Frauen auf dem Karriereweg nach oben verloren als in anderen Branchen.»

Die Medienhäuser müssten doch eigentlich an Leserinnen und Zuschau- oder Zuhörerinnen interessiert sein. Wenn Journalistinnen die gleichen Themen anders erzählen, die Perspektive der Frauen statt die der «wichtigen Männer» einnehmen, können sie – wahrscheinlich – viele neue Leserinnen gewinnen. Deshalb gebe ich die Hoffnung nicht auf.

132.

Uwe WILHELM ist Mitglied der **Deutschen Filmakademie** und lebt als Drehbuch- und Krimiautor in Berlin. Anlässlich der Verleihung der Lolas hat er 2018 den Vorstand der Deutschen Filmakademie gefragt: «Hat die deutsche Filmbranche denn nichts gelernt? ... Beschwerdestellen sind wichtig. Doch sie beseitigen nicht den Machtmissbrauch am Set.»[211] Hat die Akademie auch mit den Regisseuren, Produzenten oder Redakteuren über deren Fehlverhalten gesprochen? Das

---

210 FICHTER, Alina, 2013: Mehr Meinungen. Eine neue Studie belegt: In kaum einer Branche kommen Frauen so schwer nach oben wie in Medienhäusern. Die Quote ist nötig. In: DIE ZEIT Nr. 28 vom 2013-07-04

211 WILHELM, Uwe, Hat die deutsche Filmbranche denn nichts gelernt? Beschwerdestellen sind wichtig. Doch sie beseitigen nicht den Machtmissbrauch am Set, mahnt Drehbuchautor Uwe Wilhelm vor der Verleihung der Lolas. Ein Gastbeitrag. In: Der Tagesspiegel vom 2018-04-27 https://www.tagesspiegel.de/kultur/metoo-debatte-hat-die-deutsche-filmbranche-denn-nichts-gelernt/21219954.html

nennt WILHELM den Blick nach innen richten! Eine Beschwerdestelle, wie von der Akademie eingerichtet, kann nur im Nachhinein helfen. Und was geschieht davor? Was geschieht am Set? Das ist der Zynismus: Ich helfe dir, aber erst nach Belästigung oder Vergewaltigung!

Wir brauchen nicht nach Hollywood zu schauen, mit Dieter WEDEL hat auch Deutschland seinen «Weinstein-Skandal». WILHELM fordert von den Mitgliedern des Vorstands der Filmakademie «laut und engagiert zum Thema MeToo Stellung zu beziehen» und «eine breite Diskussion unter den Mitgliedern der Akademie anzustoßen». Eine Beschwerdestelle macht Sexismus und sexualisierte Gewalt außerdem zu einem individuellen, privaten Problem, das jede einzelne Frau per Beschwerde lösen soll. Bringt uns das bei einem Problem von Macht und Machtmissbrauch weiter? Nicht einen Deut! Der strukturelle Sexismus in der Filmbranche kann nur mit den Tätern und einer breiten öffentlichen Debatte entschärft werden – unabhängig von der einzelnen Frau; sonst ist sie ihren Job los! «Wer sexuelle Übergriffe beklagt, gilt als schwierig, überempfindlich, unbegabt. Ein paar Anrufe, ein Kopfschütteln bei den Besetzungsgesprächen, und die Karriere ist beendet.»

Alternativ schlägt WILHELM vor: «Vielleicht sollten wir dem Nachwuchs konsequenterweise sagen: ‹Wenn du zum Film willst, kann es sein, dass du sexuelle Belästigungen bis hin zu Vergewaltigung erleben wirst. Die Akademie wird dich beraten und dir eine Psychologin zur Seite stellen.›»

Die ursprüngliche Idee finde ich besser: «Die engagierte Stimme einer Akademie, die sich mutig und nachhaltig mit Sexismus und Machtmissbrauch in der Branche auseinandersetzt.»

133.

Und schließlich würde ich gerne etwas euphorisch über den letzten Satz dieses Zitats werden: «Am Sonntag werden die 90. Oscars verliehen. Das Ereignis steht im Zeichen von Missbrauchsvorwürfen und männlicher Dominanz. Ein Wandel ist bereits zu erkennen.» [212] Ich konstatiere: Zu den Golden Globes im Januar wurde bereits die Kampagne «Time's Up» ins Leben gerufen. Die Offenlegung der Verhältnisse, unter denen – nicht nur – Schauspielerinnen Karriere machen, hat das öffentliche Bewusstsein endlich erreicht. Die Situation bei der Oscar-Verleihung der «Academy of Motion Picture Arts and Sciences» hat sich verändert: Viele neue Mitglieder der Academy und 28% Frauen sind «gute Voraussetzungen für einen strukturellen Wandel in einer Branche, in der noch immer eine Unternehmenskultur im Umgang mit Frauen und kulturellen Minderheiten herrscht, die heutzutage – gerade in den USA – in anderen Berufszweigen undenkbar wäre.»

Das Schlimme ist: Wir haben es immer gewusst! Woher kennt sonst eine – jedenfalls beruflich – film- und theaterferne Person wie ich das Wort «Besetzungssofa»? Es wurde früher auf das Theater bezogen. Warum soll sich beim Film dieser Machtmissbrauch plötzlich in Luft auflösen? Ich bin den Frauen, die ihr Schweigen endlich gebrochen haben, zutiefst dankbar – nur so besteht die Hoff-

---

212 BUSCHE, Andreas, 2018a: Taten statt Worte. Oscar-Verleihung steht im Zeichen von «MeToo». Ein Wandel ist bereits zu erkennen. In: Der Tagesspiegel vom 2018-03-03

nung, dass er aufhört – und nicht nur dort. Wer heute als Professional wahrgenommen werden will, muss Position beziehen – auch wenn es «drinnen» anders aussieht; deshalb «öffentliches» Bewusstsein, öffentliche Debatte, damit die z. T. langen Missbrauchsgeschichten mancher Frauen endlich gehört werden.[213]

Außerdem waren noch nie so viele Geschichten unter den besten Filmen vertreten, die aus einer weiblichen Perspektive erzählt werden, was Frauen sich immer gewünscht haben. Mit vielen Männerthemen können Frauen nichts anfangen. Und nicht zuletzt eine klare Botschaft: Erstmals seit 1990 befindet sich keine Weinstein-Produktion unter den Nominierten. «Qualitativ waren die Oscars vielleicht noch nie so gut und divers besetzt wie in diesem Jahr. Die wichtigste Frage bleibt aber, wie Hollywood mit ‹**MeToo**› und ‹**Time's Up**› umzugehen gedenkt. Auch über die Oscar-Verleihung hinaus.»[214]

Noch ein Satz oder besser mehrere zur Frage: Warum so spät? Die Antwort kennt jede Frau: Man(n) hätte den Frauen nicht geglaubt und das hat Tradition im Recht: Frauen durften keine Zeuginnen sein! Spuren davon finden Sie auch heute noch in verschiedenen Zusammenhängen, gut erhalten ist in jedem Fall der Zweifel an Aussagen von Frauen! Also wozu ein Martyrium, ohne durchschlagenden Erfolg? Eine zerstörte Karriere, ein ruinierter Ruf und dann? Ein Prozess, der das Leiden bis ins Unendliche verlängert und immer auch fragt, ob die Frau nicht doch selber schuld ist? «Noch im Jahr 2015 ging Ambra Battilana Gutierrez mit dem Audiomitschnitt einer sexuellen Nötigung zur Polizei. Weinsteins Privatdetektive lancierten sogleich schmutzige Geschichten über das italienische Model. Die Boulevardpresse stellte Gutierrez daraufhin als Erpresserin dar und brachte sie mit den Bunga-Bunga-Sexpartys des früheren italienischen Ministerpräsidenten Silvio Berlusconi in Verbindung.»[215] «Wie gut, dass Frauen diesen Knoten durchschlagen haben!»

Joachim LUX, der Intendant des Thalia Theaters, weist noch auf einen anderen Aspekt hin bei der Frage «Warum so spät?»: «Die Arbeit am Theater ist für viele ein absoluter Traum. Idealismus erhöht die Selbstausbeutungsbereitschaft. Daher müssen wir besonders empfindlich für den Unterschied zwischen legitimer Macht und Machtmissbrauch sein.»[216]

---

213 BUSCHE, Andreas, 2018c: Im Schweinestall. Rose McGowan beschuldigte den Filmproduzenten Harvey Weinstein der Vergewaltigung. In dem furiosen Buch «Mutig» knöpft sich die Schauspielerin Hollywood vor. In: Der Tagesspiegel vom 2018-04-03

214 BUSCHE, Andreas, 2018b: Hier stehen wir und weichen nicht. Von Frauen, Männern und einem Goldjungen: Die dezente Jubiläums-Gala setzt Zeichen für einen Wandel in Hollywood. In: Der Tagesspiegel vom 2018-03-06

215 RIEPE, Manfred, 2018: Hollywood ist ein Saustall. Macho, Macht, Missbrauch: BBC-Dokumentation über den Fall Weinstein. In: Der Tagesspiegel vom 2018-04-30

216 PARNACK, Charlotte / GIAMMARCO, Francesco, 2018: #MeToo: Mann ey! Frau ey! Hat #MeToo Grenzen zwischen Männern und Frauen verschoben? Eine Ermittlung in sieben Stationen. In: DIE ZEIT Nr. 40 vom 2018-09-26

134.

Und wie steht es mit der **Games-Branche**? Zum Nachteil vieler Entwicklerinnen ist sie eine Männerdomäne und brutal sexistisch. Game-Designerin Franziska ZEINER beklagt im Interview Sexismus, nackte Alien-Jägerinnen und überforderte Dozenten. Neben der Überlegung: «Wer entwickelt?» stellt sich sofort die Frage: «Wie werden Frauen dargestellt?» «Sie erscheinen oft als überzeichnete Randfiguren in knappen Höschen ohne Charakterentwicklung. Ist es notwendig, halb nackt durch digitale Spielwelten zu laufen, um Aliens abzuballern? Nein. Es gibt viel zu selten Frauen in Hauptrollen, deren Körper nicht im Fokus liegen.»[217] Was mich überrascht hat, ist der Wunsch von Designer*innen, sich in ihren Figuren selbst abzubilden. Wenn das stimmt, haben wir es mit einer doppelten Männerdominanz zu tun. Damit wissen wir, es braucht gemischte Teams, um realistischere Charaktere zu erschaffen.

Der Berufsalltag ist für Entwicklerinnen viel weniger erfreulich als für Entwickler. Am problematischsten ist der unterbewusste Sexismus. «Es sind weniger die Arschlöcher, die einen belästigen. Es ist vielmehr, dass du als Frau anders behandelt wirst. Verhaltensregeln und vor allem durchmischte Teams sind vielleicht ein Anfang, um das zu ändern.»

135.

Wir besuchen eine Veranstaltung zur Digitalisierung: «Social Media – Feind oder Freund von Demokratien und Meinungsfreiheit?» Schöner Saal **mit unschönem Poster oder böser Flag**: Eine junge Frau steht in kindischer Haltung mit Finger am Mund staunend vor einem jungen Mann, der ihr die digitale Welt erklärt. Über ihr schweben Kistchen und Kästchen – also schlicht Hardware. Aber was macht frau damit? Über ihm schweben das Internet und eine Cloud – das ist Digitalisierung! Die jungen Frauen, die ich kenne, sind hier nicht abgebildet, die sind alle topfit und bringen sich gegenseitig weiter – und z. T. auch mich. Immerhin trifft meine sehr bestimmte Kritik auf breite Zustimmungen – auch bei den Macher*innen.

Der junge Mann, der für die Flag verantwortlich ist, gibt sich zu erkennen und zeigt mir im Eingang das «Gegenstück»: Eine junge Frau, die einem jungen Mann die digitale Welt erklärt, aber sie macht das so unnatürlich – fast schon dominahaft –, dass es wieder keine Frau ist, wie ich sie kenne. Der Mann versichert, die ersten Entwürfe der Agentur waren noch viel schlimmer, mehr konnte er nicht erreichen. Kriege ich noch raus, welche Agentur das war? Ganz anders übrigens die Veranstaltung selbst: Eine junge Frau moderiert und holt nacheinander eine weitere junge Frau und zwei junge Männer auf das Podium: ein interessantes, ausgewogenes Gespräch auf Augenhöhe!

---

217 ZEINER, Franziska / PENKE, Michel, 2016: «Frauen mit Charakter gibt es hier selten». Game-Designerin Franziska Zeiner über Sexismus, nackte Alien-Jägerinnen und überforderte Dozenten. In: Der Tagesspiegel vom 2016-04-16

06. «Es wird der Frau einfach kein Werk zugetraut»[218]

Die Heraldik in der Kunstgeschichte ist ganz und gar nicht geschlechtsneutral. In der Kunsthistorik gilt folgende Regel, die besonders in der Portraitmalerei eine gewichtige Rolle spielt: «Gleichwohl lohnt die Frage nach dem Rechts und Links im Bild, denn sie gibt Aufschluss über eine geschlechtsspezifische Hierarchisierung von Bildräumen und Bildgestalten. Die vom Bild aus gesehene rechte (das heißt vom Betrachter aus gesehen linke) Seite galt als edler. ... Das entsprach den Portraitkonventionen des 15. Jahrhunderts und der dem Mann gegenüber untergeordneten Rolle der Frau, wie sie in der Zeit um 1500 selbstverständlich war.» [219] Und es hatte eine fast 2000-jährige Tradition. So erklärte Aristoteles (384 – 322 v. Chr.) den Unterschied zwischen Männern und Frauen «vorgeburtlich»: «Er behauptete, in der Gebärmutter säßen die Jungen rechts, die Mädchen links. Das war ein bedeutender Unterschied, denn rechts ist da, wo das Recht ist, das Gute.»[220]

Christliche Malerei und Portraitmalerei bestehen lange Zeit nebeneinander und die christliche Malerei hat großen Einfluss auf die Ikonografie der Portraitmalerei. Der Mann sitzt also «zur Rechten Gottes», der einst der gedachte Mittelpunkt eines Gemäldes war. Der Mann ist damit höhergestellt, er schaut nach links – aus der Bildkonstruktion hinaus – die Frau sitzt «zur Linken Gottes», dem nachrangigen Platz, und schaut nach rechts zum Gatten, Verlobten, jedenfalls zu ihrem Herren!

Es ist nicht zu leugnen, dass Religionskenntnisse unabdingbar für das Verständnis der Malerei jener Zeit sind. Sie verstehen viele alte Bilder nicht, wenn Sie die Geschichten dazu nicht kennen. Die Anfänge der Malerei sind eng mit der Kirche verbunden, denn nur sie verfügte über ausreichende Mittel, Bilder bei den Besten der Besten in Auftrag zu geben – zur Ausschmückung von Kirchen und Klöstern.

Wie «ungemütlich» der Platz auf der linken Seite Gottes in der von christlichen Motiven beherrschten Malerei wirklich war, wird sinnfällig an Jean BELLE-GAMBES (um 1468/70 – 1534) Bild «Triptychon mit dem jüngsten Gericht» (um 1520/25) und dem dazugehörigen Text des Audioguides. Da heißt es sinngemäß: Jesus hebt

218 JESSEN, Jens, 2015: Ist Genie männlich? Oder haben viele Frauen einfach keine Lust auf die einsame Arbeit am wissenschaftlichen Werk? In: DIE ZEIT Nr. 12 vom 2015-03-19 «Es gibt einen berühmten Satz von Elfriede Jelinek, den sie nicht müde wird zu wiederholen und zu variieren. Er lautet wörtlich: ‹Es wird der Frau einfach kein Werk zugetraut› – ‹Die Frau hat in dieser Gesellschaft kein Werk› – ‹Eine Frau darf kein Werk haben›».

219 ZÖLLNER, Frank, 2006: Der große Bilderverdreher. Dan Browns Bestseller «Sakrileg» kommt nächste Woche ins Kino. Wie das Buch will auch der Film ein großes Menschheitsgeheimnis lüften. Als Kronzeugen dienen die Gemälde von Leonardo da Vinci – auch wenn sie etwas ganz anderes zeigen. In: DIE ZEIT Nr. 20 vom 2006-05-11

220 LÜCKER, Kerstin / DAENSCHEL, Ute, 2017: Weltgeschichte für junge Leserinnen. Lizenzausgabe für die Bundeszentrale für politische Bildung

die rechte Hand zum Segen und spricht «Kommt, ihr Gesegneten»; die Linke macht eine abweisende Geste und Jesus spricht: «Weicht, ihr Verfluchten.»

Wenn es auch Ausnahmen von der Rechts-Links-Regel gibt – zum Beispiel, wenn die rechte Gesichtshälfte des Mannes entstellt ist – so erschließt sich Kunsthistoriker*innen aus einem Frauenportrait, ob ursprünglich ein Männerportrait dazugehörte. Blickt sie nach rechts – aus der Betrachter*innenperspektive – ist das unwahrscheinlich, blickt sie nach links, sollte man/frau sich auf die Suche nach dem dazugehörigen Mann machen.

136.

Zum Thema «**prioritäre Position des Mannes in der Heraldik**» hat uns ein exzellenter Kunsthistoriker in der Gemäldegalerie in Berlin einmal mit deutlicher Ironie einen dreiflügeligen Tragealtar erklärt: «Das Mérode-Triptychon» von Robert CAMPIN, «Ein Hochzeitsbild für Peter Engelbrecht und Gretchen Schrinmechers aus Köln»[221]: «Auf ihre beiden Familiennamen beziehen sich Auswahl und Gestaltung der Szenen des privaten Andachtsbildes.» Auf dem linken kleineren Seitenflügel – aus der Perspektive der Betrachter*innen – das Stifterpaar.[222] Im Zentrum, also auf der großen Tafel ist Raum für Bezüge zum Namen des Mannes und damit zum Familiennamen: Es zeigt «die Verkündigung, die Botschaft von der Menschwerdung Christi, die der *Engel* der Muttergottes brachte». Rechts auf der anderen kleinen Seitentafel finden sich die Bezüge zum Geburtsnamen der (ersten) Frau. Sie zeigt «Joseph, Marias Scheingatten, bei seiner Arbeit als Schreinmacher, wie der alte Name für den Tischler lautete». Gretchen Schrinmechers war bei der Heirat eine wohlhabende Frau, aber es hat nur zur kleinen Seitentafel gereicht. Ins Zentrum gehörte der Mann und zwar aus mindestens zwei Gründen. Erstens haben wir es hier mit dem patriarchalischen Konstrukt männlicher Höherwertigkeit zu tun, der Maler und Stifter gehorchen, also den Zwängen der patriarchalen Logik. Zweitens beschert uns das Recht die dominante Rolle des Mannes. Familien- und Namensrecht gehörten ja auch in der alten Bundesrepublik zu den letzten Bastionen der rechtlichen Vorrangigkeit des Mannes. Es waren also nicht nur traditionelle Rollenbilder, die die Nachrangigkeit von Frauen bewirkt haben, auch gültige Rechtsnormen haben deren ausschließende Wirkung – z. B. auch in der Kunst – gefestigt.

Aus diesem und anderen Gründen zeigt jeder Schritt über die Schwelle eines Museums Frauen den ihnen zustehenden Platz: Sie sind entweder Heilige – also mariengleich – oder Sünderinnen – dann liegen sie entblößt auf dem Diwan und

221 «Das Mérode-Triptychon, ein kleines dreiteiliges Tafelbild, dessen heutiger Name auf die letzte private Besitzerfamilie zurückgeht, ist eines der bekanntesten und zugleich rätselhaftesten Werke der altniederländischen Malerei. Sein Schöpfer, ein Zeitgenosse der Brüder van Eyck, der lange den Notnamen ‹Meister von Flémalle› trug, wird seit 1909 mit Robert Campin, dem Lehrer Rogier van der Weydens, identifiziert. Campin, ein in Tournai ansässiger Maler, schuf das Werk wahrscheinlich zwischen 1425 und 1428 aus Anlaß der Hochzeit des Kölner Kaufmanns Peter Engelbrecht und seiner wohlhabenden ersten Ehefrau, Gretchen Schrinmechers.» (www.fischerverlage.de/buch/Robert_CampinDas_Mérode-Triptychon am 2007-08-06)

222 Ihr Kopf wurde im Auftrag Peter Engelbrechts vermutlich von Rogier van der Weyden übermalt, deshalb ist das Bild heute nicht mehr so recht zu lesen.

provozieren die «armen» Männer, für die sie der Maler auftragsgemäß lustvoll als Blickobjekt gestaltete. Bleibt noch die Rolle «Anhängsel» oder «Stört-nicht-weiter» – da ist für die Inszenierung eines eigenen Selbstbildes für die Betrachterin wenig Platz.

Oder Frauen sind gleich Opfer von Raub und Vergewaltigung. In einem einzigen Raum (16) in der Gemäldegalerie in Berlin finden Sie drei «großartige» Beispiele. Pieter LASTMAN: «Susanna und die beiden Alten» von 1614, REMBRANDT: «Raub der Proserpina» von 1631 und ebenfalls «Susanna und die beiden Alten» von 1647. In Saal VIII – dem Rubenssaal – finden Sie Andromeda gleich zweimal an den Felsen gekettet. Schön, dass wir immer mal daran erinnert werden, dass wir Opfer von Gewalt werden können. Ob Oper, Theater, Skulptur oder Gemälde – unsere Kultur kommt ohne Frauen als Opfer nicht aus! Und wenn Sie sich in Saal XV CORREGIOS «Leda mit dem Schwan» (um 1532) ansehen, dann lernen Sie zwei wichtige Dinge: Erstens, Sie können gar nicht so abartig denken wie Männer – vor allem die göttlichen – wenn sie einen Weg suchen, ihre Lüsternheit auszuleben. Zweitens, Vergewaltigung muss einfach Spaß machen – sonst würde Leda ja nicht so happy dreinschauen! Die Botschaft: Was ich gegen deinen Willen tue, muss dir einfach Spaß machen. Wahrscheinlich sind Frauen, die an Vergewaltigung keine Freude haben, einfach nur frigide – an den Männern kann es ja nicht liegen! Wie Sie sich denken können, sind dies nur ein paar magere Beispiele, mit denen ich die problematische Motivvielfalt «Darstellung von Frauen in der Malerei» sichtbar machen wollte. Wenn Sie in die Ihnen nächstgelegene größere Gemäldegalerie gehen, werden Sie weitere weibliche Objekte und raffinierte und plumpe Torturen für Frauen im Dutzend selber finden. Na dann, viel Spaß und Wut! Weniger misogyne Bilder müssen Sie ja nicht gleich auslassen.

137.

2008 ist in Berlin die Ausstellung «Sebastiano – Raffaels Grazie – Michelangelos Furor» zu bewundern. Beim Betrachten der Bilder Sebastiano (Luciani) DEL PIOMBOS fallen mir die wunderbaren Männerköpfe auf – Persönlichkeiten mit Ausstrahlung und z. T. Namen! Markante, lebendige Männergesichter, perfekte Portraits mit Insignien der Macht in Szene gesetzt; und gemalt «in einer reich abgestuften Palette von Farben» – wie es im «**Begleitheft zur Ausstellung**» heißt. Schon auf dem Gemälde «Madonna mit dem Schleier» war mir Josef aufgefallen – so einer heißt in der Regel: ein Charakterkopf! Selbst das Jesuskind hat etwas Unverwechselbares. Maria sieht nur schön und heilig aus – die Archetype von Unschuld und Mütterlichkeit zugleich. Das sind wir gewohnt, das ist die Funktion, die ihr die Kirche zugewiesen hat: Typ nicht identifizierbare Heilige. Bilder von Männern heißen «Bildnis des Kardinals Ferry Carondolet und zweier Sekretäre» oder «Bildnis des Christoph Columbus», «Bildnis von Clemens VII. ohne Bart», «Bildnis von Clemens VII. mit Bart» und «Bildnis des Kardinals Rodolfo Pio da Carpi» und schließlich «Bildnis Papst Paul III. mit Ottavio Farnese».

Es gibt auch namenlose schöne Männer, aber die Evangelisten und viele Heilige muss der Maler persönlich gekannt haben! Sie sind in einem Stil gemalt, den ich nur als «individualisiert» beschreiben könnte – technisch «durch leichte Verwischungen modelliert». Hier wird das Unmögliche möglich, es lohnt sich eben, sich Gedanken zu machen, wie ein bestimmter Mann ausgesehen haben mag – schließlich gehört er zur Kirchengeschichte, Kulturgeschichte o.Ä.

Und die Frauen? Keine hat einen Namen, keine hat ein Gesicht, das auch nur entfernt an eine reale Person erinnern könnte. Frauenportraits sind entweder madonnenhaft oder die Frauen sind gleich als Märtyrerinnen dargestellt: «Bildnis einer Frau als Heilige Agatha». Frauen sind keine Subjekte – eher Objekte! Alle Frauen sind nur symbolisiert: «Bildnis einer jungen Frau», «Antlitz einer Frau», «Bildnis einer jungen Römerin». Letztere symbolisiert Dorothea wegen des Früchtekörbchens, das ihr der Maler beigegeben hat. Alles schöne junge Frauen zur Freude der Männer, aber keine Individuen. Beworben wurde die Ausstellung mit dem Bild «Kluge Jungfrau» – eine gute Empfehlung an die christliche Männerwelt.

Im «Begleitheft zur Ausstellung» finde ich einige wenige Entsprechungen zu meiner Wahrnehmung von Strukturlosigkeit in den Frauengesichtern, wenn z. B. von «weiblicher Schönheit als Bildthema» die Rede ist. Über das Bild «Antlitz einer Frau» – wer hätte das gedacht? – heißt es: «die idealisierende Wiedergabe eines ebenmäßigen, schönen Gesichts». Fläche statt Plastizität! Was kümmert den Maler der Mensch, er phantasiert sich sein Schönheitsideal zusammen und «schafft die Frau nach seinem Bilde». Hier wird der Maler Gottvater – Himmel, hilf den bedauernswerten Frauen!

Wenn Sie jetzt denken: Das war damals eben so, ist es genau das Gegenteil von dem, was ich herausarbeiten will. Meine Frage lautet ja: Woher kommt auch heute noch all die Geringschätzung von Frauen? Ich will frühere Ansätze der Frauendiskriminierung aus dem Geschichtsnebel holen und nicht als kulturelle Eigenart dieser oder jener Epoche oder Region verharmlosen. Es ist auch so absurd: Die Kolonialgeschichte z. B. kann noch so sehr die kolonialisierten Völker herabsetzen – wie im alten Africa-Museum in Belgien; für Frauen findet sich dann immer noch eine zusätzliche Diskriminierung: «Die Sprache der Kunstwerke war eindeutig: Der belgische Kolonialherr bringt die Zivilisation zu einer minderwertigen Kultur. Der Europäer ist größer als der Afrikaner, bei den schwarzen Frauen werden die sexuellen Merkmale betont.»[223] Nur Sichtbarmachen hilft! Nur so tut Wut gut!

138.

Und dann habe ich noch einen Fall von «Ausblendung der Frau als Subjekt aus eigenem Recht»: Männer sind Individuen, können sogar namentlich benannt werden, auch wenn sie entweder schon eintausend Jahre tot sind oder überhaupt fraglich ist, ob sie je gelebt haben – sie sind eben wer – und geschichtsträchtig! **Frauen sind abstrakt**! Sie tragen Namen wie «die Tugend», «die Weisheit» – immerhin! – oder «die Fürsorge». Solange sie abstrakt sind, werden Frauen aller-

223 GRABITZ, Markus, 2018: Schatten über den Kolonialherren. Belgiens renoviertes Africa-Museum bietet einen neuen Blick auf das schwierige geschichtliche Erbe. In: Der Tagesspiegel vom 2018-12-09

hand gute Eigenschaften zugeschrieben – es sind ja bloß Allegorien! Ein hervorragendes Beispiel für die Darstellung der Frau als Allegorie und die Darstellung des Mannes als Individuum ist das Bild «Altarretabel mit Kreuzigung Christi, aus der Kirche St. Maria zur Wiese in Soest» in der Berliner Gemäldegalerie. (Der Maler ist unbekannt, als Notname dient «Westfälisch», als zeitliche Einordnung wird um 1230/40 angegeben – gehen Sie da von einer Malerin aus?). Das Bild ist im Übrigen nicht ohne Kenntnis des religiösen Programms zu verstehen, aber dazu gibt es ja diese wunderbaren «Guides» in männlicher und weiblicher Ausführung.

Auch als sich die Malerei nach dem Mittelalter grundlegend veränderte und erneuerte – zeitgleich mit der italienischen Renaissance einerseits und den niederländischen Malern anderseits – und in die neuzeitliche Malweise (ars nova) eintrat, waren religiöse Themen noch das wichtigste Sujet, war die Kirche noch die wichtigste Auftraggeberin. Wie sollten sich die zölibatären Stifter auch eine leibhaftige Frau vorstellen? Das, was sie von dieser Materie kannten, durfte ja nicht sein. Bleibt für die Frauen «Allegorie» oder «Himmelskönigin» oder «Sünderin» – irgendjemand musste ja daran schuld sein, dass sie ihre Triebe weniger unter Kontrolle hatten, als es ihre Gelübde eigentlich geboten!

139.

Was oder wer fällt Ihnen ein zur Kunstrichtung «**Impressionismus**»? Elisabeth BRONFEN[224] schrieb anlässlich einer Retrospektive in der Schirn Kunsthalle in Frankfurt am Main für vier Impressionistinnen («Impressionistinnen» Februar bis Juni 2008): «Schnell vergisst man ..., dass der Umschlag in die moderne Malerei von Anfang an eine weibliche Seite hatte. Die Impressionistinnen ... haben ebenfalls eine Abkehr von den tradierten Motiven der realistischen Malerei zu nutzen gewusst, um sich als Künstlerinnen zu behaupten. Die Auflösung tradierter Bildformeln, die Feier eines skizzenhaften Pinselstrichs diente vor allem ihnen als Befreiung von jener bürgerlichen Konvention, die der malenden Frau nur den Status der Dilettantin zubilligen wollte. Zu Lebzeiten wurden Berthe Morisot, Mary Cassatt, Eva Gonzalès und Marie Bracquemond durchaus anerkannt, ihre Bilder wurden ausgestellt und gut verkauft. Warum aber kommen einem kaum ihre Bilder in den Sinn, wenn man an das flimmernde Spiel des Impressionismus denkt? Und was bedeutet die Hinwendung zum flüchtigen, informellen Alltag für die malende Frau?»

An Beispielen macht Elisabeth BRONFEN die Intimität des Augenblicks in der Welt dieser bürgerlichen Frauen deutlich. Sie nennt es «faszinierende Momentaufnahmen der Intimität» und meist sind es Beziehungen zwischen Menschen, die die Alltagswelt dieser Frauen einfangen. So geht es z. B. um eine gefühlvolle und zugleich realistische Beobachtung der Beziehung zwischen den Frauen und ihren Kindern. Mit malerischen Mitteln – wie visuellen Entsprechungen, Betonung der Leiblichkeit z. B. – wird eine Atmosphäre des Augenblicks und der Nähe geschaffen, sie teilen Gefühle und Träume ohne den Anspruch auf Dauerhaftigkeit.

---

224 BRONFEN, Elisabeth, 2008; Die intime Seite der Moderne. Gibt es einen weiblichen Blick? Vier Impressionistinnen in einer Ausstellung der Frankfurter Schirn. In: DIE ZEIT vom 2008-02-28

«Ist es ein spezifisch weiblicher Blick, mit dem die vier Malerinnen ihre Welt betrachten und in Pinselstriche übertragen? Unübersehbar ist, dass sie sich von tradierten Motiven befreiten, das Prozesshafte und Unfertige aufwerteten und es ihnen so gelang, vorgegebene Bildformeln umzuschreiben. Die Hinwendung zum Interieur kreist wiederholt um die Frage: Wie kann die moderne Frau nicht nur als Blickobjekt, sondern auch als Subjekt ihrer Geschichte in Erscheinung treten?»

Natürlich weiß jede Malerin, «dass die Frau in der Kunst von jeher als Objekt der Schaulust diente». Ihre malerische Auseinandersetzung mit dem weiblichen Körper hat mit Sicherheit eine andere Perspektive als die Aktmalerei der Männer. Sie gehört nach meiner Überzeugung zur Identitätsfindung der Malerinnen, sie ist selbstreferenziell und nicht voyeuristisch, sie zeigt flüchtige Augenblicke der Verbundenheit zwischen Mutter und Kind, sie versinken in traute Zweisamkeit, anstatt sich ikonenhaft der Betrachtung auszusetzen.

Und dann ist da noch der Aspekt der mangelnden Anerkennung und der falschen Zuschreibungen der Impressionistinnen. Elisabeth BRONFEN schreibt dazu: «Ein Kunstmarkt, der weit ins 20. Jahrhundert hinein vorwiegend von Kritikerpäpsten dominiert wurde, hat noch lange vom männlichen Geniekult gezehrt. Die Betonung von Intimität wurde bei Künstlern als Ausdruck gestalterischer Stärke verstanden, taten ihre Mitstreiterinnen dasselbe, gerieten sie leicht in den Verdacht des Banalen und Nachempfundenen. Sie wurden schnell zu Epigonen ihrer Lehrer oder Gatten abgestempelt.»

Der Tatsache, dass die Malerinnen in der Kunstgeschichte ein «Geheimtipp» geblieben sind, gewinnt Elisabeth BRONFEN eine positive Seite ab, auf die ich gerne aus Gründen der Gerechtigkeit und eines Blicks auf die ganze Welt der Malerei verzichtet hätte: «Weil sie uns nicht vertraut sind, transportieren diese Bilder ebenjene Kraft des Modernen, mit der sie vor mehr als einem Jahrhundert den Blick auf die weibliche Erfahrungswelt veränderten. Die Welt bürgerlicher Freizeit und Häuslichkeit, die in diesen Gemälden zu neuem Leben erweckt wird, gehört der Vergangenheit an. Hingegen hat deren Versuch, die vielfachen Eindrücke eines sich stets verändernden Augenblicks auf der Leinwand einzufangen, nichts von seiner Intensität verloren.» Aber darin, dass sich ein «erneuter Blick auf diese Bildwelt lohnt», kann ich ihr nur zustimmen.

Christina TILMANN[225] beschäftigt sich ebenfalls mit der Ausstellung in Frankfurt und mit der parallel laufenden Ausstellung im Wallraf-Richartz-Museum in Köln «Impressionismus – Wie das Licht auf die Leinwand kommt». Sie fragt: «War der Impressionismus weiblich?» Ich bin gewöhnlich sehr zögerlich bei der Frage nach «dem Weiblichen», weil ich misslungene Zuschreibungen aus der Biologie oder aus historischen Frauenrollen befürchte. Bei Christina TILMANN klingt das nicht «wesenhaft», nicht nach Geschlechtscharakter: «Das Thema Weiblichkeit taucht schon in der zeitgenössischen Rezeption auf – indem der Stil des Impressionismus selbst als ‹weiblich› bezeichnet wird, und das nicht immer nur abwertend. Die

225 TILMANN, Christina, 2008: Eva und der Apfel. War der Impressionismus weiblich? Zwei Ausstellungen in Köln und Frankfurt werfen diese Frage auf. In: Der Tagesspiegel vom 2008-04-02

Wahl der Sujets, oft Gartenbilder, häusliche Szenen, Stillleben und Kinderbilder, die flüchtige Malweise mit besonderem Sinn für Stofflichkeit und Textur, die entschiedene Abkehr von den zeitgenössischen Prestigethemen wie Historienmalerei hin zu einer Feier des Alltags – all das erschien neuartig, revolutionär – wie der Auftritt der Frau in der Berufswelt, und auch in der Kunst.» Die Wahl der eher intimen Sujets, die neue flüchtige Malweise, die allein den «Eindruck», der auf das Auge trifft, transportieren will, die bewusste Abkehr vom wichtigtuerischen Althergebrachten, Lebensfreude aus dem Alltag und dem Moment, die Lust an Licht und Farben – sehe ich bei Monet, Manet, Degas, Renoir, Cézanne u.a.. Also den Einblick in eine bis dahin für eine öffentliche Darstellung für unwichtig und unwürdig gehaltenen Welt, in der wir auch eher Frauen treffen – warum sollten wir ihn nicht einen weiblichen Blick nennen? Das ist die Welt von Frauen *und* Männern, die in der Geschichtsschreibung wie in der Kunst immer zu kurz gekommen ist! Über die Leistung von Impressionistinnen im Vergleich mit ihren männlichen Kollegen hat Christina TILMANN einen bemerkens- und merkenswerten Satz: «Nicht schlechter, schon gar nicht ‹weiblicher›, höchstens vergessener»![226]

Im Audioguide zur Ausstellung in der Schirn Kunsthalle in Frankfurt am Main heißt es: «Zeitgenössische Kritiker bezeichneten Morisot als die ‹Impressionistischste der Impressionisten›. In ihren Arbeiten findet sich all das, was das Neue und Moderne dieser Kunst ausmacht: ein lockerer, deutlich sichtbarer Pinselstrich, sehr viel Licht und weiße Farbe, der Eindruck von Leichtigkeit, Skizzenhaftigkeit, gar beginnender Abstraktion.»

Nicht nur die Frauen, auch Claude MONET oder Auguste RENOIR wurden zu den staatlichen Pariser Salons nicht zugelassen – zu skizzenhaft, zu «unfertig», zu neu in Themen und Stilmitteln erschienen ihre Bilder. Und in der Tat, Themen und Malstil der Impressionisten unterschieden sich kaum von denen der Impressionistinnen. Auf einen – wie ich finde essenziellen – Unterschied weist der Audioguide bei MORISOTS Hafenbildern hin: Die Impressionisten «malten ganz ähnliche Situationen, häufiger allerdings mit männlichen Figuren im Vordergrund». Wir bilden uns eben immer selber ab! Und wegen des größeren Bewegungsradius' der Männer spielen bei ihnen städtische Motiv wie Brücken und Bahnhöfe, das moderne Paris mit Spuren der Industrialisierung eher eine Rolle.

140.

Paula MODERSOHN-BECKER kam 1896 in den Genuss einer professionellen Ausbildung zur Malerin durch den «Verein der Berliner Künstlerinnen und Kunstfreundinnen» in Berlin und schrieb ihren Eltern über diese Zeit: «Das ist mein Leben, an dem mein Herz mit allen seinen Fasern hängt.»[227] Ganz sie selbst, ganz Künstlerin mit der Leidenschaft, die ein Leben erfüllt, glücklich und erfolgreich macht! Sie erfährt Sympathie, Anerkennung und Spaß. Aber was wäre gewesen,

---

226 TILMANN, 2008

227 BEUYS, Barbara, 2007: Selbstbewusste Frauen in der Kunstgeschichte. Der «Verein der Berliner Künstlerinnen und Kunstfreundinnen». In: BEUYS, Barbara, 2007: Paula Modersohn-Becker, München, S. 78-91

wenn kluge Frauen nicht im Jahre 1867 privat für Frauen den «Verein der Berliner Künstlerinnen und Kunstfreundinnen» gegründet hätten? Die staatlichen Kunstakademien und Kunstschulen verwehrten Frauen die Ausbildung zur Künstlerin noch bis 1919! Im Zentrum jeder akademischen Ausbildung in der Kunst stand die Aktmalerei, das Studium der Anatomie am lebenden Objekt. Männliche Künstler legitimierten die Aktmalerei gegenüber öffentlichen Bedenken, indem sie die nackten Körper in biblische oder mythologische Themen einkleideten. Dieses Monopol hatten sich die Männer gesichert und schlossen Frauen als Konkurrentinnen auf dem Kunstmarkt durch Moralgefasel («unschicklich», «anstößig») aus. Frauen hatten also keinerlei Zugang zu einer professionellen künstlerischen Ausbildung, seit es die staatlichen Kunstakademien und Kunstschulen gab. Das war keinesfalls immer so, denn im 16. Jahrhundert gab es Malerinnen, die für ihre Arbeiten gut bezahlt wurden und in ihrem Metier einen Namen hatten. Mehrere Malerinnen hatten sogar im berühmten Pariser Kunstsalon ausgestellt.

«Was ist der wahre Tod für Künstler? Dass ihre Werke in den Museen nicht mehr ausgestellt werden; dass ihre Namen nicht in den Fachbüchern auftauchen, ihre Werke keine wissenschaftliche Bearbeitung erfahren und in den Seminaren nicht vermittelt werden. Das alles ist im Laufe des 19. Jahrhunderts, als die modernen Kunstwissenschaften entstanden, den Frauen geschehen, die zu ihren Lebzeiten als Malerinnen einen Namen und einen guten Ruf hatten: Sofonisba Anguissola, Judith Leyster, Anna Dorothea Therbusch und so mancher anderen.» [228] Mir ist unbegreiflich, dass Männer für sich in Anspruch nehmen, nur ihre Sicht auf die Welt ist die richtige. Männer müssen doch wissen, dass sie nur die eine Hälfte der Welt verstehen – alles Zyklopen? Wie wollen wir eine tolerante Gesellschaft sein oder werden, wenn Männer die Macht haben und alles außer ihrer Sichtweise verunglimpfen?

Das «Kunstwerk des Lebens» nennt Wilhelm LÜBKE, «Professor für Kunstgeschichte in Berlin, Zürich, Stuttgart und Karlsruhe», die Frau, sie braucht also nicht selbst zum Pinsel zu greifen, höchstens als Aktmodell kann sie sich nützlich machen. Nur leider hat BEUYS von Professoren und Studenten Schmähungen ihrer Modelle gefunden, die so gar nicht zum «Kunstwerk des Lebens» passen wollen: «Abschaum», «Vogelscheuchen», «Ruinen der Menschheit», «blöd dreinschauenden Geschöpfe mit Dienstmädchengesichtern». Herablassung bis zur Verachtung, Überheblichkeit und Dünkel pur! Auch unabhängig von den Gehässigkeiten der Männer bleibt: «Der bekleidete Mann – oder mehrere – verfügt als Maler über eine unbekleidete Frau als Objekt, das auf seine Anordnung hin bestimmte Posen und Stellungen einnimmt. Das Aktmodell ist Projektionsfläche erotischer Fantasien und Wünsche des Mannes, die auf der Leinwand Gestalt annehmen.»[229] Mit «Gestalt annehmen» ist natürlich auch gemeint, dass der Maler die Frau nach seinem Bild von ihr schafft – namenlos, passiv, dienlich, hingebungsvoll und nur für den männlichen Betrachter bestimmt. Nehmen Gemälde eigentlich reale gesellschaftliche Rollen auf oder unterstützen sie eher die Konstruktion

228 BEUYS, 2007
229 BEUYS, 2007

von Geschlechterrollen? In jedem Fall ist der Malerei das Prägende eigen – das traditionell Prägende wie der Aufbruch zu neuen Geschlechterverhältnissen und Gesellschaftsmodellen.

141.

«In die Avantgarde-Kunsthochschule **Bauhaus**[230] schrieben sich in den zwanziger Jahren so viele Frauen ein, dass sich Bauhaus-Chef Walter GROPIUS gezwungen fühlte, das ‹zahlenmäßig zu stark vertretene weibliche Geschlecht› wieder loszuwerden. Schließlich wollte er nicht den Ruf seiner Akademie gefährden.»[231]

Ich berichte Ihnen hier – fast ungerührt, höchstens mal wütend – über Sexismen, Sexismen, Sexismen. Glauben Sie mir: So einfach ist das nicht immer. Ich finde es zum Weinen, wie die Männer am Bauhaus mit Frauen umgegangen sind, «dass die Gleichberechtigung der Geschlechter selbst an einem so dem Fortschritt verpflichteten Institut keine Selbstverständlichkeit»[232] war. Alles Mogelpackungen!

Ein besonders eindrucksvolles Beispiel ist das Leben von Gertrud ARNDT, der Ehefrau des Architekten und Bauhauslehrers Alfred ARNDT. Sie wäre gerne Architektin geworden, aber dafür hätte sie eine bessere Schulbildung mitbringen müssen, als Mädchen sie damals erhielten. So hatte sie, wie es am Bauhaus für Frauen üblich war, Weberin zu werden – egal, ob die Frauen es wollten und körperlich dafür geeignet waren. «Nach Empfang des Gesellenbriefs 1927 bestieg die Weberin nie wieder einen Webstuhl. Ein Grund könnte die Zierlichkeit der 1,51 Meter großen Künstlerin sein, die mit den Füßen kaum auf den Boden des Webstuhls kam.»[233] Jetzt wurden ihre «Maskenporträts» in einer Ausstellung des Berliner Bauhaus-Archivs gewürdigt; die Ausstellung «zeigt dabei eine erschütternde Diskrepanz zwischen emanzipatorischem Anspruch und tatsächlichen Geschlechterrollen.» Gertrud ARNDT hat ihre «Maskenporträts» aus «Langeweile» fotografiert … «und schuf dabei eine Portraitreihe von zeitloser Klasse».[234]

Weinen könnte ich über die verlorenen Lebenschancen der Frauen und den Verlust ihrer potentiellen Kunstwerke. Aber mich macht es auch unendlich traurig, dass Männer öffentliche Anerkennung und Bewunderung erhalten können, auch wenn sie sich so frauenfeindlich verhalten – menschenfeindlich, rassistisch. Walter GROPIUS schrumpft für mich zum Niemand!

---

230 1919 gegründet in Weimar

231 BEYER, Susanne / KNÖFEL, Ulrike, 2007: Vorstoß ins Glühende. Zu ihren Lebzeiten verdammte ein Kritiker ihre Werke als «groben Unfug», die Anerkennung kam erst nach ihrem frühen Tod vor hundert Jahren: Bleibt die Frage, warum Paula Modersohn-Becker als weibliche Berühmtheit in der deutschen Kunstgeschichte bis heute eine Ausnahme ist. In: Der Spiegel 42/2007

232 FESTENBERG, Nikolaus von, 2019: Aufbruch, Umbruch, Abbruch. Film und Dokumentation im Ersten über Kampf und Kunst der Bauhaus-Frauen. In: Der Tagesspiegel vom 2019-02-13 https://www.tagesspiegel.de/gesellschaft/medien/100-jahre-bauhaus-aufbruch-umbruch-abbruch/23978862.html

233 KUHN, Nicola, 2013: Gattin beim Rollenspiel. Modern und Gleichberechtigung? Das Berliner Bauhaus-Archiv stellt die Weberin und Fotografin Gertrud Arndt vor. In: Der Tagesspiegel vom 2013-02-03

234 KUHN, 2013

142.

«Weil die Mehrzahl der Kunststudenten (! – GP) heute zwar weiblich, der Erfolg am Markt aber immer noch männlich ist, sprach das Kunstmagazin ‹Art› von der ‹**Lüge Emanzipation**›.»[235]

«In den vergangenen vier Jahrzehnten haben die Deutschen nur sechs Frauen auf die Biennale nach Venedig geschickt, vier von ihnen gemeinsam mit Männern. Und auch die Briten haben, seit sie in den Achtzigern erstmals ihren Turner Prize verliehen, nur drei Frauen ausgezeichnet.»[236]

«In den großen New Yorker Galerien liegt der Anteil der Frauen … nur zwischen 10 und 20 Prozent.»[237]

Georg BASELITZ hält nur Paula MODERSOHN-BECKER und Frida KAHLO für in der Kunst weltweit bedeutsame Malerinnen, weil das «Destruktive, das Brutale, das man braucht, um sich als Maler durchzusetzen, Frauen nicht liegt». Die Berliner Kunsthistorikerin Alma-Elisa KITTNER wird dagegen mit dem Satz zitiert: «Der Heldenmythos in der Kunst wurde über Jahrhunderte auf Männer angewandt, das wirkt bis heute nach.»[238] Die ausbleibende Anerkennung und den mageren künstlerischen und ökonomischen Erfolg von Frauen in der Malerei erklärt Josephine MECKSEPER im Interview so: «Erfolgreiche männliche Künstler sind Genies, die erfolgreiche Frau in der Kunst ist schwierig.»[239]

143.

Die Geschichte der Deutschen Werkstätten, 1898 in Dresden-Hellerau von Karl SCHMIDT gegründet, liest sich ganz anders: «Es ist vor allem Karl Schmidt zu verdanken, dass von Anfang an auch weibliche Gestalterinnen beauftragt und ihre Produkte unter eigenem Namen vertrieben wurden, und zwar mit gleichem Gehalt und Verkaufsprovision wie ihre männlichen Kollegen.»[240]

Aber: Benachteiligung und Ungleichheit in der Ausbildung leisteten auch hier «dem gängigen Vorurteil, das Kunstgewerbe mit Weiblichkeit und Dilettantismus identifiziert, Vorschub.» Und die «Vorbehalte gegen weibliche Kreativität waren um 1900 noch so weit verbreitet, dass erfolgreiche Designerinnen heute weitgehend vergessen sind. Eine Unsichtbarkeit, gegen die 2017 das Kunstgewerbemuseum Dresden antrat, das den **vergessenen Protagonistinnen** der Deutschen Werkstätten Hellerau eine Ausstellung widmete.»[241] Von 19 von ihnen wurden Biografien, Entwürfe und Produkte präsentiert.

---

235 BEYER/KNÖFEL, 2007
236 BEYER/KNÖFEL, 2007
237 BEYER/KNÖFEL, 2007
238 BEYER/KNÖFEL, 2007
239 BEYER/KNÖFEL, 2007
240 ZWIRNER, Dorothes, 2019: Zurück ins Licht: Eine Dresdner Ausstellung erinnert an die Protagonistinnen der Deutschen Werkstätten Hellerau. In: Der Tagesspiegel vom 2019-02-03 https://www.tagesspiegel.de/kultur/ausstellung-in-dresden-heldinnen-des-kunstgewerbes/23941730.html
241 ZWIRNER, 2019

144.

Anfang des 20. Jahrhunderts erhebt sich «eine ganze Reihe ikonischer Frauengestalten phallisch über den männlichen Counterpart».[242] Die Überlegenheit von *Delila, Potiphars Weib, Judith* u.a. wirkt archaisch und befremdlich, sie transportieren nichts an «Selbstbestimmung», «Gleichberechtigung» oder «Geschlechterkonsens». «Wobei es schon damals nicht unbedingt die Frauen selbst waren, die sich so sehen wollten, denn Kunst wurde noch überwiegend von Männern gemacht. Und vielleicht lässt es sich sogar als **Denunziation** verstehen, dass ausgerechnet zu einer Zeit, als die Frauenbewegung ihre Rechte immer unnachgiebiger einforderte in der Kunst die mythischen und biblischen Verführerinnen fetischisiert wurden, lauter männermordende Monster, Sphinxen und Evas, Judiths, Delilas, Salomes.» Marie SCHMIDT hat den Eindruck, man habe «nach Belegen dafür gesucht, dass die Macht in den Händen der Frauen auf jeden Fall missbraucht werden würde».[243]

Marie SCHMIDT sieht im Rückblick das Auftauchen der Femmes fatales zur Jahrhundertwende geradezu als ein Symptom dafür, dass die symbolische Ordnung der Männer zu wanken beginnt und eine Entwicklung einsetzt, die am Ende zur Gleichberechtigung führt. Aber: «All diese Symbole für das weibliche ‹Wesen› sollten den Frauen hartnäckiger nachhängen als ihre politische Machtlosigkeit.»

145.

Es hat sich was getan in den zurückliegenden Jahren! Früher wurde uns beim **Gang in die Buchhandlung** nur eins klar: Es lohnt sich Männer zu verlegen! Bei Autorinnen ist das weniger häufig der Fall – Kochbücher ginge, aber die wahren Meister sind da auch die Männer! Warum wohl? «Über die Schwierigkeiten einer Frau, intelligent zu werden», schreibt Hannelore SCHLAFFER: «Dagegen werden von ihnen die Arbeiten anderer Männer, sobald sie einmal einen Namen haben, selbst wenn diese Werke mittelmäßig, nebensächlich oder gar schlecht sind, mit Aufmerksamkeit rezipiert und besprochen.»[244] Diese Hypothek der Nachrangigkeit überwinden wir nicht, wenn wir Frauen weiterhin unsichtbar bleiben oder gemacht werden – z. B. durch männliche Pseudonyme. Viele, viele Autorinnen haben genug Druck auf den Markt gemacht, jetzt zählt nicht mehr nur das Geschlecht. Dazu können wir weiterhin etwas beitragen. Feministinnen sind sich einig: Wir sollten die Vornamen in Literaturverzeichnissen ausschreiben, um Frauen sichtbar zu machen, sonst wird «B. von Arnim» von der Masse der Männer vereinnahmt und es geht uns und der Geschichte mit «Bettina» eine hervorragende und mutige Frau verloren.

«Wie viel große Unbekannte weiblichen Geschlechts mögen in diesem, dem Lessing'schen Sinne, auf unserer Erde gewandelt haben, ohne eine Spur ihres

---

242 SCHMIDT, Marie, 2016: Vamp, Sphinx oder Eva. Wie sehen Männer die Frauen? Und wie die Frauen sich selbst? Eine große Ausstellung in Frankfurt steigt ein in den ewig aktuellen Geschlechterkampf. In: DIE ZEIT Nr. 39 vom 2016-09-15

243 SCHMIDT, 2016

244 SCHLAFFER, Hannelore, 1987: Über die Schwierigkeiten einer Frau, intelligent zu werden, Frankfurter Allgemeine Zeitung vom 1987-12-12

Daseins zu hinterlassen! Mit verschlossenen Lippen steigen die meisten Frauen ins Grab.»[245]

«Ich träume davon, dass eines Tages alle Frauen wirklich frei sind, auch die in den muslimischen Ländern. Denn nur wenn alle Menschen gleich frei sind, können sich Gesellschaften entwickeln und ihr Potenzial entfalten.» Und etwas weiter heißt es: «Ich glaube fast, um sich zu emanzipieren, braucht man Wut, vielleicht auch ein wenig Hass.»[246]

146.

«Wem der große Wurf gelungen
Eines Freundes Freund zu sein
Wer ein holdes Weib errungen
Mische seinen Jubel ein.»[247]

Wer hat hier eigentlich Grund zur Freude? Aus wessen Sicht wird ein Inhalt formuliert? Fragen wir uns das, sind wir uns dessen bewusst oder halten wir Kunst etwa für geschlechtsneutral?

Auch Friedrich SCHILLER hatte ein biologisches und ein sozial-kulturelles Geschlecht und konnte nur aus seiner männlichen Geschlechterperspektive schreiben. Sind Sie diesem Gedanken in der Schulzeit begegnet? Meine Generation bestimmt nicht! Hier war das Genie, der große deutsche Dichter – hätte es unserer Bildung geschadet, wenn Lehrkräfte uns bewusst gemacht hätten, dass hier ein Mann aus der männlichen und nicht aus der allgemein menschlichen Perspektive geschrieben hat? Ich bin sicher, es hätte unserer Bildung genutzt und zu weniger Enttäuschung über die Täuschung geführt, als wir dann selbst darauf gekommen sind!

Frauen müssen immer die «Extrameile» gehen: «Zwar lernen lesefreudige Frauen wie Minderheiten schnell die Distanz zu überbrücken, die ihre eigene Lebenserfahrung von der des weißen, christlichen, männlichen Autors trennt; doch bleibt es immer ein Sprung, ein Energieaufwand, den Männer so nicht machen müssen.»[248] Schon bei Hedwig DOHM klang das ähnlich: «Es bedarf einer starken Energie, um den Kampf mit dem Vorurtheil und der Sitte aufzunehmen und zu bestehen.»[249] Genau das meine ich, wenn ich davon spreche, dass sexistische (also Frauen ausschließende) Lehrmaterialien für Frauen lernfeindlich sind! Aber dazu mehr an anderer Stelle.

---

245 DOHM, Hedwig, 1982: Emanzipation. Vor- und Nachwort von Berta Rahm, 2. Auflage, Zürich [Originaltitel: Die wissenschaftliche Emanzipation der Frau, 1874]

246 MITSCHERLICH, Margarete, 2006: Ich habe einen Traum. Aufgezeichnet von Anita Blasberg. In: DIE ZEIT Nr. 35 vom 2006-08-24

247 SCHILLER, Friedrich: An die Freude. KLÜGER, Ruth, 1994: Frauen lesen anders, DIE ZEIT Nr. 48 vom 25.11.1994

248 KLÜGER, Ruth, 1994: Frauen lesen anders, DIE ZEIT Nr. 48 vom 25.11.1994

249 DOHM, 1982 [1874]

147.

Was fällt Ihnen ein zum Thema «**Dichter und Frauen**»? Mir fällt da viel Liebe, Begehren, Leiden und Huldigung für die holde Weiblichkeit ein. Und wie sah es im Alltag aus? Felicitas von ARETIN[250] hat einmal einen Artikel über zwei Veröffentlichungen zum Thema geschrieben, und hier sind ihre Eindrücke: Viel wird uns über das Liebesleben der Dichter mitgeteilt; die Ehefrauen sind in der Regel nur Fußnoten der Literaturgeschichte. Erst die Frauenforschung befördert «Ehefrauenbiographien» zu Tage. Noch 1994 sieht Gustav SICHELSCHMIDT («Dichter und ihre Frauen») die Frauen im Schatten ihrer Männer. «Kleinkrämerisch wird sich über das Aussehen mokiert, erstaunt vermerkt, wenn die Gattin über Geist verfügt.» «Dürre Worte fallen über das Leben der Frauen vor der Ehe. Mit dem Tod des Mannes erlischt das Interesse für die Gattin.»

Die Geliebte Theodor STORMS will sich «bedingungslos und ohne Rücksicht auf die zu erwartenden Folgen dem geliebten Mann hingeben»[251] – so werden Männer zur Existenzberechtigung für Frauen, für ein eigenständiges Leben gibt es keinerlei Berechtigung.

Kennen Sie Marta FEUCHTWANGER? Vermutlich so wenig, wie ich sie bisher kannte. Sie kennen eher Lion FEUCHTWANGER – und Marta FEUCHTWANGER ist seine Frau. Schönes Beispiel für die Definition einer Frau über ihren Mann, aber, was bleibt mir anderes übrig? Als Marta Lion geheiratet hatte, führten sie zunächst ein Bohemienleben – Freiheit pur! «Der Krieg beendete ihre Wanderjahre; Lion wurde verhaftet, Marta rettete sein Leben mit viel List und brachte ihn sicher durch den Ersten Weltkrieg.» – schreibt Winfried F. SCHOELLER.

Marta FEUCHTWANGER war eine hoch interessante Frau, sie hatte zwar keinen Beruf erlernt und war lebenslang finanziell von ihrem Mann abhängig, sie «führte alles in allem eine dienende Existenz». Marta FEUCHTWANGER hatte eine solche Präsenz und Anziehungskraft, dass die Feuchtwangers viele Jahre das gesellschaftliche Zentrum prominenter Künstler waren; über Künstlerinnen wird nicht berichtet «Aber sie wertete nicht nur Lion Feuchtwangers Stellung auf, sie arbeitete auch seine Manuskripte durch.»

«Spätestens im Juni 1940, nach der Kapitulation Frankreichs, war Martas strategisches Vermögen gefragt: Lion Feuchtwanger, in Les Milles internierter Lieblingsgegner der Nazis und von der Auslieferung bedroht, wurde von ihr mit Hilfe eines amerikanischen Diplomaten aus dem Lager gerettet.» … «Marta Feuchtwanger, Hauptfigur eines Lebensarrangements, Gastgeberin, Stil-Ikone, hat ihrem Mann auf diese Weise zweimal das Leben gerettet. Am Schluss war sie damit beschäftigt, sein Erbe zu bewahren. Ohne ihre Präsenz wäre ihm kaum der anhaltende Publikumserfolg beschieden gewesen, den er mit seinen Gesellschaftsromanen hatte.»

In «Die vier Leben der Marta Feuchtwanger» beleuchtet Manfred FLÜGGE «seine Heldin mit Gespür für Episodenlichter, weiß sich seines Materials sicher,

250 ARETIN, Felicitas von, 1994: Zwischen Muse und Muttchentyp. Gustav Sichelschmidt und Corinne Pulver über Geliebte und Ehefrauen von Dichtern. Der Tagesspiegel vom 1994-01-23

251 SICHELSCHMIDT, Gustav

holt die Majestät großer Augenblicke und verschwenderischer Gesten aus den Schablonen. Das ist weit mehr als sie sich selbst an Selbstdarstellung in ihren Memoiren ‹Nur eine Frau› gegönnt hat.»[252]

Evelyn FINGER (2005) bringt das Geschlechterverhältnis bei einigen der großen Dichter und Denker auf folgenden Nenner: «Für Schiller, Kant und Rousseau bleibt die Frau eine inferiore Kreatur, die sich erst durch ihre Beziehung zum Vater, Bruder, Ehegatten und Sohn definiere. Diese Zumutung zurückzuweisen müsste heißen, sich auch vom schmeichlerischen Ton vieler zierlicher, an die ideale Frau gerichteter Gedichte (‹Durch Anmut allein›, schreibt Schiller, ‹herrschet und herrschte das Weib›) nicht länger die Ohren verstopfen zu lassen und zu erkennen, dass die Kehrseite jeder Idealisierung Abwertung ist.» Was meinen Sie, liebe Leserin: Können wir ohne den «schmeichlerischen Ton vieler zierlicher, an die ideale Frau gerichteter Gedichte» leben? Aber klar! Gefühle können sehr unstet sein. Idealisierungen sind hochgradig gefühlsabhängig. Deshalb überkommt mich schon immer bei – in meinen Augen übertriebenen – Komplimenten der Gedanke: Geht's nicht ein bisschen kleiner? Das kann doch nur zur Enttäuschung führen! Ich kann darauf verzichten!

Zu diesem Schmäh gehört für mich auch das Gefasel von der Muse. Männer nutzen ihre Musen für ihre Zwecke aus, die Muse selbst erfährt keine Anerkennung – auch, wenn sie eigene literarische oder dichterische Ambitionen und das entsprechende Talent hat. Ich zumindest kenne keine aus eigenem Recht erfolgreiche «Muse». Im Gegenteil: Charlotte VON KALB (1761 – 1843) wird z. B. als «bekannteste Unbekannte der Klassik» apostrophiert – sie fehlt in kaum einer deutschen Literaturgeschichte als Muse und Vorbild literarischer Gestalten. «Als Autorin hingegen wurde sie schnell und gründlich vergessen.»[253] Literarisch verwertet wurde sie vor allem von Jean PAUL und Friedrich SCHILLER; aber auch HÖLDERLIN und HERDER ließen sich von ihr inspirieren. Aber es reichte nie zu einer dauerhaft glücklichen Beziehung – dazu war sie zu selbstbewusst und intelligent, selbst für die, die wir auch heute noch für die klugen Männer ihrer Zeit halten! Es reichte nur zur Dichtermuse, Geliebten und Freundin. «Jean Paul wie Friedrich Schiller bemächtigten sich dieser emanzipierten Frau durch literarische Entgegnungen: Schiller in Gedichten wie ‹Freigeisterei der Leidenschaft›, Jean Paul in seinem Hauptwerk, dem Roman ‹Titan›, wo Charlotte wenig verbrämt als Linda auftritt.»[254]

Man(n) kann weibliches Talent auch mit einem einzigen Wort aberkennen: «Naturerscheinung». Also so etwas wie ein Gewitter, ein Tropensturm, ein Regenbogen? So wurde Rahel VARNHAGEN von den Männern ihrer Zeit angepriesen. «Eine galante Art, der Autorin eines der umfassendsten Briefwerke ihrer Zeit bewusste Kreativität und Intellektualität abzusprechen.» Rahel VARNHAGEN nannte als Triebkraft ihres Schreibens allerdings etwas ganz Anderes: «Wahrheitsliebe».

252 SCHOELLER, Winfried F., 2008: Schönste Blüte. Porträt einer Dienerin: Manfred Flügge erzählt von den vier Leben der Marta Feuchtwanger. In: Der Tagesspiegel vom 2008-12-2

253 ZAJONS, Michael, 2011: Die rebellische Muse. Charlotte von Kalb inspirierte Schiller, Hölderlin und Herder. Nun wurde ihr Grab in Kreuzberg restauriert. Der Tagesspiegel vom 2011-07-19

254 ZAJONS, 2011

«Mit dem Klischee sich naiv verströmender ‹weiblicher› Autorschaft, die Rahel Varnhagen bis heute unterstellt wird, hat das nichts zu tun: Sich mit dem Anspruch ‹Wahrheit› schreibend zu veräußern, setzt nicht nur unablässige Selbstbefragung und -disziplinierung voraus, sondern auch einen Willen zur Form. Der ist oftmals vom ersten Satz dieser Briefe an spürbar, stilistisch und gedanklich.»[255]

Insa WILKE würdigt Rahel VARNHAGEN als Denkerin und Theoretikerin und bezieht sich dabei auf Barbara HAHN: «Ein Buch des Andenkens für ihre Freunde»; sie setzt «dem Klischee sich naiv verströmender ‹weiblicher› Autorschaft» die ausgefeilten Formulierungen und Dramaturgie in Rahel VARNHAGENS immensen Briefwerk ebenso entgegen wie ihren sensiblen Bezug auf den Empfänger oder die Empfängerin, den Wechsel von philosophischen Gedanken und Reflexionen über Theater und Politik und schließlich die Tatsache, dass diese Briefe im Anspruch auf «Wahrheit» durchkomponiert sind.

148.

Und dann ist da noch der Aspekt der **Deutungshoheit** über die Werke von Frauen. Simone DE BEAUVOIR z. B. hat die Erfahrung gemacht, dass sie nach dem Erscheinen ihres feministischen Standard-Werkes «Das andere Geschlecht» «von einer patriarchalisch geprägten Gesellschaft interpretiert, seziert und verurteilt» wurde.

Die Deutungshoheit über ihre Biografie, über ihr Leben wollte sie durch eine umfangreiche Autobiografie behalten («Memoiren einer Tochter aus gutem Hause» von 1958). «Sie schreibt in dem Bewusstsein, dass es für eine Frau viel schwerer als für einen Mann ist, die Verfügungsgewalt über die eigene Biografie zu erlangen.»[256] Sie gibt viel Privates über sich preis, aber nicht als Zehrung für Voyeure, sondern immer, um zu demonstrieren und nachvollziehbar zu machen, dass das Private politisch ist, dass das Private nur scheinbar privat ist, sondern dass alles Private eine politische Dimension hat, also eingebettet ist in die strukturellen Bedingungen, in denen wir leben, und eben deshalb so ist, wie es ist. «Es geht Beauvoir nicht um ein Mehr an Privatem, sondern es ist ihr Verdienst, die Beziehung von Privatem und Politischem in Bezug auf die condition féminine als eine der Ersten philosophisch-systematisch reflektiert zu haben.»

Simone DE BEAUVOIRs bekanntestes Werk ist «Das andere Geschlecht». Damit ist sie «Urheberin einer Schrift, die sich universalistischer und radikaler als jede andere je zuvor mit der Frage befasst, was es eigentlich für die eine Hälfte der Menschheit bedeutet, von der anderen gegängelt und idealisiert, unterdrückt und mythisiert, definiert und penetriert und alles in allem für ziemlich dumm verkauft zu werden»[257] – und das im Jahre 1949 (deutsche Übersetzung 1951), an

255 WILKE, Insa, 2011: Ich bin von außen ganz verschüttet. «Ein Buch des Andenkens für ihre Freunde»: Barbara Hahn plädiert für einen neuen Umgang mit dem Opus magnum der Berliner Salonière Rahel Varnhagen. In: Der Tagespiegel vom 2011-07-03

256 BRÜGGEMANN, Lieselotte, 2008: Niemand kommt als Frau zur Welt. Die Not der Biografen mit einer besessenen Autobiografin: zum 100. Geburtstag der Schriftstellerin Simone de Beauvoir. In: Der Tagesspiegel vom 2008-01-09

257 MÄRZ, Ursula, 2008: Das Wichtigste: Dass ich eine Frau bin… Simone de Beauvoir hat wie

das Sie, lieber Leserinnen, wohl schwerlich Erinnerungen haben! Auch ich kann kaum fassen, dass das Buch schon da war, als ich anfing, feministisch zu denken – also überhaupt zu denken!

149.

Warum sind so viele Künstlerinnen – aller Kunstrichtungen – verschwunden, fragen sich viele Frauen immer wieder. Wir können die Leistung der historischen Frauenforschung gar nicht hoch genug schätzen, sie hat viele Namen und noch mehr Wissen aus dem Nebel der Geschichte geholt. Gisela NOTZ[258], Historikerin und Sozialwissenschaftlerin, ist für mich die beste Kennerin – auch durch die regelmäßige Herausgabe von «Politeia. Der historische Wochen-Kalender. Frauenportraits aus 50 Jahren deutscher Geschichte».

«Die Literaturgeschichte des 20. Jahrhunderts ist voll von vergessenen, ins Nichtmehr-Bewußte abgedrängten Autorinnen. Insbesondere durch die tiefe Zäsur von zwölf Jahren Nationalsozialismus in Deutschland sind viele SchriftstellerInnen und KünstlerInnen **abgeschnitten** worden **vom Wirkungsfeld der Öffentlichkeit** und damit der späteren Überlieferung. Einige von ihnen hatten gerade in den Jahren der Weimarer Republik eine eigene Stimme gefunden, hatten begonnen, sich einzubringen in den Strom der fortschrittlichen, ja avantgardistischen Kunst, darunter zahlreiche Theaterautorinnen. In den zwanziger Jahren, vornehmlich in Berlin, hatte eine ganz neue Bewegung von künstlerisch tätigen Frauen das Forum der Öffentlichkeit betreten ... Doch der Beginn der Nazi-Ära schnitt diesen Aufbruch abrupt ab. Es war auch auf kulturellem Gebiet ein Rückfall in die Barbarei. Die meisten der schreibenden Frauen jener Epoche verloren in dieser Zeit jegliche Möglichkeit zu publizieren und öffentlich wirksam zu werden.»[259]

Sie kennen wahrscheinlich den Schriftsteller Georg BÜCHNER – nach ihm sind Schulen, Bibliotheken, Buchläden benannt. Aber kennen Sie auch Luise BÜCHNER, seine Frau? Sie durfte bis zum 14. Lebensjahr zur Schule gehen – mehr stand Anfang des 19. Jahrhunderts auch einem Mädchen aus besseren Kreisen nicht zu: Lesen, Schreiben, Religion und höchstens noch das Rechnen mit dreistelligen Zahlen. Sie wurde trotzdem eine gebildete Frau und kämpfte für das Recht der Frauen, einen Beruf zu erlernen. Ihr Name? Ihre Veröffentlichungen? Kennt heute niemand mehr.

Die «Möglichkeit zu publizieren und öffentlich wirksam zu werden», hatten die Frauen in den Jahrhunderten davor ebenso wenig, die Gründe sind nur nicht so offensichtlich. Sie wurden ins Private abgedrängt, damit wurden die Frauen und der Vorgang der Öffentlichkeit entzogen. Die Zeiten haben sich geändert, aber zu wichtigen Gedenktagen nehmen wir diese alten Zustände zur Kenntnis, denn wir sind ja schon froh, wenn die Öffentlichkeit vergessene Frauen würdigt.

---

keine vor ihr untersucht, was es für Frauen bedeutet, vom Mann gegängelt, idealisiert, penetriert zu werden. Die Debatte darüber brodelt bis heute. In: DIE ZEIT Nr. 2 vom 2008-01-03

258 https://de.wikipedia.org/wiki/Kategorie: Frauenrechtler

259 MELCHERT, Monika, 2002 – 2007: Editorial für die Reihe «Spurensuche. Vergessene Autorinnen wiederentdeckt» des trafo Verlages, Berlin

Und Frauen sind heute sehr kreativ: Sie malen, schreiben, entwerfen, bauen etc. Der wichtigste Grund dafür ist: Warum sollten wir uns unserer Selbstverwirklichung selbst in den Weg stellen?! Ob wir uns künstlerisch durchsetzen, wissen wir nicht, aber die Männer auch nicht! Vielen hilft dann der Alltagsspruch: Wer nicht kämpft, hat schon verloren!

150.

Und ein Beispiel aus der Welt der Musik: Felix MENDELSSOHN BARTHOLDY stand die Welt offen – und **Fanny MENDELSSOHN BARTHOLDY**? «Der Platz seiner Schwestern hingegen war nicht das Podium, sondern der heimische Gartensaal, ein Salon, ein Bereich zwischen Privatheit und Öffentlichkeit.» … «Erst als 1987 umfangreiches Brief- und Notenmaterial aus dem Henselschen Privatbesitz in die Berliner Staatbibliothek wechselte, erfuhr man, von welch enormem Schöpferinnendrang diese Frau beseelt gewesen sein muss und was sie alles komponiert hat.»[260] «Von Beruf Schwester» – schreibt Christine LEMKE-MATWEY[261] über Fanny MENDELSSOHN und «Ohne die Komponistin Fanny Hensel ist auch ihr Bruder Felix Mendelssohn gar nicht denkbar.» Ihr Vater ermahnte sie, sich auf die wahre Bestimmung eines Mädchen zu konzentrieren – den Beruf der Hausfrau. «Es hat alles nichts genützt, … kein Fleiß, keine Zornesausbrüche, kein noch so hart errungenes Zeugnis ihrer musikalischen Hochbegabung. Das Geschlecht wird Fannys Schicksal bleiben.» Abraham MENDELSSOHN ist assimilierter Jude, sein Übertritt zum Christentum soll seinen Kindern alle Erfolgschancen sichern, er braucht gesellschaftliche Akzeptanz und gerade in der Frauenfrage kann er sich nicht gegen die gesellschaftliche Konvention stellen. Hier opfert ein Vater das Lebensglück seiner Tochter seinem gesellschaftlichen Dazugehören.

Aber Fanny MENDELSSOHN tut «ihre Familienpflichten» und macht ihre Not zu einer Tugend: Sie «nutzt die symbiotische Beziehung zu Felix … Sie redigiert und kritisiert, was er ihr anvertraut (seine beiden Klaviertrios, die Italienische Symphonie), sie lobt und preist und antwortet ihm, wo sie kann, kompositorisch: mit Spiegelwerken, die sich über sein Œuvre in die Tradition Bachs, Händels oder Beethovens einschreiben, mit Liedern, die seinen Liedern ein Echo bieten, mit einem eigenen Klaviertrio, einem Streichquartett. ‹Musik als Korrespondenz› hat die Fanny-Forschung dieses so gewitzte wie intime Verfahren genannt.»

Und der Gipfel? Beatrix BORCHARD kommentiert das – sicher zu Recht – mit der Feststellung: Immerhin wurde ihr Werk nicht vernichtet! «Bei anderen Komponistinnen, die weniger prominenten Dynastien angehören, überlebt oft nur ein Bruchteil ihrer Arbeit. Frauen und das, was sie tun, gehören nun einmal der Familie.»

260 BORCHARD, Beatrix, 2005: Weltgeist in der Gartenlaube. Heute wird sie 200: Die Beschäftigung mit der Komponistin Fanny Hensel wirft ein erstaunliches Licht auf den Musikbetrieb. In: DIE ZEIT Nr. 19 vom 2005-11-14, S. 24

261 LEMKE-MATWEY, Christine, 2015: Fanny Mendelssohn: Von Beruf Schwester. Die Beraterin: Ohne die Komponistin Fanny Hensel ist auch ihr Bruder Felix Mendelssohn gar nicht denkbar. In: DIE ZEIT Nr. 2 vom 2015-01-08 http://www.zeit.de/2015/02/fanny-hensel-felix-mendelssohn-schwester

Wie kam es dazu? Künstlerische Werke, die keine Aussicht auf Veröffentlichung hatten, wurden als Entwurfsfassungen definiert, ein Verständnis vom künstlerischen Werk als Prozess, nicht als fertiger, unantastbarer Text. Hinzu kamen die Editionsprobleme und die sind bei Weitem nicht verschwunden. «Wenn heute Musikerinnen nicht vorwiegend als weibliche Künstler wahrgenommen werden wollen, dann reagieren sie darauf, dass die Trennung zwischen Mann und Frau an eine strikte Hierarchisierung gebunden ist. Diese Hierarchisierung stellt auch im Bereich der Kunst die Machtfrage – in doppelter Hinsicht. Einerseits haben wir es hier mit Definitionshoheiten zu tun: Was ist ‹große› Kunst, und was darf marginalisiert werden? Andererseits sind die Verfügungs- und Entscheidungsgewalten über Aufführungs- und Publikationsmöglichkeiten nach wie vor klar verteilt.»[262]

Und was fördert ein Blick in die (Post)Moderne zutage? «Bei allem Autonomie- und Avantgarde-Anspruch der Kunst – das Fundament unserer Geschlechterverhältnisse, nämlich die ungleiche Bewertung und Entgeltung von Tätigkeiten, je nachdem, ob sie von Männern oder von Frauen ausgeübt werden, ist auch in diesem Bereich offenbar von allen sozialen und kulturellen Umbrüchen unerschüttert geblieben.»[263] Was bleibt uns da zu sagen: Moderne Kunst? Altmodisches Geschlechterverhältnis!

Ein wenig Hoffnung für die Musikerinnen möchte ich dennoch verbreiten. Sie speist sich bei mir aus der exzellent zusammengefassten Überschrift: «Für Elise? Mit Elise!»[264] Langsam ändert sich die Musikwelt gerade zugunsten der Frauen, und zwar für Orchestermitglieder, Dirigentinnen, Intendantinnen u.a. Und trotzdem ist unsere Geduld gefragt: «Je berühmter ein Orchester, desto geringer die Frauenquote.»[265] Peinlich!

151.

Und so war es überall: Nehmen Sie das Beispiel **Hannah HÖCH**: Als Frau wurde sie nicht an der Kunstakademie zugelassen, also studierte sie an der Kunstgewerbeschule – mit wunderbar kreativem Ergebnis. Einmal aussortiert, brauchte sie sich keiner Konvention zu unterwerfen, keiner Tradition anzupassen, mit einem Kollegen zusammen hat sie die Fotocollage erfunden – eine höchst wirkmächtige Form der Gesellschaftskritik.

152.

Von **Claudia WAHJUDI** stammt die Formel: «Kunst und Macht: Alphatiere präsentieren Alphatiere». Sie betrachtet im Juni 2010 die Berliner Ausstellungslandschaft und stellt fest: Der neue Direktor der Berliner Nationalgalerie, Udo KITTELMANN, «zeigt (...) eine eklatante Lücke: Er kennt kaum Künstlerinnen.» Ihr fällt deshalb die «Quote» für den Ausstellungsbetrieb ein, denn «niemand

---

262 BORCHARD, 2015

263 HELWERTH, Ulrike, 2006: in «informationen für die frau», Informationsdienst des Deutschen Frauenrates, Heft 4/2006, Editorial, S. 1

264 HANSSEN, Frederik, 2018: Für Elise? Mit Elise! Jahrhundertelang war die klassische Musik von Männern dominiert. Das ändert sich gerade. In: Der Tagesspiegel vom 2018-03-10

265 HANSSEN, 2018

bestreitet, dass Künstlerinnen museumstaugliche Werke produzieren». Oder auch als Vorbild: «das Pariser Musée National d'Art Moderne», das «gerade mit 500 Exponaten von Künstlerinnen die jüngere Kunstgeschichte neu zu schreiben versucht».[266]

Zu «Kittelmanns großer Einstandsschau» im «Hamburger Bahnhof» schreibt sie: Es «fanden sich unter 77 Teilnehmern (!) gerade fünf Künstlerinnen. Zu wenig für ein Museum der Gegenwart, ist doch die Zahl der Künstlerinnen in den letzten 30 Jahren kontinuierlich gestiegen. ... An der Universität der Künste Berlin stellen sie zwei Drittel der Absolventen.(!)»

Ein anderer Aspekt: «Frauen in Führungspositionen sind rar. Den breiten Sockel in Deutschland bilden die Studentinnen mit 55 Prozent, an der Spitze der Pyramide, bei Professuren und in der Bundeskunstsammlung, schrumpft der Anteil von Künstlerinnen auf 18 bis 13 Prozent.» Für künstlerisch und ökonomisch erfolgreich halten sich Museumsleiter, wenn sie mit den immer gleichen großen Namen viele Besucherinnen und Besucher anziehen. Das dient ihrer Karriere! Interessant ist deshalb auch, «dass dort, wo Frauen über Wettbewerbe mitentscheiden, Künstlerinnen mehr Preise und Stipendien gewinnen.»

Interessant ist auch ein Beispiel aus Schweden aus dem Jahr 2007: Als der Leiter des Stockholmer Museums für Moderne Kunst festgestellt hatte, dass «bei herausragenden Namen aus der ersten Hälfte des 20. Jahrhunderts» im Bestand seines Museums 80 Prozent der Gemälde von Malern stammten und nur 20 Prozent der Werke von Malerinnen, beantragte er Sondermittel ausschließlich für den Ankauf von Werken von Frauen – und bekam sie auch! Der Staat zeigte Interesse an der Verminderung des Ungleichgewichts der Geschlechter in den Beständen des international angesehenen Kunstmuseums.

153.

Artemisia GENTILESCHI – «the only female old master»[267] ist Anerkennung und Fluch zugleich. Als einzige «Alte Meisterin» wird zwar ihr Können anerkannt, aber «Alte Meister» wollen sie auch unter ihre Fittiche nehmen.

«Geschichte einer Leidenschaft» ist der Titel einer Ausstellung im Königspalast in Mailand (2011/2012). Rachel SPENCE schreibt darüber in der Financial Times (2011-11-24), denn Artemisia GENTILESCHI ist die bedeutendste Malerin des Barock, ihre Gemälde hängen im Metropolitan Museum ebenso wie im Detroit Institute of Arts, sie hat große und großartige Bilder für Königshäuser und – in der Zeit der Gegenreformation – für die Kirche gemalt.

Rachel SPENCE zeigt sich von der Ausstellung empört, weil sie Besucher und Besucherinnen durch einen schummrigen und ansonsten leeren Raum betreten müssen, vorbei an einem ungemachten Bett mit Zeugnissen der Vergewaltigung Artemisia GENTILESCHIS als 17-Jährige durch den Maler Agostino TASSI. Bei

266 WAHJUDI, Claudia, 2010: Die Lückenbüßerinnen. Frauen vor! Warum eine Quote im Ausstellungsbetrieb sinnvoll ist. In: Der Tagesspiegel vom 2010-06-11

267 SPENCE, Rachel, 2011: A painter held captive by her past. How an Old Master's Life has too often overshadowed her art. Artemisia Gentileschi: Story of a Passion, Palazzo Reale, Milan, 2011-11-29, https://www.ft.com/content/9fbfbc10-15bd-11e1-8db8-00144feabdc0

den Ausstellungsmachern(sic) hat wohl Lüsternheit über Kunstverstand gesiegt. Durch diese «Einstimmung» werden ihre Bilder zu Anklagen einer von sexueller Gewalt betroffenen Frau und sind nicht die Gemälde von großer Dynamik und Strahlkraft und Kunst um ihrer selbst willen. Auch die Tatsache, dass Artemisia GENTILESCHI sich nicht an die zierlichen Frauenthemen jener Zeit – Stillleben, Blumen, Porträts – hält, sondern sich der höchsten Kunstform jener Zeit, der Historienmalerei widmet, macht ihr Können nicht so interessant wie die – wenn auch schreckliche – Episode in ihrem Leben.

Und Achtung, Kunstkritiker: Rachel SPENCE'S scharfe Beobachtung und wunderbar spitze Feder können schon mal zustechen: Der italienische Kunsthistoriker Roberto LONGHI, der bis 1970 lebte, soll über Artemisia GENTILESCHI gesagt haben, sie sei die einzige Frau in Italien gewesen, die jemals wusste, was Malen, Farben, Impasto und andere Grundlagen der Malerei sind. Mit diesem Satz – meint Rachel SPENCE – sagt der Kritiker mehr über den Paternalismus des Kunstestablishments als über GENTILESCHI und ihre Zeitgenossinnen aus.

154.

Als **Käthe KOLLWITZ** zur Verleihung der «Kleinen Goldenen Medaille» für ihre Kunst vorgeschlagen wurde, bemerkte Kaiser Wilhelm II.: «Ich bitte Sie, meine Herren, eine Medaille für eine Frau, das ginge dann doch zu weit. Das käme ja einer Herabwürdigung jeder hohen Auszeichnung gleich. Orden und Ehrenzeichen gehören an die Brust verdienter Männer.»[268] Auch das sagt weniger über Käthe KOLLWITZ' Leistung aus als über die Borniertheit des Monarchen. Hier gilt Hedwig DOHMS Wort: «Geister ersten Ranges findet man auch unter den Männern nur in einzelnen Exemplaren.» [269]

155.

Mein Mann und ich gingen gerne zu Führungen von **Anja BIRKEL** in der Berliner Gemäldegalerie – leider hat die Welt sie viel, viel zu jung verloren. Frau BIRKEL sprach druckreif, kein Satz blieb unvollendet, alle Füllwörter (z.Z. sehr beliebt «sozusagen», womit alles Gesagte so hübsch zurückgenommen wird) out, sie begeisterte ihre Teilnehmer*innen für das jeweilige Thema immer, hatte überwältigend profunde kunsthistorische und historische Kenntnisse und war jederzeit offen für neue Perspektiven – die einen nahm sie auf und webte sie vielleicht sogar weiter, die anderen wurden mit Respekt beiseitegelegt. Nichts ist beliebig, alles hat Tiefe und ist in Bewegung.

Da trat ein älterer Mann an Frau BIRKEL heran, ich stand zufällig daneben, er hätte da doch mal eine Frage, sie könnte sie gewiss beantworten, sie sei doch sicher Kunststudentin! Rums! Er hat sie sich runtergeholt, jetzt kann er auf sie herabblicken! Er ist – natürlich – ein erfahrener Mann und sie eine kleine Kunststudentin! Das ist ein Gefühl! Sie ist zwar nicht auf seiner Höhe, aber vielleicht weiß sie ja ein ganz kleines bisschen. Meine Erfahrung mit Frau BIRKEL: Ganz

268 Den Hinweis verdanke ich Frau Anja BIRKEL, Berliner Gemäldegalerie
269 DOHM, 1982:63 [1874]

gleich, zu welchem Thema sie eine Führung machte, ich hatte immer das Gefühl, Das ist ihr Spezialgebiet!

Frau BIRKEL war erkennbar erwachsen, sah aber jung aus. Sie kannte diese Herabsetzung zu Hauf und wies diese hier dezent zurück mit «Die Studentin können Sie weglassen.» Da war meine Wut aber vielleicht wieder jung! Frau BIRKEL war eine der tragenden Säulen des Kunstgeschehens in der weltbekannten Berliner Gemäldegalerie, und da laufen die Ignoranten rum und schicken sie zurück in Kindheit und Jugend, damit sie nicht zu ihr aufblicken müssen. Professionalität kann bei Frauen nicht sein!

156.

In Frankreich diktierte ab dem 17. Jahrhundert die **Königliche Akademie für Malerei und Bildhauerei** – gegründet 1635 – feste Regeln für den offiziellen höfischen Geschmack. Der französische Maler Jean Siméon CHARDIN (1699 – 1779) wurde z. B. von der Akademie nicht als Historienmaler – der (damals) höchsten Kategorie in der Malerei – zugelassen, weil ihm die Ausbildung fehlte. Es gab also drei Filter zum Erfolg, die alle Frauen ausschlossen: Ausbildung, Akademiemitgliedschaft und Aufträge. Weil CHARDIN keine Ausbildung hatte, konnte er nicht Akademiemitglied werden, weil er nicht Akademiemitglied war, erhielt er keine Aufträge!

157.

Birgit RIEGER berichtet im Tagesspiegel[270] 2013 unter der Überschrift «**Axt und Stöckelschuh**» über eine Ausstellung erotischer Werke von Frauen in der Galerie am Körnerpark. «Sie sind Frauen, und sie wollen ausstellen», heißt es dort – und mir gehen alle Hürden durch den Kopf, die die Ausstellungsmacherinnen womöglich zu überwinden hatten. «Im umkämpften, männerdominierten Betrieb der bildenden Kunst ist das für Frauen nicht immer leicht, zumal mit feministischen Positionen.» «Nicht immer leicht» müssen wir uns wohl mit «immer sehr schwierig» übersetzen. Birgit RIEGER zitiert den «Spiegel» mit folgendem Satz: «In der Welt der Kunst gibt es keine Gleichberechtigung.» Deutschland sei sogar noch rückständiger als andere westliche Länder, was zum Beispiel das Männer-Frauen-Verhältnis von Ausstellungsbeteiligungen angeht oder die Preise für Kunstwerke.

Deshalb wollen Frauen ihre Kunst nach eigenen Bedingungen präsentieren – ohne männlichen Kommentar! So besteht die Hoffnung, dass ihre Botschaften das Publikum besser erreichen. Männer-Mainstream ist nämlich für die Kunst von Frauen wie eine schlechte Übersetzung – mehr Unsinn als Sinn. Das müsste überhaupt nicht so sein, aber die gefühlte Überlegenheit männlicher Ausstellungsmacher steht einem wahren Sich-Einlassen auf feministische Themen und Ausdrucksformen in der Kunst im Wege. «Gerade beim Erkunden der Themen Erotik und Sexualität ist es spannend, wenn die Männer einmal nicht mitreden,

270 RIEGER, Birgit, 2013: Axt und Stöckelschuh. Die Galerie am Körnerpark zeigt erotische Werke von Frauen. Ein Besuch bei den Künstlerinnen. In: Der Tagesspiegel vom 2013-03-22 http://www.tagesspiegel.de/kultur/kunst-axt-und-stoeckelschuh/7966582.html

denn kaum ein Thema ist so stark von männlichen Bildern und Vorstellungen geprägt.»[271] Frauen unter sich können sich auch leichter von den Fesseln im Kopf befreien, die uns gesellschaftliche Strukturen angelegt haben. Eine der Ausstellungsmacherinnen sagt: «Feminismus bedeutet, die patriarchale Gesellschaft zu untersuchen und gegebenenfalls zu untergraben. Das kann man nur gemeinsam schaffen.»[272]

158.

Belgien reflektiert sein kulturelles Erbe, insbesondere seine Kolonialgeschichte. Deutlich wird das am Africa-Museum in Tervuren bei Brüssel. Museen spiegeln den Geist der Zeit: Architektur, Exponate und Erläuterungen tragen politische Botschaften – das ist auch so gewollt! Dass Kolonien als Privatbesitz der Herrschenden betrachtet wurden, führte in den Museen zu deren Glorifizierung einerseits und spiegelte andererseits deren verheerendes Bild von den Menschen aus den Kolonien wider; es kommt in Sprache und Bild überdeutlich zum Ausdruck. So weit, so vertraut.

Kaum überrascht bin ich, dass der Rassismus immer noch mit einer zusätzlichen Herabsetzung von Frauen einhergeht, **Sexismus im Rassismus** sozusagen. «Die Sprache der Kunstwerke war eindeutig: Der belgische Kolonialherr bringt die Zivilisation zu einer minderwertigen Kultur. Der Europäer ist größer als der Afrikaner, bei den schwarzen Frauen werden die sexuellen Merkmale betont.»[273] So wurde die Rolle der Frauen in Afrika festgelegt.

Aber eine neue Staatsform – Demokratie statt Königreich – kann oft mit den alten Botschaften nicht weiterleben, daher ist das Africa-Museum heute ein ganz anderes. Und die Rolle der Frau auch?

159.

Nach einer Führung «**Geschlechterrollen in der Kunst**» in der Gemäldegalerie in Berlin: Ich mache zu Hause meine «Kunsteintragungen», d.h. ich arbeite die einzelnen Bilder, die ich gerade betrachtet habe, in meinen digitalen Verzeichnissen ein bisschen nach. Dafür brauche ich auch das Internet. Es gibt wenige Malerinnen in der Gemäldegalerie in Berlin, eine davon ist Anna Dorothea THERBUSCH. Und da finde ich dann im Netz den Satz: «Im Jahr 1765 ging (Anna Dorothea) Therbusch schließlich nach Paris. Die Académie Royale lehnte ihre Arbeit zunächst ab, weil sie für zu gut befunden wurde, um von einer Frau stammen zu können.»[274] Ja, mein Gott, ist den Jungs denn nichts zu blöd, wenn es um die Herabsetzung von Frauen geht? THERBUSCH wurde 1767 doch noch in die Académie Royale aufgenommen und stellte ihre Gemälde als einzige Frau im Pariser Salon von 1767 aus.

---

271 RIEGER, 2013

272 RIEGER, 2013

273 GRABITZ, Markus, 2018: Schatten über den Kolonialherren. Belgiens renoviertes Africa-Museum bietet einen neuen Blick auf das schwierige geschichtliche Erbe. In: Der Tagesspiegel vom 2018-12-09

274 http://de.wikipedia.org/wiki/Anna_Dorothea_Therbusch

160.

Noch ein kurzer Blick auf Pseudonyme von Frauen und ihre Begründung:[275] **Mary Anne EVANS, alias George ELIOT**[276] (1819 - 1880), war eine englische Schriftstellerin, Übersetzerin und Journalistin und eine der erfolgreichsten Autor*innen des viktorianischen Zeitalters. Sie schrieb Klassiker der englischen Literatur. 2015 wählten 82 internationale Literaturkritiker und -wissenschaftler ihren Roman «Middlemarch»[277] sogar zu dem bedeutendsten britischen Roman.[278]. Sie wolle ernstgenommen werden – und das gelinge einem eben nur als Mann, erklärte EVANS ihren Vertrauten. Ihre Charakterdarstellungen weiblicher Figuren sind eine deutliche Kritik an der schlechten Bildung, die man Frauen jener Zeit zuteil werden ließ.

Als Charlotte BRONTË dem Schriftsteller Robert SOUTHEY, in jener Ära ein bekannter Autor, einige ihrer Gedichte geschickt hatte – in der Hoffnung, der erfolgreiche Kollege würde ihr helfen –, holte sie sich eine Abfuhr: «Literatur kann nicht die Hauptbeschäftigung im Leben einer Frau sein, und sie sollte es auch nicht sein. Je mehr sie sich den ihr eigenen Aufgaben widmet, desto weniger Muße wird sie für Literatur haben», schrieb er ihr.

Die Begründungen, mit denen Frauen damals vom Schreiben abgehalten werden sollten, lesen sich heute abenteuerlich. Der Kulturhistoriker Wilhelm Heinrich VON RIEHL meinte etwa, dass ausschließlich hässliche Frauen Interesse dafür zeigten und Schriftstellerinnen «lediglich durch Verbitterung über die Verschrobenheit ihrer Stellung in Familie und Gesellschaft zur Schriftstellerei getrieben» worden seien.

Derartige Vorstellungen hielten sich bis weit ins 20. Jahrhundert; ebenso die weiblichen Versuche, sie zu unterwandern. «Ein weitaus größeres Problem für künstlerisch ambitionierte Frauen allerdings war, dass ihnen die Kunstakademien weit bis ins 20. Jahrhundert die Aufnahme verweigerten.»

Amantine Aurore Lucile Dupin de Francueil ist George SAND: «Ich wollte so weit Mann sein, dass ich in Bereiche und Milieus eindringen konnte, die mir als Frau verschlossen waren.»

Und dies sind nur Beispiele, denn Bettina von ARNIM, Karoline VON GÜNDERODE, Anne & Emily BRONTË benutzten ebenfalls Pseudonyme.

---

275 GRISSEMANN, Stefan / SCHEDLMAYER, Nina, 2014: Spielikonen. In der Kunst werden konservative Rollenbilder schon seit Jahrhunderten unterwandert. Mit Conchita Wurst ist der Geschlechterdiskurs endlich auch im österreichischen Mainstream angekommen. Mitarbeit von Susanne VEIL. In: profil – Österreichs unabhängiges Nachrichtenmagazin, Nr. 33 vom 2014-08-11

276 https://www.google.de/search?q=Mary+Anne+EVANS+%E2%80%93+alias+George+Eliot&ie=utf-8&oe=utf-8&client=firefox-b-ab&gfe_rd=cr&dcr=0&ei=A0S1WpWINMTw8AethKroBw

277 https://de.wikipedia.org/wiki/Middlemarch_(Roman)

278 https://de.wikipedia.org/wiki/George_Eliot#cite_note-guardian-1

161.

Clara SCHUMANN «verkaufte die Kompositionen ihres früh verstorbenen Mannes Robert (sie selbst wurde als Komponistin nicht ernst genommen, weil sie eine Frau war) ...»[279] Ihre Geschichte ist so haarsträubend – sie lässt sich eigentlich gar nicht nacherzählen. Mithilfe folgender Zitate will ich es trotzdem versuchen:

«Beurteilt man Clara Schumann als Komponistin, sollte man nicht übersehen, dass sie zu einer Zeit Musik schuf, als man dies bei einer Frau als ungewöhnlich empfand. Über ihr Klavierkonzert a-moll op. 7, geschrieben im Alter von 14 bis 15 Jahren, äußerte der Musikkritiker C.F. Becker in einer Besprechung des Werkes, dass von einer ernsthaften Kritik an diesem Werk natürlich keine Rede sein könne, ‹weil wir es mit dem Werk einer Dame zu thun haben›.»

Hans VON BÜLOW bemerkte im Zusammenhang mit ihren Kompositionen: «Reproductives Genie kann dem schönen Geschlecht zugesprochen werden, wie productives ihm unbedingt abzuerkennen ist ... Eine Componistin wird es niemals geben, nur etwa eine verdruckte Copistin ... Ich glaube nicht an das Femininum des Begriffes: Schöpfer. In den Tod verhaßt ist mir ferner alles, was nach Frauenemancipation schmeckt.»

«Der Liederzyklus, den Clara Schumann als op. 13 anschließend veröffentlichte und in dem sie Gedichte von Heinrich Heine, Emanuel Geibel und Friedrich Rückert vertonte, fand auch bei ihrem Mann höchste Anerkennung. Trotzdem schreibt er wenig später über ihre Kompositionen: ‹Clara hat eine Reihe von kleineren Stücken geschrieben, in der Erfindung so zart und musikreich, wie es ihr früher noch nicht gelungen. Aber Kinder haben und einen immer fantasierenden Mann und komponieren, geht nicht zusammen [...].›»

Wie schön für Robert SCHUMANN, dass sich seine Frau dennoch als Künstlerin für ihn nützlich gemacht hat: Sie «...interpretierte ... seine Werke am Klavier und machte ihn später in ganz Europa bekannt. Sie sorgte auf diese Weise zu einem großen Teil für seinen Ruhm als Komponist.» Wie hält eine Frau das aus? Die einzige Erklärung ist für mich – schlimm genug –, dass in der Zeit, in der sie lebte, in der Gesellschaft Hoffnung auf ein eigenes Werk gar nicht erst aufkeimen konnte. Wie haben die Frauen damit gelebt? Sie kannten die Männer doch gut genug, um zu wissen, dass sie keine Götter waren, sondern häufig ganz erbärmliche Menschen mit illegitimen Machtansprüchen.

Da ist es doch viel angenehmer, in der Gegenwart zu leben. Wie hübsch und kurz sich gute Nachrichten verbreiten lassen: «Für Elise? Mit Elise!»[280] Hande KÜDEN, geboren 1985 mit türkischen Wurzeln, und Byol KANG, geboren 1992 in einer südkoreanischen Musiker- und Musikerinnenfamilie, sitzen seit Herbst 2016 beim Deutschen Symphonie-Orchester in der ersten Reihe, als stellvertretende Konzertmeisterinnen. Sie haben sich als kleine Mädchen selbst die Geige als *ihr*

279 FRENZEL, Veronica, 2011: Bett Shakespeares und Schopenhauers Pudel. Ob Shakespeare wirklich eigene Werke hinterließ, wird im Film «Anonymous» bezweifelt. Sicher ist: Der Dichter vererbte Silberbesteck, viel Geld und ein Schwert. Was ist von Goethe, Bach, Darwin und anderen geblieben? 15 kluge Köpfe und ihr Nachlass. In: Der Tagesspiegel vom 2011-11-27

280 HANSSEN, Frederik, 2018: Für Elise? Mit Elise! Jahrhundertelang war die klassische Musik von Männern dominiert. Das ändert sich gerade. In: Der Tagesspiegel vom 2018-03-10

Instrument ausgesucht. Beide erwiesen sich als hochbegabt, lernten schnell, starteten das Studium in ihrer jeweiligen Heimatregion und wechselten später an die Berliner Hanns-Eisler-Hochschule – schreibt Frederik HANSSEN. Für mich sind sie die erste Generation, die nicht mehr geprägt ist von dem «gesellschaftlichen Wissen»: Klassik ist eine Männerdomäne! «Selbst auf Nachfrage können sie sich nicht daran erinnern, als Frauen irgendwelche Nachteile gehabt zu haben.» So kann es weitergehen! Und dafür lohnt sich die Lektüre von Frederik HANSSENS Artikel!

162.

Doppelstandard im Pop: Auch in der Popmusik, die wir ja gerne mit dem Gefühl der Freiheit in Verbindung bringen, erleben Männer und Frauen diese Freiheit nicht gleich. Selbst prominente Frauen wie BJÖRK und MADONNA berichten von niederschmetternden Diskriminierungen. Ungleichbehandlung von Frauen und Männern sind nach ihrem Erleben in dieser Branche Standard. Frauen werden im Musikgeschäft anders wahrgenommen als Männer, das Bild musizierender Frauen ist immer noch sehr eng gefasst, Frauen wird weniger zugetraut, ihre tatsächlichen Leistungen werden nicht anerkannt, bezweifelt, abgewertet. MADONNA spricht von krassem Sexismus, Misogynie, konstantem Mobbing und schonungslosen Schmähungen, die sie in ihrer über 30-jährigen Karriere erlebt hat.[281]

163.

Ich habe in meinen bisherigen Beispielen «traditionellen» und aktuellen Antifeminismus beschrieben. Unerwähnt ist dabei die **«verordnete» Frauenfeindlichkeit des Nationalsozialismus** geblieben. Künstlerinnen hatten zu verstummen, die für sie notwendige Öffentlichkeit wurde ihnen verschlossen. Sie wurden vergessen oder ins Nicht-mehr-Bewusste abgedrängt. Und das in einem Augenblick, nachdem Frauen in der Weimarer Zeit gerade erst die eigene Stimme und auch für sich die fortschrittliche, ja avantgardistische Kunst entdeckt hatten – darunter zahlreiche Theaterautorinnen vornehmlich in Berlin. Monika MELCHERT, die Herausgeberin der «Spurensuche. Vergessene Autorinnen wiederentdeckt», zitiert in ihrem Editorial Erika MANN: «Seit kurzem gibt es einen neuen Typ Schriftstellerin, die mir für den Augenblick der aussichtsreichste scheint: Die Frau, die Reportage macht, in Aufsätzen, Theaterstücken, Romanen. Sie bekennt nicht, sie schreibt sich nicht die Seele aus dem Leib, ihr eigenes Schicksal steht still beiseite, die Frau berichtet, anstatt zu beichten. Sie kennt die Welt, sie weiß Bescheid, sie hat Humor und Klugheit, und sie hat die Kraft, sich auszuschalten.» … Die Chance für eine spezifische künstlerische Sprache von Frauen war zerstört. Barbarei statt Gleichstellung. Erst die feministische Literaturwissenschaft hat die Spurensuche seit den 80er- und 90er- Jahren geleistet – mit den Schwerpunkten 20er- und Anfang der 30er-Jahre und der Zeit unmittelbar nach Kriegsende.

281 LANGE, Nadine, 2016: Ändert die Spielregeln! Sexismus in der Popmusik: Björk redet Klartext, wie schon Madonna. In: Der Tagesspiegel vom 2016-12-23 (Printversion) oder
LANGE, Nadine, 2016: Björk prangert Sexismus an. Stars reden Klartext: Sowohl Björk als auch Madonna äußern sich derzeit explizit feministisch. (Online-Version) http://www.tagesspiegel.de/kultur/ungleichbehandlung-im-pop-bjoerk-prangert-sexismus-an/19169102.html

164.

Und so hoffen wir weiter, um zwischenzeitlich immer wieder auf den Boden der Realität zurückgeholt zu werden. Monika GRÜTTERS, vormals Kulturstaatssekretärin und heute Staatsministerin für Kultur und Medien, hat 2016 das Ergebnis einer bundesweiten Erhebung vorgestellt. Antje SIRLESCHTOV berichtet darüber im Tagesspiegel: «**Wohin man blickt, dominieren Männer** die Intendanzen und Spielpläne – und prägen aus dieser Position heraus natürlich die gesellschaftliche Diskussion. Frauen nehmen währenddessen lächelnd die Garderobe entgegen.»[282] Der letzte Satz tut weh. Ich hoffe, die Autorin hat dem Satz etwas viel Polemik beigemischt. Aber eine gesellschaftliche Diskussion ohne Frauen ist ärmlich und kann nur die halbe Welt sehen und beschreiben; nur Frauen können die weibliche Perspektive zur Geltung bringen. Das müssen sie tun und das tun sie mit selbstverständlicher Professionalität.

Und dann noch dies: «Erst wenn Frauen anderen Frauen signalisieren, dass Führen die Chance zur Gestaltung sein kann, werden Vorbilder geschaffen. Andernfalls scheitern die Aspirantinnen im Wettstreit um die vorderen Plätze meist schon im Achtelfinale an männlich dominierten Strukturen und Netzwerken.» Und ich freue mich über jede Frau, die eine Intendanz oder andere Leitungsaufgaben übernimmt – meist als Gegenentwurf zum Patriarchen.

165.

Larissa KIKOL[283] empfiehlt Künstlerinnen: «**Frauen, wagt mehr Größenwahn!**» Sie sieht Künstlerinnen auf dem Markt benachteiligt und fragt sich: Können Auktionen nur für Frauen helfen? Geschlechterdenken spielt in der Beurteilung von Kunstschaffenden und der Rezeption ihrer Werke oft noch eine große Rolle – ein Beispiel habe ich Ihnen schon gegeben. Hier folgen weitere:

- Erstens: Nach einer Studie des Deutschen Kulturrats aus dem Jahr 2016 waren 55 Prozent aller Studierenden der Bildenden Kunst Frauen. Aber nur 30 Prozent der Werke auf der Art Cologne 2014 wiederum stammten von Frauen.
- Zweitens: Malerinnen, die in der Künstlersozialkasse versichert sind, verdienen 28 Prozent, Fotografinnen sogar 59 Prozent weniger als ihre Kollegen.
- Drittens: Frauen sind in Museen und Ausstellungshallen generell unterrepräsentiert, schauen Sie einmal auf die institutionellen Sammlungseinkäufe.
- Viertens: Rekordpreise auf den internationalen Auktionen – aber nur für Werke männlicher Künstler, es können auch mal mehr als 100 Millionen Dollar sein. Die Preise für Werke von Künstlerinnen liegen weit darunter.

---

282 SIRLESCHTOV; Antje, 2016: Der Frauenschwarm. Ob Großbritannien, Amerika oder Deutschland: Macht ist heute auch weiblich. Und Hand auf's Herz, Mädels, nie waren die Chancen auf Erfolg so gut wie heute. Trotzdem dominieren die Netzwerke der Boygroups in Politik und Wirtschaft. Eine Polemik. In: Der Tagesspiegel vom 2016-07-06

283 KIKOL, Larissa, 2016: Frauen, wagt mehr Größenwahn. Noch immer sind Künstlerinnen auf dem Markt benachteiligt. Können Auktionen nur für Frauen helfen? In: DIE ZEIT Nr. 37 vom 2016-09-01 http://www.zeit.de/2016/37/kuenstlerinnen-kunstmarkt-benachteiligung-auktionen/komplettansicht

«Eine Ursache dafür mag darin liegen, so sagen Galeristinnen, dass männliche Sammler sich auf Auktionen gern gegenseitig beweisen, wer den längeren Atem hat. Und dass sich für dieses Spiel besonders gut die Kunst solcher Künstler eigne, die wie Damien Hirst oder Jeff Koons dem Sammlertyp des männlichen Geschäftsmanns in Sprache und Denken nahekommen.»[284]

Aber «Gender-Ausstellungen», gemeint sind hier Ausstellungen, in deren Titel das Wort «Frauen» auch noch exponiert wird, «wie «Berlin – Stadt der Frauen» (Ephraim-Palais), «Sturm-Frauen» (Schirn Kunsthalle), «Frauensache» (Schloss Charlottenburg) oder «Die Malweiber von Paris» (Edwin Scharff Museum), sind in ihrem Wesen bevormundend und befeuern stereotype Denkmuster. Während Männer politisch provokante, sozialkritische, philosophische, wissenschaftliche oder radikal künstlerische Position beziehen dürfen, wird den Frauen dies abgesprochen, wenn man nur ihr Geschlecht als thematische Position deklariert. Dann scheint es, als ob Kunst von Frauen lediglich das «Frau-Sein» oder die Frauenrolle in den verschiedenen Epochen illustrieren wolle.

Zu Zeiten der «Nach-68er-Frauenbewegung» wollten Künstlerinnen ihre Rolle in der Gesellschaft und der Kunstwelt selbstbewusst darstellen und neu verhandeln. «In einer männlich besetzten Kunstgeschichte und bei einem männlichen Geniebegriff war es sogar vonnöten, das Weibliche als Haltung, Kraft und Objekt in die mediale Öffentlichkeit zu rücken. Was damals ein unumgänglicher Befreiungsschlag war, kann jedoch heute zu neuer Einengung führen, wenn aktuelle oder kunstgeschichtlich sehr viel früher entstandene Werke auf die Intentionen der Sechziger- und Siebziger-Bewegung bezogen werden.»[285]

Völlig unbegreiflich ist für mich, dass Sammler – auch Sammlerinnen? – in Verkaufsgesprächen Bedenken äußern, ob eine Künstlerin auch in Zukunft weitermalen wird – sie könnte schließlich Kinder bekommen. Wie habe ich das nur zu verstehen? Ist ihre Kreativität mit der Geburt verbraucht? Nach meiner Vorstellung erschließt sich Frauen durch die Geburt eines Kindes eine neue Gefühlswelt, die ihren künstlerischen Horizont erweitern, also neue Themen und Ausdrucksformen sogar begünstigen kann.

Das Stereotyp eines Vater werdenden Künstlers ist hingegen positiver besetzt: Schließlich kann die neu entstandene Verantwortung dazu führen, dass der wilde, heimatlose Künstler weniger Drogen nimmt, besser und damit länger lebt und somit mehr Meisterwerke, also Geldanlagen, hervorbringen kann.

Und dann noch ein Tipp von Larissa KIKOL: Frauen, werdet größenwahnsinnig! Macht euch an Mammutprojekte – gern auch im Netzwerk: «Der Größenwahn hilft nicht selten auch bei der Zusammenarbeit mit Sponsoren und Städten, führt so zu größerer Präsenz, welche sich wiederum in Künstlerrankings, in den Medien und auch auf dem Kunstmarkt widerspiegelt. Hier ist noch viel Platz für Künstlerinnen, mit und ohne Kinder.»

---

284 KIKOL, 2016
285 KIKOL, 2016

166.

In Herwart WALDEN wird heute einer der großen Förderer der künstlerischen Avantgarde gesehen, er gründete 1910 die Zeitschrift «Der Sturm» und organisierte drei Jahre später den Ersten Deutschen Herbstsalon in Berlin. «**Ohne seine Frau Else Lasker-Schüler** aber hätte Walden gar nicht existiert: In Wahrheit hieß der wohlhabende Mäzen Georg Lewin und verdankte der Dichterin nicht nur sein einprägsames Pseudonym. ...»[286]

Die Berliner Kunsthistorikerin Karla BILANG arbeitet in ihrem Buch «Frauen im Sturm» auf, wie viel die Moderne des 20. Jahrhunderts sonst noch ihren Protagonistinnen schuldet. Gabriele MÜNTER, Marianne VON WEREFKIN oder Natalja GONTSCHAROWA. Namen, die heute noch präsent sind. «Andere Künstlerinnen wurden in den folgenden Jahrzehnten aus der Geschichte gedrängt. Wer kennt schon Gela Forster, Marcelle Kahn oder die Niederländerin Jacoba van Heemskerck, deren Holzschnitte zur graphischen Standardausstattung der Sturm-Zeitschriften zählen», zitiert Christiane MEIXNER Karla BILANG. Noch wichtiger aber ist BILANGS Blick auf das historische Kapitel «Vergessen, Verfälschen, Vernichten, Sich-Aneignen ...» «Manches verfälschten schon die Zeitgenossen. Der Maler Louis Marcoussis etwa sorgte für die Vernichtung des kubistischen Werks seiner Frau Alice Halicka, um eine ernste Konkurrenz loszuwerden.» Aber: «Die eigentliche Marginalisierung der Künstlerinnen», so BILANG, «setzte mit der späteren Kunstgeschichtsschreibung ein, die sich auf wenige und zumeist männliche Namen beschränkte.» Wie Recht sie hat, weiß ich, seit ich ein ganzes Kunstlexikon voller Männer und mit nur einem Frauennamen besitze.

167.

Licht am Ende des Tunnels: «Die Zukunft ist weiblich, zumindest in der **Tate Britain**», denn 2019 wird die Sammlung zeitgenössischer Kunst neu arrangiert; sie zeigt nur «Moderne von Frauen», «Offensiven, von denen man bei den Staatlichen Museen zu Berlin nur träumen kann».[287] Und das geht so: Für mindestens ein Jahr werden sämtliche Werke von Männern abgehängt! So etwas hat es bisher in keiner Kunstepoche gegeben. «In der Sektion für britische Kunst seit 1960 sind dann ausschließlich Arbeiten von Künstlerinnen zu sehen, darunter Sarah Lucas, Mona Hatoum und Bridget Riley.»[288] Mir sind diese Namen keineswegs vertraut – wie auch, wenn sie überwiegend versteckt waren?
Die neue Tate-Chefin Maria BALSHAW ist die «erste Frau an der Spitze dieses

---

286 MEIXNER, Christiane, 2013: Unbedingt weiblich. Die Berliner Autorin Karla Bilang schreibt die Kunstgeschichte der Moderne um. In: Der Tagesspiegel vom 2013-12-21

287 PEITZ, Christiane / RIEGER, Birgit, 2019: Zweite Reihe, erste Geige. 30 Prozent vom Kuchen: In der Berliner Kultur finden sich Frauen nur selten an der Spitze, umso mehr im Mittelbau. In: Der Tagesspiegel vom 2019-03-07

288 BARTHELS, Inga, 2018b: Ran an die Wand. Die Tate Britain zeigt 2019 nur Moderne von Frauen. In: Der Tagesspiegel vom 2018-12-21. «Solche radikalen Ansätze gibt es auch in der deutschen Kulturszene immer öfter. Anna Bergmann, die neue Schauspieldirektorin des Badischen Staatstheaters Karlsruhe, sorgte für Aufsehen mit der Entscheidung, in ihrer ersten Spielzeit nur Regiearbeiten von Frauen zu zeigen. DOK Leipzig setzte sich als erstes Filmfestival eine Frauenquote von 40 Prozent zum Ziel, die es dieses Jahr sogar übertraf.»

britischen Museumsverbunds». Sie hält diesen neuen Blickwinkel für notwendig, «da Künstlerinnen ein zentraler Teil der neueren Kunstgeschichte seien. Einen bisher zähen Prozess will sie durch diese Maßnahme beschleunigen» und Frauen fördern. Ich finde es unheimlich beschämend, dass kein Mann bereit oder in der Lage war, den Beitrag von Frauen in der zeitgenössischen Kunst zu erkennen. Ist das Expertentum? Und für uns Frauen bestätigt dieses Beispiel die Auffassung: Von Frauen in Führungspositionen profitieren auch die übrigen Frauen!

168.

Bisher habe ich fast ausschließlich den kreativen Prozess in der Kunst betrachtet, es fehlt ein Blick auf die darstellende Kunst. Wie geht es den Frauen als Schauspielerinnen und Tänzerinnen? Wir wissen es inzwischen alle: In der Welt der darstellenden Künste sind die Erfahrungen und die Leiden z. B. von Tänzer*innen und Schauspieler*innen oft noch intensiver – so durch den belgischen Regisseur, Choreografen und Autor **Jan FABRE**. «In einem offenen, ehrlichen Brief kritisieren 20 ehemalige Tänzerinnen und Tänzer völlig legitim seine extreme Persönlichkeit, Arbeitsweise und die Probenprozesse.» Der Autor des Artikels, auf den ich mich beziehe, bestätigt aus eigener Erfahrung die «erschreckenden Details bestimmter Übergriffe und eines dauerhaften Machtmissbrauchs. Die Staatsanwaltschaft ermittelt bereits.» Das Ensemble will «Arbeitsbedingungen schaffen, in denen sich jeder sicher und respektiert fühlt». Eine Selbstverständlichkeit, möchten wir denken! Anders der Autor Felix SCHNIEDER-HENNINGER: «Dass er auf Proben herumbrüllte und gelegentlich Mitarbeiter beleidigend angriff, gehörte für mich seither leider immer zur Natur des Theaters. Menschen mit enormer Verantwortung und dauerndem Erwartungsdruck können und dürfen schon mal die Nerven verlieren.» Traumberuf mit Lateralschäden!
Wenn Sie, liebe Leser*innen, das folgende lange Zitat lesen, werden Sie sich vielleicht fragen: Lohnt sich das? «Immer wieder treibt er seine Schauspieler und Tänzerinnen auf Proben und auf der Bühne in Darstellungsexzesse und eine totale Erschöpfung, was Zuschauer berühren und faszinieren kann. Fabre hatte den Mut, Enormes zu fordern. Er formulierte das Konzept einleuchtend: Mit der Erschöpfung entledigen sich Performer ihrer konventionellen, antrainierten Gestik und verwandeln sich in etwas Authentisches. Hinzu kamen freier, ungehemmter Umgang mit Nacktheit, Sexualität, frivole Anspielungen, verbale Tests auf und hinter der Bühne.»

Aber es sind ja nicht nur die alltäglichen Verletzungen, es ist ja auch das Wissen, «ich muss die Qualen immer weiter aushalten, wenn ich diesen Beruf ausüben will» – es gibt kein Entrinnen!

169.

Die Schauspielerin Ashley JUDD hatte im Oktober 2017 als eine der Ersten Belästigungsvorwürfe gegen den Produzenten **Harvey WEINSTEIN** erhoben. Sie hatte WEINSTEIN, als er sie «bei einem vermeintlichen Geschäftstreffen in einer Hotelsuite sexuell bedrängte», zurückgewiesen. Daraufhin hat er sie verschiedenen Filmemachern gegenüber als schwierig beschrieben, sie kam so auf eine «schwarze Liste». «Der Regisseur Peter Jackson hatte im Dezember bestätigt, durch Weinstein vor Schauspielerinnen wie Judd und Mira Sorvino gewarnt worden zu sein. Er habe daher darauf verzichtet, sie Ende der neunziger Jahre für Produktionen wie ‹Herr der Ringe› oder ‹Hobbit› zu besetzen.»[289] So ging es weiter und Ashley JUDD fand keine Rollen mehr. Jetzt hat Ashley JUDD eine Schadenersatzklage gegen Harvey WEINSTEIN eingereicht.

170.

Was nützt uns Kunst, wenn wir doch nichts daraus lernen? Ich denke dabei auch an **GOETHES «Faust».** Wer mit «Faust» irgendwie in Berührung gekommen ist, weiß doch um das Leiden GRETCHENS. Wir kennen also exemplarisch das Schicksal einer Frau, die die Lockrufe eines Mannes «erhört» hat und in der Folge ein Kind erwartet – was in ihrem Fall identisch war mit dem Ausschluss aus der Gesellschaft.

Nach meiner Auffassung hat Kunst auch die Aufgabe, uns z.B. soziale Probleme – vor Augen zu führen, und aus der Beschäftigung damit erwächst für uns die Aufgabe, daraus Lehren zu ziehen. Erbauung kann nicht die alleinige Absicht der Künstler*innen sein, da ist auch eine Botschaft zu entdecken – so sagen es jedenfalls Kunstschaffende; und viele von uns kennen aus dem Deutschunterricht die Frage: «Was will uns der Dichter/Maler/Künstler mit seinem Werk sagen?» Dichterinnen/Malerinnen/Künstlerinnen haben ja nichts zu sagen!

Trotz vieler Verbesserungen für alleinerziehende Müttern – sind sie heute ein ohne Einschränkungen akzeptierter Teil der Gesellschaft? Wenn Sie diese Frage mit «ja» beantworten, schlage ich Ihnen einen Blick in die Armutsstatistik und einen ins Steuerrecht vor. Es ist der Gesellschaft gelungen, auch nach Jahrhunderten die »Frau mit Kind ohne Mann» zu skandalisieren. Irgendwie ist die Frau immer noch selber schuld. Wozu brauchen wir Kunst, wenn wir daraus nicht lernen?

171.

Ein kleines Licht leuchtet am Ende des «jahrhundertelangen Tunnels des Vergessens» von Malerinnen. Sie kennen vielleicht die arte-Serie «The Art of Museums» – acht Länder, acht Museen und ihre Meisterwerke. Die **Uffizien in Florenz**, die Schatzkammer der Medici, haben «eine ganze Sammlung von Bildern, die von Frauen gemalt wurden» – im Depot! Damit sich das ändert, wurde die «Advancing Women Artists Foundation» (AWA)[290] gegründet. «Women world-wide band together to support art and conservation. One of the most exciting things about AWA is the connection we create between women artists of the past and modern women», heißt es.[291] Also halten wir das Lichtlein am Brennen!

---

289 RIEPE, 2018

290 https://www.google.com/search?client=firefox-b-d&q=advancing+women+artists+foundation

291 http://advancingwomenartists.org/about/whos-who

172.

Im Tagesspiegel werden im März 2019 sechs Künstlerinnen vorgestellt – alle aus den Jahrgängen 1899 bis 1942 – hochgeschätzte Meisterinnen, ganz plötzlich! Jahrzehntelang reichte es nur zum Niemand in der Kunst. Eben nur Frauen! («Knapp 30 Jahre ist es her, dass sie ihre Laufbahn beendete. Heute ist die Künstlerin 87 Jahre alt – und wird gefeiert wie nie.» Yayoi KUSAMA, geb. 1929; Carmen HERRERA hat mit 89 Jahren ihr erstes Bild verkauft. Mit 103 malt sie immer noch ...»)[292]

Diese Frauen standen oft im Schatten der Männer – manchmal ihrer eigenen –, sie gehörten keiner Schule an, weil sie erst gar nicht aufgenommen worden waren, arbeiteten z.T. jenseits der jeweiligen Trends, vor allem aber waren sie Frauen, die es schwer hatten, ins Museum zu kommen. Und die Vorurteile halten sich bekanntlich bis heute hartnäckig. Noch 2013 meldet sich Georg BASELITZ im Spiegel zu Wort «**Frauen malen nicht so gut.**» In anderem Zusammenhang geht die Aussage weiter mit: «Das ist ein Fakt.»[293] Und wer die Kinder bekommt, hat es selbst im 21. Jahrhundert schwer, als Künstler*in ernstgenommen zu werden.[294] Kunst ernährt des Öfteren ihren Mann, aber für ihre Frau reicht es sehr viel seltener. So arbeiteten diese Frauen unabhängig vom Markt, ohne Einflüsterungen konnten sie ihr Eigenes gestalten – im Rückblick wunderbar! Aber es bleibt für Künstlerinnen dennoch schwer, ins Lexikon zu kommen.

292 KIPPENBERGER, Susanne, 2019: Alte Meisterinnen. Jahrzehntelang interessierte sich kaum jemand für ihr Werk. Warum kämpfen Kunsthändler plötzlich um diese Seniorinnen? In: Der Tagesspiegel vom 2019-02-17 https://www.tagesspiegel.de/gesellschaft/wiederentdeckte-kuenstlerinnen-alte-meisterinnen/23989062-all.html

293 Einladung, Frauen in der Kunst. 2019-09-04, Potsdam

294 KIPPENBERGER, Susanne, 2019

07 Hat der Arzt ein Geschlecht?

«Frauen betrachten ihren Körper als Teil ihres Ichs, Männer sehen ihn als Werkzeug.»[295] Aber noch immer definieren Männer in der Forschung die Probleme von Frauen und viele Ärzte und leider auch Ärztinnen kennen keine Gendermedizin, also eine Medizin, die Geschlechterunterschiede kennt und berücksichtigt, weil sie im Studium nicht, nicht ausreichend oder nicht überall vorkommt. Patient*innen sind Patienten – also Männer. Der kleine Unterschied kann ja nicht so wichtig sein. Irrtum! «Die Integration von geschlechtsspezifischer Medizin in die medizinischen Curricula ist deutschlandweit sehr heterogen geregelt. Übergreifende Konzepte zur besseren inhaltlichen und strukturellen Verankerung sind künftig notwendig.»[296]
«Gesellschaftlich betrachtet, ist eine solche Erkenntnis geradezu anachronistisch. Wir leben in einer Zeit der Gleichstellung, die in jahrhundertelangem Kampf errungen worden ist. Und doch wächst in der Medizin gerade jetzt das Bewusstsein für die Geschlechtsunterschiede – und die Einsicht, dass sie mitunter über Tod oder Leben entscheiden. Daran, dass diese Unterschiede bisher kaum berücksichtigt wurden, krankt die gesamte medizinische Versorgung, von der Hausarztpraxis bis zur Universitätsklinik. Ein unbemerktes Problem, man könnte auch von einem geräuschlosen Skandal sprechen.»[297]

Woher kommt diese Misogynie, diese Vorstellung vom «vollkommenen Mann» und der «unvollkommen gebliebene(n) Frau»? Sie ist auf jeden Fall sehr alt! Und sie haftet!

«Aristoteles ordnete einst die Frau dem Mann unter. Für ihn gab es genau genommen gar keine zwei Geschlechter, sondern bloß Gradabstufungen: den vollkommenen Mann und die unvollkommen gebliebene Frau. Heute, 2.500 Jahre später, ist der Mann in der Medizin noch immer dominant. 51 Prozent der Bevölkerung sind weiblich, aber der Mann stellt medizinisch bis heute die Norm dar, die Frau die Abweichung. Das beginnt bei den Versuchstieren für die Studien – sie sind meist männlich – und setzt sich fort in den klinischen Tests, mit denen neue Medikamente erprobt werden: Die Probanden sind fast immer Männer.»[298]

Es kostet Frauen und auch Männern manchmal das Leben, wenn Geschlechterunterschiede in Diagnostik, Therapie, Medikation, Rehabilitation, Pathogenese oder Prävention nicht einbezogen werden. Beim Stichwort «Hormone» weigern sich nur Wenige, Geschlechterunterschiede anzuerkennen. Aber das Wissen,

295 HEINRICH, Christian, 2017: Bin ich anders krank als Du? Frauen und Männer sind unterschiedliche Patienten. Soziale Rollen und Hormone greifen tief in Körperprozesse ein. In: DIE ZEIT Nr. 22, DOCTOR: Alles; was der Gesundheit hilft, Mai 2017 Nr. 2

296 LUDWIG, Sabine / DETTMER, Susanne / PETERS, Harm / KACZMARCZYK, Gabriele, 2016: Geschlechtsspezifische Medizin in der Lehre: Noch in den Kinderschuhen. Dtsch Arztebl 2016; 113(51-52): A-2364 / B-1944 / C-1920 https://www.aerzteblatt.de/archiv/185056/Geschlechtsspezifische-Medizin-in-der-Lehre-Noch-in-den-Kinderschuhen

297 HEINRICH 2017

298 HEINRICH, 2017

wie tief soziale Rollen und Hormone in Körperprozesse eingreifen, fehlt. Nur der differenzierte Blick der Gendermedizin hilft hier. Und der will gelernt sein: «Künftige Ärztinnen und Ärzte sollen während ihrer Ausbildung befähigt werden, die eigene Geschlechterrolle kritisch zu reflektieren, gendersensibel zu agieren sowie Geschlechterunterschiede bei Forschungsprojekten zu berücksichtigen, wie beispielsweise bei der Zusammensetzung einer Studienkohorte und bei der Interpretation der Ergebnisse. Geschlechtsspezifische Aspekte müssen daher systematisch in die medizinischen Curricula integriert werden.»[299]

Die geschlechtsspezifische Medizin betrachtet Unterschiede von Frauen und Männern bei verschiedenen Krankheiten und berücksichtigt dabei sowohl die biologische («sex») als auch die soziokulturelle («gender») Dimension. Das biologische Geschlecht umfasst unter anderem die Reproduktionsorgane, die Sexualhormone und die Genexpression der X- und Y-Chromosomen. Das soziokulturelle Geschlecht («gender») wird mit gesellschaftlichen Erwartungen, Lebensstil, Verhalten und Lebenserfahrung in Verbindung gebracht.[300] Beide beeinflussen sich gegenseitig und führen zu Geschlechterunterschieden bei Erkrankungen wie beispielsweise bei kardiovaskulären, neurologischen, psychiatrischen und Autoimmunerkrankungen sowie im Gesundheits- und Präventionsverhalten. So haben Männer ein höheres Risiko, an Schilddrüsenkarzinomen zu erkranken, nichttumoröse Schilddrüsenerkrankungen kommen dagegen bei Frauen häufiger vor. Erkrankungen wie Osteoporose oder Depressionen werden bei Männern häufig nicht erkannt. Die mangelnde Sensibilität für Geschlechterunterschiede prägt aber nicht nur die alltägliche medizinische Versorgung, sondern auch die Forschung. «Erst jetzt beginnen Forscher (und sicher auch Forscherinnen) zu begreifen, wie komplex und weitreichend die biologischen Mechanismen sind, die letztlich jede einzelne Körperzelle prägen. Genau dort beginnen nämlich die Unterschiede: in der Körperzelle.»[301]

Und warum waren Frauen so lange von Medizinberufen ausgeschlossen? Der Arzt «Herr v. Bischof glaubt, daß die Frau alles Andere eher leisten könne, als die Ausübung der Medizin. Unter den schädlichen Folgen der medicinischen Studien der Frauen hebt er hervor: ‹die unausbleibliche Verdrängung männlicher Ärzte›.» Hedwig DOHM betrachtet den Kampf um das Frauenstudium nicht isoliert, sie stellt es in den Zusammenhang mit dem Zugang zum Arbeitsmarkt. Für sie steht fest: «Der maßgebende Gesichtspunkt bei der Frauenarbeitsfrage ist nicht das Recht der Frauen, sondern der Vortheil der Männer. Man zwingt die Frauen zu Arbeiten, für die sie nicht geeignet sind und versagt ihnen diejenigen, für die sie sich ungleich besser qualificirten.»[302]

---

299 LUDWIG/DETTMER/PETERS/KACZMARCZYK, 2016
300 Apotheken Umschau 07/05, S. 14
301 HEINRICH, 2017/2
302 DOHM, 1982:28 [1874]

173.

Gendermedizin ist immer noch ein aktuelles Thema und dringender denn je, denn die Kenntnisse über Geschlechterunterschiede in der Medizin und ihre gefährlichen Folgen für Patientinnen und Patienten wachsen ständig. Es handelt sich also nicht um ein Wissensdefizit, sondern um ein Umsetzungsdefizit. Dass die Medizin in unser aller Leben noch immer keine Gendermedizin ist, kann richtig wütend machen.

Aber sehen Sie selbst, liebe Leser*innen. 2002 – also vor 16 Jahren – erschien «Evas Rippe» von Marianne LEGATO und im gleichen Jahr die deutsche Übersetzung.[303] Aus der Werbung auf dem Umschlag: «Die meisten Medikamente und medizinischen Therapien wurden bisher für den männlichen Körper entwickelt – bei Frauen können sie gravierende Fehl- und Nebenwirkungen mit sogar lebensbedrohlichen Folgen auslösen. Testreihen von Arzneimitteln und Untersuchungen von Krankheiten, die Männer wie Frauen betreffen, wurden meist ausschließlich an Männern durchgeführt – getreu der Annahme, dass beide Geschlechter physiologisch gleich seien. Nichts könnte weiter von der Wahrheit entfernt sein.»[304] Vor fast zwanzig Jahren hätte sich also das gesamte medizinische Personal Englisch oder Deutsch sprechender Länder die Grundidee der Gender-Medizin und viele, viele Differenzen zwischen Frau und Mann – ob beim Herz-Kreislauf-System, beim Verdauungstrakt, beim Knochengerüst, Gehirn oder Immunsystem – aneignen können. Und viele kommen noch heute «aus dem Mustopp» oder verschanzen sich hinter dem Kampfbegriff «Genderwahn». Auch Anna Maria DIEPLINGER hat 2007, also vor mehr als zehn Jahren, in ihrem Buch[305] praxistauglich beschrieben, wie unterschiedlich Frauen und Männer ihre Krankheiten beschreiben und die Symptome erleben und fühlen. Wenn das die Schulmedizin nicht interessiert, haben wir es mit mangelndem Interesse an Beruf und Weiterbildung, Unfähigkeit oder Frauenverachtung zu tun, getreu dem Motto – sind ja nur Frauen.

174.

Was wir – oder viele von uns – schon wussten: Männer sind immer das Eigentliche, Normale, die Norm; Frauen sind immer das Andere, die Abweichung. **Anatomie-Atlanten** bilden meist Männerkörper ab, die kostspieligen Untersuchungsmethoden werden seltener bei Frauen angewandt. Lebenserhaltende Maßnahmen werden bei Frauen später – häufig zu spät – eingeleitet, weil die Symptome der Erkrankung bei ihnen oft anders (!) und damit unbekannt sind oder weniger dramatisch verlaufen. In vielen Lehrbüchern stehen die Krankheits-

303 LEGATO, Marianne, 2002: Evas Rippe - Die Entdeckung der weiblichen Medizin. Aus dem Englischen von Krista Federspiel und Ingeborg Lackinger Karger, Köln

304 GIBIS, Sonja, 2018: Mehr als ein kleiner Unterschied. Gendermedizin. Frauen sind anders krank als Männer. Das hat auch Folgen für die Therapie. In: Apotheken-Umschau vom 2018-06-01: «Bei der Zulassung eines neuen Medikaments müssen inzwischen Frauen in die Tests einbezogen werden.»

305 DIEPLINGER, Anna Maria, 2007: Fehldiagnose: Frau. Wie Krankheiten und Symptome sich bei Frauen anders zeigen. Wien, Köln, Weimar

symptome von Männern, dargestellt als Krankheitssymptome von Menschen ganz allgemein – eine wissenschaftlich unzulässige Generalisierung. Das ist m.E. die Folge des jahrhundertelangen Ausschlusses der Frauen aus der Medizin.

Und wenn wir Frauen beim Arzt oder bei der Ärztin nachfragen, fehlen allzu oft Daten, weil sie nicht nach Geschlecht differenziert erhoben oder genutzt wurden oder weil Frauen gerade mal wieder aus der oder jener Studie herausgefallen sind. Frauen müssen sich also fragen: Ist Frauenleben weniger wert?

Die Direktorin des Instituts für Geschlechterforschung in der Medizin an der Charité in Berlin, bisher die einzige Lehrstuhlinhaberin für Gendermedizin in der Republik, Frau Prof. Vera REGITZ-ZAGROSEK berichtete: «Ich weiß von dem Fall einer Patientin, die in drei Krankenhäusern abgelehnt wurde, erst im vierten hat man dann den Herzinfarkt korrekt diagnostiziert. Dabei war das EKG, das ich gesehen habe, eigentlich eindeutig.»[306] Das war 2008 – ob wir 2018 wesentlich weiter sind, wage ich zu bezweifeln?

175.

Grundfragen der Geschlechterforschung in der Medizin sind z. B.:

- Welches sind die biologischen Grundlagen von Gesundheit und Krankheit bei Frauen und Männern?
- Welches sind die Auswirkungen von Geschlechterunterschieden auf Entstehung und Verlauf von Krankheit?
- Welches sind die Unterschiede in der Wahrnehmung von Gesundheit und Krankheit bei beiden Geschlechtern?
- Wie muss die Krankenversorgung von Männern und Frauen gestaltet werden?

Es geht nicht darum, hier und da eine geschlechtsspezifische Studie in der medizinischen Geschlechterforschung zu bearbeiten, sondern diese Wissenschaftsdisziplin ist neu zu denken unter dem Prinzip des Gender Mainstreaming, um die strukturellen Ursachen der Frauendiskriminierung zu beseitigen. Gerade in Berlin gibt es da Fortschritte – an den medizinischen Fakultäten der Freien Universität und der Humboldt-Universität, an der Charité.

Aus der Gendermedizin wissen wir auch, dass Frauen und Männer sich in ihrem Gesundheitsverhalten unterscheiden: Frauen sind durchschnittlich gesundheitsbewusster, nehmen Vorsorgeuntersuchungen eher wahr und gehen insgesamt häufiger zur Ärztin oder zum Arzt. Aber es gibt einen weiteren, höchst peinlichen Grund für die häufigeren Besuche von Frauen in Praxen: Bei einer bundesweiten Umfrage des Bremer Instituts für Präventionsforschung und Sozialmedizin (BIPS) stellte sich heraus: «Frauen geben an, mehrfach einen Arzt aufsuchen zu müssen, ehe sie das Gefühl haben, dass ihre Beschwerden ernst genommen werden.»[307]

---

306 ALBRECHT, Harro / REGITZ-ZAGROSEK, Vera, 2008: Emanzipation beim Infarkt. Die Ärztin und Geschlechterforscherin Vera Regitz-Zagrosek über die Benachteiligung von Frauen in der Medizin. Medikamente werden oft hauptsächlich von Männern getestet. Auch werden beide Geschlechter unterschiedlich gut behandelt. In: DIE ZEIT Nr. 28 vom 2008-07-03

307 ACHTNER-THEISS, Elke, 2004: Patientin, Vorsicht! Die Frau – das unbekannte Wesen. Nicht mal mit Medizinstudium kann man(n) es enträtseln. Grund: Die Forschung orientierte sich jahrzehntelang fast nur am Mann. Damit soll jetzt Schluss sein, eine geschlechtssensible Medi-

Ganz schön beschämend für die «Götter in Weiß», dass sie ihren Patientinnen so viel Unprofessionalität zumuten, deren Zeit verschwenden und völlig unnötige Kosten für das Gesundheitssystem verursachen, weil sie keinen ausreichenden Respekt für ihre Patientinnen haben!

In einem ZEIT-Interview mit Harro ALBRECHT berichtet Prof. Vera REGITZ-ZAGROSEK 2008: «Im Deutschen Herz Zentrum haben wir uns vor einiger Zeit 960 Patienten angeschaut, die auf die Liste für eine Herztransplantation kommen sollten. Das Alter war bei beiden Geschlechtern gleich. Doch das Verhältnis von Frauen zu Männern, die auf die Transplantationsliste kamen, betrug eins zu sieben. Am Ende waren es fünf Männer auf eine Frau, die ein neues Herz bekamen, und das, obwohl ein Drittel der Spenderorgane von Frauen stammen. Das ist ziemlich krass und wenig bekannt.»[308]

Und wenn Sie sich jetzt fragen, warum Frauen in den meisten Ländern der Welt trotzdem im statistischen Durchschnitt älter werden als Männer, sind wir mit Erklärungsversuchen ganz schnell raus aus dem rein Biologischen. Einige Ansätze hat Harro ALBRECHT zusammengetragen: Frauen und Männer haben nicht nur unterschiedliche Körper, sie gehen mit ihren Körpern auch sehr verschieden um. «Biologische Faktoren sind für nicht mehr als ein oder zwei der 5,5 Jahre Unterschied in der Lebenserwartung zwischen Männern und Frauen verantwortlich», sagt Marc LUY, Max-Planck-Institut für demografische Forschung in Rostock. Er analysierte die Lebens- und Sterbedaten von 12.000 Mönchen und Nonnen. Wir müssen also schauen, welchen Einfluss z. B.:

- Geschlechterrollen
- Ernährungsgewohnheiten
- unterschiedliche Gesundheitskonzepte von Männern und Frauen (Frauen: Was nicht eindeutig gesund ist, muss krank sein! Männer: Was nicht eindeutig krank ist, muss gesund sein!)
- Gesundheitsverhalten
- ihre Einstellung zu Krankheitsprävention (viele Männer verabschieden sich nach der Pubertät aus dem Gesundheitswesen)
- das jeweilige gesellschaftliche Umfeld (allein zu leben, erhöht für Männer die allgemeine Sterblichkeit – nicht jedoch für Frauen!) und
- die Strukturen des Gesundheitswesens (Krankenhausaufenthalt, Verordnungsmuster, Gesprächsführung u.v.a.)

auf das geschlechtsspezifische Überleben haben. «Am Ende setzen sich viele solcher kleinen Unterschiede im Verhalten zu einem eindeutigen Befund zusammen: Frauen leben hierzulande im Schnitt fast sechs Jahre länger als Männer. … Die Statistik lehrt aber auch: In Schweden sterben Männer nur 4 Jahre früher als Frauen, in Russland beträgt die Differenz dagegen satte 13 Jahre.»[309]

---

zin ist gefordert. In: Schrot & Korn, Dezember 2004

308 REGITZ-ZAGROSEK, Vera / ALBRECHT, Harro, 2008: Medizin: Emanzipation beim Infarkt. Die Ärztin und Geschlechterforscherin Vera Regitz-Zagrosek über die Benachteiligung von Frauen in der Medizin. In: DIE ZEIT Nr. 28 vom 2008-07-04 https://www.zeit.de/2008/28/M-Frau-Mann-Interview/komplettansicht

309 ALBRECHT, Harro, 2008b: Der Eva-Faktor. Warum Frauen länger leben und Männer früher

Männer nutzen die «heilsame Kraft der sozialen Beziehung»[310] weniger als Frauen; nützlich sind Netzwerke für Männer, wenn sie dem Beruf dienen, soziale Netzwerke von Frauen setzen sie als «Kaffeekränzchen», «Klatschverein» oder Ähnliches herab. Dass soziale Netzwerke der Alltagsbewältigung dienen, wissen sie nicht. Je «männlicher» ihr Männerbild, desto weniger können Männer vom Zusammenleben mit anderen profitieren. «Das Fehlen sozialer Beziehungen, stellte der Soziologe James House bereits 1988 fest, ist ein ebenso hohes Gesundheitsrisiko wie Zigarettenkonsum, hoher Blutdruck, Übergewicht und Bewegungsmangel.» Da hilft auch kein Arzt – zumindest dann nicht, wenn der ein ähnliches Männerbild hat. Es ist ja keineswegs so, dass die Medizin die sozialen Faktoren des Gesundheitsverhaltens generell im Auge hätte; «technik- und medikamentenfixiert» nennt Harro ALBRECHT die Ärzte. Ich empfehle eine Ärztin – fragt sich nur, ob ein Haudegen sich von einer Frau «etwas sagen lässt».

«Evolutionär ist der Zustand des Alleinseins für den Menschen nicht vorgesehen», zitiert ALBRECHT den Hirnforscher James COAN von der University of Virginia. Als Triebfeder für unsere Gemeinschaftsfähigkeit und unser Gemeinschaftsbedürfnis sieht COAN ein evolutionäres Programm zur Energieoptimierung. Unser Denkorgan baut Brücken zu anderen Gehirnen, um – besonders in Stresssituationen – Kraft zu sparen, ein biochemischer Prozess, an dem so genannte Bindungshormone beteiligt sind.[311] «Solche biochemischen Brücken helfen nicht nur, die Beteiligten zu entspannen. Sie halten unter Stress auch den Blutdruck stabil, die Entzündungswerte niedrig und die Immunfunktionen intakt. In stabilen, guten Beziehungen addieren sich solche Effekte im Laufe eines Lebens und sind deshalb höchst gesundheitsfördernd. Eine niederländische Studie zum Beispiel hat nachgewiesen, dass Männer, die sehr enge Freundschaften pflegen, bis zu dreimal so häufig bei guter oder sehr guter Gesundheit sind wie isolierte Männer.»

176.

Wie war das denn, als sich die Medizin zu einer selbstständigen Wissenschaft entwickelte? Was gab es an Wissen? Und hatten denn Frauen zur **Konstruktion medizinischen Wissens** bis dahin nichts beigetragen? Das Gegenteil ist der Fall! Es gab Bereiche, die ausschließlich in den Händen von Frauen lagen, sie waren die Expertinnen nicht nur ihres eigenen Körpers, sondern verfügten generell über substanzielles Wissen über die Vorgänge im weiblichen Körper: «Lange lag das Wissen um Verhütung, Schwangerschaft und Geburt bei den ‹weisen Frauen›. Erst Ende des 17. Jahrhunderts verdrängten männliche Ärzte heilkundige Frauen von ihrer Position.»[312] Die Verwissenschaftlichung der Medizin erscheint

---

sterben – und jeweils auf ihre Art von der Medizin vernachlässigt werden. In: DIE ZEIT, Nr. 28 vom 2008-07-03

310 ALBRECHT, Harro, 2009: Gemeinschaft als Therapie. Nicht nur Schnupfen ist ansteckend, sondern auch das Wohlbefinden. Soziale Netzwerke helfen, gesund zu bleiben – und glücklich. In: DIE ZEIT, Nr. 17 vom 2009-04-16

311 ALBRECHT nennt Oxytocin, Vasopressin, Dopamin

312 Apotheken Umschau 07/05, S. 14

unter Gesundheitsaspekten heute als großer Fortschritt – aber aus sozial- und frauenpolitischer Sicht war sie eine Katastrophe: «Zwischen Frauen und ihren Frauenärzten steht die Moral, aufgerichtet, wie ich meine, als geheimer Herrschaftsanspruch des Mannes über die Frau – und zugleich Ausdruck der zutiefst gestörten Einstellung zur Sexualität.»[313] Und sehen Sie sich diesen Blödsinn an, den SIEBENSCHÖN 1973 zitiert: «… sie lesen in den meisten Fachbüchern noch immer, Geburtenkontrolle sei abzulehnen, weil durch sie ‹ein Stück Heldentum der Frau auf ihrem ureigensten Schlachtfeld zunichte wird.›[314]»

177.

Die Leistungen von Frauen werden abgewertet – wenn sie nicht gleich ganz ignoriert werden. Im Zweifel kann «man» einen Beruf mit einem einzigen Wort diskreditieren, man(n) spricht dann von seiner «**Feminisierung**» – damit ist ein Wort zur Herabwürdigungsvokabel verkommen. Vollbringt ein Paar eine herausragende Leistung, geht ihr Name immer wieder zufällig verloren, seiner geht in die Geschichtsbücher ein, er wird belohnt, bezahlt und geehrt. Die Frau bleibt als Subjekt unsichtbar.

Eigentlich fehlt ja immer noch der unumstößliche Beweis, dass Frauen überhaupt denken und so richtig wissenschaftlich arbeiten können – jedenfalls so, wie Männer glauben, dass Wissenschaft funktioniert. Und daran ist die Wissenschaft mit schuld. Wissenschaft und Philosophie haben das Bild des denkenden Mannes und der fühlenden Frau begründet, gehätschelt und krisenfest gemacht. Gefühle, die eigentliche Sphäre der Frau, sind dem Verstand unterlegen, damit ist die Frau dem Mann als dem Verstandesmenschen unterlegen – und was passiert? Die ganze schöne Naturwissenschaft, dieses wichtige männliche Feld der «hard facts» macht Fortschritte und beweist: «Keine Kognition ohne Emotion!» Bei keinem Menschen gibt es diese behauptete Trennung von Gefühl und Verstand, im Gegenteil: Sie arbeiten Hand in Hand. Der schlechte Ruf der «Gefühle» in den westlichen Kulturen, ihre Geringschätzung schon in den Wurzeln der Geistesgeschichte ist ein einziger großer Irrtum. «Überrascht stellen Hirnforscher (!) fest, dass praktisch jeder Gedanke, jede Wahrnehmung und Erinnerung von Gefühlen begleitet wird.» Ohne Gefühle kommen keine «vernünftigen» Entscheidungen zustande, denn jede Option fühlt sich gleich gut oder schlecht an. «Wer denken will, muss fühlen.» Gefühle sind «Teil unserer Intelligenz» und «Treibstoff des Denkens»[315]. Den Künstlern unter den Männern haben wir seit jeher Emotionen gestattet. Wussten wir insgeheim, dass sie der Motor der Kreativität sind?

---

313 SIEBENSCHÖN, Leona, 1973: Frauenärzte heute: Geschäftsmann, Priester oder Arzt? Stern Nr. 8/1973, S. 80-88

314 Professor August MAYER, Stern Nr. 6/1973

315 KAST, Bas, 2007: Wer denken will muss fühlen. Der Mensch ist kein Computer: Kreativ ist nur, wer auch Emotionen hat. In: Der Tagesspiegel vom 2007-07-26

178.
Die **frühe Abwertung weiblichen Wissens** zeigt m.E. bis heute Nachwirkungen. Fragen Sie doch mal ihre Kollegin oder ihre Nachbarin, ob Frauen im Allgemeinen an der Konstruktion (medizinischen) Wissens beteiligt sind. Viele werden zweifeln, so sehr ist uns der Nimbus des männlichen Wissenschaftlers unter die Haut injiziert. Weg damit! Wut tut gut! «Bis heute gibt es im kollektiven Unbewussten eine Gleichsetzung von männlichem Geschlecht mit Intellektualität und Wissen sowie die Vorstellung eines immanenten Widerspruchs zwischen Intellektualität und Weiblichkeit.» Und an anderer Stelle: «Ist die Tatsache, dass die Wissenschaft als autonome Sphäre sich zunächst exklusiv männlich etablierte, hundert Jahre nach der Zulassung von Frauen zum Studium irrelevant geworden?»[316] Es sind nicht nur Ärztinnen und andere Frauen in der Medizin und der medizinischen Forschung, die heute Gesundheitswissen generieren, sondern jede einzelne Frau, die ihren Körper beobachtet und Unregelmäßigkeiten feststellt oder von Reaktionen auf eine medizinische Behandlung berichtet, kann zum medizinischen Wissen beitragen – wenn sie denn gehört und ernstgenommen wird.

Ein handfestes Beispiel für die Annexion weiblicher Leistung ist auch die Geschichte der «Pille». Noch 2011 können wir im Netz lesen «Der weltberühmte Chemiker Carl DJERASSI, der ‹Vater der Anti-Baby-Pille›, ist im Rahmen der Jubiläumsveranstaltungen aus Anlass des 200. Geburtstags von Justus Liebig während des Liebig-Semesters zu Gast in Gießen.»[317] Tatsächlich waren der «Vater der Pille» aber zwei «Mütter» die US-Amerikanerinnen Margaret SANGER und Katharine MCCORMICK.[318]

Jürgen THORWALD wusste es schon 1973 und schrieb: «Männer haben sie zwar entwickelt, aber die entscheidende Anregung zur Erfindung der Antibabypille gab eine Frau.» Die US-Amerikanerin Margaret SANGER (1879-1966) war Krankenschwester und erlebte – auch in ihrer Familie – die Erschöpfung und den frühen Tod von Frauen durch zu häufige Schwangerschaften leidvoll wie auch tödliche Abtreibungsversuche bei ihren Patientinnen; deshalb veröffentlichte sie eine Schrift über «Familienkontrolle». Zu der Zeit waren sowohl die Benutzung von Verhütungsmitteln als auch die Information über Schwangerschaftsverhütung in den meisten Staaten der USA juristisch betrachtet ein Verbrechen. 1916 eröffnete Margaret SANGER «ihre erste Geburtenkontroll-‹Klinik›, eine bescheidene Frauenberatungsstelle»,[319] und wurde prompt verhaftet; diese erste US-amerikanische Klinik für Familienplanung und Geburtenkontrolle in Brownsville, Brooklyn

316 Mittendrin statt nur dabei! 2008
317 http://www.uni-protokolle.de/nachrichten/id/17349/ - 2011-12-31
318 LOUIS, Chantal, 2011: Die Mütter der Pille. Vor 50 Jahren erklärte Papst Paul VI. via Enzyklika die Pille zum Teufelszeug. Hier ist die ergreifende Geschichte der beiden Frauen, denen wir sie verdanken. Die Krankenschwester Margaret Sanger (1879-1966) und die Biologin Katharine McCormick (1875-1967) kämpften unermüdlich für das Verhütungsmittel in Frauenhand. EMMA Winter 2011 http://www.emma.de/hefte/ausgaben-2011/winter-2011/die-muetter-der-pille/
319 THORWALD, 1973

wurde neun Tage nach ihrer Eröffnung von der Polizei wieder geschlossen.[320] Sie meinen, das ist heute kalter Kaffee? Mir fällt da aber gleich die Gießener Ärztin Kristina HÄNEL ein. 2017 verurteilt zu einer Strafe von 6000 € wegen ihrer Information über Schwangerschaftsabbrüche.

1921 begründete Margaret SANGER die American Birth Control League, aus der 1942 die Organisation Planned Parenthood (dt. geplante Elternschaft) und später auch Pro Familia hervorgingen.[321]

1923 gründete Margaret SANGER ihre erste Forschungsanstalt für Empfängniskontrolle, aber erst 1951 traf sie auf einer ihrer Dinnerpartys in New York auf den Hormonforscher Gregory PINCUS. Er hatte Progesteron im Tierversuch so weit getestet, dass er bei weiterer Forschung eine Anwendung bei Frauen für realistisch hielt. Diese Begebenheit gilt als «Geburtsstunde» der Antibabypille. «... Sanger erteilte dem Hormonbiologen Pincus den Forschungsauftrag, ein Verhütungsmittel für die Frau zu entwickeln, das ‹wie Aspirin zu schlucken› wäre.» ... «Sangers Visionen von einer ‹magischen Pille› begeisterten Katharine MCCORMICK ... sofort.»[322] Die spendable Geldgeberin Katherine MCCORMICK stellte die dafür notwendigen finanziellen Mittel zur Verfügung und investierte im Lauf der Jahre zwei Millionen Dollar in ihr Lieblingsprojekt, die «Pille».

Fünf Jahrzehnte kämpfte Margaret SANGER in ihrer amerikanischen Bewegung für Geburtenkontrolle, denn erst 1965 «fiel im Staate Connecticut eines der letzten Staatsgesetze, das die Benutzung von Verhütungsmitteln als Verbrechen bezeichnete» ebenso wie die Information über Schwangerschaftsverhütung. Ist die Anmaßung zu begreifen, mit der Männer die Kontrolle über die Sexualität der Frau ausübten? Ist es zu begreifen, mit welcher Rücksichtslosigkeit ein Geschlecht seine Interessen gegenüber dem anderen Geschlecht durchgesetzt hat? «In seinem Buch mit dem wahrhaft hohnsprechenden Titel ‹Die verstandene Frau› räumt der Pillengegner [Eberhard] SCHAETZING ein: ‹Wir wissen, daß es (außer der Pille) kein hundertprozentig einwandfreies Antikonzipiens gibt.› Und der Frauenarzt fügt hinzu: ‹... das aber geht die Frau nichts an.›»[323]

179.

Frauen und Männer unterscheiden sich in jeder Körperzelle! Wann wird denn das Geschlecht des Ungeborenen festgelegt? **Gleich nach der Befruchtung** über Hormone und deren Prägungen im ganzen Körper. Hormone steuern Gene und andere Botenstoffe, so dass sich Mädchen und Jungen generell unterscheiden in Körpergröße und Gewicht, in Muskelmasse, Körperfett und Wasseranteil, in Durchblutung der Organe, in Enzymen und der Filterfunktion der Nieren, der Stärke und Empfindlichkeit der Haut, Schmerzreaktion, der Reaktion auf Umwelteinflüsse und Risikofaktoren, Abwehrsystem ... ganz zu schweigen von dem

320 http://de.wikipedia.org/wiki/Margaret_Sanger - 2011-12-31
321 http://de.wikipedia.org/wiki/Margaret_Sanger - 2011-12-31
322 http://einestages.spiegel.de/static/topicalbumbackground/4623/selbst_ist_die_frau.html 2011-12-31
323 SIEBENSCHÖN, 1973

komplizierten Gewirr «aus biologischen Faktoren und sozialer Prägung»[324] – also nicht nur Gene, sondern auch Rollenbilder und Verhaltensweisen beeinflussen unsere Gesundheit und verursachen Geschlechterunterschiede.[325]

180.

Wenig segensreich auf dem Weg zu einer geschlechtergerechten Medizin wirken manche Ratgeber: Am 22. November 2017 strahlte der Rundfunk Berlin-Brandenburg die Sendung «**rbb Praxis Feature – Gesundheitsrisiko Ruhestand**» aus, Moderation Raiko THAL, Film von Angelika WÖRTHMÜLLER, Infotext: Constanze LÖFFLER.[326] Es kam eine Reihe von Experten zu Wort. [327] Da erklärt ein gestandener Arzt die Symptome eines Herzinfarkts bei Männern, erwähnt aber mit keinem Wort, dass Frauen ganz andere Symptome wahrnehmen und beschreiben. In Unkenntnis dieser Tatsache erkennen manche Ärzte nicht oder zu spät einen Herzinfarkt bei Frauen, und Frauen sterben häufiger daran, obgleich sie seltener einen Herzinfarkt erleiden. Wenn ich das schon weiß, müsste ein heute praktizierender Mediziner es allemal wissen!

Doch es ist alles noch schlimmer: In einer Studie sollten Ärzte (ob Ärztinnen dabei waren, wird nicht klar) anhand von Videos Verdachtsdiagnosen stellen. «Selbst wenn die Patienten dieselben Symptome schilderten, veranlassten die Ärzte bei Männern im Schnitt häufiger rettende diagnostisch-therapeutische Schritte – insbesondere den Herzkatheter. Bei Frauen kam vielen Medizinern die Möglichkeit offenbar nicht in den Sinn. Neben biologischen Unterschieden und Geschlechterrollen gibt es also auch verzerrte Wahrnehmungen: Ärzte sehen oft Unterschiede, wo es keine gibt. Und sie sehen keine Unterschiede, wo sich in Wahrheit erhebliche auftun.»[328]

In Berlin wurden Studien vorgestellt, die sich mit den gängigen Bluttests zur Diagnostik von Infarkten beschäftigen. Infarkte werden demnach übersehen, weil die Schwellenwerte für Frauen niedriger angesetzt werden müssten. Was heißt das? Auf Kongressen der Deutschen Gesellschaft für geschlechtsspezifische Medizin und der Internationalen Gesellschaft für Gendermedizin wurde und wird der Stand der geschlechtsspezifischen Medizin diskutiert. Prof. REGITZ-ZAGROSEK: «Highlights sind zum Beispiel neue geschlechtsspezifische Biomarker für kardiovaskuläre Erkrankungen, auch für die Diagnose des Myokardinfarktes, und Geschlechterunterschiede bei genetischen und epigenetischen Mechanismen.»[329]

---

324 SIEBENSCHÖN, 1973.

325 http://www.dgesgm.de/

326 https://www.rbb-online.de/rbbpraxis/archiv/gesundheitsrisiko-ruhestand.html

327 Dr. med. Willi Heepe, PD Dr. med. Mazda Adli, PD Dr. med. Martin Stockburger, Frank Mathias Meinikheim, Peter Berning, Dr. med. Oliver Peters

328 HEINRICH, Christian, 2017: Bin ich anders krank als du? Frauen und Männer sind unterschiedliche Patienten. Soziale Rollen und Hormone greifen tief in Körperprozesse ein. In: DIE ZEIT vom 2017-05-23

329 «Biomarker für die Medizin oder Biologie sind messbare Parameter biologischer Prozesse, die prognostische oder diagnostische Aussagekraft haben und daher als Indikatoren z. B. für Umweltbelastungen oder Krankheiten herangezogen werden.» https://de.wikipedia.org/wiki/Biomarker

Gendermedizin wird in ihrem weltweiten Spektrum diskutiert und es wurde erneut gefordert, sie in die Lehre zu implementieren und zudem dazu beizutragen, die Gesundheitsversorgung durch diese neuen Erkenntnisse zu verbessern – «für Frauen wie auch für Männer».

181.

Aus einer Studie zur **Anwendung von Digitalis bei Herzinsuffizienz**, publiziert im Amerikanischen Ärzteblatt[330], berichtete Frau Prof. REGITZ-ZAGROSEK im Rahmen einer Ringvorlesung der Charité. Es handelt sich um eine sogenannte «Post mortem»-Untersuchung, d.h. alle Patientinnen und Patienten sind schon tot, es geht um die Fragen: «Wer starb zuerst?» und «Wer starb zuletzt?» oder «Wem hat die Digitalis-Behandlung am wenigsten genutzt oder geschadet?» und «Wem hat sie am meisten genutzt?»

Bei der Auswertung der Digitalis-Studie schälten sich unter dem Aspekt des Sterberisikos vier Gruppen heraus:

1. Frauen, die mit Digitalis behandelt worden waren
2. Männer, die eine Konzentration von 1,5 mg Digitalis im Blut hatten
3. Personen, die ein Placebo erhalten hatten
4. Männer mit einer Serumkonzentration von 0,5 mg.

Dabei hatte die erste Gruppe das höchste und die letzte Gruppe das niedrigste Mortalitätsrisiko. Also die mit Digitalis behandelten Frauen hatten das höchste Sterberisiko! Das Medikament, das die Herzinsuffizienz lindern und eine lebensverlängernde Wirkung haben sollte, hat zu ihrem früheren Tod geführt! Es muss ergänzt werden, dass bei Frauen die Digitalis-Konzentration im Blut nicht einmal gemessen wurde! Da Männer mit niedrigem Digitalis-Spiegel länger überlebten als Männer mit einem hohen Digitalis-Spiegel und sogar Placebo-Patienten länger gelebt haben als Männer mit einer hohen Konzentration, kann angenommen werden, dass den Frauen eine zu hohe Digitalis-Dosis zum Verhängnis wurde. «Man» hat den Frauen einfach die Dosis verabreicht, die für die – in der Regel größeren und schweren – Männer üblich waren.

Die Referentin betonte: Mit solchen Ergebnissen wäre ein Medikament niemals zugelassen worden! Ergebnis der erwähnten Studie: Nur sehr niedrige Serumkonzentrationen sind sicher.[331] Bei höheren Konzentrationen steigt das Mortalitätsrisiko (JAMA 2003; 289: 871–878). Sollten sich Ärzte und Ärztinnen nicht doch für die Serumkonzentration bei Patientinnen interessieren? Sollte medizinische Forschung nicht vielleicht doch ihre Geschlechterblindheit ablegen?

Und werden diese Erkenntnisse berücksichtigt? «Überwiegend nicht. Nachdem eine wegweisende Studie erschienen ist, habe ich Kollegen auf Kongressen gefragt, was sie davon hielten. Die fragten zurück: ‹Ist das wichtig?› Ja, Frauen sterben daran!» Nächste Frage: Gibt es eine Schätzung, wie viele Frauen an dieser Ignoranz sterben? REGITZ-ZAGROSEK: «Der Überlebensunterschied bei der Studie betrug 30 Prozent.»[332]

---

330 Eine Post-hoc-Analyse der Digitalis Investigation Group-Studie
331 http://www.medknowledge.de/abstract/med/med2003/2-2003-24-digoxin-da.htm
332 ALBRECHT, Harro / REGITZ-ZAGROSEK, Vera, 2008: Emanzipation beim Infarkt. Die Ärztin

Dies ist nur ein Einzelaspekt, ein Einzelergebnis, allerdings ein besonders trauriges. Hoffen wir also erstens, dass künftig genügend Frauen in Medikamentenstudien einbezogen werden (in den USA inzwischen vierzigprozentiger Frauenanteil; hierzulande 20 Prozent), damit sich statistisch signifikante Aussagen machen lassen, und zweitens, dass wir in naher Zukunft auf Beipackzetteln Dosierungsangaben und Hinweise für Männer und Frauen – und sinnvollerweise auch für Kinder – finden.

182.

Über Sport treibende Männer äußert Kardiologin REGITZ-ZAGROSEK Folgendes: «Überschreiten deren Herzen eine bestimmte Größe, kann die Leistung stark nachlassen. Bei Frauen ist das nicht so, und noch niemand hat untersucht, warum nicht. Auf die Idee, sich anzugucken, dass bei jeder Schwangerschaft das weibliche Herz um 30 Prozent wächst und sich problemlos zurückbildet, ist noch niemand gekommen. Es ist eine erschreckende Blindheit unserer Wissenschaft.» Auf Interviewer ALBRECHTS Frage: «Und wie verteidigen sich männliche Kollegen beim Hinweis auf den blinden Fleck?» antwortet Prof. REGITZ-ZAGROSEK: «90 Prozent sagen: **‹Ach, schon wieder die Frauen, allmählich nervt das.›»** Wir sollten also nicht zu viel von den «Göttern in Weiß» erwarten, vor allem nicht von den «alten selbsternannten Göttern», die müssen wohl erst aussterben, bis die Disziplin das neue Denken lernt – schade für sie und besonders für uns!

183.

Mit dem Thema «Gendermedizin» beschäftige ich mich schon so lange, dass ich gerne annehmen würde: Inzwischen wissen alle Bescheid. Doch weit gefehlt, denn nun entdecke ich die Ankündigung eines Vortrags der Gendermedizinerin und Fachärztin für Innere Medizin Dr. Ute SEELAND zum 2018-02-22 zu «Geschichte, Gegenstand und Herausforderungen der Gendermedizin». Ihr Arbeitsgebiet ist im Institut für Geschlechterforschung in der Medizin der Charité-Universitätsmedizin (GiM) eine «geschlechtersensible Medizin, die gerade Frauen betreffend auf verschiedene Lebenszyklen eingeht.»[333]

Ute SEELAND zitierte die amerikanische Wissenschaftlerin E.C. HAYDEN: «Der typische Schmerzpatient (m.E. Übersetzungsfehler: Schmerzpatient*in) ist über 55 Jahre alt und weiblich. Das typische Forschungsobjekt in der Pharmazie ist jedoch eine acht Wochen alte männliche Maus.»[334]

Es fehlt (auch) an Wissen der Patientinnen: In Umfragen geben Teilnehmerinnen Krebs als die Haupttodesursache bei Frauen an, attestieren hingegen Männern

---

und Geschlechterforscherin Vera Regitz-Zagrosek über die Benachteiligung von Frauen in der Medizin. Medikamente werden oft hauptsächlich von Männern getestet. Auch werden beide Geschlechter unterschiedlich gut behandelt. In: DIE ZEIT Nr. 28 vom 2008-07-03

333 SEELAND, Ute, 2018: «Geschichte, Gegenstand und Herausforderungen der Gendermedizin», Vortrag beim Katholischen Deutschen Frauenbund, Diözesanverband Berlin am 2018-02-22 https//www.kdfb-berlin.de/startseite/aktuelles-detailseite/article/gendermedizin-aufklaerung-und-eigeninitiative-sind-gefragt/

334 Nature, 2010

ein höheres Herz-Kreislauferkrankungs-Risiko. Dabei sind Herz-Kreislauferkrankungen die Haupttodesursache bei Männern *und* Frauen – und es sterben sogar mehr Frauen als Männer daran. Deshalb gilt: Fragen Sie ihre Ärztin oder ihren Arzt immer nach geschlechterspezifisch unterschiedlichen Wirkweisen eines Medikamentes und nennen Sie auftretende Nebenwirkungen unbedingt. Bedenken Sie, dass Frauen körperlich und sozial sehr verschiedene Lebenszyklen erfahren. Was gestern so war, kann heute anders sein.

Frauen müssen – sicher auch der bislang einseitig betriebenen Forschung geschuldet – mit deutlich höheren Arzneimittelnebenwirkungen rechnen als Männer.

Da dies nach wie vor kein gängiges Wissen ist und die Interessen etwa der Pharmazie offenbar andere sind, tragen Sie so zur Arbeit des Institutes für Geschlechterforschung bei.

184.

US-Forscher haben die Folgen von «**Frontalkollisionen mit Airbagauslösung**» bei Übergewichtigen untersucht und festgestellt, dass die Geschlechter ein unterschiedlich hohes Verletzungsrisiko in Kauf nehmen. Übergewichtige Männer sind in allen Körperbereichen – Beine und Arme ausgenommen – stärker verletzungsgefährdet als Frauen, vor allem aber an Bauch und Oberkörper, «weil übergewichtige Männer meist mehr Masse im oberen Körperbereich tragen», Frauen dagegen an Po & Hüften.

Die Forschungsergebnisse deuten darauf hin, dass das männliche Sexualhormon Testosteron das Immunsystem schwächt. Ein Beispiel: Frauen sterben sehr viel seltener an Schwarzem Hautkrebs (Melanom), weil das weibliche Immunsystem sehr aggressiv auf «Eindringlinge» oder auf Krebszellen reagiert. Das Wachstum bösartiger Zellen ist bei Männern viel größer, das Rückfallrisiko höher und auf Impfungen sprechen Frauen in der Regel zuverlässiger an als Männer.[335]

Auch bei Diabetes gibt es Geschlechterunterschiede, die Männer kennen sollten: Nervenschäden als Folge von Diabetes treten bei Männern häufiger auf als bei Frauen, deshalb erleiden Männer häufiger eine Amputation des Fußes. «Die richtige Fußpflege ist darum für sie besonders wichtig. Ebenso sollten sie ihre Nierenwerte gut im Blick behalten, denn einmal geschädigt, büßen diese Organe ihre Funktion bei Männern schneller ein.»[336]

«Noch lernen Medizinstudenten eben nicht ganz selbstverständlich, dass die Niere des Mannes mehr Nephrone hat als die der Frau. Nephrone sind die aktiven Bestandteile der Niere, die den Urin filtern. Vermutlich führt dieser Unterschied dazu, dass weibliche Spendernieren bei Männern nicht so gut arbeiten und Frauen ein höheres Risiko haben, eine männliche Spenderniere abzustoßen.»[337] Brauchen wir denn wirklich noch mehr gute Gründe für Gendermedizin?

---

335 http://www.chirurgie-portal.de/news/20130917-testosteron-schwaecht-maennliches-immunsystem.html

336 Diabetes Ratgeber 05/2018

337 KOWALEWSKI, Stephanie, 2013: Frauen werden anders krank als Männer. Die junge Wissenschaft der Gender-Medizin. Quelle: Radiofeuilleton - Wissenschaft und Technik vom 13.04.2013

185.

Tatsache ist auch, dass Ärzte (und auch Ärztinnen?) die Beschwerden von Frauen **häufiger als psychosomatisch diagnostizieren** als bei Männern. Jan KUTSCHER weist darauf hin: Wenn erst einmal eine Krankheit als psychosomatisch eingestuft ist, wird nicht mehr nach weiteren Ursachen gesucht. «Wurde die Diagnose ‹psychosomatische Erkrankung› erst einmal gestellt, dann ist nach Maschewskys Erfahrung ‹die Erkennung und Korrektur einer Fehldiagnose nur selten möglich›.» KUTSCHER berichtet über einen Fall, den der Hamburger Psychologe und Sozialmediziner Werner MASCHEWSKY beschrieben hat: «Maschewsky schildert den Fall einer Graphikerin, die am ‹Büro-Syndrom› mit Kopfschmerzen, Schwindel und Erkältung litt und von Arzt zu Arzt mit wechselnden psychosomatischen Diagnosen geschickt wurde. Auf die eigentliche Ursache ihres Leidens, die Arbeit mit Klebstoffen, die giftige Lösungsmittel enthielten, kam keiner der praktizierenden Ärzte, sondern nach Jahren erst ein Professor der Arbeitsmedizin.»[338]

186.

Kommen wir zu einem Klinikvergleich zum Thema **künstliche Kniegelenke**.[339] Im Subtitel werden «Spezialmodelle für Frauen» als Neuerung angekündigt. «Schließlich hätten Frauen eine andere(!) Anatomie als Männer, auch im Knie.» Was stellen Sie sich unter einem «Spezialmodell» vor? Für mich klingt das Wort «Spezialmodell» nach Problemlösung für seltene Fälle, für Patientinnen und Patienten, deren Leiden von der Mehrheit der Erkrankungen oder den typischen Erkrankungen abweichen – eben Sonderfälle, vielleicht sogar Einzelfälle.

Aber die Klinik-Tester verstehen das offensichtlich anders: «Rund zwei Drittel der über 120.000 Kniegelenke, die jedes Jahr in Deutschland eingesetzt werden, gehen an Frauen.» Ich würde ja eher von «Spezialmodellen für Männer» reden! Aber selbst in diesem Fall stellt der Mann die Norm dar, sein Knie das Normalknie, die Frau die Abweichung, der Spezialfall, hier braucht also gegen alle Logik die Mehrheit das Spezialmodell. Die Anatomie der Frau ist eben «anders»! Falls Sie sich oder mich jetzt noch fragen sollten, was eine androzentrische Gesellschaft, eine androzentrische Forschung und androzentrische Medizin ist, dann hilft Ihnen sicher der Rest der Geschichte.

Und es geht noch weiter: «Auffällig war, dass sich Frauen deutlich häufiger unzufrieden mit ihren Implantaten zeigten als Männer.» Die Erklärung: «Bis dato wurden alle Prothesen nach den Maßen von Männerknien gefertigt», zitiert Moritz HONERT den Chirurgen Dr. Heino KIENAPFEL und verrät weiter unter Bezug auf den Chirurgen: «Diese (Männerknie) wären im Schnitt jedoch breiter und dicker als die von Frauen. Folglich würden die herkömmlichen Modelle Frauen

338 KUTSCHER, Jan, 1994: Immer ist die Seele schuld. Kopfschmerzen, Magenschmerzen, Gliederschmerzen: Kommt die Krankheit aus der Psyche? DIE ZEIT Nr. 8 vom 1994-02-18

339 HONERT, Moritz, 2007: Scharnierwechsel. Im Alter hat sich das Kniegelenk oft abgenutzt. Wenn das Gehen zur Qual wird, kann eine Prothese die Lösung sein. Jetzt gibt es auch Spezialmodelle für Frauen. Aus der Reihe: Klinikvergleich von Tagesspiegel und Gesundheitsstadt Berlin: 10. Folge Künstliches Kniegelenk. In Der Tagespiegel vom 2007-07-03

oft nur bedingt passen. Bei manchen Patientinnen scheuern die Gelenkbänder deshalb an den zu breiten Prothesen und verursachen Schmerzen.»

Und Frauen – zickig, wie sie nun mal sind – beschweren sich dann auch noch darüber. Sie sind eben nie zufrieden zu stellen, auch wenn sich die Männer noch so mühen! Aber wir Frauen haben weiter Gelegenheit zu Schmerzen und Unzufriedenheit: «Bei AAP, Berlins größtem Implantatehersteller, plant man keine speziellen Kniegelenksprothesen für Frauen. ‹Wir glauben nicht, dass da eine zwingende Notwendigkeit besteht›, erklärte der Entwicklungsleiter des Unternehmens, Hans-Joachim FISCHER.»[340] Da ist die kosmetische Industrie schlauer: Handsan bietet vier verschiedene Handcremes an, «weil jede Hand anders ist», sagt und schreibt uns die Werbung.

187.

Überschrift: Weltärztinnenbund fordert neue Lehrpläne für geschlechterdifferenzierte Medizin. Am 29. und 30. Juni 2012 fand in Batumi (Georgien) der Zentral-Europa Kongress des Weltärztinnenbundes (Medical Women's International Association, MWIA) statt. Sie forderten ein **Europaweites Gendermainstreaming im Medizinstudium**. Weltweit müssen die Medizinlehrpläne und Lehrbücher an Universitäten geschlechterspezifisch umgeschrieben werden. Nur so kann der Frauengesundheit in der traditionellen Männerdomäne Medizin ein gebührender Platz verschafft werden. Eine weitere Bedingung gibt es allerdings: Ärzte (und Ärztinnen), besonders die, deren Ausbildung schon länger zurückliegt, müssen lernen, medizinische Genderunterschiede in ihr Handeln einzubeziehen. Auch die Gesundheitspolitik muss lernen, dass geschlechtergerechte Medizin in die Lehrpläne gehört! Das lief 2012 unter der Überschrift «Aktuelle Themen der Frauengesundheit»[341]. Und heute? Wieweit sind Frauen immer noch im Nachteil wegen der Muster, die die Ärzte im Kopf haben und ihrer geringen Neigung, bei einer Patientin ein Herzproblem anzunehmen? Werden Frauen immer noch seltener zu weiteren Untersuchungen und Spezialisten und Spezialistinnen geschickt?

188.

«Es wird geschätzt, dass weltweit etwa 200 Millionen beschnittene Mädchen und Frauen leben und jährlich etwa drei Millionen Mädchen, meist unter 15 Jahren, eine **Genitalverstümmelung** erleiden.»[342] Female Genital Mutilation (FGM) oder Female Genital Cutting (FGC) wird an Mädchen und Frauen vom Säuglings- bis ins Erwachsenenalter vorgenommen, in der Regel vor oder während der Pubertät. Es gibt für sie keine medizinische Begründung, sie werden ohne Betäubung und meist unter unhygienischen Bedingungen von medizinisch nicht ge-

---

340 HONERT, Moritz, 2007: Scharnierwechsel. Im Alter hat sich das Kniegelenk oft abgenutzt. Wenn das Gehen zur Qual wird, kann eine Prothese eine Lösung sein. Jetzt gibt es auch Spezialmodelle für Frauen. Aus der Reihe: Klinikvergleich von Tagesspiegel und Gesundheitsstadt Berlin: 10. Folge: Künstliches Kniegelenk. In: Der Tagesspiegel vom 2007-07-03

341 Zwd Juli 2012

342 https://de.wikipedia.org/wiki/Weibliche_Genitalverst%C3%BCmmelung

schultem Personal oft mit Rasierklingen oder Glasscherben durchgeführt. Das ist eine Menschenrechtsverletzung! Alle Menschen haben ein natürliches Recht auf ein Leben ohne mutwillige und lebenslange Beschädigung ihrer Gesundheit. Hier sind die Vereinten Nationen aktiv auf der Grundlage der Frauenrechtskonvention.[343] CEDAW ist das wichtigste völkerrechtliche Menschenrechtsinstrument für Frauen. Die Vertragsstaaten werden zur rechtlichen und faktischen Gleichstellung von Frauen in allen Lebensbereichen, einschließlich der Privatsphäre, verpflichtet. Der Staat darf nicht nur nicht selbst gegen den Gleichbehandlungsgrundsatz verstoßen, sondern er muss auch aktiv dafür sorgen, faktische Chancengleichheit in der gesellschaftlichen Realität zu erreichen. Er ist verpflichtet, eine aktive Politik zur Beseitigung der Diskriminierung von Frauen zu verfolgen. Auch aus deutscher Rechtssicht verletzt die Genitalverstümmelung die Grundrechte der Mädchen und Frauen in schwerwiegender Weise und der Staat ist verpflichtet, einzuschreiten: GG Art. 3 Abs.2, Satz 1: Männer und Frauen sind gleichberechtigt; Satz 2: Der Staat fördert die tatsächliche Durchsetzung der Gleichberechtigung von Frauen und Männern und wirkt auf die Beseitigung bestehender Nachteile hin.

Starke Schmerzen, schwere körperliche und psychische Schäden erleiden die Mädchen und Frauen und nicht selten sterben sie an diesem frauenverachtenden Verbrechen. Sie leiden ein Leben lang – und nicht nur bei Geschlechtsverkehr und Geburt. FGM verstümmelt das ganze Leben der Frauen; jeder Toilettengang ist meist eine einzige Qual, z. B. weil die Blase nur durch ein kleines Loch entleert werden kann. Der einzige Hoffnungsschimmer sind Kliniken, in denen Ärzte und Ärztinnen in aufwändigen Operationen versuchen, die verstümmelten Genitalien wiederherzustellen.

Kennen Sie den Namen Waris DIRIE noch? Es gab eine Zeit, da war ihr Name nicht nur allgemein bekannt, sondern sogar Programm. Waris DIRIE ist ein ehemaliges Model aus Somalia, Menschenrechtsaktivistin, und später UN-Sonderbotschafterin. Ihr Anliegen ist der Kampf gegen Genitalverstümmelungen, sie hat mit ihrem autobiografischen Buch «Wüstenblume» viel zur öffentlichen Diskussion des Themas und zur Gründung vom «Desert Flower Center» beigetragen, dem europaweit ersten Medizinzentrum für genitalverstümmelte Frauen im Waldfriede-Krankenhaus in Berlin-Zehlendorf. «Hier soll Frauen, die von genitaler Verstümmelung betroffen sind, geholfen werden, ganzheitlich, gemeinsam durch Ärzte, Seelsorger, Sozialarbeiter, Psychologen und Selbsthilfegruppen.» Beschneidung ist für sie Folter und Verbrechen. Sie spricht von ihrer Beschneidung «als dreijähriges Mädchen, irgendwo in den Wüsteneien Somalias» als von dem Tag, «der mein Leben veränderte». Für Waris DIRIE ist die Beschneidung nicht «Kultur, Religion oder Tradition», sondern «Folter und Verbrechen».[344]

---

343 CEDAW: Convention on the Elimination of All Forms of Discrimination Against Women (Das Übereinkommen zur Beseitigung jeder Form von Diskriminierung der Frau) ist ein internationales Übereinkommen der Vereinten Nationen zu Frauenrechten. Es wurde am 1979-12-18 von der UN-Generalversammlung verabschiedet und trat am 1981-09-03 in Kraft

344 LEHMANN, Armin, 2013a: Weibliche Genitalverstümmelung: Schnitte in Körper und Seele. Am Mittwoch eröffnet Top-Model Waris Dirie in Berlin-Zehlendorf die weltweit erste Klinik für genitalverstümmelte Frauen. Der Zehlendorf Blog hat mir ihr gesprochen und zudem Hadja

189.

Manchmal gelingt es einem bedeutenden wissenschaftlichen Thema – wie hier der Sexismus-Forschung – in der Tagespresse kurz aufzublitzen. Das Zitat ist einem kleinen Artikel aus dem Tagesspiegel» vom 1993-11-27 entnommen: «Keine weibliche Bescheidenheit. FU-Psychologinnen fordern Professur für Frauenforschung». Er ist nicht einmal mit vollem Autor*innen-Namen gezeichnet, sondern nur mit dem Kürzel D.N. versehen: «Das Kind ist ein mysteriöses Geschöpf. Es treibt sein Unwesen in Psychologieseminaren, wenn etwa über die Entwicklung ‹des Kindes› geredet wird. Manche Seminarteilnehmerin fragt sich dann, wieso sie selbst früher ganz andere Erfahrungen gemacht hat. Und irgendwann erkennt sie: **‹Das Kind› ist ein Junge.**»

190.

Geschlechterrollen haben also nicht nur Einfluss auf das Gesundheitsverhalten (Patientinnen und Patienten), sondern auch auf das professionelle Verhalten der Geschlechter (Ärzte und Ärztinnen): «Bei einer Studie des Universitätsklinikums Köln mit 50.000 Diabetikern zeigte sich, dass Patientinnen und Patienten von Ärztinnen bessere Therapieerfolge bei Werten wie Blutzucker, Blutdruck und Colesterin erreichten. Sie kamen mit weniger Medikamenten aus.»[345] Als Ursache wird erstens der Kommunikationsstil angeführt: **Ärztinnen kommunizieren eher patientenorientiert**, schaffen eine positive Gesprächssituation und stärken damit Motivation und Selbstverantwortung ihrer Patientinnen und Patienten. Zweitens wurde in einer Studie, an der 1857 Patienten (!) mit chronischer Herzinsuffizienz teilnahmen, festgestellt, dass Ärztinnen ihre Patienten (!) leitlinienkonformer und deshalb besser behandelten als ihre männlichen Kollegen.

Und dann spielt womöglich auch die Fächerkultur[346] eine Rolle: In einer kanadischen Studie wurde festgestellt, dass männliche Orthopäden weitaus häufiger Männern als Frauen Kniegelenkersatz empfehlen, obgleich drei von vier Personen mit Kniegelenkarthrose Frauen sind. Genderbias? Bei Ärzten (?) der Familienmedizin ist dieses Phänomen deutlich weniger ausgeprägt.

191.

Meine neueste Erfahrung (2018): Ob ich den **Cholesterinsenker** weiter nehmen muss, frage ich meinen Hausarzt, Internist und Kardiologe. Er schlägt vor: Also zunächst kein Cholesterinsenker mehr und nach angemessener Zeit eine sorgfältige Blutuntersuchung.

Kaba getroffen, die mit ihrem Verein «Mama Afrika» gegen diese 5000 Jahre alte Tradition kämpft. In: Der Tagesspiegel vom 2013-09-07 (Print-Version) http://www.tagesspiegel.de/berlin/bezirke/zehlendorf/aktuelles-aus-zehlendorf/klinik-fuer-genitalverstuemmelte-frauen-in-zehlendorf-eroeffnet-waris-dirie-beschneidung-ist-folter-und-verbrechen/8773520.html

345 SCHEUFLER, Simone, 2013: Der große kleine Unterschied. Gendermedizin. Wie das Geschlecht von Patienten (?) deren Behandlung beeinflusst – was Ärztinnen anders machen als Ärzte. In: Apotheken Umschau B01/13

346 DÖREN, Martina, 2008: Gender & Gesundheit, Professur für Frauenforschung und Osteologie, Charité Campus Benjamin Franklin, Berlin, Vortrag & Folien

Dann die Entscheidung: Als Mann müsste ich ihn nehmen, als Frau brauche ich ihn nicht. Das allerallererste Mal, dass ich erlebt habe, dass ein gesundheitliches Problem gendermedizinisch entschieden wurde. So stelle ich mir eine moderne Medizin vor.

192.

Heute, 2018-05-11, in der Charité, Campus Benjamin Franklin, Berlin. Ich bin gekommen, um zu erkunden, was gegen die gehäuften Herzrhythmusstörungen zu tun ist. **Pfleger «Max»**, Enkelgeneration, fordert mich auf: «Legen Sie sich auf diese Liege» und geht davon. Ich lege mich hin. Als er kurz darauf zurückkommt, ist er erstaunt: «Sie liegen ja schon!» Ich sage: «Ich dachte, ich sollte!» Darauf Pfleger Georg: «Ja, schon, aber sonst legen sich die Frauen bei mir nicht so schnell hin.»

Können Sie mir erklären, welche Verbindung zwischen einer 81-jährigen Patientin und den Sexerfahrungen dieses Mannes bestehen könnte? Ich sehe jedenfalls keine!

193.

Ein aktueller Artikel[347] fasst die noch immer wirksamen Benachteiligungen von Medizinstudentinnen folgendermaßen zusammen: **Überkommene Geschlechterbilder im Fach – und offener Sexismus:**

- Im Studium werden viele Frauen von vorneherein entmutigt
- Sexistische Sprüche, chauvinistisches Verhalten sind an der Tagesordnung
- Viele Frauen studieren Medizin, – aber nur wenige bekommen eine Professur
- Chefärzte ziehen sich Nachfolger wie Kronprinzen heran.

Das klingt alles nicht nach 2018 – nach all den Kämpfen! Mich erschüttert die Tatsache, dass Frauen besonders im Medizinstudium von Anfang an entmutigt werden; wir wissen alle – oder können es zumindest wissen, wie Rollenbilder Leistungen beeinflussen. Wie sollen junge Frauen ihr ganzes Potential entfalten, wenn sie immer damit kämpfen müssen, nicht beiseitegeschoben, übergangen und unterschätzt zu werden? Wie viel mehr Charakterstärke wird den Frauen abverlangt, damit der Gesellschaft ihr Potential nicht verlorengeht! Bleibt noch: Frauen unterstützen Frauen! Dazu ein wunderbares aktuelles Beispiel: Ein Chefarzt schreibt in der ZEIT «offen über männliche Dominanz in der Herzchirurgie».[348] Zehn Herzchirurginnen und angehende Herzchirurginnen widersprechen ihm! Wie zeitgemäß ist es denn, wenn Ärzte auch heute noch die Chirurgie – und insbesondere die Herzchirurgie – als ihr Feld darstellen und reklamieren? Christian HAGEL, Chefarzt für Herzchirurgie am Klinikum der Universität München, «beklagt, dass Frauen mit Schwangerschaft, Elternzeit und Teilzeitwünschen ‹Unwägbarkeiten›

---

347 LENZ, Miriam, 2018b: «In der Klinik werden Frauen nicht ernstgenommen.» Sexismus und überkommene Geschlechterbilder: Warum Medizinerinnen besonders selten in Spitzenpositionen kommen. In: Der Tagesspiegel vom 2018-06-05

348 Ausgabe Nr. 13/2019 – Titelgeschichte

mitbrächten, mit denen man als Chef nur schwer planen könne.» [349] Vielleicht haben ja Chefinnen Lust, die ihnen nicht unbekannten «Unwägbarkeiten» kreativ zu nutzen – zehn Kilometer weiter im Deutschen Herzzentrum München?

194.

Ich bekomme meine Herzrhythmusstörungen nicht unter Kontrolle, fahre zur Charité und gehe auf die kardiologische Station, auf der ich bei stationärer Behandlung liege. Heute also ambulant. Ich sitze auf dem Flur. Ein mir nur sehr flüchtig bekannter Arzt schreitet über den Flur, hält sich an einem Papier, guckt weder rechts noch links! Erster Eindruck: Beruf verfehlt!

Schließlich nähert sich eine mir ebenso nur flüchtig bekannte Ärztin, erkundigt sich nach meinen Problemen! Aber kein brauchbarer Rat! Schließlich ergreift sie meine Hand, als ob sie den Puls messen wollte und sagt: «Ist ja schon viel besser.» Natürlich ist nichts besser, höchstens noch schlechter. Ich fürchte, gleich wird sie pusten! Heile, heile Segen.

Wie kann eine erwachsene Frau eine deutlich ältere Frau so unprofessionell «bemuttern»? Ich glaube kaum, dass ich irgendwelche Demenzsignale ausgesendet habe. Die Frau hat versucht, mich in meine Kinderschuhe zu stecken – ich habe aber rechtzeitig gemerkt, dass die doch deutlich zu klein für mich sind! Manchmal schützt innerer Abstand. **Auch das ist Sexismus**, das «Kleinmachen» von Frauen durch Frauen!

195.

Auch, wenn Sie es nicht glauben, Hilfe naht jetzt aus der **Affenforschung**![350] Unter der Überschrift «Der Gorilla im OP-Saal» erklärt Affenforscher Frans DE WAAL das Sozialverhalten von Chirurgen.

DE WAAL und sein Team haben zweihundert Operationen beobachtet und das Verhalten der Anwesenden zwei Jahre lang dokumentiert – an den OP-Tischen dreier Krankenhäuser. DE WAAL untersuchte eigentlich Moral und Empathie bei Menschenaffen, von ihm stammt der Begriff «Alpha-Männchen» «für jene dominanten Exemplare einer tierischen Gemeinschaft, die mit viel Imponiergehabe auftreten und sich an die Spitze der Rangordnung setzen».[351] Beim Blick auf eine verwandte Spezies hat er festgestellt: «Was für Gorillas gilt, lässt sich bei Chirurgen beobachten. Je höher der Männeranteil im Operationssaal, desto mehr Streit gibt es.»

Gemeinsam mit Psychologen und Medizinern hat der Affenforscher in einer groß angelegten Studie das Sozialverhalten von Ärzten im OP untersucht – und

---

349 CLEUZIOU, Julie / ESCHENBACH, Lena / ALALAWI, Zara / BERAN, Elisabeth / HUBBUCH, Mara / NEUMAIR, Madé / PULUCA, Nazan / SAMADINGER, Susanne / VITANOVA, Keti / VOSS, Stephanie, 2019: Die Medizin wird weiblich. Ein Chefarzt sprach in der ZEIT offen über männliche Dominanz in der Herzchirurgie. Hier widersprechen ihm Kolleginnen. In: DIE ZEIT Nr. 18 vom 2019-04-25

350 MÜLLER, Verena, 2018: Der Gorilla im OP-Saal. Ein Affenforscher erklärt das Sozialverhalten von Chirurgen. In: DIE ZEIT Nr: 28 vom 2018-07-05

351 MÜLLER, 2018

«die entdeckten Verhaltensmuster waren DE WAAL aus dem Dschungel wohlvertraut.» Teilweise geschah das sogar «auf Kosten der Patienten». Und es sind in der Regel keine fachlichen Differenzen, sondern Konflikte um Status und Sexualität. «Anschreien, Bloßstellen oder Ignorieren sind der Studie zufolge die beliebtesten Kampfstrategien im OP-Saal. ... Das kooperative Verhalten nimmt geradezu exponentiell ab, je höher der Anteil der männlichen Ärzte ist. Hundert Prozent Männer im Team = minimale Zusammenarbeit = maximale Konfrontation.»

Aber Hilfe naht von Seiten der sonst so gerne gering geschätzten Frauen: Dieselben Chirurgen arbeiten in gemischten Teams deutlich konfliktfreier! Ich würde jetzt gerne über die Ursachen spekulieren, aber das mache ich lieber erst einmal in Unreine.

196.

Traurig, ja geradezu schmerzlich: Bei viel zu vielen Gebärenden wird der Geburtsvorgang durch einen Dammschnitt verkürzt. Er hat sich als eine Art gynäkologische Routineprozedur eingenistet, auch wenn er sich als selten nützlich erwiesen hat – so auch die Weltgesundheitsorganisation (WHO) – und den betroffenen Frauen lange z. T. starke Schmerzen bereitet. Denn hinzu kommt: Was zerschnitten wurde, muss auch geflickt werden, und die Nähte an Scheideneingang und Darmausgang sind oft schlampig, d.h. nicht anatomisch sauber. Schmerzlich finde ich daran, dass hier Frauen unnötiges Leid zugefügt wird und traurig, dass mal wieder das Wissen und Können von Frauen abgewertet wird und ungenutzt bleibt. Hebammen beherrschen sanftere Techniken. «Hebammen wissen, wie sich ein Dammschnitt vermeiden lässt. Dazu gehört etwa das Erwärmen des Damms mit nassen, warmen Tüchern oder Dammmassage. Und gerade bei der ersten Geburt braucht das Gewebe Zeit, um sich zu dehnen und Platz für den Kopf des Kindes zu machen.»[352]

Wie kam es eigentlich zu dieser Form der Geburt? Der amerikanische Geburtsmediziner Joseph DELEE wollte in den 1920er-Jahren den Geburtsvorgang abkürzen, damit die Muskulatur im Beckenboden der Frau weniger Risse bekommt und die Organe sich nicht so leicht senken. Er wollte den Frauen das intensive Pressen ersparen. Aber Kinder schneller zur Welt zu bringen, wird von den Frauen teuer bezahlt: Den «schnellen Schnitt» werden Frauen bei einer schweren Geburt sicher als Erleichterung empfinden – ganz anders aber die Zeit danach. Es ist ja nicht nur der Schnitt, Naht und die Narbe quälen die junge Mutter, sie «kann sich nicht normal auf einen Stuhl setzen, ohne dass der vernähte Damm schmerzt. Beim Wasserlassen brennt die Wunde. Der Stuhlgang ist eine Qual. Erst nach zwei, drei Wochen wird es langsam besser. Aber der erste Sex nach neun Wochen ist ein Albtraum. Ihr Scheideneingang ist wie zusammenge-

---

352 DONNER, Susanne, 2018: Risiko Dammschnitt. Schnitt ins Leben: Bei jeder zehnten Geburt wird ein Dammschnitt gesetzt. Viel zu oft ist er unnötig – und die Folgen können die Frau langfristig belasten. https://www.tagesspiegel.de/wissen/haeufigster-eingriff-bei-geburten-risiko-dammschnitt/21265376.html

schnürt und brennend wund. Ihr vergeht die Lust. Erst nach Monaten lässt die Pein nach.»

Der Dammschnitt gehört zu den fünfzig häufigsten Operationen überhaupt – und das, obwohl er in den meisten Fällen unnötig ist und die Weltgesundheitsorganisation (WHO) urteilt: «Ein Eingriff, der meist keinen Nutzen bringt», denn der Beckenboden der Frauen sei nicht weniger versehrt als ohne Schnitt und die Probleme nach der Geburt nicht seltener. «Frauen, die natürlich und ohne Dammschnitt oder Dammriss entbunden haben, waren ... deutlich früher wieder sexuell aktiv – nach etwa viereinhalb Wochen. Mit Dammschnitt sind es siebeneinhalb.»

«Traurig» und «schmerzlich» reichen nicht; es gibt auch noch den Beriff «empörend»! «Im Abrechnungssystem der Krankenhäuser machen sich die Eingriffe bezahlt. Frauen, die lange in den Presswehen liegen, kosten nur. Das setzt einen Fehlanreiz zu voreiligen Dammschnitten.»[353]

Und dann gibt es da noch ein «empörend»: Kennen Sie die unsägliche Praktik des **«husband stitch»**?: Dabei wird die Naht nach dem Dammschnitt ein, zwei Stiche verlängert, «damit der Scheideneingang schön eng ist, dem Ehemann zuliebe». Schmerzen beim Sex sind vorprogrammiert, damit es der Mann schön hat.» Dem Manne gefällige «Scheidenoptimierungen», gewollt oder ungewollt? Wenn das kein Sexismus – also Handeln auf Kosten der Frauen – ist, dann ist das ganze Buch ein Irrtum!

353 DONNER, 2018

08 «Ohne die Reflexion der Kategorie Geschlecht wäre seriöse Forschung in zahlreichen Fächern kaum möglich»[354]

Bevor ich Ihnen, liebe Leser*innen, meine Erkenntnisse zu Sexismus in der Wissenschaft vorstelle, sind mir zwei prinzipielle Anmerkungen wichtig: Erstens einige grundsätzliche Bemerkungen zu geschlechtergerechter Forschung und zweitens zeige ich Ihnen in einem Exkurs, welche Mühen es die Frauen gekostet hat, Zugang zu den Wissenschaften zu erhalten, also studieren zu dürfen. Der zweite Aspekt ist ein tiefer Griff in die Mottenkiste der Frauenverachtung, ohne die sich Frauengeschichte nicht erzählen lässt. Viele begegnen in ihrem Leben noch heute allen möglichen Formen von Frauenverachtung; sie sind dazu geeignet, unser Selbstbewusstsein zu untergraben. Ich versuche gleich, sie zu zerlegen.

Exkurs: Grundsätzliche Bemerkungen zu geschlechtergerechter Forschung

Frauen wurden vom Wissen ausgeschlossen – als Subjekte wie als Objekte! Frauen durften nicht wissen und Wissen über Frauen war nicht von Interesse. Man(n) hat sie nicht gesehen – das ist die Einäugigkeit der Forschergemeinde. Das können Sie, liebe Leser*innen in jeder Wissenschaft erkennen. Hier die Instrumente dazu: Eine «Genderanalyse», ein «gender impact assessment» (GIA)[355] oder die «Rechtsfolgenabschätzung» in den Rechtswissenschaften – das sind Instrumente, mit denen sich feststellen lässt, ob Männer und Frauen von einem Forschungsprojekt, einem Gesetz oder einer sonstigen Maßnahme betroffen sind oder sein können.

Ist das der Fall, müssen Sie Unterschiede im weiblichen und männlichen Lebenszusammenhang unbedingt berücksichtigen. Sie erleichtern sich das Leben, wenn Sie sich vorher einen Satz geschlechtsdifferenzierter Indikatoren für das jeweilige Projekt erarbeiten. Und am besten gleich «nicht-sexistische Forschungsmethoden»[356] anwenden – da sind Sie auf der sicheren Seite, es entgeht Ihnen kein geschlechterrelevanter Forschungsaspekt.

---

354 KÜHNE, Anja, 2011: Mehr Gender macht mehr Qualität. Die Freie Universität bündelt ihre Kräfte in der Geschlechterforschung. «Ohne die Reflexion der Kategorie Geschlecht wäre seriöse Forschung in zahlreichen Fächern kaum möglich», sagt Präsident Peter-André Alt. In: Der Tagesspiegel vom 2011-12-13 http://www.tagesspiegel.de/wissen/forschung-mehr-gender-macht-mehr-qualitaet-/5956242.html)

355 http://www.bmu.de/fileadmin/bmu-import/files/pdfs/allgemein/application/pdf/gia_checkliste.pdf

356 EICHLER, Margrit, 1988: Nonsexist Research Methods. A Practical Guide, Boston

Wir fragen also: Welche Bilder hat sich die Wissenschaft von «der Frau» gemacht? Warum sind Frauen als Forschende wichtig? Was sind geschlechterrelevante Forschungsergebnisse? Wie muss eine geschlechtergerechte Forschung aussehen? Welche Rolle spielen Frauen als Forschungsobjekte – z. B. in der Medizin? Zu solchen Fragen gibt es hier – zumindest – Teilantworten, oder sagen wir: derzeitige Antworten aus meiner Perspektive – auch im Sinne Julia ONKENS: «Wer heute noch ernsthaft an der Kompetenz der Frau, und zwar in sämtlichen Bereichen von Wissenschaft, Politik, Kultur, zweifelt, muss einen gewaltigen Widerstandsapparat in sich mobilisieren, um nicht von den Tatsachen einfach überrannt zu werden.» [357] Das hat ONKEN vor fast zwanzig Jahren geschrieben.

Zu den zentralen Problemen der Wissenschaften gehört m.E. unsere für uns nicht ohne Mühe sichtbare und fühlbare kulturelle Prägung, unser Eingebundensein in diesen einen Körper in dieser Gesellschaft, zu dieser Zeit, in dieser Region, als Mann oder als Frau – und die Tabuisierung dieser oft unbewussten Beschränkungen. Sie sind immer da, aber niemand will sie sehen, sie stehen zur angestrebten «Objektivität» der Forschung in diametralem Gegensatz. Vor allem die Naturwissenschaften wollen mess-, wiederhol- und nachvollziehbare Ergebnisse produzieren und vergessen dabei, dass auch sie kulturabhängig fragen, forschen, folgern. Auch sie arbeiten nicht eigenschafts- und voraussetzungslos, sondern die Forschenden haben Bilder im Kopf, «lesen» Untersuchungsobjekte und -ergebnisse aus ihrer Perspektive, bilden Hypothesen vor ihrem sozialen Hintergrund und tragen – mehr oder weniger – unsere Geistes- und Wissenschaftsgeschichte mit sich herum. Dazu gehört die bekannte Zuordnung des Bewussten zum «männlichen Prinzip» und des Unbewussten zum «weiblichen Prinzip». Aufgeschreckt hat mich vor langer Zeit die Frage: «Hat der Forscher ein Geschlecht?» Hat er! Und die Forscherin auch! Wir gehen alle mit einem Vorverständnis an die Arbeit, das z. B. durch Wahrnehmungsgewohnheiten, Erwartungen, Annahmen, Interessen, Prioritäten geformt wird – aber auch durch unsere soziale Position, unser Geschlecht, das eingebettet ist in einen geschlechterhierarchischen Aufbau unserer Gesellschaft. Hier müssen wir als Erstes das Unsichtbare sichtbar, unbewusste Prozesse bewusst machen. Wir müssen damit leben, dass Wissenschaft nicht wertfrei oder wertneutral ist, auch wenn es allem widerspricht, was viele von uns gerne wollen und so auch gelernt haben.

«Unter den Wissenschaften tun sich die Geisteswissenschaften etwas weniger schwer mit dem Unbewussten. Da eines ihrer Anliegen die Entzifferung des Unbewussten einer Kultur ist, entwickeln sie ein Instrumentarium, mit dem sie dieser unberechenbaren Wirkungsmacht zu Leibe rücken können – und sie haben zunehmend nicht nur die Schöpfungen von Künstlern und Künstlerinnen, sondern auch die Paradigmen naturwissenschaftlicher Forschung im Auge.»[358]

357 ONKEN, Julia, 2000: Herrin im eigenen Haus. Weshalb Frauen ihr Selbstbewusstsein verlieren und wie sie es zurückgewinnen, München

358 BRAUN, Christina von, 2007: Das Unbewusste der Wissenschaft. In der Forschung regiert das Gesetz der Zahl. Doch jenseits davon warten Geheimnisse auf Entschleierung. Der Tagesspiegel vom 2007-08-06

Forschung ohne «gender bias» folgt der Handlungsmaxime des Gender Mainstreaming und fragt im Forschungsprozess immer danach: Wie sind Frauen und Männer betroffen, repräsentiert, an Entscheidungen beteiligt etc. – vom Titel, über die Sprache, Forschungskonzept, -design und -methoden, bis zur Dateninterpretation und politischen Wertung und Empfehlungen. Zum Forschungsdesign gehören u.a. die Wahl der Forschungsfragen und des Forschungsinstruments ebenso wie Dokumentation und Offenlegung des Geschlechts der am Forschungsprozess Beteiligten. Zur Forschungsmethode gehören die Validierung des Forschungsinstruments aus der Genderperspektive ebenso wie die Zusammensetzung des Samples, Forschungsfragen und Fragebogen und die Wahl der Forschungsinstrumente. Das klingt massiv! Ist es auch! Aber mit EICHLERS Checkliste zu bewältigen, weil jeder Blick auf sie unser Bewusstsein für «Genderfallen» schärft, bis wir keine Liste mehr brauchen.

Bevor ich zu meinen Beispielen komme, zeige ich Ihnen in einem Exkurs noch, welche Mühen es die Frauen gekostet hat, überhaupt studieren zu dürfen.

Noch ein Exkurs: Der lange Weg zum Frauenstudium

«Es ist erst rund hundert Jahre her, dass deutsche Wissenschaftler wie der Physiker und Nobelpreisträger Max Planck oder der Maschinenbauingenieur und Rektor der TH Charlottenburg, Franz Reuleaux, sich mit dem Rekurs auf die Natur gegen das Recht von Frauen, zu studieren, stellten. Sie fürchteten einen irreversiblen Eingriff in die Naturgesetze, sollten Frauen als Gleiche in die Akademie einziehen.»[359] Beim Thema Wissenschaft und Frauen fällt ganz besonders die Biologisierung gesellschaftlich konstruierter Geschlechterunterschiede auf. Wir machen einen großen Schritt zurück in die Geschichte – ins 19. Jahrhundert.

Frau Prof. Dr. Christina VON BRAUN, Professorin für Kulturwissenschaften und Filmemacherin, war meine Lehrerin in Gender Studies während meines Promotionsstudiums an der Humboldt-Universität Berlin. Sie hat ein Video unter dem Titel «Gegner des Frauenstudiums» erstellt, in dem Originaltexte verschiedener Wissenschaftler aus dem vorvorigen Jahrhundert zum Thema «Frauenstudium» nachgespielt werden. Unfassbar aus heutiger Sicht und bislang weitgehend unbekannt! Nun könnten wir ja sagen: Was gehen uns heute noch die ollen Geschichten an? Ich finde diese Texte aber aus zweierlei Gründen hochinteressant. Erstens will ich wissen, wie es kam, dass Frauen intellektuelle Fähigkeiten aberkannt wurden. Zweitens weiß ich: Kein Argument ist zu absurd, um es nicht gegebenenfalls gegen Frauen weiterzuverwenden – z. B. wenn die Konjunktur es gerade erfordert. Also, machen Sie sich auf etwas gefasst:

---

359 HARK, Sabine / VILLA, Paula, 2014: Das dubiose Gender. Was Geschlecht bedeutet, unterliegt dem Wandel. Für manche ist diese triviale Einsicht eine Provokation. Zwei Geschlechterforscherinnen zu den Anwürfen (Online-Version; Print-Version vom 2014-12-17) http://www.tagesspiegel.de/wissen/attacken-auf-die-geschlechterforschung-das-dubiose-gender/11128828.html

Die Stimmen der Medizin sind Prof. Dr. Theodor Ludwig Wilhelm BISCHOFF[360] (1807–1882), Anatom, und Prof. Dr. med. Georg LEWIN (1820–1896), Direktor der Klinik für Syphilis an der Königlichen Charité.

BISCHOFF erklärt uns:

- «Der Mann ist muthig, kühn, heftig, trotzig, rauh, verschlossen, das Weib furchtsam, nachgiebig, sanft, zärtlich, gutmüthig, geschwätzig, verschmitzt.
- Der Mann besitzt mehr Festigkeit, das Weib ist wandelbar und inconsequent.
- Der Mann handelt nach Ueberzeugung, das Weib nach Gefühl. Die Vernunft beherrscht beim Manne das Gefühl, bei der Frau umgekehrt das Gefühl die Vernunft.
- Das Weib ist schamhafter und die Regungen des groben Genusses der Sinnlichkeit sind bei ihm in der Regel geringer als beim Manne. Seine Sittsamkeit, Demuth, Geduld, Gutmüthigkeit, Aufopferungsfähigkeit, theilnehmende Lebensstimmung, Frömmigkeit sind viel größer als beim Manne.
- Der wahre Geist der Naturwissenschaften wird deshalb dem Weibe stets verschlossen bleiben.»

Was für eine kunstvolle Sprache: Logik wird durch Pathos ersetzt! Und dieser Text ist außerdem ein beeindruckendes Beispiel dafür, wie immer wieder das Resultat gesellschaftlicher Ungleichbehandlung als «Beweis» für deren Rechtmäßigkeit dient.

Sehen wir uns den ersten Satz von Professor von BISCHOFF einmal näher an: «Der Mann ist muthig, kühn, heftig, trotzig, rauh, verschlossen, das Weib furchtsam, nachgiebig, sanft, zärtlich, gutmüthig, geschwätzig, verschmitzt.» Woher weiß der Herr Professor das? Hat er selber Untersuchungen gemacht, zitiert er ein Forschungsergebnis ohne Quellenangabe oder holt er diese «Einsichten» – eigentlich offenbar schon damals herkömmliche Gemeinplätze – aus dem Bauch? Vermutlich Letzteres: «Ihm war so danach». Wenn das der Standard der Wissenschaft war, ist oder war Wissenschaft nichts für Frauen. In jedem Fall sehe ich in von BISCHOFFS Charakterisierung Karikaturen beider Geschlechter. Hedwig DOHM spricht von «Charaktergemälden»[361] und trifft mit ihrer Kritik wieder den Nagel auf den Kopf: «Man sieht, Herr v. Bischof begnügt sich mit der Annahme hypothetischer Eigenschaften, die für seine Vorurtheile passen; nimmt als eine bewiesene Theorie an, was erst bewiesen werden müßte, nennt dieses naive Geplauder, dieses herzige auf Treu und Glauben Hinnehmen Beweisführung, und knüpft daran unter anderen Folgerungen wie diese: ‹Der wahre Geist der Naturwissenschaften wird deshalb dem Weibe stets verschlossen bleiben.›»[362]

«Nächst den Gemüthseigenschaften ist es, nach Herrn von Bischof, die physiologische Beschaffenheit der Frau, vornehmliche ihre Schädelbildung, durch welche sie ihre Unfähigkeit für höhere Geisteskultur dokumentirt.»[363]

360 In modernen Quellen wird der Name mit doppeltem «F» am Ende geschrieben; bei Hedwig DOHM schreibt er sich mit einem «F»

361 DOHM, 1982

362 DOHM, 1982

363 DOHM, 1982

«Willkürliche Hypothesen als wissenschaftliche Wahrheit ...»[364] nennt Hedwig DOHM solchen Unsinn und fährt fort: «Die physiologische Bedeutung der abweichenden Formen männlicher und weiblicher Schädel festzustellen, ist bis jetzt der Wissenschaft nicht gelungen, und nur einem Charlatan, einem Phantasten oder einem fanatischen Prinzipienreiter kann es einfallen, aus einer verschiedenartigen Schädelbildung der Geschlechter die Basis zu einer ernsten Argumentation gegen die geistige Befähigung der Frau machen zu wollen.»[365]

Hedwig DOHM (1831–1919), Zeitgenossin von BISCHOFF, setzt sich mit seiner Schrift «Das Studium und die Ausübung der Medicin durch Frauen» auseinander und zitiert ihn: «Es ist nicht im entferntesten möglich, nachzuweisen, daß das weibliche Geschlecht durch äußere Einflüsse, Gewalt oder List daran gehindert worden wäre, sich in gleichem Grade an diesen geistigen Arbeiten zu betheiligen, wie das männliche. Aber auch die Möglichkeit einer solchen Behinderung ist durchaus nicht vorhanden. Ich halte fest an der Ueberzeugung, wären die Frauen von der Natur befähigt, an der Cultur der Wissenschaften Theil zu nehmen, längst ständen sie den Männern gleich oder über ihnen.»[366]

Ich benutze diese Zitate aus zwei Gründen: Erstens erwidert Hedwig DOHM mit einem amüsanten Vergleich und zweitens widerspricht sich der Herr Professor so prachtvoll an anderer Stelle. Hier also DOHMS Vergleich zur von BISCHOFF behaupteten Unfähigkeit des weiblichen Geistes zu wissenschaftlichen Studien: «Das kommt mir vor, als sagte Jemand: wären die Proletarier von der Natur befähigt, Austern zu essen und Champagner zu trinken, so würden sie längst ebenso viel oder mehr Austern essen und mehr Champagner trinken als die Gründer.»[367] Und der prachtvolle Widerspruch? Hier ist er: «Ich bin fest entschlossen, weiblichen Zuhörerinnen zu meinen Vorlesungen niemals den Zutritt zu gestatten.» Und DOHM ergänzt, er habe noch hinzugefügt, er könne nicht zum Unterricht von Mädchen genötigt werden. Weitere interessante Ausführungen gegen das Frauenstudium habe ich bei Andrea GRIESEBNER[368] gefunden.

Peinlich berührt, erklärt uns Prof. LEWIN[369]: «Bei der Vorstellung einer Medizinstudentin laufen mir Schauder über den Rücken. Eine Frau, die über die Anatomie der Geschlechtsteile nicht nur der Frau, sondern auch des Mannes orientiert ist, und über das Mysterium des Geschlechtsaktes ohne zu erröten sprechen kann, wird den Mann immer kalt lassen, wenn nicht gar abstoßen. Der weibliche Körper ist einfach nicht geschaffen für solche Aufgaben.»

Geht es Ihnen, liebe Leserin, auch so? Ich «höre» Ängste. Angst vor der Frau, die in ihrem medizinischen Alltag ganz banal mit seinen edlen Teilen umgeht. Die die Autorität hat, den Patienten mit Diagnosen und Therapien zu konfrontieren , anstatt – starr vor Bewunderung – das Heiligste zu schauen und dem Mann den

364 DOHM, 1982
365 DOHM, 1982
366 DOHM, 1982
367 DOHM, 1982
368 GRIESEBNER, Andrea, 2005: Feministische Geschichtswissenschaft. Eine Einführung, Wien
369 DVD «Gegner des Frauenstudiums», in dem/der Originaltexte verschiedener Wissenschaftler aus dem vorvorigen Jahrhundert zum Thema «Frauenstudium» nachgespielt werden

aktiven Part zu überlassen. Angst aber auch vor der Frau als Konkurrenz. Damals wie heute machen sich viele Männer wichtig durch Geheimniskrämerei um ihre ihnen vielleicht zu trivial erscheinende Tätigkeit. Übermäßig ausgedehnte so genannte Arbeitszeit, viele Sitzungen, Treffen und Reisen geben ihnen die Bedeutung, die ihr Ego braucht – und einer hat immer den größten ...! Viele Männer fallen auf dieses Theater selber rein und glauben an ihre Wichtigkeit bis zur Rente – aber da wartet der Absturz!

Die Stimme der Theologie ist Prof. Philipp VON NATHUSIUS[370] (1815 – 1872): «Ihnen (den Frauen) gelehrte Bildung zu geben, ist meiner Auffassung nach eine Erniedrigung der Frau aus einer viel edleren Sphäre heraus und neben der Verschraubung der Frauen zugleich eine Beraubung der Männer, die in ihrer Wissensplackerei doch darauf angewiesen sind, eine Erquickung an der ungelehrten und deshalb sehr oft klügeren und weiseren Frau zu haben – eben die ungeschulte Natur des Weibes, die Tatsache, dass das Weib mit diesen Bruchstücken von Elementarwissen und selbst ohne sie allen Zauber der Weiblichkeit, der Menschenschöne, der Menschengesittung gewinnen und effektiv machen kann. Dieses nie aussterbende Zeugnis aus dem Paradiese ist es doch, das den Reiz der Frauen für den schulgequälten Mann in sich fasst.» Mei, da hat er sich aber angestrengt!

Ich glaube, so schön «verschraubt», wie die meisten Frauen es heute sind, geht es uns recht gut. Die damals «klügere und weisere Frau» zur «Erquickung» des Mannes konnte damit leider kein Geld verdienen und war ihm deshalb auf Gedeih und Verderb ausgeliefert. Das beste Mittel gegen die Abhängigkeit von so einem Mann ist eben die ökonomische Unabhängigkeit!

Prof. Lorenz von STEIN[371], Nationalökonom, sorgt sich auch auf seine Weise um die Frau: «Und die Aufgabe der Gesittung unserer Zeit sollte darum nicht in der Bekämpfung jener Emanzipationsidee bestehen, sondern in der Erhebung der Idee der Ehe. Die Frau, die den ganzen Tag hindurch beim Pulte, beim Richtertisch, auf der Tribüne stehen soll, kann sehr ehrenwert und nützlich sein, aber sie ist keine Frau mehr, sie kann nicht Mutter sein.»

Den Vertrauensvorschuss auf eine «objektive Wissenschaft» können wir uns für angemessene Fälle sparen! Und welche Frau war damals selbstbewusst genug, um sich über so viel drohendes Unheil hinwegzusetzen. «Nicht Mutter sein» – schwer vorstellbar! Kinder, vor allem Jungen adelten doch die Ehefrau erst. Wie sollten sich Frauen jener Generation aus diesem scheinbar wissenschaftlichen Unsinn befreien? Eigentlich wäre es ganz einfach gewesen: Die Arbeiterin konnte sich solchen bürgerlichen Unsinn nicht leisten – sie musste Geld verdienen, wie ihr Mann. Und diese Frauen waren alle kinderlos? Wohl kaum! Im Gegenteil, ihre Familien waren kinderreich!

Ganz besonders unbeliebt ist bei mir der leider heute noch durch Straßenbenennung etc. geehrte Prof. Heinrich von TREITSCHKE[372] (1834 – 1896),

370 DVD «Gegner des Frauenstudiums», in dem/der Originaltexte verschiedener Wissenschaftler aus dem vorvorigen Jahrhundert zum Thema «Frauenstudium» nachgespielt werden

371 Desgl.

372 DVD «Gegner des Frauenstudiums», in dem/der Originaltexte verschiedener Wissenschaftler aus dem vorvorigen Jahrhundert zum Thema «Frauenstudium» nachgespielt werden

Historiker; im Internet ist außerdem zu lesen, dass er «politischer Publizist und Mitglied des Reichstages» war:

«Der eigentliche Beruf der Frau wird zu allen Zeiten das Haus und die Ehe sein. Sie soll Kinder gebären und erziehen, ihrer Familie soll sie den lauteren Quell ihrer fühlenden, liebevollen Seele spenden, Zucht und Ordnung, Gottesfurcht und heitere Lebensfreude mehren und pflegen. Durch die Gleichberechtigung der Frau mit dem Mann ergibt sich von selbst die Auflösung aller häuslichen Liebe und Zucht, und die Ehe verwandelt sich in ein Konkubinat.»

Liebe Leserin, Sie verzeihen mir sicher, wenn ich diesen zwingenden logischen Zusammenhang nicht nachvollziehen kann. Ich höre nur aus diesem Text: Ich will es zu Hause bequem haben, und irgendjemand muss mir dort zu Diensten sein, meine Puschen bringen oder «hol mir mal ein Bier!» – eben «häusliche Liebe und Zucht»!

Als nächster wird uns Prof. Otto GIERKE[373] (1841–1921), Rechtsgelehrter, im Internet als «Jurist, Rechtshistoriker und Sozialpolitiker» vorgestellt. Für wen hat dieser Mann wohl Sozialpolitik gemacht – doch höchstens für die Hälfte der Menschheit:

«Weibliche Rechtsanwälte und Notare oder weibliche Richter oder weibliche Staatsanwälte oder weibliche Verwaltungsbeamte? Mit jedem Schritt vorwärts beträte man die abschüssige Bahn, auf der es kein Halt gibt, bis die Austilgung des Unterschieds der Geschlechter im öffentlichen Recht erreicht ist.

Wer dem geschichtlich bewährten Ideal des männlichen Staates die Treue hält, würde töricht handeln, wenn er ein Zugeständnis machte. Unsere Lage ist ernst. Das deutsche Volk hat anderes zu tun, als gewagte Versuche mit Frauenstudium anzustellen.

Sorgen wir vor allem, daß unsere Männer Männer bleiben. Es war stets ein Zeichen des Verfalls, wenn die Männlichkeit den Männern abhanden kam und ihre Zuflucht zu den Frauen nahm.»

Wie beurteilen wir solche Aussagen und ein solches «Wissenschafts»-verständnis aus heutiger Sicht: «Solange Wissenschaft unter einem tradierten «gender bias» leidet, leidet die Qualität. Das gilt eben nicht nur fürs Personal, sondern auch für die Inhalte von Wissenschaft. Forschung ohne Reflektion auf Gender, also auf die jeweilige Bedeutung von Geschlecht im Zusammenwirken mit anderen sozial wirksamen Kategorien wie Alter oder Herkunft, weist schlicht Defizite auf.»[374]

Wenn ich solche Texte lese, bekomme ich Zweifel an dem bei mir sonst sehr beliebten Spruch auf der Tragetasche der S. Fischer Verlage «Lesen gefährdet die Dummheit». Aber wir müssen uns mit solch haarsträubendem Unsinn konfrontieren, sonst nehmen wir «der Wissenschaft» weiterhin ihre (Schein-)Objektivität ab und wissen nicht recht, woher die ganzen Geschlechterabsurditäten kommen.

373 Desgl.

374 BAER, Susanne, 2007b: Gender in der Forschung – Innovation durch Chancengleichheit. Konferenz im Rahmen der Deutschen EU-Ratspräsidentschaft 18./19.4.2007, Berlin. Impulsreferat «Chancengleichheit und Gender-Forschung: Die deutsche Wissenschaft braucht eine Qualitätsoffensive. Sie muss den Haken lösen, an dem die Sache in der Praxis hängt.»

Hedwig DOHM zitiert VON BISCHOFF: «Nicht in äußeren Zuständen, im Wesen des weiblichen Geistes liegt die Unfähigkeit.» – zur Pflege der Wissenschaft! Und sie zitiert «den Herrn Professor der Philosophie aus Bonn» mit folgendem Text: «Viele Beispiele lehren uns, dass die geistige Entwicklung begabter Frauen unter dem herrschenden Einfluss der Männer selten gehemmt worden ist, sondern weit häufiger die größtmögliche Begünstigung erfahren hat. Die Culturgeschichte weiß Nichts davon, dass begabte wißbegierige Frauen von der rauen Männerwelt schon an den Pforten des Heiligthums zurückgewiesen sind. Die äußeren Verhältnisse also bieten keine Anhaltspunkte zur Erklärung der Thatsache, daß nur wenig schöpferische Leistungen der Frauen vorliegen.»[375] Was hätte es den Herrn Professor erschreckt, wenn er hätte lesen können: Jutta ALLMENDINGER, Präsidentin des Wissenschaftszentrums für Sozialforschung in Berlin, meint: «Bislang hatten Frauen einfach keine Gelegenheit zu zeigen, dass sie genauso qualifiziert seien wie männliche Mitbewerber.»[376]

Das muss ja eine absonderliche «Culturgeschichte» gewesen sein, die der Herr Professor da kannte. Da «meine» Kulturgeschichte ganz viel von der Benachteiligung von Frauen in der Wissenschaft zu erzählen weiß, war es sicher eher der Blick des Herrn Professors, der ihm seine Erkenntnisse bescherte. Konnte nicht sein, was nicht sein durfte? Was muss das für ein zitterndes Selbstbewusstsein der Männer gewesen sein, dass sie sich auf so platte Art und auf Kosten der Hälfte der Menschheit zu Geistesheroen hochstilisierten? Leider dennoch wirksam! Ich erinnere mich noch, wie ich mich selbst «losgerungen von dem Despotismus der Tradition und neue Adern des Denkens geöffnet»[377] habe.

Mit einem historischen Beispiel kommt noch einmal Hedwig DOHM zu Wort: «Der Professor ... in Berlin hatte vor einigen Jahren, – ob stillschweigend oder nach mündlicher Verabredung, weiß ich nicht – einem dutzend Damen die Zuhörerschaft bei seinen Vorträgen über Shakespeare gestattet. Als aber eines Tages die Damen, nichts Böses ahnend, wie gewöhnlich vor dem Heiligthum erscheinen, siehe – da steht an der Pforte der getreue Universitäts-Eckart, der Pedell, und jagt sie fort.

Der Professor hatte es nicht einmal der Mühe werth gehalten, die Damen zu benachrichtigen, daß er in Zukunft auf das Vergnügen verzichten müsse, sie zu sehen. Herr Professor in Bonn, wollen Sie nicht Ihre ‹Culturgeschichte›, die von der Zurückweisung wissensdurstiger Frauen an den Pforten des Heiligthums nicht weiß, mit diesem Dutzend Damen confrontiren? Die ‹Culturgeschichte›, die zu kennen Sie das zweifelhafte Vergnügen haben, scheint nicht nur, wie Amor, eine Binde vor den Augen, sondern auch Baumwolle in den Ohren zu tragen; denn sie sieht und hört nicht. Ich möchte Ihnen rathen, künftighin, wo es sich um Aufklärung der weiblichen Studienrechte handelt, nicht die ‹Culturgeschichte› zu fragen, sondern die – Pedelle.»[378]

---

375 DOHM, 1982

376 KIMMEL, Elke, 2007: «Frauenquote bei Professuren». Was Nachwuchsforscher von den Unis fordern. In: Der Tagesspiegel vom 2007-10-04

377 DOHM, 1982

378 DOHM, 1982

Ich bin immer wieder fasziniert, was Hedwig DOHM, diese autodidaktisch gebildete Frau, 1874 schon wusste! Für meine üppigen Zitate ihrer Texte gibt es aber noch einen anderen Grund: Sie sind schändlich in Vergessenheit geraten. Wahrscheinlich versuche ich unbewusst ein kleines Stück Wiedergutmachung.

Ich stelle den Äußerungen der genannten Geistesgrößen die historischen Zugangsmöglichkeiten von Frauen zur Wissenschaft und die strukturellen Ein- und Ausschlüsse im »sozialen Feld« der westlichen Universitäten gegenüber, die ich zum Frauenstudium gesammelt habe:[379] [380]

1754	Dorothea Christiane ERXLEBEN bekam als 1. deutsche Ärztin von der Universität Halle das Doktordiplom zugesprochen
1787	Dorothea SCHLÖZER wurde zur Doktorin der Philosophie promoviert. «Aber diese Frauen waren ungern gesehene Ausnahmen. Dorothea Schlözer konnte nicht einmal an ihrer eigenen Promotionsfeier teilnehmen, weil Frauen die Räume ihrer Universität in Göttingen nicht betreten durften.»
1840	Frauen dürfen sich an der Universität in Zürich immatrikulieren
1863	Frauen dürfen sich an der Universität in Paris immatrikulieren
1867	«Seit 1867 sind Damen regelrecht als immatrikulirte Studentinnen in Zürich zugelassen worden …»
1891	Die SPD-Fraktion spricht sich im Reichstag als einzige für das Frauenstudium aus
1895/96	An der Berliner Universität werden erstmals Gasthörerinnen zugelassen unter äußerst diskriminierenden Bedingungen
1898-12-16	Die Vossische Zeitung gratuliert in ihrer Abendausgabe der Physikerin Elsa NEUMANN zur Promotion. Als erste Frau in der Geschichte der Berliner Universität – und auch in Preußen – hatte sie die Promotionsprüfung abgelegt. Frauen durften damals noch nicht einmal studieren; deshalb war eine Ausnahmegenehmigung des preußischen Kulturministers notwendig gewesen. Erst am 1899-02-18 wurde sie offiziell zum «Dr.» ernannt. Aber schon am 1899-02-03 wurde sie als erstes weibliches Mitglied in die Berliner Physikalische Gesellschaft aufgenommen. Da sie aus einer vermögenden Familie stammte, gründete sie am 1900-04-26 den «Verein zur Gewährung zinsfreier Darlehen an studierende Frauen». Sie wandte sich dann der Chemie zu und arbeitete im «Wissenschaftlich-chemischen Laboratorium» in Berlin. Vier Wochen nach ihrem 30. Geburtstag (am 1902-07-23) starb sie an den Folgen eines Zyankali-Experiments

379 BRUCH, Rüdiger vom / PETERS, Benedikt, 2013: «Ghostwriter waren früher akzeptiert» Wie hat sich der Wert der Promotion verändert? Der Bildungshistoriker Rüdiger vom Bruch über alte Schummeleien und das Hungern bis zum Doktorschmaus. In: DIE ZEIT Nr. 6 vom 2013-01-31

380 DOHM, 1982

1906	Alice SALOMON, Soziologin und Frauenaktivistin, promoviert als eine der ersten in Berlin
1908-08-18	Preußen und Österreich führen als Letzte in Europa das Frauenstudium ein. Das Immatrikulationsrecht für Frauen an den Preußischen Universitäten bedeutete aber: Frauen konnten immer noch von einzelnen Veranstaltungen ausgeschlossen werden; die Promotion war vorher nur mit einem einstimmigen Antrag der Fakultät auf Sondergenehmigung beim Ministerium möglich gewesen.
1909	Im Sommersemester gibt es an der Berliner Universität 8783 Studierende, davon 405 Frauen, davon 312 an der Philosophischen Fakultät (4,6 %)
1919	Paula HERTWIG, Biologin, habilitiert sich als 1. lehrende Professorin an der Universität «Unter den Linden»
1920	Beginn der Weimarer Republik: Frauen dürfen sich in Berlin nun auch habilitieren
1932	Zahl der Studentinnen: 18.375
3. Reich	Es wird ein geschlechtsspezifischer Numerus Clausus eingeführt: Nur 10 Prozent Frauen werden zum Studium zugelassen
2. Weltkrieg	Auch an den Universitäten müssen Frauen die Männer ersetzen; ihre Stellen waren bis zur Rückkehr der Männer befristet
1939	Zahl der Studentinnen: 5815 (Vgl. 1932)
1945	Bis 1945 haben an der Berliner Universität 2500 Frauen promoviert
1947	Liselotte RICHTER wird als 1. Philosophie-Professorin in Deutschland an der Humboldt-Universität ernannt
1960	Im Sommersemester betrug der Anteil der an deutschen Universitäten immatrikulierten Frauen 23,9 %
1995/96	Im Wintersemester studieren erstmals mehr Frauen als Männer: 52 % der Studierenden
1997	«Reale Emanzipation: Der Anteil der Frauen an den hiesigen **Studenten** ist seit 1960 von einem Viertel auf die Hälfte gestiegen. Im Osten liegt er sogar deutlich darüber.» (Die Grafik enthält Zahlen von 1960 bis 1995)
1997	95,5 % der insgesamt 12.796 Lehrstühle in Deutschland haben Männer inne. Es gibt in Deutschland 582 Professorinnen
1997	«Aus der Sicht von Frauenministerin Nolte ist es ‹beschämend›, daß gegenwärtig 9940 Professoren 463 Professorinnen gegenüberstehen. Das seien gerade mal 4,6 Prozent. Addiere man die Zahl der C3- und C4-Professoren, dann habe man heute in der Bundesrepublik weniger Professorinnen als noch vor 25 Jahren.»

1998	Aus dem 4. Bericht der Bundesrepublik an die Vereinten Nationen zur Lage der Frau (Stand Mai 1998, vorgelegt Januar 2000): Studienabschlüsse 37 %, Promotionen 31,8 %, Habilitationen 12,9 %, C4-Professuren 5,1 % (bezogen auf das Jahr 1996) Grundlage: Deutschland ist Vertragsstaat des UN-Frauenrechtskonvention, die am 1979-12-18 von der Vollversammlung der Vereinten Nationen verabschiedet und von der BRD 1985 ratifiziert wurde, von der DDR etwas früher. Frauenerwerbsquote im Westen 60 Prozent, im Osten von mehr als 80 Prozent 1989 auf 73 Prozent 1997
1999	«Heute sind sie (die Frauen) zahlenmäßig an den europäischen Universitäten in der Überzahl.» – lt. Untersuchung von Eurostat. «Die Studie wies nach, daß auf 100 Männer, die in Europa eine Hochschulausbildung genossen, 110 Frauen kommen, die die gleiche Qualifikation besitzen. ... Eine Relation übrigens, die nur in Deutschland und in Irland anders ist.» Deutschland 100:83, Irland 100:96 (Portugal 100:170)
2002	«2002 ist der Frauenanteil bei den Habilitationen im Vergleich zum Vorjahr um 31 Prozent gestiegen. Wie das Statistische Bundesamt mitteilte, erlangten damit erstmals mehr als 20 Prozent Frauen die Lehrberechtigung an einer Hochschule und Universität. Von insgesamt 2302 WissenschaftlerInnen schnitten 498 Frauen ihre Habilitation erfolgreich ab, die meisten davon in den Fächern der Sprach- und Kulturwissenschaften (37,7%). Einen deutlichen Anstieg bei den Habilitandinnen konnten die Fächer der Mathematik und Naturwissenschaften verzeichnen. Während 1992 hier nur 8,6 Prozent die Lehrberechtigung erhielten, waren es 2002 rund 18 Prozent.»
2016	Anteil von Frauen an: Studierenden 48,2% Absolvent*innen 50,6% Promotionen 45,2% Habilitationen 30,4% Hauptberuflich wissenschaftlich und künstlerisches Personal 39,0% Hauptberufliche Professuren 23,4% C4-Professuren 11,6
2019	Da sich die Zahlen im Laufe der Entstehung des Buches immer wieder geändert haben, ist es das Sicherste, Sie verlassen sich auf das Statistische Bundesamt. Die aktuellen Zahlen: Frauenanteile der Studierenden, AbsolventInnen und des Personals an Hochschulen finden Sie unter: https://www.destatis.de/DE/ZahlenFakten/GesellschaftStaat/BildungForschungKultur/Hochschulen/Tabellen/FrauenanteileAkademischeLaufbahn.html https://www.zeit.de/2018/14/gleichstellung-wissenschaft-maenner-sexismus/komplettansicht

Wir sind also eindeutig vorangekommen. Aber wir dürfen immer noch nicht zufrieden sein. Denn die hauptberufliche Professorin ist noch heute die Ausnahme und ganz oben – bei den C4-Professuren – wird die Luft sehr dünn!! «Ginge es weiter so langsam voran, würde es länger als ein halbes Jahrhundert dauern, bis beide Geschlechter bei den Spitzenpositionen an Hochschulen ausgewogen repräsentiert sind.»[381] Darüber will sich bei mir einfach keine Zufriedenheit einstellen! Die Autorin und der Autor fragen: Was getan werden muss, damit mehr Frauen in der Wissenschaft mitspielen und verweisen auf die damaligen «Empfehlungen zur Förderung von Chancengleichheit in der Wissenschaft» des Wissenschaftsrates. Ein entscheidendes Ziel ist es, Stellenbesetzungen transparenter zu gestalten und Vorurteile gegen Frauen bei der Projektvergabe zu reduzieren. Da ist ja frau schon dankbar, dass diese Benachteiligung wenigstens nicht mehr bestritten wird – Göttin, bin ich bescheiden! Mir ist auch nicht begreiflich, warum das Geschlecht bei den Bewerbungen für die Gutachter nicht unkenntlich gemacht wird. Wir wissen doch von den Philharmonikern, dass das mehr Gerechtigkeit bringt, wenn Bewerberinnen und Bewerber hinter einem Vorhang spielen. Plötzlich sind die Frauen nicht mehr so unbegabt!

Und wie modern Hedwig DOHM[382] doch war:

«Ich meine: die Frau soll studiren.

Sie soll studiren, weil jeglicher Mensch Anspruch hat auf die individuelle Freiheit, ein seiner Neigung entsprechendes Geschäft zu betreiben. Jede Thätigkeit, wenn sie einen Menschen befriedigen soll, muß gewissermaßen ein «in Scene setzen» seiner inneren Vorgänge sein. Freiheit in der Berufswahl ist die unerlässlichste Bedingung für individuelles Glück.

Sie soll studiren, weil sie, aller Wahrscheinlichkeit nach, eine vom Manne verschiedene geistige Organisation besitzt, (verschiedne, aber nicht von geringere Qualität) und deshalb voraussichtlich neue Formen der Erkenntniß, neue Gedankenrichtungen der Wissenschaft zuzuführen im Stande sein wird. …

Medicin aber soll die Frau studiren, einmal im Interesse der Moral, und zweitens, um dem weiblichen Geschlecht die verlorene Gesundheit wiederzugewinnen. Die Frau kennt das physische Wirken ihres eigenen Körpers besser als der Mann, und niemals wird dieser das tiefe Mitgefühl, das die Forschung anspornt, und die scharfe und feine Beobachtung haben für Leiden, die das Leben der Frau zerstören, und die er in ihren Ursachen und Folgen … nicht durchschaut.

Die Frau soll studiren, um ihrer Substistenz willen. Niemand hat das Recht, eine Menschenklasse in ihren Substistenzmitteln zu beschränken, es sei denn, Staat und Gesellschaft übernähmen die Verantwortung für die angemessene Versorgung dieser Klasse.

Die Frau soll studiren, weil Wissen und Erkenntniß das höchste und begehrenswertheste Gut der Erde ist, und weil die geeignete Sphäre für jeden Menschen die höchste Sphäre ist, die zu erreichen der Menschheit überhaupt vergönnt ist.»

381 KÜHNE/BURCHARD, 2007
382 DOHM, 1982

Aus einer Studie des Hochschulinformationsservice (HIS): Von den Abiturientinnen von 2004 wollen fünf Prozent weniger studieren. «Eine Ursache für den Rückgang bei den Frauen ‹liegt in ihrer stärkeren Abschreckung durch äußere Faktoren, wie finanzielle Aspekte und schlechte Berufsaussichten›, folgert die Studie.»

«Deutschland kann es sich gar nicht leisten, auf nur eine seiner Studienanfängerinnen zu verzichten.» ... «38 Prozent des Jahrgangs nahmen 2004 tatsächlich ein Studium auf, im internationalen Vergleich liegt Deutschland weit hinten. Der OECD-Schnitt liegt bei 50 Prozent.»[383] [384]

Nun endlich zu meinen Beispielen:

197.

Ich fange mal mit dem Schlimmsten an – dann haben wir das hinter uns: Die biologischen Argumente halten sich wacker: Sie müssen ja nicht glauben, dass die Abneigung, qualifizierte Frauen als das anzuerkennen, was sie sind, und schlicht an der Arbeit gleichberechtigt zu beteiligen, aus allen Köpfen verschwunden ist. Beate SCHÜCKING, Professorin für Gesundheitswissenschaften und Rektorin der Universität Leipzig, erinnert 2013 an Einstellungsgespräche der besonderen Art: «Sie bekommen die Stelle nur, wenn Sie mir Ihre **Gebärmutter** in einem Glas auf den Tisch stellen.» [385]

198.

Für Susanne BAER, Rechtswissenschaftlerin und Richterin am Bundesverfassungsgericht, steht fest, «dass **Wissenschaft und Geschlechterfragen** untrennbar zusammenhängen»[386]. Der Ein- oder Ausschluss der Geschlechterforschung und die Einschreibung geschlechtlicher Kategorien in die Produktion wissenschaftlichen Wissens, in die Begriffsbildung und in die Wissensordnung in einzelnen Disziplinen wollen viele Wissenschaftler und sicher auch Wissenschaftlerinnen nicht wahrhaben, nicht erkennen, oder sie missdeuten Geschlechterforschung generell als Angriff auf die akademische Freiheit. Fragt sich: wessen akademische Freiheit? «Der Glaube, Qualität entscheide und werde vorurteilsfrei gemessen, dominiert. Wer infrage stellt, dass Wissenschaftler frei von persönlichen Annahmen urteilen, zielt auf den Kern der akademischen Identität.» Mir ist völlig unklar, wie es Menschen bewerkstelligen, von sich anzunehmen, sie könnten eine Sache, einen Menschen voraussetzungslos betrachten; sie könnten Forschungsfragen unvor-

383 WARNECKE, Tilmann / BURCHARD, Amory, 2005: Studiengebühren schrecken Abiturientinnen ab. Viele machen lieber eine Lehre. Dabei braucht Deutschland mehr Akademikerinnen. In: Der Tagespiegel vom 2005-09-21

384 Daten zu Frauen in der Wissenschaft aus dem Jahr 2018 finden sie unter https://www.zeit.de/2018/14/gleichstellung-wissenschaft-maenner-sexismus/komplettansicht

385 KRELLER, Anika, 2013: Ein Leben lang Feministin. Beate Schücking ist eine von sehr wenigen Frauen an der Spitze einer deutschen Universität. Sie wurde bekannt, als die Uni Leipzig beschloss, Hochschullehrer als «Professorin» zu bezeichnen. In: DIE ZEIT Nr. 34 vom 2013-08-14 http://www.zeit.de/2013/34/frauen-wissenschaft-uni-leipzig-schuecking/komplettansicht

386 BAER, Susanne, 2007a: Wie Elite wächst. Nur mit Gleichstellung und Genderforschung kommt die Wissenschaft weiter. In: Der Tagesspiegel vom 2007-04-18

eingenommen und frei von Prägungen stellen – als ob ihre Erfahrungen nicht durch ihr Geschlecht, ihre soziale Zugehörigkeit, ihre Bildung und die von ihnen erlernten Wissenschaften, die zu allen Zeiten auch den jeweiligen Zeitgeist transportiert haben, eingefärbt wären. Als ob sie nicht wüssten, dass die Kategorie «Geschlecht» seit der Antike «in das Wissen eingeschrieben» ist.

199.

Unter der Überschrift «Geschlecht als Wissenskategorie» fand im Sommer 2013 in Berlin eine öffentliche Ringvorlesung statt; eine Veranstaltung beschäftigte sich dabei mit «**Geschlecht in Wissenskulturen**». Auch heute ist mir noch in jedem Augenblick bewusst, wie sehr wir «gender» als Werkzeug für eine kritische Analyse benötigen. Im Einladungstext hieß es: «Wenn selbst in den Universitäten die Chancengleichheit immer noch weit entfernt von ihrer Verwirklichung ist und Mainstream-Wissenschaft unverändert Geschlechternormen reproduziert, sind kritische Studien und wegweisende Perspektiven notwendig.» Ich hoffe, wir sind in den letzten Jahren etwas vorangekommen, was die Verwirklichung der Chancengleichheit angeht, aber von «erreicht» kann keine Rede sein.

Wie sehr Sexismus mit anderen Vorurteilskategorien verschlungen ist, wird immer wieder übersehen. Dass eine Perspektive auf Geschlecht in allen Wissenskulturen enthalten ist, ist Wissenschaftler*innen nicht immer bewusst. Der folgende Satz ist mir so wichtig, weil er beschreibt, was wir immer vor Augen haben müssen, nämlich wie: «Geschlechterwissen permanent hergestellt und modifiziert wird, wie es in Machtstrukturen eingebettet ist, wie sich Geschlecht und Sexualität mit Rassifizierung, Klassenverhältnissen, Gesundheits- und Altersnormen und anderen Kategorien verschränken, und wie subversive Durchquerungen möglich sind».[387]

Wir brauchen «gender» als Werkzeug zur kritischen Analyse nicht nur im Alltag, sondern in allen Wissenschaftsdisziplinen für Texte und Visualisierungen, also für alle Schrift- und Bildkulturen. Geschlecht ist eingeschrieben in allen «Zeitungsdebatten und medizinischen Diskursen» ebenso wie in Diskursen «über Dichtung und religiöse Texte bis hin zu filmischen und fotografischen Werken».[388] Fachleute müssen die Anknüpfungspunkte für Genderfragen in ihrer jeweiligen Disziplin definieren. Als Nordrhein-Westfalen 2015 die Gender Studies an seinen Universitäten ausbaute, wurden z. B. Lehrstühle für «Gendersensible Gewaltpräventionsforschung», «Neuropsychologie und Gender» und «Geschlechterforschung in der Physik» eingerichtet. Auch Medizin, Theologie und Ingenieurswissenschaften erhielten Genderschwerpunkte in der Forschung.[389]

200.

«State of the art» ist heute m.E. einerseits, die Konzeptionen von Geschlecht in den verschiedenen wissenschaftlichen Disziplinen zu erkennen und nötigenfalls

387 Öffentliche Ringvorlesung, Sommersemester 2013: «Geschlecht in Wissenskulturen» des Graduiertenkollegs «Geschlecht als Wissenskategorie», Einladungstext

388 Öffentliche Ringvorlesung, Sommersemester 2013

389 NRW baut die Gender Studies aus. In: Der Tagesspiegel vom 2015-12-15

aufzubrechen, und andererseits, **Geschlecht als Wissenskategorie** zu pointieren und zu etablieren («rethink disciplines») und mehr interdisziplinäre und transdisziplinäre Forschung anzustoßen. Die Geschlechter- bzw. Genderforschung ist ein inter- und transdisziplinäres Forschungsfeld, das entscheidend dazu beigetragen hat und weiter dazu beitragen wird, die Konzeptionen von Geschlecht in vielen Disziplinen grundlegend zu reflektieren. «Im Zentrum steht die Frage nach den impliziten und expliziten Funktionen der Kategorie Geschlecht für die Strukturierung wissenschaftlichen Wissens.»[390]

«Geschlecht als Wissenskategorie» wird künftig *der* Innovationsmotor in Forschung und Entwicklung sein. Es ist «ein zentraler Schlüssel für Fragestellungen in allen Wissensbereichen»[391]. Diese Erkenntnis – auch wenn sie von 2007 stammt – ist ein gedankliches Highlight und wird die Welt womöglich vom Kopf auf die Füße stellen. Ich habe noch keinen Bereich gefunden, in dem Geschlechterfragen überflüssig waren und sind. Hier sehe ich großen Fortschritt, leider nicht überall und leider gibt es immer wieder auch gegenläufige Tendenzen, wobei der Geschlechterforschung der Wissenschaftscharakter abgesprochen wird. Sollten Sie, liebe Leser*innen, in solche Diskussionen geraten, werden Sie leicht feststellen, dass Personen, die so tönen, von der Geschlechterforschung und ihrem Facettenreichtum nicht die geringste Ahnung haben. Auch deshalb brauchen Frauen Genderkompetenz – das ist nicht nur eine berufliche Schlüsselqualifikation, sondern auch die private Fähigkeit, Geschlechteraspekte zu erkennen, gleichstellungsorientiert zu denken, zu argumentieren und zu handeln.

201.

Grundsätzliches zu «Sex und Gender» oder «Biologie und Geschlechterforschung» beschreibt Kerstin PALM, Professorin für Naturwissenschafts- und Geschlechterforschung an der Humboldt-Universität. Ich versuche mal ihre Erkenntnisse, die von wegweisender Bedeutung für das Verständnis beider Bereiche sind, in einigen Punkten zusammenzufassen: **Das Biologische ist auch sozial**: Die Vorstellung, Biologie stehe im krassen Widerspruch zur Geschlechterforschung, führt in die Irre. Erst, wenn wir beide zusammendenken, wird deutlich, was die Fächer zur wissenschaftlichen Erklärung des Menschen beitragen. «Die Erforschung körperlicher Eigenschaften der Geschlechter ist eine fachliche Gemeinschaftsaufgabe und nur erfolgreich durch eine intensive Kooperation naturwissenschaftlicher Forschung und Genderforschung.»[392] Revierkämpfe der Naturwissenschaften mit den Geistes-/Sozialwissenschaften machen uns nicht klüger.

Geschlechtertheorien der Biologie und der Genderforschung werden durch die Kooperation präziser. Es besteht kein tiefgreifender Widerspruch, weil die

---

390 Aus dem Flyer zur Öffentlichen Ringvorlesung «Geschlecht als Wissenskategorie: Inter-Trans-Disziplinäre Perspektiven aus dem Graduiertenkolleg», Wintersemester 2007/2008

391 KÜHNE, Anja / BURCHARD; Amory; 2007: Die Professorin als Ausnahme. Was getan werden muss, damit mehr Frauen in der Wissenschaft mitspielen. Der Tagesspiegel vom 2007-07-12

392 PALM, Kerstin, 2015: Das Biologische ist auch sozial. Oft wird behauptet, Biologie stehe im krassen Widerspruch zur Genderforschung. Das ist falsch. Beide sollten zusammenarbeiten. In: Der Tagesspiegel vom 2015-09-08

Biologie etwa objektive Fakten über feststehende biologische Geschlechterunterschiede liefert, die von der Genderforschung vehement bestritten werden, weil sie alle Geschlechterdifferenzen als gesellschaftlich konstruiert ansieht. Beide Disziplinen liefern die besten Ergebnisse, wenn sie interdisziplinär arbeiten.

Geschlechterforschung ist nicht die schräge Idee einiger «wild gewordener Emanzen», sondern die konsequente Folge eines ehrlicheren Anspruchs an alle Wissenschaften, und das seit etwa vierzig Jahren. Man hatte quer durch alle Disziplinen erkannt: «Wissenschaftliche Perspektiven, Inhalte und Theorien entsprachen nicht dem Anspruch, umfassende Erkenntnisse über die jeweiligen fachspezifischen Gegenstände zu liefern. Stattdessen waren die wissenschaftlichen Aussagen einseitig und ideologisch verzerrt aus Sicht derjenigen gesellschaftlichen Gruppe formuliert, die seit Jahrhunderten die Möglichkeit hatte, wissenschaftlich tätig zu sein – europäische Männer der bürgerlichen Mittel- und Oberschicht».[393]

Die Frauen- und frühe Geschlechterforschung musste aus einer androzentrischen und oft das Weibliche verunglimpfenden Wissenschaft zu einer fundierteren und nicht-ideologischen Einsicht in die Wirklichkeit finden. «In einer für jedes Fach vorgenommenen umfassenden kritischen Bestandsaufnahme musste zunächst einmal diese einseitig verzerrte Perspektive, die lange Zeit unbemerkt geblieben war, offengelegt und in ihren Konsequenzen für das Weltverständnis und das Geschlechterverhältnis analysiert und dokumentiert werden.»

Dazu war nicht nur der grundlegende Umbau des gesamten wissenschaftlichen Apparates notwendig, sondern es mussten auch ganz neue Methoden und Perspektiven entwickelt werden: die Perspektiven aller gesellschaftlicher Gruppen an Stelle von Androzentrismus und sexistischer Verunglimpfung und Klassismus. «Nur eine Diversität an gesellschaftlichen Erfahrungen, Interessen und Sichtweisen kann ein dauerhaftes kritisches und reflexives Potenzial in den Wissenschaften etablieren.» Für mich ist das das wertvollste Erbe der 68er.

Die Einsicht in die gesellschaftliche Konstruktion von Geschlecht – statt der Vorstellung von fester biologischer Zuordnung von Geschlecht – entstand durch die Erforschung von «Geschlechterordnungen in ihrem historischen Wandel und in ihren lokalen Spezifika sowie in ihren Verquickungen mit anderen Systemen sozialer Ungleichheit. Sie zeigt auf, wie in wechselnden Kontexten immer wieder neue Vorstellungen und Bedeutungen von Geschlecht (also Konstruktionen von Geschlecht) entstehen.»[394]

Auch die Natur- und Technikwissenschaften «profitieren inzwischen deutlich von der Überwindung androzentrischer und sexistischer Perspektiven und von der Erschließung neuer wissenschaftlicher Fragen und Gegenstände». Die Qualitätssteigerungen sind sicher in den Lebenswissenschaften am größten.[395]

393 PALM, 2015

394 PALM, 2015

395 PALM, Kerstin, 2015. Dies zeigt auch die 2013 von der Europäischen Kommission veröffentlichte Bestandsaufnahme unter dem Titel «Gendered Innovations – How Gender Analysis contributes to research» für die MINT-Fächer (MINT steht für Mathematik, Informatik, Naturwissenschaften, Technikwissenschaften).

Die Grundlagenforschung in Genetik, Zellbiologie, Biochemie usw. sind aber bis heute androzentrisch verzerrt. Ihre Ergebnisse werden fast ausschließlich aus der Untersuchung männlicher Organismen als Standardorganismen gewonnen. Das ist bei Tierversuchen ebenso der Fall wie bei menschlichen Testpersonen. Wenn sich das nicht ändert, entgeht der Forschung «die Erkenntnis einer möglichen Vielfalt an physiologischen Mechanismen».

Sprache und visuelle Repräsentationen in biologischen Lehrbüchern haben sich geändert oder müssen sich ändern, wie auch die Vorstellung, körperliche Strukturen seien biologisch fixiert. Erst durch «das Zusammenspiel von genetisch angelegten Prozessen und aktivem Gebrauch beziehungsweise vielfältigen Umwelteinflüssen» werden körperliche Strukturen geformt. Kerstin PALM nutzt als Beispiel die Synapsenbildung im Gehirn, die entscheidend durch geistiges und körperliches Training befördert wird.

«Sex (also das biologische Geschlecht) und Gender (das soziale Geschlecht) werden nicht mehr als Biologisches und Gesellschaftliches gegeneinander ausgespielt, sondern als gleichgewichtige Komponenten geschlechtlicher Entwicklung in unentwegter Wechselwirkung und letztlich unentwirrbarer Verschränkung miteinander betrachtet.»

Aus einer Debatte im Abgeordnetenhaus:[396] Geschlechtergerechtigkeit infrage zu stellen ist heute nicht opportun. Frauen sollten natürlich die gleichen Rechte haben, aber das macht sie für Antifeministen noch nicht zu Gleichen. «So verschiebt sich die Attacke vom Feminismus auf ein akademisches Konzept, eben Gender, das die sozial gemachten Ungleichheiten machtkritisch untersucht. … Anschlussfähig an die großen populistischen Felder des Anti-Etatismus und des anti-europäischen Nationalismus wird das Thema … durch die falsche Behauptung, die Gender Studies seien Teil der staatlichen Gleichstellungspolitik (‹Gendermainstreaming›) Deutschlands und der EU.» Damit werden die Gender Studies ebenso beschädigt wie die Universität als Teil einer offenen, demokratischen Gesellschaft. Zwar leidet die Biologie an Genderreflexion, das ändert aber nichts an der Tatsache, dass sich Zweigeschlechtlichkeit biologisch kaum noch beweisen lässt.

202.

«Am 17. Februar 1999 hat die [Europäische] Kommission die Mitteilung ‹Frauen und Wissenschaft: Mobilisierung der Frauen im Interesse der europäischen Forschung› verabschiedet», weil sie Frauen in der Wissenschaft in hohem Maße unterrepräsentiert sah.[397] Sie legte gleichzeitig einen Aktionsplan zur Förderung der Gleichstellung in der Wissenschaft vor. Forschung von, für und über Frauen sollte gefördert werden.

---

396 KÜHNE, Anja / SCHOLZ, Anna-Lena, 2016: «Kapieren, wie Macht funktioniert». Eine Genderdebatte im Abgeordnetenhaus: Wie Berliner Professorinnen ihre Wissenschaft verteidigen. In: Der Tagesspiegel vom 2016-05-30

397 Kommision der europäischen Gemeinschaften. Arbeitsdokument der Kommissionsdienststellen: Frauen in der Wissenschaft: die Geschlechterdimension als Antrieb für die Reform der Wissenschaft, Brüssel, 2001-05-15 SEK(2001) 771

Für den Europäischen Forschungsraum sind Frauen in der Wissenschaft von zentraler Bedeutung; wie sonst sollte **der Europäische Forschungsraum** seine volle Verwirklichung erreichen? Die Unterrepräsentanz von Frauen in der Wissenschaft nannte die Kommission eine unvertretbare und nicht zu verantwortende Verschwendung von Humanressourcen, die zu einer Verzerrung des Verhältnisses zwischen Wissenschaft und Gesellschaft führt. Es sollten ein Politisches Forum zur Förderung der Diskussion und des Erfahrungsaustauschs zwischen den Mitgliedstaaten und ein «Gender Watch System – Frauen in der Wissenschaft» eingerichtet werden. «Nur durch die Sicherung einer besseren Chancengleichheit für Frauen und Männer in der Wissenschaft kann im weitesten Sinne der Wert der Wissenschaft für die Gesellschaft in Europa optimiert werden.» Die mangelnde Präsenz von Frauen in Spitzenpositionen wurde schon damals «leaky pipeline» genannt.

2001 hat die Kommision der Europäischen Gemeinschaften ein Arbeitsdokument der Kommissionsdienststellen «Frauen in der Wissenschaft: die Geschlechterdimension als Antrieb für die Reform der Wissenschaft» vorgelegt und festgestellt: «Trotz einiger Fortschritte stehen Frauen infolge zu vieler Stereotypen nach wie vor im Bereich der Wissenschaft im Abseits, was die Wissenschaft um eine Vielfalt bringt, die sie benötigt, um einen harmonischeren Beitrag zum politischen, gesellschaftlichen und wirtschaftlichen Leben zu leisten.»

Die Einbeziehung der Geschlechterdimension in die Wissenschaft könnte also nach fast zwanzig Jahren grundsätzlich abgeschlossen sein; wieder einmal haben wir es nicht mit einem Erkenntnis-, sondern mit einem Umsetzungsproblem zu tun – anders ausgedrückt: Es fehlt der politische Wille!

203.

»**Männer wählen meist Männer**» oder: Warum sind in Deutschland weniger Frauen und Ausländerinnen Rektorinnen als anderswo? Das hat DIE ZEIT den Berater Norbert SACK von der Personalberatung Egon Zehnder International gefragt.[398] Obgleich Wissenschaft vom Anspruch eigentlich international, grenzüberschreitend, vielfältig und kreativ ist, wird man/frau in Deutschland überrascht von der Gleichförmigkeit, mit der Spitzenpositionen in Hochschulen und Forschungseinrichtungen besetzt werden.

Die Personalberatung Egon Zehnder International hat 2012 dreihundert wissenschaftliche Institutionen weltweit verglichen mit Fragen wie: «Wie viele Frauen schaffen es nach ganz oben, wie viel Auslandserfahrung bringen die Chefs mit, und wie hoch ist der Anteil der Ausländer unter ihnen? Deutschland schnitt leider in allen Bereichen eher mäßig ab.» In fast allen Kategorien belegt Deutschland die letzten Plätze und ersetzt Innovation durch Selbstzufriedenheit. «Wenn alle gleich sind, die gleichen Erfahrungen und Lebensentwürfe mitbringen, gibt es keine konstruktive Spannung.» Das führt zu Erhaltung des Status quo, aber nicht zu

398 SACK, Norbert / WIARDA, Jan-Martin, 2012: «Männer wählen meist Männer». Warum sind in Deutschland weniger Frauen und Ausländer Rektoren als anderswo? Ein Gespräch mit dem Berater Norbert Sack. In: DIE ZEIT Nr. 34 vom 2012-08-16

einer angemessenen Reaktion auf die sich verändernde Welt. «Findungskommissionen tendieren dazu, eher auf Nummer sicher zu gehen und beim gewohnten kleinsten gemeinsamen Nenner zu bleiben. Und der ist in der Regel: Wir wollen einen, der so ist wie wir.»

Die Auswahlverfahren müssen professionalisiert werden, die Universitätsleitungen brauchen mehr internationale Erfahrung, denn, «solange in den Findungskommissionen hauptsächlich Männer sitzen, werden sie auch hauptsächlich Männer auswählen.» Durch das folgende Zitat steht ganz wunderbar im Raum, was unausgesprochen oft entscheidend ist – ein Fremdeln. »Vielleicht ist da aber irgendwo eine Kandidatin, die vom Auftreten her anders ist, die nicht die eingespielten Stereotype bedient. Und die doch, wenn man sich auf sie einlässt, genau die Richtige wäre. Wenn man aber von Anfang an immer im gleichen Pool potenzieller Bewerber sucht, wird man nie auf ungewöhnliche Persönlichkeiten stoßen.»[399]

Und, würden mehr Frauen in der Wissenschaft der Gesellschaft nicht ganz guttun? Die Antwort der Nobelpreisträgerin Christiane NÜSSLEIN-VOLHARD auf die Frage «Wie haben Sie sich trotz solcher Demütigungen nach oben gekämpft?» charakterisiert ein ganzes Bündel an Problemen:

«Ich hab mich schon sehr geärgert über abfällige Bemerkungen. Es wurde ja von vornherein erwartet, dass man scheitert. Mich hat der Zorn gepackt, und ich hab mich ins Zeug gelegt! Mich ständig gefragt, ob ich gut genug bin für diesen harten Job. Heute weiß ich, dass ich mir vieles nicht hätte gefallen lassen müssen. Man hat mir weniger Geld und Ausstattung gegeben als Männern in ähnlicher Situation. Ich dachte aber: Ach, so viel Geld hatte ich noch nie, ist doch toll, anstatt zu schauen: Was haben eigentlich die anderen neben mir? Männer vergleichen immer sofort: Wie groß ist meine Laborfläche, mein Budget, meine Gruppe?»[400]

204.

In einer alten Einladung der Heinrich Böll Stiftung zur Fachtagung «Geschlechterdialoge» (2007-12-07/08) steht die Frage: «Macht das eigene Geschlecht einen Unterschied dafür, wie auf einen Untersuchungsgegenstand geschaut wird?» Das lässt sich an der Archäologie exemplifizieren. Auch archäologische Funde, also hier Fossilien, werden aus der Geschlechterperspektive gelesen, ich habe dafür den putzigen Ausdruck «**sexing fossils**» gehört. In Australien wurden fossile Fußabdrücke gefunden, und zwar ein großes und ein kleines Fußpaar. Vielleicht

399 «Dabei sei der Pool für mögliche Berufungen von Frauen groß genug, um mehr Frauen zu berufen – jedenfalls über alle Fächer hinweg –, denn seit zehn Jahren seien 40 Prozent der Promovierten weiblich, mittlerweile sind es schon 45 Prozent.»
KÜHNE, Anja, 2014: Unis bleiben männlich. Männer haben 80 Prozent der Professuren inne. In: Der Tagesspiegel vom 2014-12-23 (Printversion); Digitalversion: http://www.tagesspiegel.de/wissen/unis-bleiben-maennlich-anteil-der-professorinnen-steigt-nur-langsam/11154276.html

400 NÜSSLEIN-VOLHARD, Christiane / OTTO, Jeannette, 2015: «Steht nicht so viel vorm Spiegel!» Die Nobelpreisträgerin Christiane Nüsslein-Volhard über die wahren Prioritäten vieler Frauen. Ein Gespräch. In: Die Zeit Nr. 12 vom 2015-03-19 http://www.zeit.de/2015/12/frauen-prioritaet-wissenschaft-christiane-nuesslein-volhard/komplettansicht

kennen sie ja das Bild – nichts weiter als nebeneinander vier dieser charakteristischen Ovale. Dann gibt es ein zweites Bild: In die Fußstapfen wurden Menschen eingepasst – in die großen ein großer Mann, in die kleinen eine kleine Frau. Und auf dem Bild, das durch Lehrbücher geistert, legt der große Mann schützend den Arm um die kleine Frau – ein schönes und wild-romantisches Bild. Das Problem ist nur: Wenn wir alle Funde zusammenzählen und der Interpretation «große Fußstapfen gleich Mann – kleine Fußstapfen gleich Frau» folgen, bestand die australische Urbevölkerung zu neunzig Prozent aus Männern und zu zehn Prozent aus Frauen. Das klingt wenig wahrscheinlich, ich finde sogar das klingt ganz schön daneben, absurd, abwegig. Da haben «Wissenschaftler» in ihre Funde wohl mehr hinein- als aus ihnen herausgelesen.

205.

Immer wieder fühlen sich Zeitgenossen berufen, uns Frauen die Unterschiede zwischen Mann und Frau über die Biologie zu erklären. Besonders hervor tat sich dabei der berüchtigte Arzt P. J. MÖBIUS, der den Frauen physiologischen Schwachsinn attestierte[401]. Es muss richtig Spaß gemacht haben, Mutter zu sein, wenn frau wusste, dass die geringere Hirnmasse der Frau zu geringerer Intelligenz führte. Dabei hätten/haben die Frauen doch Intelligenz gebraucht, damit sie Kinder gebären und erziehen konnten. Es lebe der Schwachsinn dieses Mannes! Tatsächlich handelte es sich um die Angst der Männer, schon eine neue Frauenrolle in Haus und Familie könnte die Gesellschaft als Ganzes aus dem Gleichgewicht bringen – denn in der patriarchalen Gesellschaft lebten die bürgerlichen Männer ja ganz gut und bequem. Die Zuhilfenahme und Propagierung scheinbar «wissenschaftlicher Ergebnisse» als Platzanweiser für die Frau – und übrigens auch für Männer anderer Schichten – war nicht die Ausnahme, sondern eher die Regel.

Das ist lange her. Nicht so lange ist es her, dass Frauen für technische gut bezahlte «Männerberufe» angeblich einen zu kurzen Daumen hatten, mal haben wir keinen Orientierungssinn, mal können wir nicht einparken, dann ist uns allein die Mutterrolle in alle Gene, Fasern und Zellen eingeschrieben, so dass wir sowieso nur das Eine richtig können. Immer dient solcher **Biologismus** dazu, uns den von Männern definierten Platz zuzuweisen, auf dem wir dann keine Konkurrenz und keine Bedrohung mehr sind, also auch nicht mehr ernst zu nehmen sind – ein zu vernachlässigender Faktor in der Biografie so manchen Mannes.

Biologistische Argumente sind so alt wie die gesellschaftlich hergestellten Unterschiede. Solche als Forschungsergebnisse getarnten «Tatbestände» dienen dazu, gesellschaftliche Ungleichbehandlung – will heißen Benachteiligung von Frauen – zu legitimieren. Wenn Frauen aus eigener Erfahrung erst einmal wissen, dass typisch männliche Tätigkeiten weder so schwierig sind, dass sie so viel besser bezahlt werden müssen, noch dass sie sich für Heldenmythen eignen, zerbröselt doch das Männerbild. Frauen würden womöglich erfahren, womit Männer ihre

401 MÖBIUS, P. J., 1977: Über den physiologischen Schwachsinn des Weibes. Der Faksimiledruck der Schrift von Möbius folgt der 8., veränderten Auflage, Halle, 1905

Zeit vertrödeln: Späßchen mit der Sekretärin oder Kollegin, üppige Arbeitsessen, lustvolle Dienstreisen, Klüngelrunden, endlose Telefonate für Aufbau und Stabilisierung einer Hausmacht, Trinkorgien, um sich ökonomische Vorteile zu sichern, orgiastische Feiern von erfolgreichen «Abschlüssen» im Bordell etc. Ich frage mich auch, warum viele Männer ihre hoch bezahlte Arbeit nicht in einem normalen Arbeitstag bewältigen. Sind sie überfordert? Sind sie unfähig, ihre Sachen anständig zu organisieren? Verquatschen sie zu viel Zeit beim Eindruck-Schinden? Haben sie zu viele Nebenkriegsschauplätze wie z. B. Aufsichtsratsmandate, damit sie sich so richtig wichtig fühlen können unter «ihresgleichen» oder denen, zu denen sie so gerne gehören möchten?

Ich setze mich mit Vorliebe mit Geschlechterdifferenzen auseinander, wohlwissend, dass deren Erforschung und die Erklärungsversuche (geschlechts-) «spezifischer» Verhaltensweisen auf deren Grundlage und der Diskurs über gesellschaftliche Strukturen zwei Gefahren bergen: Erstens kann gesellschaftlich bedingtes Habituelles biologisiert, also «sex» statt «gender» zugeordnet werden, und zweitens dienen Geschlechterdifferenzen mehr der Geschlechterpolarisierung als der Geschlechterdemokratie. Trotz dieser Gefahren darf aber auch nicht übersehen werden: Es sind nicht die Unterschiede, die Probleme machen, es ist deren Bewertung! Die Erfahrung hat mich gelehrt: Ohne diesen Zwischenschritt ist Geschlechterdemokratie nicht zu erreichen. Wenn wir nicht die gesellschaftliche Dimension von Frauendiskriminierung sichtbar machen, bleiben wir auf der Zweitrangigkeit sitzen, die uns – biologisch bedingt – als geistige Krüppel definiert. Von einigen – andere sind schon deutlich weiter und angenehme Kollegen.

Im Gegensatz zu gesellschaftlich konstruierten Geschlechterunterschieden diskutiere ich nie sogenannte biologische Unterschiede. Selbst wenn sie methodisch sauber entstanden wären, ihre Haltbarkeit wird ausschließlich durch ihren gesellschaftlichen Nutzen bestimmt und morgen sind es wieder andere vermeintlich wissenschaftliche Ergebnisse zum Nachteil von Frauen. «Wenn Biologen zwei Geschlechter finden wollen, finden sie auch zwei» .... «Suchen sie fünf, finden sie fünf.» Ich gucke mir also sorgfältig die sozialen, die für eine demokratische Gesellschaft entscheidenden Geschlechterunterschiede an, benenne Ungerechtigkeiten als das, was sie sind, mache dagegen Politik und versuche, Frauen zu stärken – auch damit sie mittun!

Frauen werden ohne Ende von Männern interpretiert und belehrt. Sie erklären uns, was wir «eigentlich» sagen wollten, sie erklären uns die Welt – gern auch anhand von «Forschungsergebnissen». Was tut das mit uns? Was tun wir damit oder dagegen? Die Antwort ist einfach: Es kann uns nichts anhaben, wenn wir uns bewusst sind, welchen Zweck solche Scheinergebnisse haben. Mit dieser Haltung sparen wir viel Kraft. Also keine Diskussion! Wenn es gar nicht anders geht, höchstens nach der wissenschaftlichen Methode der Untersuchung fragen, nach den Forschungsfragen etc. – der oder die Verfechter werden sie nicht kennen. Manchmal nehme ich auch den Satz zu Hilfe: Das ist unter deinem/Ihrem Niveau!

206.

Manchmal stellt die Wissenschaft unsere gesellschaftlichen Gewissheiten auf den Kopf. Mit «Sex redefined» fasst Claire AINSWORTH[402] in der Wissenschaftszeitschrift «Nature» Erkenntnisse der Biologie zusammen, die von einem größeren Spektrum geschlechtlicher Entwicklungsmöglichkeiten ausgehen. Alles, was nicht ganz Frau oder ganz Mann war – also jede Art von Kombination aus weiblich und männlich – litt nach früherem Verständnis an einer Störung, war behandlungsbedürftig. Ob es Biologen*innen gibt, die das heute noch so sehen? Besser ist es, sich für neue Ideen und Forschungsergebnisse zu öffnen, dann schwindet die Furcht vor Ambiguität. Widersprüche in unserem täglichen Erleben lösen sich auf, wenn wir akzeptieren, dass Menschen genetisch, hormonell und/oder anatomisch nicht unserem gewohnten Bild von Mann oder Frau entsprechen müssen. Geschlechtliche und sexuelle Ambiguität ist manchmal noch eine Herausforderung, erhält aber mehr und mehr gesellschaftliche Akzeptanz. Je mehr wir sie als Vielfalt verstehen, desto mehr erleichtern wir Betroffenen das Leben.

Die Geschlechterforschung griff die Einwände gegen biologische Modelle strikter geschlechtlicher Zweiteilung auf. «Zentrale Denkanstöße gaben Arbeiten feministischer Wissenschaftskritik. Für die Diskussion geschlechtlicher Vielfalt waren hier unter anderem Veröffentlichungen der US-amerikanischen Naturwissenschaftlerinnen Anne FAUSTO-STERLING und Evelyn FOX KELLER bestimmend.»[403] FAUSTO-STERLING sezierte auch die biologische Theoriebildung etwa in Bezug auf Geschlechtshormone. «Da die als männlich betrachteten Hormone ‹Androgene› und die als weiblich betrachteten Hormone ‹Östrogene› in allen Menschen vorkommen und wichtige physiologische Funktionen übernehmen, sollten sie nicht als ‹Geschlechtshormone› bezeichnet werden, sondern vielmehr als Wachstumshormone.» Sie hat in vielerlei Hinsicht wesentlich zur kritischen Reflexion methodischer und inhaltlicher Setzungen der Biologie beigetragen. Das gilt auch für unser Verständnis von Genen.

Heinz-Jürgen VOSS, ein deutscher Sozialwissenschaftler und Biologe mit dem Schwerpunkt biologisch-medizinische Geschlechtertheorien, Sexualwissenschaft, Queer Studies und Intersektionalität, beklagt Forschungen, die aus heutiger Sicht unkritisch, einäugig und methodisch fraglich erscheinen. «In der Biologie wurden – und werden oft noch immer – die Proband_innen schon zu Beginn einer Studie in die Gruppen ‹weiblich› und ‹männlich› aufgeteilt, und diese Einteilung präformiert bereits die Ergebnisse. Regelmäßig wurde dabei **die Bedeutung männlichen Geschlechts überhöht**.» Dass das Problem der Abwertung von Frauen so früh in der Produktion wissenschaftlicher Ergebnisse beginnt, war mir nicht bewusst: eine Überraschung – und zwar eine ganz böse!

Ein immer wiederkehrender Fehler in der biologischen Forschung war die isolierte Betrachtung einzelner Elemente: Mal waren es Chromosomen, die das

402 VOSS, Heinz-Jürgen, 2016: Gender in der Biologie: Nur «weiblich» und «männlich» ist zu wenig. Es gibt mehr als zwei Geschlechter. In der Biologie ist das inzwischen anerkannt. In: Der Tagesspiegel vom 2016-03-31

403 VOSS, 2016: «Fausto-Sterling publizierte als Extrakt ihrer Untersuchungen 1985 ein Buch, das unter dem Titel ‹Gefangene des Geschlechts› … erschien.»

Geschlecht bestimmten, dann waren es Gene, dann die DNS, aber immer waren es Einzelfaktoren. «Diese einfache Sicht wurde für das Geschlecht zunächst auch dann noch aufrechterhalten, als in anderen Forschungsfeldern der Genetik differenziertere Modelle der Regulation und Wirkung von Genen etabliert wurden.»[404]

Ich hoffe nur, Heinz-Jürgen VOSS hat Recht mit dem Satz: «Eines scheint dabei gesichert: Das einfache Modell biologischer Zweigeschlechtlichkeit, das sich an der europäischen Geschlechterordnung mit ihrer Zurücksetzung der Frauen orientierte, hat ausgedient.»

207.

«Schon die Gesetze der Physik gäben vor, dass Frauen nicht studieren können, behaupteten führende deutsche Physiker Anfang des 20. Jahrhunderts. Wissenschaftler wie Wilhelm OSTWALD argumentierten mit der Thermodynamik, dass Frauen nicht genug Energie in ihrem Körper hätten, um sowohl Fortpflanzung als auch geistige Arbeit zu verüben. Strenge die Frau ihr Gehirn zu sehr an, würde die Qualität ihrer Nachfahren darunter leiden. Frauen könnten also unmöglich zum Studium zugelassen werden, ohne den Fortbestand des deutschen Volkes dadurch zu beschädigen.»[405]

Das nächste Thema hat zwei Seiten: einerseits die Produktion der «Geschlechterlüge» und andererseits ihre Folgen, den «Stereotype Threat». Mit «Geschlechterlüge» sind in der feministischen Debatte «Forschungsergebnisse» gemeint, die die Ursachen für Geschlechtsunterschiede im Hirn und nicht in der Gesellschaft suchen und «finden». Diese «Studien» sind oft völlig unwissenschaftlich – dienen aber dazu, Vorurteile gegen Frauen im wissenschaftlichen Gewand zu präsentieren: Gibt es bei Tests zwischen Gehirnen von Männern und Frauen keine Unterschiede, ist dies oft nicht der Rede wert. Unterschiede werden aufgeblasen und wissentlich falsch zuungunsten der Frauen interpretiert: Biologie als Neurosexismus! Offenbar sind Wissenschaftler keineswegs neutral, sondern gehen höchst selektiv mit ihren Untersuchungsergebnissen um: In die Öffentlichkeit gelangen nur diejenigen, die von Differenzen berichten. Die anderen passen nicht ins gängige Konzept und wandern in die Ablage.

Das fing schon 1873 an, wenn auch nicht mit Hirnscanning, aber doch mit vorgeblich wissenschaftlichen Ergebnissen: «Geistige Arbeit ... ziehe wichtige Energie aus den Eierstöcken ins Gehirn und sei deshalb nicht bekömmlich für das weibliche Geschlecht»[406], schrieb der Harvard-Professor Edward CLARKE in sei-

404 VOSS, 2016: «Komplexe Modelle werden für alle Merkmale und ‹Ebenen› verfolgt, die in der biologischen Geschlechtsentwicklung Bedeutung haben: Chromosomen; Gene; Regulation der Gene; Hormone; Rezeptoren, an die die Hormone sich anbinden können; Keimdrüsen (Hoden, Eierstöcke, Mischgewebe); innere Genitalien; äußere Genitalien; weitere Bestandteile des Genitaltraktes.»

405 BARTHELS, Inga, 2019: Wenn Gender-Studies Leben retten. Auch in den Naturwissenschaften spielt Geschlecht in der Forschung eine Rolle – und kann zu besseren Ergebnissen führen. In: Der Tagesspiegel vom 2019-05-28 (Printversion)

406 HASEL, Verena Friederike, 2012: Biologie als Neurosexismus. «Die Geschlechterlüge»: Wie Vorurteile gegen Frauen im wissenschaftlichen Gewand präsentiert werden. In: Der Tagesspie-

nem Buch: «Das Geschlecht im Bildungswesen, oder: Eine gerechte Chance für Mädchen» und täuschte mit dem Titel m.E. ganz bewusst die Öffentlichkeit.

2012 erschien Cordelia FINES Buch «Die Geschlechterlüge», dafür hat die Psychologin Sachbücher zur Genderfrage untersucht. Ihr Fazit: «Gerade heute werden die irrwitzigsten Vorurteile gegen Frauen wieder im biologischen Gewand präsentiert; eine wichtige Rolle spielen dabei die Neurowissenschaften. Immer neue Untersuchungen aus diesem Gebiet untermauern die These von Männern, die denken, und Frauen, die fühlen. Oft genügen diese Studien nicht einmal wissenschaftlichen Minimalanforderungen. Doch der Trend, Ursachen für Geschlechtsunterschiede im Hirn und nicht in der Gesellschaft zu suchen, ist ungebrochen.»[407] Und 2019? Die Anti-Feministen sind dankbar für die wunderbaren Ergebnisse des Neurosexismus und nutzen sie politisch.

Ganz überraschend finde ich, wie sehr Erwartungen an unser Leistungsvermögen, Stereotype über das, was Frauen können, und ähnliche Annahmen und «Voreinstellungen» unsere Leistungen beeinflussen, ja geradezu beherrschen! Schon lange hat mich der Aspekt «**Wie Rollenbilder Leistungen beeinflussen**» beschäftigt. Stellen Sie sich das vor, ich erkläre Ihnen «Leute wie Sie können sowieso nicht einparken!» und anschließend parken Sie so miserabel ein wie nie zuvor. Das ist zwar eine grobe Kurzfassung wissenschaftlicher Ergebnisse, aber umso gespenstischer! Vor allem Frauen haben Grund zu der Befürchtung, auf Basis von negativen Stereotypen beurteilt zu werden,[408] Männern kann man diesen Schreck aber auch einjagen. Seit 1995 wird dafür der Begriff «Stereotype Threat» benutzt, d.h.: Vorurteile können die Leistungsfähigkeit bei Tests in Schule oder Uni negativ beeinflussen. «Die Annahme etwa, dass Mathematik Männersache ist, kann ein in diesem Fach talentiertes und interessiertes Mädchen bei einem Test dermaßen unter Druck setzen, dass seine Leistung schlechter ausfällt, als sie sein könnte.»[409] Die Schülerin erlebt in der Testsituation zusätzlichen Stress durch den Widerspruch zwischen eigenem Zutrauen und der Zugehörigkeit zu einer Gruppe, die angeblich weniger begabt ist.[410] Abwertende Zuschreibungen von Eigenschaften und Verhaltensweisen lösen ein Gefühl der Bedrohung durch negative Stereotype aus, es wird befürchtet, nicht gemäß der tatsächlichen Leistung, sondern nach dem Vorurteil bewertet zu werden und – im schlimmsten Fall – durch Versagen das Vorurteil zu bestätigen. «Man darf nicht unterschätzen, dass die Zuschreibung von Fähigkeiten zu Gruppen eine Eigendynamik entwi-

gel vom 2012-05-08

407 HASEL, 2012

408 APA, 2012: Vorurteile beeinflussen Testleistungen negativ. Vor allem Frauen befürchten, auf Basis von negativen Stereotypen beurteilt zu werden, sagt der Linzer Psychologe Markus Appel. In: DiePresse.com vom 2012-03-20 http://diepresse.com/home/bildung/universitaet/741754/Vorurteile-beeinflussen-Testleistungen-negativ

409 science.ORF.at/APA

410 RENN, Ortwin / LANGHAMMER, Franziska, 2014: Lass da mal den Bruder ran! Auch Mädchen können sich für Technik begeistern – aber warum tun sie es nicht? Ein Gespräch mit dem Soziologen Ortwin Renn. In: DIE ZEIT Nr. 47 vom 2014-11-13. «Weil Mädchen in den Mint-Fächern ihre Fähigkeiten unterschätzen, zeigen sie oft trotz hoher Kompetenz kein Interesse – während Jungen mit demselben Wissen vor Selbstbewusstsein strotzen.»

ckelt, die oft auch den Betroffenen selbst gar nicht bewusst ist»[411], so der Linzer Psychologe Markus APPEL. Kaum zu glauben, wie leicht ein «Stereotype Threat» aufzubauen ist. Sie brauchen auf dem Testbogen für eine Aufgabe, bei der Männer angeblich bessere Leistungen erbringen als Frauen, nur ein Kästchen männlich/weiblich anzubringen und ausfüllen zu lassen. Da schnappt die Falle schon zu. Plötzlich scheint es wichtig, zur Gruppe der weniger Leistungsfähigen zu gehören, die persönliche Leistungsfähigkeit tritt in den Hintergrund. «Es gibt zahlreiche Studien, die aufzeigen, dass Frauen besser abschneiden, wenn der Druck des negativen Stereotyps reduziert ist» und ihrem Geschlecht keine scheinbare Bedeutung zugemessen wird. Besonders gefährdet sind laut dem Psychologen jene, denen ein Fach sehr wichtig ist und die darin dementsprechend gut abschneiden wollen. «Wenn in einem Bereich das Selbstkonzept und das vermutete Urteil anderer über die eigene Gruppe nicht übereinstimmen, dann ist das oft gedanklich schwer vereinbar, man spricht von kognitiver Dissonanz», so APPEL.[412] Also Vorsicht mit Vorinformationen (Stereotypen), mit der Abfrage der Geschlechtszugehörigkeit und – ebenso – der Herkunft, z.B. Migrationshintergrund, um mehr Chancengleichheit bei Leistungstests herzustellen. Tatsächlich kann der «Stereotype Threat» langfristig wirken und so selbst die Berufswahl umlenken – das ist dann möglicherweise ein Beitrag zu anhaltender Chancenungerechtigkeit.

Und woher kommen all die Vorurteile? Wieso halten sie sich auch so lange und lassen sich immer aufs Neue wiederbeleben? FINE[413] nennt die stetig sprudelnde Quelle abwegiger Geschlechterunterschiede «Die Geschlechterlüge». Es ist nicht zu fassen, aber die, die ein Interesse daran haben, Frauen abzuwerten – weil es ja auch so irre lustig ist, wenn sie nicht einparken können – nehmen Rückgriff auf ganz alte Muster: Biologie als Neurosexismus hat schon immer funktioniert! Gehirne werden vermessen – da sind dann ganz schnell wieder die wissenschaftlichen Beweise gefunden, dass Männer großartig und Frauen beschränkt sind. Vermessenes Hirn: Gibt ein Test keine Unterschiede zwischen Gehirnen von Männern und Frauen her, gibt es auch nichts zu berichten. Wir erfahren nur von den aufgeblasenen und oft unwissenschaftlich erzeugten Unterschieden.

Noch ein Zitat? Bitte: Neuronal sei eine Frau besser dazu in der Lage, «den Papierschnipsel, die Hundehaare, das in die Sofaritze geschobene Spielzeug» wahrzunehmen, so jedenfalls der bekannte US-amerikanische Therapeut Michael GURIAN – erfahren wir bei HASEL. Und in Louann BRIZENDINES Bestseller «Das weibliche Gehirn» heißt es, eine Frau reagiere auf den Stress zwischen Familie und Beruf mit «überlasteten Gehirnschaltkreisen». Klingt toll! Aber was heißt es? Ich nehme an, die Frau sprüht dann knisternd Funken. Prima Idee bei so viel «verwissenschaftlichter Diskriminierung». Eben «Hochleistungshirn» kontra «Multitasking», also simultan kochen und die Kinder versorgen.

---

411 APA, 2012 https://sciencev2.orf.at/stories/1696132/index.html

412 APA, 2012

413 HASEL, Verena Friederike, 2012: Biologie als Neurosexismus. «Die Geschlechterlüge»: Wie Vorurteile gegen Frauen im wissenschaftlichen Gewand präsentiert werden. In: Der Tagesspiegel vom 2012-05-08

Eigentlich könnte uns doch völlig «wurscht» sein, was solche Hirnis über uns «herausfinden». Ich denke immer, ich könnte ganz gut «Spinnertes» abschalten, draußen halten. Das denken sicher viele Frauen. Umso erschütterter bin ich darüber, wie stark unser «aller Selbstbild als Männer und Frauen ... von sozialen Erwartungen an die Geschlechter geprägt» ist, berichtet HASEL – belegt durch Studien: «Wir nehmen andere und uns selbst durch die Linse von Rollenstereotypen wahr – und handeln auch brav dem Klischee entsprechend.» Studentinnen und Studenten wurden gebeten, «ihre sprachlichen und mathematischen Fähigkeiten einzuschätzen, wobei einige von ihnen vorher in einem Kästchen ihr Geschlecht ankreuzen mussten. Prompt stuften die Frauen ihr mathematisches Können herab und die Männer ihres herauf, anders als die Frauen und die Männer der Vergleichsgruppe, die ihr Geschlecht nicht ankreuzen sollten. Offenbar ist die suggestive Kraft der Geschlechterrollen so stark, dass man sich ihnen, kaum wird man durch ein kleines Kästchen an sie erinnert, sofort anpasst.» Und das Schlimmste ist: Ich glaube, ich kann das nachvollziehen. FINE spekuliert noch, ob nicht vielleicht die Motivation ursächlich für Leistungsdifferenzen ist. «In den Disziplinen, in denen wir qua Geschlecht gut sein sollen, geben wir uns besonders Mühe. Bei den anderen versuchen wir es gar nicht erst.» Ich werde diesen Hinweis im Auge behalten.

Und dann gibt es noch seriöse Untersuchungen, die belegen erstens, dass Mütter mit ihren Töchtern mehr reden als mit ihren Söhnen, und zweitens, dass Mütter ihre Söhne konsequent überschätzen, wenn sie gefragt werden, welche Steigung ihre Kinder auf einer Rampe krabbelnd bewältigen könnten. Drittens konnte man mittels bildgebender Verfahren inzwischen nachweisen, dass sich Hirnaktivitäten durch Einfluss von außen verändern. «Unterschiede im Hirnscan von Mann und Frau belegen also keineswegs eine biologische Determiniertheit. Eher scheinen sie gesellschaftliche Ungleichheiten bei der Rollenzuweisung abzubilden.»[414] Die «Geschlechterlüge» und die daraus entstehende Bedrohung von Frauen durch ihre Stereotypisierung sind eine permanente und offenbar erfolgreiche Demütigung von Frauen mit enormer politischer Kraft – eine bloße Machttechnik durch Missbrauch von Wissenschaft.[415]

208.

Die Psychologin Janet HYDE von der Universität von Wisconsin in Madison / U.S.A. und ihr Team haben die **mathematischen Fähigkeiten von Jungen und Mädchen** in zehn US-Staaten untersucht. Sie analysierten die Ergebnisse von Mathematikprüfungen von über sieben Millionen Schülern und Schülerinnen und konnten keine geschlechtsspezifischen Unterschiede feststellen.[416]

---

414 HASEL, 2012

415 FREVERT, Ute / SCHMIDT, Thomas E., 2018: «Moral ist ganz nah an den Gefühlen». Jede Gesellschaft muss fortlaufend neu aushandeln, welche moralischen Normen gelten: Ein Gespräch mit der Historikerin Ute Frevert über Demütigung als Machtmittel. Interview. In: DIE ZEIT Nr. 16 vom 2018-04-12

416 Science (Band 321, Seite 494) ohne Angabe von Autor*in: Studie Mädchen können Mathe wie Jungen. In: Der Tagesspiegel vom 2008-07-25

Aber die westliche Welt hält treu an dem Vorurteil fest, Frauen hätten ein Problem mit Zahlen. Ein interessanter Hinweis ist für mich: «Dieses Klischee ist allerdings eher bei Mädchen verbreitet als bei Jungen, wie Petra Jelenec von der Universität Jena festgestellt hat.» Mit einem Computertest ermittelte die Psychologin, wie sehr insgesamt 535 Schüler das Fach Mathematik mit Jungen und Deutsch mit Mädchen verbinden.

JENELEC war verblüfft, wie stark Mädchen Jungen mit Mathematik und Mädchen mit Deutsch assoziieren, während bei Jungen diese Verknüpfung nicht nachweisbar war. Sie vermutet, dass diese Einstellung im Laufe der Zeit unbewusst von Eltern, Lehrern und Schulkameraden übernommen wurde. «Wenn Mädchen immer wieder an das Klischee erinnert werden, kann es sie durchaus beeinträchtigen und zu schlechteren Ergebnissen führen», sagt JELENEC. Das hätten sowohl eigene Studien als auch die anderer Forscher*innen gezeigt.

Die Vorstellung von Mädchen, sie hätten keine Ahnung von Mathe, ist also erlernt! Dem stehen die Ergebnisse einer Analyse der Daten von mehr als 276.000 Schülern aus 40 Ländern, die am Pisa-Test im Jahr 2003 teilgenommen hatten, nur scheinbar entgegen, denn: «In Ländern, in denen Gleichberechtigung gesellschaftlich etabliert ist, fanden die Forscher allerdings keine Unterschiede vor. In wenigen Staaten – etwa Norwegen und Schweden – erzielten die Schülerinnen sogar bessere Ergebnisse als ihre Mitschüler.» Wenn das nicht auf eine «hausgemachte mathematische Inferiorität» der Mädchen hindeutet, was dann? Schule und Gesellschaft machen Mädchen dümmer, als sie sind!

209.

Liebe Leserin*, sollten Sie je eine Professur anstreben, wäre es von Vorteil, wenn Sie Susanne hießen. Dann kommen Sie zwar auch erst auf Platz 62 der Liste der häufigsten Vornamen von Professor*innen vor, aber davor stehen sowieso nur Männernamen.[417]

Aber im Ernst: 1999 gab es in Deutschland 34.134 hauptamtliche Professoren und 3740 hauptamtliche Professorinnen. Das war vor zwanzig Jahren! Wie viele qualifizierte Frauen und wie viele neue Ideen und kreative Forschungsansätze sind der Wissenschaft in dieser langen Zeit verlorengegangen? Neuere Zahlen klingen nicht gar so deprimierend: 2017 waren es 36.126 hauptamtliche Professoren und 11.442 hauptamtliche Professorinnen.[418] Gegen Anfang des neuen Jahrtausends vollzog sich eine Art Wende in der grundsätzlichen Haltung gegenüber der Beteiligung von Frauen am Lehrkörper der Universitäten und anderer wissenschaftlicher Einrichtungen. Anja KÜHNE schrieb – bei aller Kritik: «Allerdings wächst die Einsicht, dass die Unterrepräsentanz von Frauen der Wissenschaft schadet. Denn mit – oft unbewussten – Mechanismen halten sich die Männer Konkurrentinnen vom Leibe, was zu einer Einbuße an Qualität führt.»[419]

---

417 FARKAS, Christoph, 2019: Das Problem beim Namen nennen. Eine Liste zeigt, wer an den Unis das Sagen hat. In: DIE ZEIT Nr. 8 vom 2019-02-14

418 https://de.statista.com/statistik/daten/studie/160365/umfrage/professoren-und-professorinnen-an-deutschen-hochschulen/

419 KÜHNE, Anja, 2008b: Signal für mehr Professorinnen. Politik belohnt Unis für Gleichstellung.

Dass Deutschland «**40 Prozent seines intellektuellen Potenzials nicht ausschöpft**», gefährde den Aufstieg in die internationale Wissenschaftselite, beklagte Ernst-Ludwig WINNACKER, bis Ende 2006 Präsident der Deutschen Forschungsgemeinschaft (DFG), und plädiert für eine Frauenquote an Hochschulen und außeruniversitären Instituten. «Es gibt in Deutschland keine Kultur der Gleichstellung», sagte WINNACKER 2006 in Berlin.[420] «Winnackers Forderung kommt nicht von ungefähr: Auswärtige Gutachter im Exzellenzwettbewerb hätten moniert, ‹dass der Aspekt der Gleichstellung in der Mehrheit der Antragsskizzen völlig unzureichend behandelt worden sei› ... die Gutachter (?) hätten den Eindruck, ‹dass dieses Thema vorrangig mit Lippenbekenntnissen als mit konkreten Maßnahmen und Zielvorgaben behandelt würde›.»[421]

Matthias KLEINER, der WINNACKER im Januar 2007 als DFG-Präsident abgelöst hat, schloss sich der Forderung nach einer Frauenquote in der Wissenschaft an. In einem Interview sagt KLEINER: «Die Beteiligung von Frauen in der deutschen Wissenschaft ist noch immer viel zu gering. Das ist nicht nur ungerecht, sondern eine Verschwendung intellektueller Ressourcen, die wir uns nicht leisten können. Wenn nur zehn Prozent der Professuren auf den höchsten Besoldungsstufen C4 und W3 von Frauen besetzt sind, ist das im internationalen Vergleich beschämend.»[422]

Eine Expertenkommission – unter Beteiligung mindesten einer (!) Frau – hat 2008 «forschungsorientierte Gleichstellungsstandards» erarbeitet und veröffentlicht. «Im Mittelpunkt der Standards steht eine Selbstverpflichtung der Universitäten und außeruniversitärer Einrichtungen, ‹durchgängig, transparent und kompetent› für Gleichstellung zu sorgen.»[423] Ein «Instrumentenkasten» macht den DFG-Mitgliedern Handlungsvorschläge wie Präsidialfonds für Gleichstellungsmaßnahmen oder/und Mindestzahlen von Frauen in Kommissionen. Eine Kontrolle soll über die Förderung von Anträgen erfolgen, «auch soll öffentlich bekannt gegeben werden, welche Mitglieder ihren Selbstverpflichtungen nicht nachgekommen sind.»[424] Da kann frau/mann ja gespannt sein, welcher Präsident sich seiner mannesmutigen Vorstellung von Elite mehr verpflichtet fühlt als der gesellschaftspolitischen Forderung nach Gleichstellung der Geschlechter und einer neuzeitlichen, maßgeblichen Vorstellung von Exzellenz! Gab es keine Verstöße oder sind mir solche Nachrichten in den letzten zehn Jahren entgangen?

In: Der Tagesspiegel vom 2008-09-04. Interessanterweise fehlt der Nebensatz «was zu einer Einbuße an Qualität führt» in der online-Ausgabe. Das Internet wird offenbar so überwiegend von Männern genutzt, da muss frau/mann sie doch eher schützen als in der Druckversion fürs gemischte Volk.

420 BURCHARD, Amory, 2006: Frauen vor. Blockierte Karrieren: Jetzt fordern Experten eine Quote für Wissenschaftlerinnen. In: Der Tagesspiegel vom 2006-06-08

421 BURCHARD, 2006

422 KÜHNE, Anja, 2008a: «Intellektuelle Ressourcen ausschöpfen». Frauen vor: Wie der Präsident der Deutschen Forschungsgesellschaft Matthias Kleiner die wissenschaftliche Qualität verbessern will. In: Der Tagesspiegel vom 2008-05-16

423 KÜHNE, Anja, 2008a: Was die DFG will. Sanfter Druck statt Quote. In: Der Tagesspiegel vom 2008-05-16

424 KÜHNE, Anja, 2008a

«Die Präsidenten der Max-Planck-Gesellschaft, der Helmholtz-Gemeinschaft, der Leibniz-Gemeinschaft und der Fraunhofer-Gesellschaft haben bei der Jahresversammlung der Deutschen Forschungsgemeinschaft (DFG) ... gegen Standards zur Gleichstellung gestimmt. Ernst Theodor Rietschel, Chef der Leibniz-Gemeinschaft, verlas im Henry-Ford-Bau der Freien Universität Berlin eine entsprechende Stellungnahme der vier in der ‹Allianz› der Wissenschaftsorganisationen vertretenen Forschungseinrichtungen.» Ach, so!?

Es kam, wie es nicht hätte kommen müssen! «Angesichts der Anstrengungen vieler Hochschulen bei der Gleichstellung nannte es [Bundesbildungsministerin] Schavan ‹enttäuschend›, dass die außeruniversitären Institute den unlängst von der DFG beschlossenen Gleichstellungsstandards nicht beigetreten sind. ... Man werde ja sehen, wie lange die außeruniversitären Einrichtungen es sich leisten könnten, den DFG-Standards nicht beizutreten, sagte Schavan.»[425] Sehen Sie!

Und wie finden Sie zum Thema Förderung von Anträgen die folgende Aussage von Matthias KLEINER: «Wir fragen ja bereits bei Anträgen für Sonderforschungsbereiche, warum keine Teilprojektleiterin dabei ist ... Ein exzellentes Projekt wird nicht scheitern, wenn Wissenschaftlerinnen nicht beteiligt sind.» Da fällt mir nur der Satz von Margit EICHLER ein: «Non-sexist research may not always be good, but sexist research is always bad.»

Mit einem Professorinnenprogramm im Umfang von 150 Millionen Euro wollen Bund und Länder die Hochschulen, die gute Gleichstellungskonzepte vorweisen können, belohnen. 113 Hochschulen – also etwa ein Drittel – haben sich mit ihren Gleichstellungskonzepten um die Förderungswürdigkeit beworben, 79 Gleichstellungskonzepte waren überzeugend. «Besonders gut hätten den Experten Konzepte gefallen, deren Gleichstellungsmaßnahmen durchgängig alle Bereiche der Hochschule umfassten, etwa als Bestandteil des Qualitätsmanagements.»[426] Diese 79 Hochschulen konnten sich dann um die Finanzierung bewerben – da wären bis zu drei Professuren für erstberufene Wissenschaftlerinnen möglich.

Die einstige Bundesbildungsministerin Annette SCHAVAN hat also anlässlich der Präsentation der Ergebnisse der ersten von zwei Ausschreibungsrunden zum Professorinnenprogramm 2008 bis 2011 zu Recht festgestellt: «Allein durch Appelle wird es keine Weiterentwicklung der Chancengerechtigkeit geben, es müssen verbindliche Strukturen geschaffen werden.»[427]

Ob sich die DFG die Arbeit vielleicht hätte sparen sollen? Übrig bleibt uns die Hoffnung auf die «ausländischen Gutachter», die in der Exzellenzinitiative «bei der Chancengleichheit hohe Anforderungen gestellt haben».[428] Matthias KLEINER

425 KÜHNE, Anja, 2008b: Grüne fordern konsequente Frauenförderung in der Wissenschaft. In: Der Tagesspiegel vom 2008-09-05

426 Unis in Hamburg, Kassel und Trier, TU Braunschweig und FH für angewandte Wissenschaft und Kunst (Niedersachsen)

427 KÜHNE, Anja, 2008b: Signal für mehr Professorinnen. Politik belohnt Unis für Gleichstellung. In: Der Tagesspiegel vom 2008-09-04

428 KÜHNE, Anja, 2008a: «Intellektuelle Ressourcen ausschöpfen». Frauen vor: Wie der Präsident der Deutschen Forschungsgesellschaft Matthias Kleiner die wissenschaftliche Qualität verbessern will. In: Der Tagesspiegel vom 2008-05-16

beklagt im Interview mit Anja KÜHNE: «Es ist leider so, dass hervorragende Wissenschaftlerinnen oft einfach vergessen werden – bei Berufungen, bei der Besetzung von Kommissionen oder von Forschungsprojekten oder auch bei der Nominierung für Preise, wie die DFG immer wieder beobachtet hat. Da wirken eingefahrene Mechanismen, die auf strukturelle Defizite zurückgehen.» Diese Egomanen!

Das Argument, eine durchgehende Quote sei nicht «sachgerecht, weil die Fächer vor ganz unterschiedlichen Herausforderungen stehen», will mir partout nicht einleuchten. Das sind doch auch «eingefahrene Mechanismen» und «strukturelle Defizite». Stattdessen wird den Einrichtungen empfohlen, sich zu einem «Kaskadenmodell» zu verpflichten. Sie sollen ihre Ziele für die Steigerung des Frauenanteils auf einer bestimmten Qualifikationsstufe definieren nach dem Frauenanteil auf der vorausgehenden Qualifikationsstufe. Da könnte doch mancher Macho Gelüste entwicklen, letzteren künstlich niedrig zu halten!

Die Quote ist – wenn es mann/frau denn wirklich mit mehr Geschlechtergerechtigkeit ernst meint – ein ausgezeichnetes Instrument! Das Problem ist nur: Eine neue vom Bundesministerium für Bildung und Forschung finanzierte Studie von Christine FÄRBER und Ulrike SPANGENBERG[429] zeigt, dass das Instrument nicht funktioniert, wenn es in die Beliebigkeit der Hochschulen verschoben wird. Die von der DFG veröffentlichten «forschungsorientierten Gleichstellungsstandards» belegen: «Die Ausgangslage für Chancengleichheit bei Berufungen ist denkbar schlecht. In Interviews klagten Bewerberinnen, ‹dass zurzeit Intransparenz und Unübersichtlichkeit, männerdominierte Auswahlgremien und Bewertungssysteme informelle Netzwerke stärken, die Frauen tendenziell ausschließen›. Von den interviewten Frauen nannten die meisten darüber hinaus ‹offenes Desinteresse oder Abwertung bis hin zu Angriffen› als ihre persönlich wichtigste Erfahrung.»[430]

Ich finde außerdem die angestrebten 25 Prozent etwas sehr bescheiden! «Wenn 30 Prozent einer bestimmten Minderheit vertreten sind, so wird diese nicht mehr als etwas Besonderes angesehen, haben internationale Studien ergeben. Beispielsweise werden in einer Gruppe von zehn Personen drei Frauen eben nicht mehr als Minderheit wahrgenommen.»[431]

Wer sind eigentlich die Bremser? Was verhindert tatsächlich eine Gleichstellung von Frauen? Kennen wir Ursachen? «Färber und Spangenberg kritisieren zudem, dass die Auswahlkriterien ‹oft im Verfahren männlichen Favoriten angepasst› würden.»[432] Wir haben es ja immer gewusst: Für Männer werden die

---

429 FÄRBER, Christine / SPANGENBERG, Ulrike, 2008: Wie werden Professuren besetzt? Chancengleichheit in Berufungsverfahren, Frankfurt am Main

430 BURCHARD, Amory, 2008a: «Die Länder sollen Quoten festlegen». Neue Studie zu Berufungen: Nur klare Vorgaben erhöhen Chancen von Frauen in der Wissenschaft. In: Der Tagesspiegel vom 2008-05-20

431 BROCKSCHMIDT, Rolf, 2008: Niederlande wollen mehr Spitzen-Frauen. Anteil von 25 Prozent in Chefpositionen angestrebt. In: Der Tagesspiegel vom 2008-05-31

432 BURCHARD, Amory, 2008a: «Die Länder sollen Quoten festlegen». Neue Studie zu Berufungen: Nur klare Vorgaben erhöhen Chancen von Frauen in der Wissenschaft. In: Der Tagesspiegel vom 2008-05-20

Auswahlkriterien scheinobjektiviert! Warum traut sich Matthias KLEINER nicht, Ergebnisquoten für die Berufung von Frauen vorzugeben, und warum hat sich Ernst-Ludwig WINNACKER erst zur Quote geäußert, als er die DFG verlassen hat? Dann hat er eine harte Quote vertreten. Müssen wir das alles als Gleichstellungsrhetorik abheften, als etwas, womit mann sich als «auf der Höhe der Zeit» profilieren kann, vor allem, wenn mann es nicht mehr durchsetzen muss? Nach den miserablen Erfahrungen mit sanften Maßnahmen wie finanziellen Anreizen und Zielvereinbarungen sollte Schluss sein mit der Freiwilligkeit! Die Quote muss her! Mein Ziel ist das von FÄRBER und SPANGENBERG: ein «grundlegender geschlechterpolitischer Kulturwandel». Entscheidende Elemente wie Transparenz der Verfahrensabläufe, der Kommunikation und der Auswahlkriterien ließen sich durch ein Qualitätsmanagement am ehesten normieren, also von Willkür befreien und sichern. Berufungsleitfäden brauchen außerdem verbindliche Gleichstellungsaspekte. Weitere Elemente sind: eine Datenbank über Wissenschaftlerinnen und freie Stellen, Kontrolle der Berufungsergebnisse und ein mindestens vierzigprozentiger Frauenanteil in Berufungskommissionen. Wer sich an der Durchsetzung solcher Ziele nicht aktiv beteiligt, will keine Geschlechtergerechtigkeit in Wissenschaft und Forschung!

Auch für die Präsidentin des Wissenschaftszentrums Berlin für Sozialforschung (WZB), Jutta ALLMENDINGER, ist die Quote «unabdingbar», nachdem der Frauenanteil an C4/W3-Professuren in fast zehn Jahren nur um zwei Prozentpunkte – von sieben auf neun – hochgekrochen ist. «Wir brauchen klare Zielvorgaben: Welchen Prozentanteil Frauen möchte die Humboldt-Universität bis wann erreichen? Welchen die TU München? Welchen die Uni Bonn? Wenn diese poolbezogenen Vorgaben nicht erreicht werden, muss es Sanktionen geben, etwa in Form von Mittelabzügen durch die jeweilige Landesregierung oder den Bund – in einer Höhe, die wehtut. Sonst wird sich nichts ändern.» Ihre Partnerin in diesem Doppelinterview Claudia KEMFERT, Professorin für Ökonomie, setzt zwar nicht auf die Quote, bestätigt aber unser aller Erfahrung: «Aus der Ökonomie wissen wir, dass freiwillige Selbstverpflichtungen ohne Sanktionen nicht die gewünschte Wirkung erzielen.» Sie setzt auf finanzielle Anreize. «Wenn eine Fakultät eine Frau auf eine Professur beruft, bekommt sie mehr Geld als bei einem Mann und zwar bei jeder Frau, nicht nur bei Erfüllung der Quote.»[433]

Liebe Leserin, wenn Sie jetzt an «Menschenhandel» denken, hege ich dafür ein gewisses Verständnis, aber letztlich ist es mir auch egal. Wenn die Gesellschaft eine ihrer Qualifikation entsprechende Beteiligung von Frauen an Forschung und Wissenschaft anstrebt, muss sie politische Mittel finden, das durchzusetzen. Alles andere wäre platte Rhetorik! Sollten Sie allerdings Zweifel haben, ob es genügend qualifizierte Frauen für solche Positionen gibt, habe ich dafür überhaupt kein Verständnis und gleichgültig ist es mir auch nicht! Denn meine Beobachtung ist, dass

433 ALLMENDINGER, Jutta / KEMFERT, Claudia, 2007: »Es muss wehtun.» Müssen Universitäten eine Quote einführen, damit Frauen endlich Karrierechancen bekommen? Ein Streitgespräch zwischen der Soziologin Jutta Allmendinger und der Ökonomin Claudia Kemfert. Die Fragen stellten Martin Spiewak und Jan-Martin Wiarda. DIE ZEIT Nr. 30 vom 2007-07-19, S. 57

Frauen, die an ihren Geschlechtsgenossinnen zweifeln, ihnen nichts zutrauen, eigentlich an sich selbst zweifeln und sich nichts zutrauen. Zur Qualifikation von Frauen für eine Professur gibt es den schönen Satz von Claudia KEMFERT: «Transparenz bedeutet mehr Wettbewerb, und – wenn auch gelegentlich das Gegenteil behauptet wird – Wettbewerb fördert Frauen. Sie haben immer dann bessere Chancen, wenn sie nach fairen Leistungskriterien bewertet werden.» Und ein schöner Satz von Jutta ALLMENDINGER: «Frauen, die es soweit gebracht haben, sind alle qualitätsgeprüft.»

Ich habe als Kandidatin bei Wahlen oft in Frauengesichter gesehen, aus denen ich Folgendes gelesen habe: «Ich bin eine Frau, ich kann das nicht, du bist eine Frau, du kannst das auch nicht!» Und deshalb prüfen wir uns auch immer selbst – oder wir nehmen ausnahmsweise mal die Männer als Maßstab, statt die Frauen ständig zu überfordern. Erst wenn genauso viele mittelmäßige Frauen wie mittelmäßige Männer in den Parlamenten sitzen, Professuren innehaben, herausragende politische, gesellschaftliche und wissenschaftliche Positionen einnehmen, ist die Gleichstellung realisiert! Trotz der Berliner Gleichstellungsgesetze spielen bei Berufungen eine Rolle: «außerwissenschaftliche Kriterien», «informelle Strukturen», «männliche Arbeitskultur», «männerbündische Strukturen», schreibt BURCHARD.

ALLMENDINGER und KEMFERT haben einen weiteren m.E. sehr wichtigen Vorschlag: Transparenz des Auswahlverfahrens, und vor allem der Auswahlkriterien – statt der Wirkmacht der üblichen Männernetzwerke! «Je informeller Entscheidungen über Karrieren fallen, desto einflussreicher können Netzwerke sein. In Deutschland sind viele Spielregeln des wissenschaftlichen Betriebs noch immer schwer zu durchschauen.» Das fängt mit der Promotion an. «Die Chance zu promovieren etwa wird vielerorts noch per Schulterklopfen vergeben, nach dem Motto: Wollen Sie nicht bei mir promovieren?» Auch da schwingt ein vielfältiges Eigeninteresse des Professors mit – siehe «Menschenhandel» – aber es ist in erster Linie eine ungeheure Ermutigung für den «Schulterbeklopften». Und das widerfährt Frauen eben sehr viel seltener – vielleicht auch, weil ihre Gebärfähigkeit sie immer unter Generalverdacht stellt, egal, ob sie sie nutzen wollen oder nicht. Das Motto heißt dann: Wer weiß, ob sie dabeibleibt?

Die Grünen haben anno 2008 im Bundestag verbindliche Ziele gefordert, «deren Nichterreichung Konsequenzen für Hochschulen und außeruniversitäre Einrichtungen haben müssten». Sie forderten ferner vom Bund, «überall dort Einfluss zu nehmen, wo er selbst Forschungs- und Institutsförderung betreibt: bei der Weiterentwicklung der Exzellenzinitiative, der Neuauflage des Hochschulpakts für Studienplätze, beim Pakt für Forschung und Innovation oder in der Ressortforschung.»[434]

Jutta ALLMENDINGER macht uns Hoffnung: «Der größte Druck, sich zu verändern, kommt, so sieht es der Wissenschaftsrat, aus dem Ausland, durch den internationalen Wettbewerb. In der Exzellenzinitiative hat sich das deutsche System der externen Bewertung gestellt. Bei jeder Begutachtung kam von den

434 KÜHNE, Anja, 2008b

internationalen Experten dieselbe harsche Kritik, das große Kopfschütteln: Was ist eigentlich bei euch? Wieso sind so wenige Frauen in Spitzenpositionen? Eine internationale Spitzeninstitution kann es sich nicht leisten, auf Frauen zu verzichten.» Und dann fügt sie noch hinzu: «Die guten Wissenschaftlerinnen sind längst da.»

210.

Aber wissen das auch genügend Männer? Gut, das mit der generellen Überlegenheit des Mannes ist Schnee von gestern – Frauen machen zu gute Schul-, Ausbildungs- und Hochschulabschlüsse. Man(n) musste akzeptieren: Manche Männer sind ganz schön doof und manche Frauen sind ganz schön schlau und vielen Männern überlegen. Schnell wird aber eine neue Absurdität konstruiert und als Forschungsergebnis unter die staunende Menschheit gebracht und die geht so: Die Männer werden **zum «extremen» Geschlecht hochgeforscht**: «Ihr Hang zum Außergewöhnlichen bringt Männer an die Spitze, sagen Forscher.»[435] Hier haben ein paar Forscherlein doch nicht etwa nach der Methode gearbeitet: I made up my mind. Don't confuse me with facts? Wenn ein Mann Frauen physiologischen Schwachsinn wissenschaftlich attestieren konnte, ist doch wohl Skepsis gegenüber der Forschung geboten. Was nicht zu übersehen ist, ist dass Männer viel höhere Risiken eingehen als Frauen. Viele Beispiele dafür sind «makabre Mutproben», dafür können sie dann den «Darwin-Award» erhalten. «1994 riefen Biologiestudenten der kalifornischen Stanford-Universität die Auszeichnung ins Leben, um Menschen zu würdigen, die sich auf möglichst ‹dämliche Art und Weise vom Leben verabschieden›».

Fast alle Preisträger sind Männer. Bas KAST zitiert dazu die deutschsprachige Webseite des Preises: «Diese Auszeichnung wird fast immer posthum verliehen, vorzugsweise vor der Vermehrung», und ergänzt: «so werde das Überleben der Spezies langfristig gesichert», meint Bas KAST. Und dann kommt es ganz hirnverbrannt: «Seit gut 100 Jahren gibt es den Nobelpreis. In diesem ganzen Zeitraum haben nur zwei Frauen die Auszeichnung in Physik bekommen.» Wenn das nicht beweist, dass es mehr männliche als weibliche Genies gibt! Gerade im Zusammenhang mit meinem Exkurs: «Der lange Weg zum Frauenstudium» und den bekannten Diskriminierungsstrategien im Wissenschaftsbetrieb ist das doch wohl ein Witz – wenn auch kein lustiger!

«Männer sind sowohl dümmer als auch schlauer als Frauen. Frauen dagegen ‹bewegen sich eher um den Durchschnitt›, wie es die britische Psychologin Helena Cronin von der London School of Economics formuliert – und das, meint die Expertin, könnte auch Licht auf die Frage werfen, weshalb Frauen bis heute so selten in den Spitzenpositionen der Gesellschaft anzutreffen sind. Denn natürlich sind auch Spitzenpositionen Extreme.» Da haben wir es wieder: Frauen sind eben bloß Durchschnitt – fehlt noch die Feststellung: Wenn Männer gut sind, sind sie intelligent, wenn Frauen gut sind, sind sie fleißig! Die krönende Beweisführung

---

435 KAST, Bast, 2008: Das extreme Geschlecht. Ihr Hang zum Außergewöhnlichen bringt Männer an die Spitze, sagen Forscher. In: Der Tagesspiegel vom 2008-04-04

für die Richtigkeit der «Extremhypothese» ist dann aber: «Im gesamten Tierreich unterscheiden sich die Männchen mehr als die Weibchen.» Na, wenn uns das nicht weiterhilft? Vorsichtshalber sollten wir alle Männer als potenzielle Genies behandeln, frau sieht es ihnen ja nicht gleich an ... und je dämlicher, desto fester glauben sie daran, sie seien genial!

Garniert wird der Artikel übrigens mit einem Bild mit einem sehr kleinen und einem großen Mann. Leider hat bei der Unterschrift jemand Inszenierung mit Realität verwechselt: «Zwei Extreme. Sie könnten nicht unterschiedlicher sein und sind doch Zwillinge: Danny De Vito und Arnold Schwarzenegger im Film ‹Twins› aus dem Jahr 1988». Was nicht passt, wird passend gemacht – das geht auch in der Forschung!

211.

Auch die **Pharmazie** war lange blind gegenüber existenziellen Geschlechterdifferenzen – und ist es heute z. T. noch. Jeder Kellner und jede Kellnerin weiß, dass die körperlichen Bedürfnisse von Frauen und Männern verschieden sind. Er nimmt häufig das Steak zu 250 g, ihr genügen 180 g, er trinkt dazu eher zwei bis drei Bier, sie möchte nur eins. Warum wussten Medizin und Pharmazie so lange nichts von geschlechtsspezifischen Unterschieden – und hier reden wir ausnahmsweise auch mal von biologischen Unterschieden, wenn auch nicht nur von ihnen.

«Noch bis 1990 fand die erste Erprobung neuer Substanzen so gut wie nie an weiblichen Versuchspersonen statt.»[436] Medikamente wurden also bis 1990 ausschließlich und werden auch heute noch überwiegend am männlichen Organismus getestet – aber nicht nur das. In der Entwicklung eines Medikamentes kommt das Männliche viel früher ins Spiel: Zunächst werden neue Medikamente nämlich an jungen männlichen Mäusen entwickelt, obgleich inzwischen elementare Bereiche aufgespürt sind, in denen Frauen- und Männerkörper unterschiedlich funktionieren – und das sollten wir nicht gleich wieder mit einem Besser oder Schlechter hierarchisieren! «Medikamente sind für Frauen jeden Alters oft relativ überdosiert, schon weil sie im Durchschnitt kleiner und zehn bis 20 Kilo leichter sind als Männer.»[437] Aber auch der Leberstoffwechsel arbeitet z. B. verschieden – und Medikamente werden über die Leber verstoffwechselt. Nicht nur Hormonhaushalt, sondern auch Gewebestruktur, Fett- & Muskelmasse sind unterschiedlich, der Wassergehalt schwankt mit dem Zyklus, Schmerzen werden anders wahrgenommen und die Rezeptoren für Schmerzmittel auf der Zelloberfläche sind bei Männern und Frauen unterschiedlich empfindlich; Frauen leiden aber auch doppelt so häufig unter Medikamentennebenwirkungen – z. B. mehr Leberschäden, aber auch bis hin zu tödlichen Arzneimittelschäden; ASS-Prophylaxe reduziert bei Männern das Risiko eines Herzinfarktes um 32 %, auf Frauenherzen hat sie keinerlei Einfluss, dafür wurde aber ein Schutz vor Schlaganfall durch ASS bei Frauen beobachtet, nicht aber bei Männern; und schließlich variieren die Symptome bei

436 STEIN, Rosemarie, 2009: Der nicht so kleine Unterschied. Medikamente wirken bei Frauen häufig anders als bei Männern. In: Der Tagesspiegel vom 2009-01-22

437 STEIN, 2009

Krankheiten – mit fatalen Folgen für die Frauen, solange die Krankheitssymptome von Männern der Maßstab sind und anderes nicht gelehrt wird! «55 Prozent der Frauen in Europa sterben an ihrer Herz-Kreislauf-Erkrankung, aber nur 45 Prozent der Männer.» [438]

Wen wundert da der Satz: Frauen sind mit Medikamenten sowohl unter- als auch überversorgt, vor allem aber fehlversorgt. «Wer in einem weiblichen Körper wohnt, macht grundsätzlich andere Erfahrungen des In-der-Welt-Seins.»[439] Die innere Wirklichkeit von Frauen – nicht nur die gefühlte – ist eine andere. «Die geschlechtstypischen Besonderheiten der Pharmakokinetik (Aufnahme, Verteilung, Umwandlung, Abbau und Ausscheidung von Arzneistoffen) im weiblichen Organismus sind mittlerweile gut bekannt.» Gut so! Aber: «Bislang kommen die Informationen über Geschlechtsunterschiede in der Arzneibehandlung jedoch noch zu wenig bei den Ärzten an» – in Arztpraxen wie in Krankenhäusern. Das ist für Frauen eine große Gefahr, wenn wir bedenken: «Auch ACE-Hemmer und andere Bluthochdruckmittel, Medikamente zur Prävention und zur Auflösung von Blutgerinnseln und Mittel gegen Herzrhythmusstörungen sind für Frauen risikoreicher.»[440]

In einem Zeit-Interview fragt Harro ALBRECHT «Bräuchten wir maßgeschneiderte Therapien für Frauen und Männer?» und Vera REGITZ-SAGROSEK antwortet: «Das ist sicher wichtig. Wir erleben bei bestimmten Medikamenten nach dem Infarkt viel mehr Komplikationen bei Frauen, einfach, weil häufig überdosiert wird. Sinnvoll wären da etwa blaue und rosa Pillen. Auch bei manchen Gerinnungshemmern böte sich das an, wenn man nach Nierenfunktion dosieren muss. Da sind die Unterschiede zwischen Frauen und Männern sehr groß.»

«Frauenabstinente Forschung», «patriarchales Weltbild», «Ignoranz der empirischen Pharmaforschung» sind Schlagworte, unter denen die reale Beziehung zwischen Frauen und Pharmazie beschrieben wird: «Jahrzehntelang hat sie (die Pharmaforschung) sich ganz überwiegend am maskulinen Organismus orientiert, weibliche Besonderheiten missachtet, was im Praxisalltag zu Fehldiagnosen und Fehlrezepturen führen muss.» Dabei finden sich inzwischen überall Hinweise auf das unterschiedliche Zusammenspiel von Frauenkörpern und medizinisch genutzten Substanzen. Hier 4 Beispiele:

- «Antihistaminika führen bei Frauen leicht zu Herzrhythmusstörungen.»
- «Betablocker sind in den empfohlenen Dosen für Frauen um das Doppelte zu hoch.»
- «Paracetamol ist bei Frauen weniger wirksam, doch eine höhere Dosierung kann der Leber schaden.»
- «Johanniskraut, das Antidepressivum der Pflanzenkunde, setzt die Wirkung der Antibabypille stark herab.»[441]

---

438 JUNGHANS-KNOLL, Susan, 2008: Medizin für sie & ihn? Was Männern hilft, muss für Frauen noch lange nicht gut sein. Nun sucht die Gender-Medizin verstärkt nach geschlechtsspezifischen Therapien. In: HÖRZU vom 2008-01-25

439 ONKEN, 2000

440 STEIN, Rosemarie, 2009: Der nicht so kleine Unterschied. Medikamente wirken bei Frauen häufig anders als bei Männern. In: Der Tagesspiegel vom 2009-01-22

441 ACHTNER-THIESS, Elke, 2004: Patientin, Vorsicht! Die Frau – das unbekannte Wesen. Nicht

Geschlechterdifferenzen gibt es sogar bei der Rauchentwöhnung. Mädchen/Frauen und Jungen/Männer müssen unterschiedlich angesprochen werden, weil sie verschiedene Motive und Ängste haben, wenn sie das Rauchen aufgeben sollen oder wollen. Viele Mädchen und Frauen gewöhnen sich das Rauchen schwer ab, weil sie die (häufige) Gewichtszunahme fürchten, während Jungen und Männer Schwierigkeiten haben, sich von dem «coolen» Image des Rauchers zu verabschieden.

212.

Frauen können erfinden, was sie wollen – selbst wenn sie dreist das erste Computerprogramm schreiben, wie Ada LOVELACE – sie geraten leicht ins Abseits – allein aufgrund ihres Geschlechtes! Selbst in **Museen**, die ja das kulturelle Erbe einer Gesellschaft aufbewahren und präsentieren sollen, werden Frauen und ihre Leistungen unterschlagen – in Technikmuseen besonders. Als Frau können Sie wählen, ob Sie Konsumentin oder Nutzerin, Ehefrau eines männlichen Heroen oder Exotin, also Ausnahme sein, wollen – das können Sie alles sein, nur Erfinderin nicht! Das steht Ihnen nicht als Frau. Außerdem ist der einzige Platz, den die vielen Männer zähneknirschend den Frauen einräumen, schon besetzt – und zwar von Marie CURIE.

Frau möchte es ja in heutigen Zeiten nicht glauben, aber Hannah FITSCH und Daniela DÖRING vom Zentrum für Interdisziplinäre Frauen- und Geschlechterforschung der TU Berlin (ZIFG) haben 2016 das Projekt «Gender; Technik; Museum – Strategien für eine geschlechtergerechte Museumspraxis» durchgeführt, weil sie etwas ändern wollen: Bisher finden wir in Technikmuseen große Maschinen und Apparate wie Eisenbahnen, Webstühle und Computer. Sie wirken wie die Kriegstrophäen von all den männlichen Genies. Hilft das zum Technikverständnis? Wohl eher nicht. Was gezeigt werden müsste, ist die Nutzung der Technik im Alltag, die Einordnung der Technik in ihre – auch geschlechtspolitischen – Lebensumstände. Dann wäre auch Raum für eine andere Erzählweise der Technikgeschichte: Immer waren an einer Erfindung außer unserem «Genie» auch andere Menschen beteiligt. Vielleicht wird durch einen Schwerpunkt «Nutzung statt Heroisierung» den Besucher*innen auch eher klar, welchen Wert Technik für die Menschen hat, denn erst in der Anwendung erkennen wir, welche Technik einen Nutzen hat und welche überflüssig und zerstörerisch ist.

Und – noch eine wichtige Frage: Was tut das alles mit Mädchen und jungen Frauen? In Bezug auf Frauen ist die mangelnde Technikaffinität wohl eher den Museen als den Frauen anzukreiden. Hier lernen schon kleine Mädchen, dass Technik nichts für sie ist![442]

---

mal mit Medizinstudium kann man(n) es enträtseln. Grund: Die Forschung orientierte sich jahrzehntelang fast nur am Mann. Damit soll jetzt Schluss sein, eine geschlechtssensible Medizin ist gefordert. In: Schrot & Korn, Dezember 2004

442 KÜHNE, Anja, 2017: (Gender im Museum) Pionierinnen im Abseits. Noch immer präsentieren Technikmuseen Frauen als Exotinnen. Wie sich das ändern könnte. In: Der Tagesspiegel vom 2017-02-08

213.

Aus einem Interview mit Hans BRÜGELMANN[443], der Pädagogik an der Universität Siegen lehrt: «Ich glaube nicht, dass wir geschlechtsspezifische Lernformen brauchen, auch keine unterschiedlichen für deutsche und ausländische Kinder. Sinnvoller ist, auf individuelle Interessen einzugehen. Die Texte in den Schulen erzählen traditionell eher bunte Geschichten. Jungen kann man häufiger mit Sachbüchern gewinnen, mit Technik und Sport etwa.»

Mein Kommentar: **Was Jungen nützt, ist nicht geschlechtsspezifisch?** Oder vielleicht doch? Außerdem: Wo ist die Grenze zwischen «geschlechtsspezifischen Lernformen» und «individueller Förderung»?

214.

Frauen in der Wissenschaft – das ist z. T. immer noch vermintes Gelände. Und viele Frauen, die Außergewöhnliches in den verschiedenen Wissenschaften geleistet haben, sind ganz oder fast ganz **aus dem Gedächtnis der Gesellschaft verschwunden**.

Margarete von WRANGELL (1877–1932), Agrikulturchemikerin, Düngerforscherin, hat Experimente von nationalem Interesse durchgeführt. «Obwohl in Deutschland 1918 beschlossen wurde, dass Frauen auch die Dozentenlaufbahn einschlagen könnten, wurde erst 1923 Margarete von WRANGELL als erste Frau ordentliche Professorin an einer deutschen Universität»[444] – gegen den Widerstand von Kollegen. «Kurz vor der Ernennung werden Vorwürfe laut, Margarete von Wrangell hätte ihre Ergebnisse abgeschrieben.»[445] Nach ihrem Tod wird die Chemikerin von den Nazis als Heldin und Übermutter der Blut-und-Boden-Ideologie stilisiert und gerät dann in der Bundesrepublik in Vergessenheit. Erst die Genderforschung entdeckt sie in den siebziger Jahren wieder. Vom Land Baden-Württemberg wird seit 1997 das Wrangell-Habilitationsprogramm ausgeschrieben

Obgleich der Name MERIAN – besonders durch die einschlägigen Reiseführer – recht bekannt ist, Sibylla MERIAN ist es nicht. Sie war eine Ausnahmeforscherin, die schon 1699 alleine nach Südamerika reiste.[446] Zu Lebzeiten war die Naturforscherin in ihrem Element anerkannt. 1705 erscheint «Metamorphosis insectorum Surinamensium». Sie war eine «Pionierin», die sich über Bildungs- und Geschlechtergrenzen hinweggesetzt und auch nach ihrer Hochzeit 1665 ihre Studien weiter betrieben hat. Ihr künstlerischer Stil und ihre wissenschaftlichen Methoden waren innovativ. «Sie malt die Raupe mitsamt ihrer Wirtspflanze – und zeigt außerdem

443 DIE ZEIT Nr. 50 vom 2005-12-08, S. 88

444 https://de.wikipedia.org/wiki/Professor

445 ARETIN, Felicitas von, 2018: Experimente von nationalem Interesse. Die Düngerforscherin Margarete von Wrangell war Deutschlands erste ordentliche Professorin – gegen den Widerstand von Kollegen. In: Der Tagesspiegel vom 2018-04-24

446 HERBOLD, Astrid, 2017: Der Raupen wundersame Verwandlung. Vor 300 Jahren starb Maria Sibylla Merian – eine Ausnahmeforscherin, die schon 1699 alleine nach Südamerika reiste. Noch heute verblüffen ihr Eigensinn und ihre Leidenschaft. In: Der Tagesspiegel vom 2017-01-12 http://www.tagesspiegel.de/wissen/300-todestag-von-maria-sibylla-merian-in-surinam-erkrankt-merian-an-malaria-ihr-grosses-werk-kann-sie-trotzdem-vollenden/19240378-2.html

den gesamten Lebenszyklus eines Insekts in einem Bild. Dazu kommen ein bis zwei beschreibende Textseiten.» Sie wird damit Vorreiterin einer ganzheitlichen Sichtweise.

Ada LOVELACE (1815–1852) – Pionierin des Computerprogrammierens vor zweihundert Jahren![447] Sie schrieb 1843 in London das erste Computerprogramm – einhundert Jahre vor der Erfindung des ersten elektronischen Rechners! Ada LOVELACE brachte aus einem kuriosen Grund hervorragende mathematisch-naturwissenschaftliche Kenntnisse mit. Sie war die Tochter Lord BYRONS, des bekannten exzentrischen Dichters der Romantik. «Die Eltern trennten sich kurz nach ihrer Geburt. Lady Byron ließ ihre Tochter privat unterrichten und legte besonderen Wert auf eine strenge mathematische und naturwissenschaftliche Ausbildung, aus Sorge, das Kind könnte die poetische Leidenschaft seines Vaters geerbt haben.»[448] Zu ihren Tutor*innen «gehörte auch die schottische Astronomin und Mathematikerin Mary Somerville, die sie in die wissenschaftlichen Kreise Londons einführte.» Im 19. Jahrhundert durften Frauen noch keine Bibliotheken besuchen. «Damit sie ihren Studien nachgehen konnte, ging ihr Mann (Baron William KING, später Earl of Lovelace) für sie in Bibliotheken und schrieb wissenschaftliche Artikel ab.» Ihr Mathematiklehrer Charles BABBAGE «entwickelte Pläne für eine weitere Maschine, die ‹Analytical Engine›, die alle Elemente eines modernen Computers enthielt.» Ada LOVELACE schrieb dafür «einen Plan, mit dem die ‹Analytical Engine› die Zahlen mithilfe von Lochkarten berechnen könnte.» Und sie entwickelte Ideen für Anwendungsmöglichkeiten. Diesen Plan beurteilen Fachleute heute als das erste Computerprogramm. Mit der Vision von der Programmierbarkeit eines Universalrechners war Ada LOVELACE ihrer Zeit weit voraus – und wurde natürlich prompt vergessen, bis sie in den 70er-Jahren unseres Jahrhunderts wiederentdeckt wurde.

Das vergessene Genie[449] ist Emmy NOETHER (1882-1935), eine der bedeutendsten Wissenschaftlerinnen des 20. Jahrhunderts. In seinem Nachruf soll Albert EINSTEIN über sie gesagt haben: «Es war das bedeutendste schöpferische, mathematische Genie seit der Einführung der höheren Bildung für Frauen.» Algebra und Physik (Noether-Theorem) waren ihre Felder, nachdem sie sich Abitur, Studium und Promotion in Mathematik – als zweite Frau überhaupt in Deutschland – schwer erkämpft hatte. Zur Habilitation wurde sie zunächst nicht zugelassen. Sie war Frauen an preußischen Universitäten durch einen Erlass vom 29. Mai 1908 untersagt. Der Göttinger Mathematiker Edmund LANDAU äußerte Verständnis: Er hielt das weibliche Gehirn für ungeeignet zur mathematischen Produktion, wenn er auch Emmy NOETHER für eine Ausnahmeerscheinung hielt.

---

447 JÖRGENSEN, Jenny, 2015: Computer-Pionierin Ada Lovelace. Vor 200 Jahren wurde die Pionierin des Computerprogrammierens geboren – die Britin war eine schillernde Figur. In: Der Tagesspiegel vom 2015-07-11 http://www.fu-berlin.de/presse/publikationen/tsp/2015/tsp-juli-2015/forschung/ada-lovelace/index.html#content (2015-07-08)

448 JÖRGENSEN, 2015

449 WÖHRBACH, Otto, 2018: Die logische Poesie der Energie. Vor 100 Jahren erklärte die Mathematikerin Emmy Noether den Zusammenhang zwischen Energie und dem Rest der Physik. In: Der Tagesspiegel vom 2018-03-26

Erst 1919, in der relativ freien gesellschaftlichen Athmosphäre des Nachkriegsdeutschlands, konnte sich Emmy NOETHER als erste Frau in Deutschland in Mathematik habilitieren. Sie war außerdem die erste Frau in Deutschland, die eine (nichtbeamtete) Professur erhielt.

«An dem ‹Fall Noether› läßt sich die grausame Borniertheit der deutschen Männer-Universität exemplarisch nachweisen. Als Emmy Noether 1935 ... starb, galt sie nicht nur als Begründerin der modernen axiomatischen Algebra, sondern als die bedeutendste Mathematikerin, die je gelebt hat, und an dieser Einschätzung hat sich bis heute nichts geändert», schreibt ihre Biographin Cordula TOLLMIEN.[450]

Kennt jemand Rosalind FRANKLIN (1920–1958), Biochemikerin und Spezialistin für die Röntgenstrukturanalyse von kristallisierten Makromolekülen, eine Pionierin der modernen Genetik? Ihre wichtigsten Forschungsergebnisse waren Röntgenbeugungsdiagramme der DNA und deren mathematische Analyse; sie trugen wesentlich zur Aufklärung der Doppelhelixstruktur der DNA bei. Auch wenn es hier für mich schwierig wird, weil ich mit mir nicht ausreichend bekannten Begriffen hantieren muss, möchte ich die Begebenheiten doch erzählen:

Anerkennung hat Rosalind FRANKLIN für ihre Entdeckungen nie erfahren. James WATSON und Francis CRICK waren auf ihre später nobelpreisgekrönten Gedanken gekommen, nachdem sie mal kurz in den Unterlagen der abwesenden Miss FRANKLIN geschmökert hatten. Guttenplag gab's damals noch nicht, und so gelten heute die beiden Männer als Erstentdecker der Doppelhelix-Struktur der DNA. WATSON und CRICK haben also für ihre Entschlüsselung der DNA, für die sie später beide den Nobelpreis erhielten, Forschungsergebnisse von Rosalind FRANKLIN ohne deren Wissen und Zustimmung benutzt. An alle Wissenschaftler: Gucken Sie doch mal auf dem Schreibtisch Ihrer Kollegin nach, ob Sie da nicht etwas Nobelpreisverdächtiges finden. Wenn Sie den Nobelpreis dafür bekommen, können Sie Ihre Kollegin ja mal zu einer Tasse Kaffee einladen. Sie wird Ihnen nicht böse sein, Frauen sind solche Behandlung gewöhnt!

Wenn Sie lesen: «US-amerikanische*r Informatiker*in und Mathematiker*in, Direktor*in der Softwareentwicklungs-Abteilung des am Massachusetts Institute of Technology (MIT), wo die On-Board-Flugsoftware für das Apollo-Raumfahrtprogramm entwickelt wurde» denken wir da an eine Frau? Wahrscheinlich nicht, aber es handelt sich um eine Wissenschaftlerin namens Margaret HAMILTON. Ohne sie wäre die Mondlandung nicht möglich gewesen. «Die Entwicklungen Hamiltons und ihres Teams am MIT verhinderte(n) 1969 den Abbruch der Apollo-11 -Mondlandung» – nicht mehr als das!

Als Margaret HAMILTON als Softwareentwicklerin bei der NASA ihre On-Board-Flugsoftware entwickelte, um zum Mond und zurück zu navigieren sowie

450 «Das erste und einzige Mal, daß man Emmy Noether in Deutschland ohne jede Einschränkung ihren männlichen (beamteten) Kollegen gleichstellte, war, als die Nationalsozialisten sie aufgrund des Gesetzes zur Wiederherstellung des Berufsbeamtentums ... am 25. April 1933 von ihrer Tätigkeit an der Universität Göttingen beurlaubten, obwohl sie als nichtbeamtete Professorin zu diesem Zeitpunkt strenggenommen vom Gesetz noch gar nicht betroffen war». (Tollmien)

dort zu landen, gab es noch keine entsprechende systematische Ausbildung für Informatik oder Softwareentwicklung. Gelernt wurde durch praktische Erfahrung. Was für eine Leistung, sich das alles selbst zu erarbeiten! «Die Software wurde danach während weiterer Raumfahrtprogramme eingesetzt, unter anderem bei der Weltraumstation Skylab.»[451]

Der folgende Absatz ist der einzige in meinem Buch, den ich selber nicht verstehe, aber ich möchte mit Ihnen ehrfürchtig vor der Leistung dieser Frau stehen:

«Dabei entwickelte sie innovative Ansätze in den Bereichen der Systemarchitektur, der Softwareentwicklung, Geschäfts- und Prozessmodellierung, Fehlervermeidung von Entwicklungsparadigmen, formalen System- und Softwaremodellierungs-Sprachen, systemorientierte Ansätze zur Systemmodellierung und -entwicklung, automatisierten Laufzeit-Umgebungen, Methoden um die Zuverlässigkeit und Wiederverwendbarkeit von Software zu maximieren, Problemanalyse, dem Überprüfen der Korrektheit von Spracheigenschaften, Techniken für offene Architekturen stabiler Systeme, vollständige Automatisierung des Lebenszyklus, Qualitätssicherung, der nahtlosen Integration, verteilten Prozesssystemen, Fehlererkennung und -behebung, Mensch-Maschine-Schnittstellen, Betriebssysteme, Ende-zu-Ende-Test-Techniken und dem Management von Software über deren Lebenszyklus.»[452]

Und dann begegnen wir noch einer weiteren vergessenen Wissenschaftlerin, diesmal einer Verfassungsrechtlerin: Erna SCHEFFLER, Richterin am Bundesverfassungsgericht (1893-1983) und «eine der unterschätztesten Persönlichkeiten in der Geschichte der Bundesrepublik»[453]. Sie hat für die Befreiung der Frauen von männlicher Bevormundung gekämpft – ähnlich wie Elisabeth SELBERT für Art. 3 GG.

1950 hielt SCHEFFLER auf dem Deutschen Juristinnentag eine Rede zur Gleichberechtigung und zählte die Behinderungen von Frauen im deutschen Rechtssystem auf:

1. Zölibatsklausel – Beamtinnen können gekündigt werden, wenn sie heiraten;
2. ungleiches Steuerrecht;
3. keine gleiche Hinterbliebenenversorgung;
4. keine Freiheit der Namenswahl bei Heirat;
5. kein gleichberechtigtes Elternrecht;
6. kein identisches Mindestalter beim Berufseinstieg.

«Scheffler zählt eigentlich nur auf, was ihr selbst widerfahren ist. Sie beeindruckt so sehr, dass sie danach in Karlsruhe vorgeschlagen und gewählt wird. Aus der Frau, die damals die einzige Jurastudentin in Breslau war, wird nun die erste Verfassungsrichterin der Bundesrepublik».[454]

---

451 https://de.wikipedia.org/wiki/Margaret_Hamilton_(Wissenschaftlerin)

452 https://de.wikipedia.org/wiki/Margaret_Hamilton_(Wissenschaftlerin)

453 BUHL, Marius, 2019: Verfassung wahren. Die US-Richterin Ruth Bader Ginsburg ist eine Legende – gerade laufen Filme über sie in den Kinos. Auch in Deutschland gab es eine Frau wie sie: Erna Scheffler. Hymne auf eine unterschätzte Figur der Bundesrepublik. In: Der Tagesspiegel vom 2019-04-07

454 BUHL, 2019

1959 verkündet sie: «Die Bestimmungen aus dem Bürgerlichen Gesetzbuch zum sogenannten väterlichen Stichentscheid sind verfassungswidrig.»[455]

Als ihr Vater starb, durfte die Mutter nicht das Erbe verwalten, das Gesetz zwang sie, einen Vormund zu ertragen. Das soll für die angehende Juristin das Erweckungserlebnis gewesen sein. In der damaligen Bundesrepublik galten nebeneinander das Grundgesetz mit echter Gleichberechtigung und eine Art Versklavung der Frauen durch das Bürgerliche Gesetzbuch § 1356 Absatz 1. Das ging so bis 1977![456] Erna SCHEFFLER nennt das Gesetz «tragisch, wenn nicht lächerlich». Von dieser Sorte gab es zu ihrer Studienzeit noch viel mehr: Sie durfte etwa nicht Richterin oder Anwältin werden, weil sie das Staatsexamen nicht ablegen durfte – nur weil sie eine Frau war!

215.

Evelyn FINGER führte ein Gespräch mit Christa WOLF über ihren Roman »**Medea**» aus dem Jahr 1996. Bemerkenswert ist Christa WOLFS Begründung für ihr Interesse an dieser antiken Figur: «Bei Medea faszinierten mich besonders die Spuren, die der Jahrhunderte währende Übergang vom Matriarchat zum Patriarchat in diesem Mythos hinterlassen hat. In der frühesten Frühzeit gab es ja nur weibliche Gottheiten, Fruchtbarkeitsgöttinnen, Erdgöttinnen. Auch Medea war einmal eine Göttin, dann wurde sie zur Heilerin, zur Guten-Rat-Wissenden, zur Königstochter.»

Für Christa WOLF haben patriarchale Deutungen diese Frauenfigur in ihr Gegenteil verkehrt, «allerdings mit der wilden, der bösen Frau eine große Figur geschaffen». Sie berichtet dann weiter, dass eine Baseler Archäologin, die den Medea-Sarkophag betreute, den Beweis erbrachte, dass frühe Überlieferungen Medea nicht als Kindsmörderin sahen. «Erst im Zuge des Patriarchats wurde sie dämonisiert, aus Angst vor der Frau, die Leben geben kann. Wie sagt doch Jason bei Euripides: ‹Gäb es andere Geburt, ganz ohne Frau, wie glücklich wäre das Leben.› Diese Angst liegt am Grunde unserer Gesellschaft. Sie prägt die heutige Welt, die eine Männerwelt ist – auch wenn immer mehr Frauen mitherrschen.»

216.

«Bei den Schulabgängern (und Schulabgängerinnen) erwirbt fast die Hälfte aller Mädchen die Zugangsberechtigung für ein Hochschulstudium, bei den Jungen nur ein Drittel. An den Hochschulen jedoch sind weibliche Studenten (?) mit 50,2 Prozent nur knapp in der Überzahl. Bei den Promotionen führen die Männer mit 56,4 Prozent, bei den Habilitationen mit 71 Prozent. Völlig dominant sind die Männer bei den Professuren: Nicht einmal jede fünfte ist in Brandenburg von einer Frau besetzt.»[457] Ich benutze diese Zahlen nicht nur, weil Brandenburg – wie die «neuen» Bundesländer überhaupt – eine frauenfreundlichere Tradition hat als die «alten» Bundesländer. Aber nichtsdestotrotz: Auf einen hoffnungsfrohen Anfang vieler Bildungskarrieren junger Frauen **folgen bottleneck auf bottleneck**. Wir

---

455 BUHL, 2019

456 https://de.wikipedia.org/wiki/Frauenarbeit#Reformen_der_1960er_und_1970er_Jahre

457 ddp, 2008

kennen inzwischen viele der Mechanismen – ich bin nicht so unbedarft, sie alle für «unbewusst» zu halten –, mit denen die männliche Wissenschaft sich die weibliche Konkurrenz schon immer vom Leibe gehalten hat. Also, was tun? Nach meiner Erfahrung ist das wirksamste Instrument die Quote – bei der Vergabe von Funktionen, der Beteiligung an Entscheidungsgremien, bei der Bewilligung von Projekten und der Verteilung von Geldern etc. Denn auch dies ist aktenkundig: Der Anteil der Forschungsgelder, der an Frauen ging, ist nach DFG-Angaben leicht gesunken! «Von den … 635 Millionen Euro erhielten Forscherinnen gerade mal 14,5 Prozent.»[458]

Und dann dies: «Die Vorsitzenden von acht großen Forschungsorganisationen sind uneins über eine Frauenquote in der Wissenschaft. Bei einer Umfrage der Zeitschrift ‹Forschung & Lehre› sprachen sich vier Vorsitzende für und vier gegen eine Quote aus, um den Anteil von Frauen in Führungspositionen in der Wissenschaft zu steigern.»[459] Wie blind muss mann/frau eigentlich sein, um das gesellschafts- und wissenschaftspolitisch Notwendige nicht zu sehen? Oder nicht zu wollen? Wie sehr das Thema die Wissenschaft umtreibt, erkennt frau daran, dass derselbe Artikel 2018 immer noch als erster im Netz zu finden ist, wenn Sie die Begriffe «Frauenquote und Forschungsorganisationen» eingeben.

217.

Jahrhunderte hegemonialer Männlichkeit und Frauenverachtung wirken nach – bei Männern wie Frauen: «Wenn es heute darum geht, den geringen Anteil von Frauen in akademischen Spitzenpositionen zu erklären, steht der Mythos eines Mangels an kognitiven Fähigkeiten, Genialität und Selbstvertrauen noch immer im Weg.»[460] Die Zusammensetzung von Gremien spiegelt die Behinderung von Frauen deutlich wider. Viele von uns haben erlebt, wie es sich anfühlt, die einzige Frau in einer Gruppe ach so bedeutender Männer zu sein. «Es behindert mich nicht, aber **es fühlt sich falsch an**», sagt Antje BOETIUS als einzige Frau im Gremium.

Die Meeresbiologin Antje BOETIUS ist Professorin für Geomikrobiologie am «Marum» der Uni Bremen, sie überschreibt einen Artikel mit: «Taucht nicht ab!»[461] Sie stellt nüchtern fest: «In der Wissenschaft fehlen die Chancen für Frauen. Deshalb verabschieden sich viele. Das schadet der Forschung, der Lehre und uns allen.»

Das ist zwar nicht der einzige Fehler im System, aber vielleicht der wirksamste, sonst hätten die «Offensive für Chancengleichheit» der Wissenschaftsorganisationen und staatliche Förderprogramme seit 2006 mehr als «ein Wachstum der Frauenanteile auf Professorenebene von 0,7 Prozent pro Jahr erreicht».[462]

---

458 KÜHNE, Anja / WARNECKE, Tilmann, 2008: Weibliche Konkurrenz. Die Mitglieder der DFG wollen sich selbst dazu verpflichten, das Potential von Frauen besser auszuschöpfen. In: Der Tagesspiegel vom 2008-07-03

459 Der Tagesspiegel vom 2008-06-03, gez. tiw

460 BOETIUS, Antje, 2015: Taucht nicht ab! In der Wissenschaft fehlen die Chancen für Frauen. Deshalb verabschieden sich viele. Das schadet der Forschung, der Lehre und uns allen. Die Meeresbiologin Antje Boetius hat drei Wünsche. In: DIE ZEIT Nr. 12 vom 2015-03-19 http://www.zeit.de/2015/12/wissenschaft-frauen-forschung-glaeserne-decke/komplettansicht

461 BOETIUS, 2015

462 BOETIUS, 2015

Weitere Fehler im System: Frauen sind im Wissenschaftssystem häufiger befristet angestellt, haben öfter Teilzeitverträge, werden schlechter bezahlt als Männer und – für sie kritischer als für Männer – das Leben im Wissenschaftssystem ist weniger planbar als außerhalb. «Auch ‹Old-Boys-Netzwerke› spielen ... eine Rolle: In den Verfahren, in denen Professuren vergeben werden, sind männliche Bewerber im Vorteil, weil in den Kommissionen hauptsächlich Männer sitzen und die eher die – ihnen ähnlichen – Männer auswählen.»[463]

Realistisch in ihre Zukunft blickenden Frauen bleibt auch nicht verborgen, dass unter den ordentlichen Professuren nur 15 Prozent Frauen sind und es kaum Direktorinnen oder Präsidentinnen von Wissenschaftsorganisationen gibt.[464] Wollen wir vielleicht lieber bescheiden und dankbar sein, dass naturkundige Frauen in Deutschland nicht mehr auf dem Scheiterhaufen landen, sondern manchmal sogar einen Mann abbekommen? Hier hätten Frauen, die sich ein kulturelles Gedächtnis leisten, eine plausible Erklärung für permanente Depressionen!

Aber aufgeben geht nicht! Es geht «auch um eine kreativere, gesellschaftsnähere, leistungsfähigere Forschung und Lehre. Kulturelle Vielfalt bereichert das Wissenschaftssystem, das gilt auch für die Geschlechter. Eine Frau misst keine andere Temperatur des Ozeans als ein Mann – trotzdem gibt es Geschlechtseffekte in der Forschung.» Eine Forschung ohne Gendersensibilität ist entweder eine lückenhafte Forschung oder reines Spekulationswissen.

Das ist reine Steuerverschwendung! Wir geben viel Geld aus für eine defizitäre Medizin. Investieren wir genug in ein seit Jahrhunderten unerschlossenes Potenzial? «In ihrer jahrhundertelangen Männlichkeit blieb der Medizin die Eigenheit des weiblichen Körpers verschlossen, ignorierte die Literaturwissenschaft Werke von Dichterinnen, tat sich die Biologie schwer, die Rolle der weiblichen Partnerwahl in der Evolution zu berücksichtigen. Und jeder weiß: In Fragen des Führungsstils, der Effizienz, der Zufriedenheit mit der Arbeitswelt punkten gemischte Teams.»[465]

Die Meeresbiologin hat drei Wünsche:

- «Eine spezifische und großzügige Exzellenzförderung für Frauen auf allen Karrierestufen ... mit Anreiz für die Hochschulen, sich als familienfreundliche Arbeitgeber(innen) zu positionieren.»
- «... ein Rückkehrprogramm für Mütter und Väter, das ihnen die Vereinbarkeit von Familie und Karriere erleichtert.»
- «Gender taucht nur noch als Forschungsthema auf.»

---

463 SCHENK, Arnfrid, 2015: Bye-bye, Alma Pater. So langsam erobern Frauen die Wissenschaft. In: DIE ZEIT Nr. 12 vom 2015-03-19 http://www.zeit.de/2015/12/frauen-wissenschaft-forschung-professur

464 SCHENK, 2015: «In den außeruniversitären Forschungseinrichtungen ist das Bild ähnlich trübe. Im Jahr 2013 lag der Frauenanteil in Führungspositionen dort bei 13,5 Prozent. Wobei es hier große Unterschiede zwischen den Organisationen gibt. So betrug die Quote bei der Max-Planck-Gesellschaft 19,8 Prozent, bei der Leibniz-Gemeinschaft 15,8, bei der Helmholtz-Gemeinschaft 12,7. Bei der Fraunhofer-Gesellschaft waren es lediglich 4 Prozent.»

465 BOETIUS, 2015

Die Nobelpreisträgerin Christiane NÜSSLEIN-VOLHARD wurde gefragt: Ist Genie männlich? In den 60er-Jahren war die Sache noch ganz klar: Was sonst? «Oder können Sie einen weiblichen Goethe benennen?» wurde ich z. B. gefragt. Auch heute noch kennen viele Frauen das Gefühl: Es wird ja von vornherein erwartet, dass frau scheitert. Christiane NÜSSLEIN-VOLHARD schreibt dazu: «Mich hat der Zorn gepackt, und ich hab mich ins Zeug gelegt! Mich ständig gefragt, ob ich gut genug bin für diesen harten Job.» Selbstzweifel! Die brauchen Frauen so dringend wie einen Kropf! Allerdings: Frei nach der Devise «Vom Schulversager in den Chefsessel» wünsche ich mehr Männern gelegentliche Selbstzweifel – für eine bessere Forschung. Ich habe den größten Teil meines Berufslebens in der Forschung verbracht und fast nur mittelmäßige Männer auch in Leitungspositionen erlebt – fachlich und in ihrem Sozialverhalten.

218.

Auch von der **Psychologie** sollten sich weniger toughe Frauen fernhalten, sonst bekommen sie leicht Minderwertigkeitskomplexe. Psychoanalyse: Sigmund FREUD definiert die Frau als Mangelwesen: «Für Sigmund Freud ist die Frau nicht das Wesen mit einer Vagina, sondern das Wesen ohne Penis (Penisneid). Einen Penis zu haben, konstituiert den Mann, keinen Penis zu haben, die Frau.» Die Frau, ein Mängelwesen! «Wissenschaftstheoretisch problematisch ist vor allem der universelle Anspruch der Psychoanalyse, wonach ihre Theorien zu allen Zeiten in der gleichen Weise gelten würden.»[466] Ich erstarre vor Ehrfurcht!

219.

«Geschlecht hat sich als eine Kategorie in der Wissenschaft etabliert», sagt Paula-Irene VILLA in einem Interview mit Andrea ROEDIG im Jahre 2010.[467] Die Wissenschaften könnten in der Geschlechterfrage also erheblich weiter sein, denn «Die Logik des Alltags ist durch die Chiffre Mann/Frau geprägt.» Das Ziel sollte sein, «den Blick für die Komplexität des Geschlechts zu öffnen. … Es geht darum, angemessenere Wirklichkeitsanalysen zu liefern. Wenn wir von Arbeit sprechen, wenn wir von Armut sprechen, wenn wir von Film oder Gesundheit oder wovon auch immer sprechen, können wir nie vom Geschlecht schweigen. **Alles hat eine geschlechtliche Dimension.**» Es fehlt häufig nicht nur «die wissenschaftliche Expertise in Geschlechterfragen», nein, es fehlt vielfach die Antenne für geschlechtersensible Zusammenhänge und damit auch für Sexismen. Und wer mit Geschlechterforschung oder Feminismus nur Gleichstellung verbindet, verkennt das Grundanliegen von Gender Studies, nämlich die Einbeziehung aller erkennbaren Unterschiede in die Forschung – «die Betonung von ‹race, class and gender› ist ein roter Faden der Geschlechterforschung. Alle Unterscheidungen sind so wichtig, weil sie Machtverhältnisse und Hierarchien begründen oder be-

---

466 GRIESEBNER, Andrea, 2005: Feministische Geschichtswissenschaft. Eine Einführung, Wien

467 VILLA, Paula-Irene / ROEDIG, Andrea, 2010: «Das Geschlecht ist komplex». Die Genderstudies ordnen sich neu: Die Münchner Soziologin Paula Villa zu den Zielen. In: Der Tagesspiegel vom 2010-01-26

gründen können: Weiß oder Schwarz, Arm oder Reich, Mann oder Frau erzeugen ganz unterschiedliche Positionen in unserer Gesellschaft. Diese drei Gegenpole konstituieren unsere Mehrfachpositionierungen je nach Zugehörigkeit mit diversen Interdependenzen: Wir kennen alle die soziale Stellung eines weißen reichen Mannes gegenüber einer armen schwarzen Frau. Wie konnten wir «race, class and gender» in der Forschung vernachlässigen?

220.

«**Brillanz hat ein Geschlecht.** Je mehr Genie-Kult ein Fach betreibt, desto geringer ist dort der Anteil von Frauen.»[468] US-amerikanische Wissenschaftler*innen um die Philosophin Sarah-Jane LESLIE (Princeton) und den Psychologen Andrei CIMPIAN (Illinois) haben sich gefragt: Was macht Fachgebiete zu Männer- oder zu Frauendomänen?[469] Dabei sind sie auf die Bedeutung der allgemeinen Einschätzung einer Wissenschaftsdisziplin gestoßen: Frauen- und Männeranteile reflektieren die gesellschaftliche Wertschätzung eines Faches. Es gibt Disziplinen, die nach Überzeugung breiter Schichten natürliche Brillianz, angeborenes Talent und Genius erfordern, und solche, die den Beschäftigten Empathie oder harte Arbeit abverlangen. «In Disziplinen, in denen der Genie-Kult weniger ausgeprägt ist, sind die Frauenanteile höher. Dies führen die Forscher (!) darauf zurück, dass angeborene geistige Begabung typischerweise mit Männern assoziiert werde, während sie Frauen gemeinhin abgesprochen werde.»[470] Alles klar? Also müssen wir Frauen uns wohl mit den lumpigen Geisteswissenschaften abfinden. Männer halten sich für Zauberer: Alles, was sie anfassen, gewinnt an Bedeutung. Ich werde sie gelegentlich bedauern, dass sie für uns eine solche Bürde durch ihr ganzes egozentrisches Leben schleppen müssen! Und dann noch der Größenwahn![471]

Anja KÜHNE ist an dem Thema drangeblieben. 2016 schreibt sie: «Unter Professoren sei außerdem weiterhin die Vorstellung verbreitet, Wissenschaft verlange eine ‹angeborene Begabung›, die aber nun einmal besonders bei Männern zu finden sei.»[472] Aus diesem Grund und wegen weiterer Verstöße gegen Art. 3 GG an wissenschaftlichen Einrichtungen hat «Die Linke» im Bundestag gefordert: «Wissenschaftler in Leitungspositionen sollen zu Fortbildungen verpflichtet werden, in denen sie für gesellschaftliche Rollennormen sensibilisiert werden, um der homosozialen Reproduktion aktiv entgegenzuwirken.» Die Gehaltsstrukturen in den wissenschaftlichen Einrichtungen sollen offengelegt werden um, ‹Ungerechtigkeiten aufzudecken und zu beheben›.»[473]

---

468 KÜHNE, Anja, 2016a: Brillanz hat ein Geschlecht. Je mehr Genie-Kult ein Fach betreibt, desto geringer ist dort der Anteil von Frauen. In: Der Tagesspiegel vom 2015-01-16 (Printversion)

469 science.sciencemag.org/content/347/6219/262

470 KÜHNE, 2016a

471 KÜHNE, 2016a: «Auf Deutschland sind die Ergebnisse nicht ohne Weiteres zu übertragen. Es ist aber durchaus denkbar, dass auch hier der Brillanz-Gedanke Frauen von bestimmten Fächern fernhält – und so Wirtschaft und Wissenschaft um dringend benötigte Talente bringt.»

472 KÜHNE, Anja, 2016b: Beharrliche Rollenklischees. «Genug appelliert»: Frauen kommen in der Wissenschaft zu langsam voran, meint die Linke – und fordert harte Maßnahmen. In: Der Tagesspiegel vom 2016-10-07 (Printversion)

473 KÜHNE, 2016b

221.

«Die Definitionen, was Mann, was Frau, was Wissenschaft sei, verwickelten sich systematisch ineinander.»[474] Was für ein Satz! Klingt harmlos, ist aber ein Schwergewicht.

Es geht um ein Thema «zwischen» verschiedenen Wissenschaften und **eine große wissenschaftliche Fehlleistung**. Es geht um falsche Vorstellung von Geschlecht und dadurch verursachte geschlechtszuweisende Operationen und Sexualhormonbehandlungen intersexueller Säuglinge. Abweichungen im Chromosomensatz, bei den Hormonen und/oder in der Anatomie können die Ursache sein. Aber ist ein Mensch, der mit einem uneindeutigen Geschlecht geboren wird, krank? Muss er sofort operiert werden, damit er in unsere Mann-Frau-Welt passt? Wie bereits erwähnt sollen 80.000 Menschen in Deutschland im Jahr betroffen sein. Sollten sie nicht die Chance haben, sich für ein Geschlecht zu entscheiden (oder auch nicht), wenn sie sich einigermaßen sicher sind, wer sie sind oder sein wollen? Wir reden hier von Menschenrechten intersexueller Menschen! «Der Begriff Intersexualität bezeichne also viele Variationen körperlicher Merkmale und gerade kein Krankheitsbild. Zu Recht wehrten sich Intersexuelle darum gegen ihre Pathologisierung.»[475]

Anja KÜHNE weist darauf hin, dass die in vielen EU-Ländern angewandten intersexuellen Praktiken, die Grundrechte der Betroffenen verletzen. «So garantiere Artikel 1 der Grundrechte-Charta der EU, die Würde des Menschen zu schützen. Artikel 3 gewähre die Unversehrtheit der Person, Artikel 7 Respekt vor der Privatsphäre und dem Familienleben, Artikel 9 das Recht, eine Familie zu gründen. Artikel 24 garantiere Kindern das Recht, ihre Meinungen frei ausdrücken zu dürfen und damit gemäß ihres Alters berücksichtigt zu werden.» Die meisten Mitgliedsstaaten wollen die Säuglinge im Geburtenregister als entweder weiblich oder als männlich registrieren, die Kategorie «other», «divers» – oder wie auch immer – wurde inzwischen eingeführt. Es hat übrigens auch immer Ärzte und Ärztinnen gegeben, die solche frühkindlichen operativen Geschlechtszuweisungen abgelehnt haben – z. B. Rudolf VIRCHOW.

Nach Auffassung des Sonderberichterstatters der UN für Folter sind «Gesetze, die erzwungene Operationen zur Geschlechtsanpassung oder unfreiwillige Sterilisierung vorsehen», aufzuheben. «Gemäß der Menschenrechte würden medizinische Eingriffe jenseits von Notfällen ohne Einwilligung des Patienten (!) als grausam, unmenschlich und entwürdigend gelten. Die Konferenz der Gleichstel-

474 SCHOLZ, Anna-Lena, 2018: Gleichstellung: Mann, ey. Wenn es um Gleichstellung an den Universitäten geht, wird immer über Frauen gesprochen – wie sie aussehen, auftreten, forschen. Warum redet niemand über die Männer in der Wissenschaft? In: DIE ZEIT Nr. 14 vom 2018-03-27 https://www.zeit.de/2018/14/gleichstellung-wissenschaft-maenner-sexismus/komplettansicht

475 KÜHNE, Anja, 2015: Grundrechte von Intersexuellen werden oft verletzt. In vielen EU-Ländern werden die Grundrechte von Intersexuellen verletzt. Überall werden schon intersexuelle Säuglinge und Kleinkinder geschlechtszuweisenden Operationen unterzogen. Nur Malta stellt das seit Neuestem unter Strafe. In: Der Tagesspiegel vom 2015-05-15 https://www.tagesspiegel.de/berlin/queerspiegel/eu-prangert-diskriminierung-an-grundrechte-von-intersexuellen-werden-oft-verletzt/11780688.html

lungs- und Frauenministerinnen der deutschen Länder habe Genitaloperationen an Intersexuellen mit Geschlechtsverstümmelung gleichgesetzt.»[476]

Feministische Forscherinnen haben die Geschlechter- und Sexualitätsnormen der «Diagnose Intersexualität» seit Anfang der 1990er-Jahre kritisiert und vier Kritikpunkte herausgearbeitet:

Die Medizin ignoriert die gewöhnliche Variabilität und gleicht das genitale Erscheinungsbild intergeschlechtlicher Personen ihren (defizitären) Vorstellungen an. Ein stereotypes Geschlechtsrollenverhalten, heterosexuellen Geschlechtsverkehr und heterosexuelle Orientierung sind Behandlungsziel. Als lebenswert wird nur eine eindeutig als Mann respektive Frau verortete Existenz angesehen. Beharrlich wird ein binäres Geschlechterverständnis vertreten, intergeschlechtliche Körper leiden danach an einer krankhaften Entwicklungsstörung.[477]

Und zuletzt noch dies: «In der Mitte des 20. Jahrhunderts förderten neue Testverfahren zutage, dass verschiedenste Geschlechtschromosomensätze (etwa XXY beim ‹Klinefelter-Syndrom›, X0 beim ‹Turner-Syndrom› oder auch Mosaike wie X0/XXY bei ‹gemischter Gonadendysgenesie›) beim Menschen vorkommen. Es wurde klar, dass die phänotypischen Geschlechtsmerkmale ebenso wie das Rollenverhalten und das Geschlechtsempfinden nicht unbedingt dem Genotyp entsprechen müssen. Im Jahr 1967 konstatierten die Gynäkologen Jürgen Hammerstein und Josef Nevinny-Stickel in einem juristischen Fachblatt, ‹daß es in Anbetracht der Vielschichtigkeit der menschlichen Geschlechtlichkeit kein sicheres Kriterium für das ‚wahre' Geschlecht gibt›.»[478] Im Beitrag der Psychologin Ulrike KÖPPEL sind weitere Denkanstöße zum Thema enthalten.

222.

Ein weiteres leidiges Kapitel ist die Tatsache, dass wissenschaftliche Texte von Autorinnen oder solche, in denen Frauen eine prominente Rolle einnehmen, **seltener zitiert** werden als Aufsätze von männlichen Erst- oder Alleinautoren.[479] Mehr als fünf Millionen Publikationen aus zweihundert Ländern hat ein kanadisch-amerikanisches Forscherteam ausgewertet – unabhängig ob die Frauen als Allein- oder Erstautorin neben anderen Autoren in Erscheinung treten. Das Ergebnis: Auf jeden Forschungsbeitrag einer Frau kommen zwei Beiträge von Männern. Wer den Uni-Betrieb kennt, weiß, dass die Leistungsbilanz von Forschenden oft davon abhängt, wie häufig ihre Beiträge zitiert werden. Wenn in osteuropäischen Ländern wie Tschechien und der Ukraine eine Professur mit wenig Prestige verbunden ist, ist das Geschlechterverhältnis bei Publikationen ausgeglichen. Daraus lässt sich auch

---

476 KÖPPEL, Ulrike, 2015: Wenn Kinder bei Geburt nicht eindeutig Junge oder Mädchen sind, werden sie oft an den Genitalien operiert. Das war nicht immer so. Kritik wird jedoch wenig gehört, die Folgen sind oft verheerend. In: Der Tagesspiegel vom 2015-07-28

477 KÖPPEL, 2015

478 KÖPPEL, 2015

479 SCHASCHEK, Sarah 2013b: Frauen werden weniger zitiert. «Nature»-Studie: Effekt benachteiligt die ohnehin schon unterrepräsentierten Wissenschaftlerinnen zusätzlich. In: Der Tagesspiegel vom 2013-12-24 http://www.tagesspiegel.de/wissen/ungleichstellung-in-der-wissenschaft-frauen-werden-weniger-zitiert-als-maenner/9259210.html

ableiten, dass die Erklärung nicht mangelnde Produktivität von Wissenschaftlerinnen ist. Anke LIPINSKY vom «Center of Excellence Women and Science» (CEWS) des Leibniz-Instituts für Sozialwissenschaften in Köln «bestätigt, dass männliche Wissenschaftler leichteren Zugang zu Fachjournalen haben. Mit dieser strukturellen Diskriminierung sähen sich viele Nachwuchswissenschaftlerinnen konfrontiert». Inken LIND vom Institut für Geschlechterstudien der Fachhochschule Köln weist darauf hin, dass Männer und Frauen ihren Output noch immer nicht unter gleichen Bedingungen in der Wissenschaft produzieren. Die höchstdotierten Professuren sind in Deutschland von Männern besetzt, Frauen haben häufiger befristete Verträge. «An den Zitationen zeige sich dieses Ungleichgewicht: Wer wissenschaftliche Reputation habe, werde mit Zitaten zusätzlich belohnt.»

Akademische Fachgesellschaften und Fachverlage könnten Abhilfe schaffen: Sie müssten mehr Wissenschaftlerinnen zu Fachkonferenzen einladen und mehr auf Beteiligung von Frauen in Redaktionen achten.

223.

Sabine HARK leitet als Professorin das Zentrum für interdisziplinäre Frauen- und Geschlechterforschung an der TU Berlin. In einem Interview[480] äußert sie sich 2017 einerseits zu sexistischen Belästigungen und andererseits zu Angriffen auf die Gender Studies. Auf die Frage der Journalistin Anja KÜHNE: «Warum belästigen weltweit so viele Männer Frauen am Arbeitsplatz?» entgegnet sie: «Aus Sicht der Männer dringen Frauen in Bereiche ein, die historisch ihnen vorbehalten waren. Sexualisierte Belästigungen sind so gesehen **grenzenverteidigende Handlungen**.» Wohlgemerkt, wir reden nur von Belästigung am Arbeitsplatz, deshalb muss man/frau wohl zustimmen, es geht «um Macht, Status und um Verteilungsfragen». Zu der als eine Art Waffe der Gender-Gegner benutzten Behauptung, man dürfe Frauen heute nicht einmal mehr ein Kompliment machen, trifft folgende Bemerkung den Nagel auf den Kopf: «Im beruflichen Kontext sollte es um Anerkennung beruflicher Leistung gehen und nicht um Rocklänge, Frisur oder Figur.»[481]

Der andere Aspekt betrifft die Gender-Wissenschaft und den Vorwurf, biologische Tatsachen würden ignoriert, biologische Einflüsse auf die Geschlechter geleugnet. HARK macht deutlich, dass kulturwissenschaftlich arbeitende Geschlechterforscherinnen kulturelle Aspekte von Geschlecht untersuchen und Biologinnen zu biologischen Aspekten arbeiten, «etwa in den Neurowissenschaften oder in der Genetik. Und in vielen Projekten arbeiten sie zusammen. Die avancierte Humanbiologie, die ja selbst mehrere Ebenen der Geschlechtsbestimmung kennt, also Chromosomen, Gonaden, Geschlechtsorgane, um nur drei zu nennen, geht im Übrigen davon aus, dass es nicht den einen biologischen Parameter gibt, der alles abdeckt.» Mit ihrem Verweis auf Eric VILAIN, Mediziner und Direktor des

480 HARK, Sabine / KÜHNE, Anja, 2017: «Es geht um Macht, Status und Verteilung.» Warum so viele Männer Frauen am Arbeitsplatz belästigen – und Rechte mit Angriffen auf die Gender Studies die Wissenschaftsfreiheit in Frage stellen. Interview mit Sabine Hark. In: Der Tagesspiegel vom 2017-12-16 http://www.tagesspiegel.de/themen/technische-universitaet-berlin/interview-mit-sabine-hark-es-geht-um-macht-status-und-verteilung/20718364.html

481 Hark / Kühne, 2017

Center for Gender-Based Biology an der University of California in Los Angeles, thematisiert sie noch einen sehr komplexen Parameter – die Geschlechtsidentität der Einzelnen – also, wie sich jede Person selbst definiert.

Sabine HARK räumt ein, dass die ständigen Angriffe auf die Genderforschung der Wissenschaftsdisziplin durchaus schaden könnten. M.E. besonders dann, wenn sie unwidersprochen im Raum stehen bleiben. Deshalb finde ich den Bezug zu HARKS Interview in diesem Buch sehr wichtig! Geschlechterforschung ist in vielen Disziplinen ein selbstverständlicher Teilbereich. «Wir hier an der TU Berlin kooperieren beispielsweise mit der Robotik, der Architektur, der Stadtplanung, dem Maschinenbau, der Informatik, der Ökonomie. Da erlebe ich kaum Berührungsängste oder Abwehr.» Und noch einen klugen Rat habe ich aus dem Interview mitgenommen, nämlich: «dass wir genau untersuchen müssen, wie sich die Konstanten männlicher Herrschaft mit kulturellen, religiösen und sozialen Strukturen und Dynamiken verbinden». Das halte ich für ebenso aufwändig wie die Frage: Wie viel Biologie steckt im Geschlecht?

Kurios finde ich den Vorwurf, Gender Studies könnten ein Einfallstor sein, um die Wissenschaftsfreiheit in Frage zu stellen. Wessen Wissenschaftsfreiheit? Wir müssen uns die Behauptung erst einmal übersetzen, denn das Gemeinte wird bewusst verschleiert. Also hier meine Übersetzung: Das alte einäugige Wissenschaftsverständnis darf sich nicht verändern, sonst gehen die Privilegien der rechten Männer verloren: Wir Männer waren immer die Meinungsmacher, haben immer definiert, was Wissenschaft ist, was gesellschaftlich wichtig ist, welche Forschung wir zulassen, wer Forschungsgelder bekommt, wer Einfluss und wer Macht hat, welche Sprache die richtige ist, welches das richtige Frauenbild und welches das richtige Männerbild ist – und so weiter und so weiter! Schon 1902 nannte Hedwig DOHM die Diffamierung von Frauen aus der Furcht der rechten Männer vor dem weiblichen Geschlecht «dümmliche Verteidigung von Machtansprüchen».[482]

Ganz ähnlich klingt auch HARKS Aussage: «Darüber hinaus glaube ich, dass die rechte Seite durchaus verstanden hat, worum es in den Gender Studies geht, nämlich um eine kritische Befragung konventioneller Vorstellungen beispielsweise von Geschlecht, Sexualität und Familie.»

224.

Es gibt zu wenige Frauen in der Wissenschaft, sagen Ana-Lena SCHOLZ und Leonie SEIFERT 2016.[483] So weit, so bekannt, so aktuell. SCHOLZ und SEIFERT fragen: «Was ist das Problem?» und antworten: Studien lassen vermuten: Es ist auch un-

482 HARK, Sabine / VILLA, Paula, 2014: Das dubiose Gender. Was Geschlecht bedeutet, unterliegt dem Wandel. Für manche ist diese triviale Einsicht eine Provokation. Zwei Geschlechterforscherinnen zu den Anwürfen (Online-Version; Print-Version vom 2014-12-17) http://www.tagesspiegel.de/wissen/attacken-auf-die-geschlechterforschung-das-dubiose-gender/11128828.html

483 SCHOLZ, Ana-Lena / SEIFERT, Leonie, 2016: Wer macht Spitzenforschung? Es gibt zu wenige Frauen in der Wissenschaft. Trotz zahlreicher Förderprogramme. Was ist das Problem? Auch unser Unterbewusstes, sagen Studien. In: DIE ZEIT Nr. 16 vom 2016-04-07

ser Unterbewusstes. Daran erschreckt mich meine geradezu überschwängliche Zustimmung ... aber, wenn frau so lange wie ich im Sexismus lebt, was soll dabei herauskommen? Es sind immer wieder die Momente, in denen die jahrzehntelangen Einschüchterungen und Herabsetzungen nachwirken, in denen ich dann Bilder falsch lese in Bezug auf die Rollen der abgebildeten Frauen und Männer. Unterbewusstsein: Da liegt der sexistische Müll aus Jahrzehnten rum. Auf der anderen Seite kann ich froh sein, dass meine Sexismus-Antennen immer ansprechen.

Und die Fakten? «Im EU-Vergleich liegt Deutschland bei den Professorinnen weit unter dem Durchschnitt. Hierzulande gilt immer noch: Je höher der Rang, desto kleiner der Frauenanteil.» Und nicht alle Professorinnen haben eine gut ausgestattete W3-Professur inne. «Insgesamt gab es im Jahr 2014 in den Hochschulleitungen 59 Rektorinnen – das sind genau fünf Rektorinnen mehr als im Vorjahr. Es tut sich also etwas, doch *sehr, sehr langsam*.»

Es sind und waren schon immer die außeruniversitären Forschungseinrichtungen (Deutsche Forschungsgemeinschaft, Max-Planck-Gesellschaft oder Leibniz-Gemeinschaft), deren Leitungspositionen offenbar zu viel Prestige bringen, um Frauen zu beteiligen. Auch, dass ein Großteil der Berufungs- und Drittmittelkommissionen männlich dominiert sind, stört offensichtlich wenige.[484]

«Es sind vor allem drei Gründe, die verhindern, dass in der Wissenschaft ein ausgewogenes Geschlechterverhältnis herrscht: erstens die männlichen Netzwerke, die den Ausschluss von Frauen reproduzieren. Zweitens schlagen unbewusste Vorurteile durch, was die Qualität der Forschung von Frauen angeht. Drittens ein lange bekanntes Problem: Familie und Karriere sind in der Wissenschaft nur schwer vereinbar.»[485]

Ein ähnliches Bild bietet sich bei der Vergabe der Wissenschaftspreise. «Der prestigereiche Akademiepreis etwa, mit dem alle zwei Jahre ‹herausragende wissenschaftliche Leistungen› honoriert werden, ging bisher ausschließlich an männliche Wissenschaftler. Auch die Helmholtz-Medaille, erstmals 1892 für ein ‹überragendes wissenschaftliches Lebenswerk› verliehen, erhielt noch nie eine Frau.» Insgesamt wurden in den vergangenen zehn Jahren 184 Wissenschaftler und 34 Wissenschaftlerinnen ausgezeichnet. So läuft das eben: Wenn du mich diesmal unterstützt, schlage ich dich im nächsten Jahr vor!

---

484 SCHENK, Arnfrid, 2015: Bye-bye, Alma Pater. So langsam erobern Frauen die Wissenschaft. In: DIE ZEIT Nr. 12 vom 2015-03-19: «Aber wieso werden so wenige Frauen Professorinnen? Liegt es nur an der schlechten Vereinbarkeit von wissenschaftlicher Karriere und Familie? Nein. Auch ‹Old-Boys-Netzwerke› spielen laut Kritikern eine Rolle: In den Verfahren, in denen Professuren vergeben werden, sind männliche Bewerber im Vorteil, weil in den Kommissionen hauptsächlich Männer sitzen und die eher die – ihnen ähnlichen – Männer auswählen.»

485 Dazu zwei Beispiele aus SCHOLZ / SEIFERT, 2016:
«Als ich schwanger wurde, vereinbarte ich mit meinem Chef eine kurze Babypause. Unter Babypause verstand er: Ich sollte unbezahlt und ohne Vertrag für das Projekt arbeiten. Da ich nicht schnell genug eine Kita fand, verlor ich die Stelle.»
«Ich musste trotz Mutterschutz arbeiten. Als ich fast eine Fehlgeburt hatte, ließ ich mich krankschreiben. Das wurde ignoriert. Schließlich wurde ich noch in der Schwangerschaft abgemahnt. Daraufhin habe ich selbst gekündigt.»

Der Leiter der Findungskommission des Akademiepreises, Jochen BRÜNING, führt an: «Uns werden kaum Frauen vorgeschlagen, weder von Männern noch von Frauen.» Was sind die Gründe? «Unconscious Bias», «unbewusste Voreingenommenheit», also gesellschaftliche Geschlechterstereotype, die sich hartnäckig halten: «Es kommt nie nur auf die Qualität der Forschung an. Das Geschlecht spielt immer eine Rolle.» Auch bei Bewerbungen, die mal als Bewerbung eines Studenten, mal als Bewerbung einer Studentin vorgelegt wurden: «In allen Bereichen erhielten die männlichen Studenten deutlich bessere Beurteilungen.»

Der Versuch Gesichter von hochkarätigen Forscherinnen unter dem Gesichtspunkt der Qualifikation zu beurteilen, endete mit folgendem Ergebnis: «Je attraktiver die Frau, desto weniger wurde ihr zugetraut, eine Forscherin zu sein.» Und dass Hautfarbe, sexuelle Orientierung und soziale Herkunft ebenfalls in die unbewusste Bewertung fließen, müsste ich ja eigentlich gar nicht mehr anführen.

Geschlechterforscherin Sabine HARK ärgert am meisten, dass die beteiligten Wissenschaftler davon «überzeugt sind, objektiv zu handeln und nur die besten auswählen». Den Männern ist auch offensichtlich überhaupt nicht klar, dass sich die Strukturen im Wissenschaftssystem total ändern müssen. Wie sonst ist der häufige Kommentar von Sabine HARKS Kollegen zu verstehen: «**Jetzt müssen wir aber wieder zur Normalität zurück.** Also einen Mann einstellen.»

Weitere Behinderungen von Frauen in Bewerbungsverfahren – wenn die Frau zu gut ist, kann man das Bewerbungsverfahren ja abbrechen und für die nächste Runde die Auswahlkriterien an den Lebenslauf des Mannes anpassen – sind auch nicht appetitlicher und überhaupt nicht «unconscious»! Macht und Geld teilen die Jungs eben nicht so gerne. Der Leibniz-Preis ist mit 2,5 Millionen Euro dotiert. Rund 212 Millionen Euro haben davon Wissenschaftler in den letzten zehn Jahren erhalten und 52 Millionen Wissenschaftlerinnen. SCHOLZ und SEIFERT nennen das «eine Unwucht, die sich selbst verstärkt». Auch von der Exzellenzinitiative haben nur 23 Prozent Frauen profitiert. «Die Bundesregierung beobachte allerdings als Auswirkung der Exzellenzinitiative ‹eine spürbar gewachsene institutionelle Aufmerksamkeit für Fragen der Gleichstellung›.»

225.

Vom **Hubble-Teleskop**[486] haben Sie wahrscheinlich alle schon mal gehört – es geht hier nur um den Namen von Edwin Paul HUBBLE (1889–1953), den Entdecker der Grundstruktur der Galaxien im Kosmos – für mich ein Buch mit sieben Siegeln. Aber: Wer HUBBLE kennt, «sollte eigentlich auch Henrietta Leavitt kennen». Sie arbeitete am Harvard College Observatory. «Hubbles Entdeckungen waren nur dank der Daten möglich, die Henrietta Leavitt bei ihren mühsamen Auswertungen von Fotografien des Sternhimmels gewonnen hatte.»[487] Sie hatte

486 https://de.wikipedia.org/wiki/Hubble-Weltraumteleskop

487 WÖHRBACH, Otto, 2017: Wegbereiterinnen der Astronomie. Als weibliche «Computer» forschten sie über das All – und bleiben doch unbekannt. In: Der Tagesspiegel vom 2017-03-21 https://www.pressreader.com/germany/der-tagesspiegel/20170321/282226600543825

Cepheiden[488] aufgespürt. «Nach vielen Beobachtungsreihen erkannte Leavitt 1912 in den Daten der Cepheiden eine unerwartete Systematik» und HUBBLE konnte schließlich mithilfe der Daten von Henrietta LEAVITT deren Entfernungen bestimmen und den Astronomen zum ersten Mal eine Ahnung von der wahren Größe des Weltalls und erste Einsichten in die Geschichte des Kosmos vermitteln.

Sternzählerinnen: «Zwölf Frauen waren 1891 als wissenschaftliche Hilfskräfte im Harvard College Observatory tätig», denn die neue Technik der Fotografie des Sternhimmels mithilfe von Fernrohren führte zu einem riesigen Datenproblem; auf allen diesen auf Glasplatten fixierten Fotos gab es Hunderte oder Tausende von Sternen mit den unterschiedlichsten Eigenschaften. Wer sollte diesen Sterndatenschatz bergen, die Positionen, Helligkeiten und Farben der Sterne bestimmen, ordnen und katalogisieren? Routinearbeiten – also das Richtige für Frauen, zumal sie mit 25 bis 50 Cent pro Stunde die Hälfte dessen als Lohn erhielten, was Männer gekostet hätten. Das war ab 1886!

«Bald drängten sich bis zu zwölf Frauen gleichzeitig in den Räumen des Observatoriums, beugten sich, bewaffnet mit Lineal und Lupe, über die Glasfotos und füllten sechs Tage pro Woche Tabellen und Sternkataloge mit den Daten der Sterne. Sie wurden als ‹Computer› bezeichnet. Während Pickerings Amtszeit gehörten insgesamt 80 weibliche Computer zu ‹Pickerings Harem›, wie die wissenschaftliche Männerwelt im ehrwürdigen Cambridge spöttelte. Der von den Frauen in jahrzehntelanger Routinearbeit aus den Hunderttausenden von Himmelsfotos herausgelesene Datenberg barg jedoch ungeahnte Wissenschaftsschätze.»

Das widersprach allen Erwartungen der Männer! Manchmal waren es die «weiblichen Hilfskräfte selber, die die in den Datenmengen verborgenen wissenschaftlichen Früchte ernteten. Neben Henrietta Leavitt erwarb sich vor allem Williamina Fleming großes Ansehen unter den Astronomen» – die ehemalige Haushälterin des Direktors. «Williamina Fleming (…) arbeitete 20 Jahre als ‹Computer› und katalogisierte über 10.000 Sterne, und sie brachte es bis zum ‹Curator of Astronomical Photos› und schließlich sogar als erste Frau zum Ehrenmitglied der Royal Astronomical Society in England.» Sie hatte sich mit den Farbspektren der Sterne intensiv beschäftigt, also mit den im Licht jedes Sterns enthaltenen Farben. Dabei entdeckte sie die Spektrallinien der Sterne, also gleichsam die Fingerabdrücke der verschiedenen Sternsorten. Schließlich ordnete Williamina FLEMING die zahllosen Sternspektren im Archiv des Harvard-Observatoriums.

«Ihre Kollegin Anna Jump Cannon entwickelte nach einigen hunderttausend eigenen Auswertungen von Sternspektren das Ordnungssystem weiter. Es gilt bis heute. Denn ohne es zu wissen hatte A. J. Cannon damit die Sterne nach ihren Temperaturen geordnet. Und damit wurde dieses spektroskopische Ordnungs-

---

488 https://www.google.com/search?q=Cepheiden&ie=utf-8&oe=utf-8&client=firefox-b-ab
Die Cepheiden sind eine Gruppe der pulsationsveränderlichen Sterne, bei denen die Schwankungen in der Helligkeit streng periodisch erfolgen. Sie haben besondere Bedeutung für die Astrophysik, weil sie als Indikator für die Leuchtkraft und damit für die Entfernungen von Sternen dienen.

schema zur Grundlage unseres gesamten modernen Wissens über die physikalische und chemische Natur der Sterne.»[489]

Die weiblichen «Computer» blieben der Welt in der Nasa in den 50er- und 60er-Jahren erhalten. Frauen führten mit Papier und Stift komplizierte Berechnungen durch, um damit die Raumfahrtingenieure zu unterstützen. Und die drei schwarzen Mathematikerinnen der Nasa waren die «Colored Computers». Sexismus, Rassismus … – das sind die Fundamente der Astronomie!

226.

Weltraumforschung = **bemannte Raumfahrt**! Sehen wir den Tatsachen ins Auge: Es gibt ja nicht einmal ein Wort für die Beteiligung von Frauen an der Raumfahrt: «Befraute Raumfahrt» kann es ja wohl nicht sein! Das kommt davon, wenn Männer übersetzen: «Manned spaceflight» ist nach meinem Verständnis eine «bemenschte» Raumfahrt, aber sie ist wahrscheinlich zu wichtig, um auch nur zu denken, es könnte eine Frau in den Weltraum fliegen. Das Problem ist leider ernster als meine Sprachspielerei. Die ist aber leider symptomatisch, weil das Wort «bemannt» die Struktur unserer Gesellschaft kennzeichnet. Auch hier, wie in so vielen Bereichen, werden Frauen einfach nicht wahrgenommen und dann selbstverständlich auch nicht beteiligt.

«Es ist doch eine Schande, dass Deutschland als Technologie-Land noch nie eine Frau in den Weltraum schicken konnte»[490], passender wäre «geschickt hat». «Es gab amerikanische, italienische und chinesische Astronautinnen. Aus Deutschland waren bislang nur elf Männer im All.» Claudia KESSLERS Initiative «dieastronautin.de» vom März 2016 hatte 408 Bewerberinnen – Ärztinnen, Physikerinnen und Chemikerinnen, Geologinnen, Luft- und Raumfahrtingenieurinnen, aber auch Pilotinnen; im Training sind z.Z. zwei Frauen – die eine Meteorologin, die andere Astrophysikerin. Für mehrere «Generationen» von Frauen haben sich ihre Lebensträume nicht erfüllt. Und wenn eine Frau Astronautin werden will, muss sie dafür leidenschaftlich brennen, mit Haut und Haaren kämpfen – da tut ein Misserfolg weh! Claudia KESSLER selbst ist betroffen. Sie träumte von einem Flug ins All, seit sie vier Jahre alt war. Um Astronautin zu werden, studierte sie Maschinenbau und schließlich Luft- und Weltraumfahrttechnik. Ein anderer Berufswunsch ist ihre gesamte Kindheit über nie aufgetaucht.

Auch Männer machen ohne Frage diesen schmerzlichen Prozess durch – der Unterschied ist nur: Sie werden nicht strukturell behindert.

227.

«Frauen machen keine ‹richtige› Wissenschaft», ist eine beliebte Behauptung von Männern, die um ihren Status fürchten. Auf die Frage: «**Forschen Frau-**

489 WÖHRBACH, 2017

490 KESSLER, Claudia / SCHRÖDER, Catalina, 2016: »Nur elf Männer im All«. Deutschland hat noch nie eine Frau in den Weltraum geschickt. Claudia Kessler will das ändern. Ein Gespräch über den Zwischenstand ihrer Suche nach einer deutschen Astronautin. In: DIE ZEIT Nr. 39 vom 2016-09-15

en anders?» gibt es oft missverständliche Antworten. Londa SCHIEBINGER,[491] US-amerikanische Wissenschaftshistorikerin und Wissenschaftstheoretikerin, hat das jedenfalls ganz klar verneint. «Es geht nicht darum, dass Frauen andere Wissenschaft betreiben. Das tun sie nicht, das zeigt die Empirie. Es geht darum, zu analysieren, welche Rolle das Geschlecht in der Gesellschaft und in den Institutionen spielt – und einseitige Wahrnehmungsmuster zu beseitigen. Und das kann jeder lernen, nicht nur Frauen – die Fähigkeit zur Geschlechteranalyse befindet sich nicht auf dem X-Chromosom.»

Für mich gibt es zwei Gründe, warum ich wissenschaftstheoretische Differenzen zwischen Forscherinnen und Forschern sehe. Erstens hat für mich immer der Satz im Mittelpunkt gestanden: «Frauen stellen andere Fragen an die Wissenschaft, und ohne diese Fragen ist sie lückenhaft.» Für mich ist dieser Satz auch zwanzig Jahre später noch gültig. Andere Fragen an die Wissenschaft zu stellen, bedeutet zweifellos, andere Inhalte in den Blick zu nehmen – was immer das im jeweiligen Fachgebiet heißen mag. Es kommen aus der weiblichen Perspektive erstens neue Aspekte zum Fachgebiet hinzu, es werden u.U. bisher unbekannte oder vernachlässigte Teildisziplinen sichtbar. Damit verändert sich die Wissenschaft. Zweitens können – und müssen! – sich auch die Forschungsmethoden ändern. Nach EICHLERS Motto: «Non-sexist research may not always be good, but sexist research is always bad» ist – statt einer auch heute noch häufig total geschlechtsblinden Forschung und der völlig unzulässigen Generalisierung ihrer an der Untersuchung von Männern gewonnen Ergebnisse auf Frauen – eine genderbewusste Forschung zu erwarten. Frauen als Forschungssubjekte und als Forschungsobjekte sind nicht immer eine Selbstverständlichkeit in der von Männern definierten Wissenschaft. Ich kann auch nicht sehen, wie Forschungsprozesse, an denen Frauen beteiligt sind, unverändert von einem wissenschaftshistorisch so belasteten Begriff von Wissenschaft ablaufen können, mit dem eben noch im Dienste der Männer wissenschaftlich bewiesen wurde, dass Frauen für wissenschaftliches Arbeiten ungeeignet sind!

Das bringt mich zu einer alten Untersuchung von PERRY. Für seine Forschungsarbeiten zu Formen intellektueller und ethischer Entwicklung in den College-Jahren hat er ausschließlich männliche Studierende befragt, aber daraus intellektuelle Entwicklungsstufen des Menschen abgeleitet. Er hat Frauen aus seinem Sample bewusst aussortiert und konnte so von jeder Kenntnis ungetrübt feststellen, dass Frauen nicht das intellektuelle Niveau von Männern erreichen. Wenn es noch eines Beweises bedurft hätte: Hier sehen Sie deutlich, wie Geschlecht als Subtext und Wissenskategorie die Wissenschaft prägt. Vielleicht war PERRYS Ausschluss der Frauen unser Vorteil – es gibt doch sicher etwas Besseres als die von PERRY beschriebene höchste Stufen männlicher Intellektualität! «Etwas Besseres» sage ich, weil männliche Intellektualität immer als zunehmende Spezialisierung, als tieferes Eindringen in die Materie beschrieben wird. Das ist mir zu viel Tunnelblick.

491 GREFE, Christiane, 2007: Das weibliche Wissen. Die amerikanische Historikerin Londa Schiebinger untersucht die Rolle von Frauen in der Wissenschaft und mahnt in Deutschland mehr Förderung an. In: DIE ZEIT Nr. 19 vom 2007-05-03, S. 47

«Women's Ways of Knowing» war also nötig, «to bring attention to the missing voices of women in our theories of how people know and learn».

PERRYS Untersuchung ist ein besonders deutliches Beispiel, wie Befunde, die aus Untersuchungen an Männern resultieren, auf das Leben von Frauen übertragen werden; es besteht höchstens noch die Chance, dass festgestellt wird, inwieweit Frauen in ihrem Verhalten von den Befunden für Männer abweichen, also defizitär sind. Androzentrische Grundzüge legitimieren so geschlechtsspezifische Benachteiligungen «wissenschaftlich» und perpetuieren sie, anstatt sie zu beseitigen. Das hat die Forschungsarbeiten zu «Women's Ways of Knowing» angestoßen – für mich auch heute noch ein unverzichtbares Buch.[492]

228.

2010 schrieb Karin SCHÄDLER: «In den technischen Fächern ist es üblich, mit trockenen Lehrveranstaltungen etwa in Informatik oder Mathematik zu Beginn des Studiums, **Studierende auszusieben**.»[493] Ob das heute noch genauso ist? Überall? Nein, sagt meine Hoffnung, aber wir müssen die «Aussiebtechniken» im Auge behalten, denn: Wenn man/frau weiß, dass Frauen Technik unter den Gesichtspunkten Anwendung und gesellschaftlicher Nutzen kritisch betrachten, sind reine Theorieveranstaltungen – absichtlich oder unabsichtlich – frauenfeindlich, abgesehen von der Tatsache, dass «Aussieben» die dämlichste aller Methoden für eine Lehreinrichtung ist! So produziert sie Studienabbrecher*innen. Wer es ernst meint mit «mehr Frauen in technische Berufe», schafft am besten die folgenden Bedingungen:

- technische Aspekte werden mit ihren Anwendungsmöglichkeiten gelehrt/gelernt
- statt purer Theorie wird an Problemen gelernt
- Problemlösungen werden im Team erarbeitet, was der Berufsrealität näher ist
- moderne Lehrmethoden ersetzen «Vorlesungen» und stabilisieren die Motivation («Frauen reagieren noch viel empfindlicher auf schlechte Lehrmethoden als Männer»)
- Präsenzzeiten sind familienfreundlich und mit Kita-Öffnungszeiten abgestimmt
- in reinen Frauengruppen müssen sich Frauen keine Respektlosigkeiten gefallen lassen – eigentlich auch in gemischten Lerngruppen nicht!

229.

Die Darmstädter Soziologieprofessorin Beate KRAIS ist im Auftrag des Wissenschaftsrates der Max-Planck-Gesellschaft den Ursachen nachgegangen. «Die

492 BELENKY, Mary Field / MCVICKER CLINCHY, Blythe / GOLDBERGER, Nancy Rule / TARULE, Jill Mattuck, 1991: Das andere Denken. Persönlichkeit, Moral und Intellekt der Frau. Aus dem Englischen von Nele Löw-Beer, Frankfurt/New York, Originaltitel: «Women's Ways of Knowing»

493 SCHÄDLER, Karin, 2010: Informatik ohne Computernerds. Studentinnen meiden technische Fächer meist. Eine Berliner Hochschule will das mit einem Studiengang nur für Frauen ändern. In: Der Tagesspiegel vom 2010-07-30

qualitiative Studie, durchgeführt an neun Max-Planck-Instituten, kommt zu dem Schluß, daß für diesen ‹Prozeß der **Selbsteliminierung**› vor allem drei sich gegenseitig verstärkende Aspekte verantwortlich sind: überholte institutionelle Karrierewege mit einer geringen Planungssicherheit, der in Wissenschaftsbetrieben übliche Konkurrenzdruck sowie subtile Behinderungen und Ausschlußerfahrungen in der Kommunikation mit männlichen Kollegen.»[494] Kommt Ihnen das bekannt vor? Ich finde die Ergebnisse erschreckend aktuell – dabei wurde die Studie 1999 durchgeführt.

«Nachgewiesen scheint zu sein, daß Frauen Wettbewerbssituationen zwar nicht meiden, Leistungen aber eher um ihrer selbst willen erbringen und nicht bereit sind, um Positionen zu kämpfen. ‹Prestige und Macht›, hätten bei Wissenschaftlerinnen einen geringeren Stellenwert. Zudem integrierten sich Frauen nicht mit der Männern eigenen Bedingungslosigkeit in wissenschaftliche Netzwerke. Zudem sei es für junge Wissenschaftlerinnen ein Handicap, daß es so wenige weibliche Vorbilder gebe, ergänzt KRAIS.»[495]

230.

Inzwischen wird der Mangel an Frauen in Wissenschaft und Forschung brenzlig: «Die Frauen fehlen. Deutschlands **Innovationskraft** ist nur mittelmäßig, urteilt das DIW» schon im November 2008. Um Deutschland innovativer zu machen, empfiehlt das Deutsche Institut für Wirtschaftsforschung (DIW): «Frauen entfesseln!»[496] Ein hübsches Bild! Hochqualifizierte Frauen finden sich eher im Öffentlichen Dienst wieder als in der Forschung, weil niemand sie in der Forschung konsequent hält. Warum sollen sie sich durch ein System kämpfen, das sie lieber abstößt wie fremdes Gewebe – und das bei ungewissen Karriereaussichten? Aber eben diese Frauen fehlen als Innovationskraft. «Wir spielen mit der Hälfte der Mannschaft auf der Reservebank» kritisiert – mit einem vor allem Männern vertrauten – Bild Klaus KINKEL, ehemaliger Bundesaußenminister und später noch Vorsitzender der Deutschen Telekom Stiftung. Wenn er da mal nicht irrte! Beim nächsten Hinsehen kann die Reservebank schon leer sein! Aber «Mannschaft» und «Frauen» passt ja eh nicht so recht zusammen! Frauen passen besser ins Team! Anglizismus? Klar, wenn die deutsche Sprache einem Sachverhalt nicht gerecht wird!

231.

«Das Geschlecht des Wissenschaftlers und generell sein sozialer Hintergrund beeinflussen, welches Thema er sich sucht, wie er es methodisch angeht und wie er seine Ergebnisse schließlich bewertet. So sieht es Heribert HOFER. Der Professor für Interdisziplinäre Zoo- und Wildtierkunde an der Freien Universität ist darum überzeugt, dass wer diesen Umstand reflektiert, ‹die Qualität der eigenen

494 HERMANI, Gabriele, 1999: In Frau Professors Biographie passt keine Babypause. Viele Wissenschaftlerinnen beenden vor der Habilitation ihre Karriere / Förderung am Max-Planck-Institut, Frankfurter Allgemeine Zeitung vom 1999-04-03

495 HERMANI, 1999

496 VISSER, Corinna, 2008: Die Frauen fehlen. Deutschlands Innovationskraft ist nur mittelmäßig, urteilt das DIW. In: Der Tagesspiegel vom 2008-11-12

Forschung verbessert›.»[497] Natürlich gilt das auch für Wissenschaftlerinnen, die sich bisher allerdings wegen ihrer geringeren Anzahl nur mühsam durchsetzen konnten.

Seit 2011 bündelt die Freie Universität Berlin ihre Kräfte in der Geschlechterforschung im neuen Interdisziplinären Zentrum Geschlechterforschung. Die FUB hat seit Jahren «daran gearbeitet, die Genderforschung mit ihrer Berufungspolitik in den meisten Disziplinen zu verankern, von der Archäologie über die Geografie bis zur Physik» und die «Altherrenbegutachtung» – auch der Deutschen Forschungsgemeinschaft (DFG) – abzulösen und die großen weißen Flecke auf der Forschungslandkarte zu beseitigen. Ein Anstoß kam von den Naturwissenschaften: Wenn Geschlechterforschung in so vielen Disziplinen immer mehr an Bedeutung gewinnt, stellen sich neue Fragen und **wächst ein erheblicher Forschungsbedarf**. Dann ist es notwendig, einen Ort zu schaffen, an dem sich ein Austausch über alle Disziplinen hinweg organisieren lässt. Nur: «Wer ... davon ausgeht, dass Geschlecht ebenso wie Identität oder Wissen eine historisch variable Kategorie darstellt, rüttelt damit auch an den Machtverhältnissen.»[498] Auch dafür gibt es Diskussionsbedarf. Viele, zu viele Professoren und die, die es werden möchten, finden diesen Prozess geistig-seelisch unverdaulich.

232.

Und hier noch ein – in Europa sicher einzigartiges – kulturelles Phänomen: Die alte albanische Praxis des «institutionalisierten Rollenwechsels der Geschlechter und ihre ‹**geschworenen Jungfrauen**›. In einer speziellen sozialen Lage kann durch gesellschaftliche Regeln die Grenze zwischen biologischem und sozialem Geschlecht aufgehoben werden: ‹In den albanischen Bergen, in ländlichen Regionen leben mindestens seit dem 15. Jahrhundert Frauen – in einer durch und durch patriarchal geprägten Gesellschaft als Männer.[499]›» «Die Frau legte vor den Ältesten der Gemeinde oder des Stammes den Schwur ab, lebenslang auf Sexualität, Ehe und Kinder zu verzichten, und wurde von da ab als Mann behandelt.» Die «eingeschworenen Jungfrauen» tragen Männerkleidung, Waffen und männliche Vornamen, einige dienten sogar in der Armee. «Ihnen gehören Haus und Hof, sie sprechen in der Familie Recht. Auf ihr Wort hört der Clan wie auf das Wort eines Mannes.»

Diese Erscheinung wurde aus der Not geboren und ist die Folge der patriarchalen Tradition der Blutrache. «Fehden zwischen Clans werden dabei über Generationen mit ‹Sühnemorden› an männlichen Clanmitgliedern ausgetragen.

---

497 KÜHNE, Anja, 2011: Mehr Gender macht mehr Qualität. Die Freie Universität bündelt ihre Kräfte in der Geschlechterforschung. «Ohne die Reflexion der Kategorie Geschlecht wäre seriöse Forschung in zahlreichen Fächern kaum möglich», sagt Präsident Peter-André Alt. In: Der Tagesspiegel vom 2011-12-13 http://www.tagesspiegel.de/wissen/forschung-mehr-gender-macht-mehr-qualitaet-/5956242.html

498 KÜHNE, 2011

499 FETSCHER, Caroline, 2010b: Ein Bild von einem Mann. Identität hat nichts mit Genen oder Hormonen zu tun. Ein Paradebeispiel sind Albaniens «Schwurjungfrauen». Sie leben wie Kerle. In: Der Tagesspiegel vom 2010-09-19,

Sind aber irgendwann keine männlichen Nachkommen mehr da, was dann? Dann kann oder muss sich, bei albanischen Muslimen wie Christen, eines der Mädchen opfern, die vakante Rolle auszufüllen. Hatte sie den Schwur abgelegt, auf ewig Jungfrau und unverheiratet zu bleiben, erhielt sie eine neue Identität.»[500] Ohne ein männliches Familienoberhaupt waren die Frauen der Familie schutzlos und die Familie hätte auch keinen Sitz im Rat der Gemeinde oder des Stammes gehabt.

Neben den Frauen, die sich zum Rollenwechsel für ihre Familie gezwungen sahen, gibt es auch Frauen, die dem Schicksal eines Menschen ohne Rechte und ohne Autorität ebenso entgehen wollten wie einer Zwangsverheiratung. «Nur durch den symbolischen Übertritt zum männlichen Geschlecht konnte eine Frau in den Stammesgesellschaften Südosteuropas einer arrangierten Verheiratung entgehen.»[501] Was lehrt uns das? Identität hat nichts mit Genen oder Hormonen zu tun! Identität ist unser kultureller, unverwechselbarer Platz, den wir in einer Gesellschaft einnehmen und als unser Selbst annehmen.

233.

Und schließlich ein Blick in die Zukunft: Liebe Frauen, wenn Sie glauben, **Künstliche Intelligenz (KI)** in ihrer heutigen Entwicklungsstufe könnte Gerechtigkeitslücken schließen, dann werden Sie schrecklich enttäuscht werden! Auch ich hegte mal diese Illusion – eine Strohhalmhoffnung!

Die Princeton-Informatikerin Aylin CALISKAN hat in einer Studie festgestellt, dass «künstlich intelligente Systeme Rassismus und Sexismus reproduzieren. Frauen sah der Algorithmus näher an Blumen und Begriffen wie Krankenschwester und Familie, Männer in der Nähe von Ingenieuren und Wissenschaftlern.»[502] Das ist genau das, was wir nicht brauchen, weil wir es schon viel zu lange haben!

Und stellen Sie sich vor: «die Wissenschaftlerin Aniko Hannak präsentierte kürzlich auf der Konferenz re:publica in Berlin Forschungsergebnisse, nach denen die Profile von Frauen auf Jobplattformen niedriger platziert werden als die von gleichqualifizierten Männern.»[503] Wollten wir das? Ich ganz bestimmt nicht, und Sie sicher auch nicht!

Das führt uns zu der Frage: Woher haben die Maschinen denn ihr Wissen? Menschen programmieren sie – und damit füttern sie die Maschinen fröhlich mit allen ihren Vorurteilen. «Daten sind die Nahrung für KI.» GLÄSER spricht von

---

500 FETSCHER, 2010b

501 http://de.wikipedia.org/wiki/Eingeschworene_Jungfrau

502 LEHMANN, Hendrik, 2018: Stolz und Vorurteil. Algorithmen sollen Entscheidungen fairer machen. Doch auch sie lernen nur von Menschen. In: Der Tagesspiegel vom 2018-05-14 https://www.bing.com/search?q=algorithmen&qs=SC&pq=algorthme&sc=8-9&cvid=FA853A21DCC94CA5B98219D35C7DCD73&FORM=QBRE&sp=1
«Ein Algorithmus ist eine eindeutige Handlungsvorschrift zur Lösung eines Problems oder einer Klasse von Problemen. Algorithmen bestehen aus endlich vielen, wohldefinierten Einzelschritten. Damit können sie zur Ausführung in ein Computerprogramm implementiert, aber auch in menschlicher Sprache formuliert werden. Bei der Problemlösung wird eine bestimmte Eingabe in eine bestimmte Ausgabe überführt.»

503 LEHMANN, 2018

«Deep Learning» und beschreibt es schlicht als: «Denkprozesse auf Maschinen zu reproduzieren».[504] Allein das Wort «reproduzieren» macht misstrauisch – selbst wenn wir unsere Illusionen bis hier her gerettet haben. Ein Training zur Spracherkennung z. B. erfordert Unmengen von Texten – wo sollen die herkommen, wenn wir Geschlechtergerechtigkeit voraussetzen? Es geht darum zu verstehen, «wie Menschen die Welt wahrnehmen, um diese Prozesse maschinell nachbilden zu können».[505] Also: Es ist wie bei den digitalen Übersetzungsprogrammen – wir müssen weiter kämpfen, jetzt gegen einen neuen Antifeministen: die «Artificial Intelligence».

504 GLÄSER, Heike, 2018: Kluge Entscheidung(en). Immer mehr Start-ups setzen auf künstliche Intelligenz – und siedeln sich in Berlin an. In: Der Tagesspiegel vom 2018-05-14

505 GLÄSER, 2018

09 «Das Weibliche fällt aus der menschheitsgeschichtlichen Genealogie heraus»[506]

Es gibt wenige Begriffe, die ich so respekteinflößend finde wie «Philosophie». Woran mag das nur liegen? Was für hehre Erwartungen habe/hatte ich an das Fach? Und dann macht sich jemand ganz respektlos an die großen Denker und stellt gleich einmal fest: «Oft sind es ganz banale persönliche Geschichten und Tragödien, die hinter den großen Systemen stecken. Leben und Werk sind stets eng miteinander verbunden, weswegen denn auch die Biographien der großen Theorienaustüftler in diesem Buch eine breite Plattform bekommen.»[507] Hier ist natürlich die Geschlechterperspektive gefragt, und da führt uns ZITTLAU mit seiner «philosophischen Rolltreppe» auch hin.

«Schaut man sich das Leben der großen Denker genauer an, stellt man bald fest, dass es sich meist um Sex und Frauen dreht. Sei es, dass bestimmte Frauen eine konkrete Rolle in dem jeweiligen Leben spielen, oder sei es dergestalt, dass dort eben keine Frau eine Rolle spielt und der betreffende Denker fürchterlich darunter leidet.»[508] Mitleid? Nee, zu viel Anmaßung!

39 Männer und eine Frau werden bei ZITTLAU behandelt. «Doch liegt das nicht etwa an unserer willkürlichen Auswahl, sondern daran, dass Welterklärungen etwas mit Kontrollsucht, mit dem ‹Willen zur Macht› zu tun haben.»

Meine Auswahl ist willkürlich, aber durch die Frauenperspektive bestimmt! Was können Frauen über Frauen bei den Philosophen lernen? Dass die es auch nicht leichter hatten mit ihren persönlichen Entscheidungen, können wir bei SOKRATES lernen: «Als ihn ein Freund fragt, ob er heiraten solle oder nicht, antwortet er nämlich: ‹Was du auch tust, du wirst es bereuen.›» Auch nicht hilfreich für das wahre Leben! Aber jetzt machen wir uns den «Spaß»! Zur Einstimmung gibt es erst einmal Misogynie pur – als Volksweisheit!

234.

Volksweisheiten als **Sprichwörter**:

- Never let a woman do a man's job! Bauernregel aus den USA[509]

---

506 BOVENSCHEN nach MÖHRMANN, Renate, 1979: Silvia Bovenschens Entwurf einer neuen Kulturgeschichte. Imaginierte Weiblichkeit. Hier geht es nicht um die Eliminierung irgendwelcher weißer Flecken auf der kulturhistorischen Landkarte. Nicht darum, vergessene Weiblichkeitsformen aufzustöbern. Was die Autorin vorlegt, ist nichts weniger als der große Wurf einer neuen Kulturgeschichte. In: DIE ZEIT Nr. 47 vom 1979-11-16

507 ZITTLAU, Jörg, 2004: Die philosophische Rolltreppe. Kleines Lexikon der Denker und ihrer universellen Weltweisheiten, Frankfurt am Main

508 Nebenher verwendet: STÖRIG, Hans Joachim, 1995: Kleine Weltgeschichte der Philosophie, Neuausgabe, 16., verbesserte Auflage. Ungekürzte Buchgemeinschafts-Lizenzausgabe der Bertelsmann Club GmbH, Rheda-Wiedenbrück

509 LEHNARTZ, Sascha, 2000: Action, Engel! Sie waren die ersten Frauen, die im Fernsehen Männer

- Bauernweisheit aus Franken: «Weiber sterben, kein Verderben, Gaul verrecken, das macht Schrecken.» (Gefunden bei MÜNCHHAUSEN, 1984)
- «Drei Tugenden zeichnen eine Frau aus: Gehorsam gegenüber dem Vater, gegenüber dem Mann und gegenüber dem Sohn.» (China)
- «Schlage einen Ochsen bei jeder zweiten Furche und eine Frau jeden zweiten Tag.» (Indien)
- «Deine Frau magst du schlagen, solange du willst, solange der Stock nicht dicker als dein Daumen ist.» (China)
- «Ein Mädchen aufzuziehen, ist wie Nachbars Garten wässern.» (Indien)
- «Frauen sind die Hinterbeine der Elefanten, sie tragen die Last, die Richtung bestimmen sie nicht.» (Thailand)
- «Hundert Mädchen sind nicht so viel wert wie ein Junge.» (Konfuzius, China)
- «Frauen sind von der Gnade Allahs übergangen worden.» (Arabien)
- «Frauen um Rat zu fragen, bringt Verderben über den Mann.» (Arabien)
- «Was du ererbt von deinen Vätern ...» (Goethe) – haben Mütter nichts zu vererben?

Ist es nicht schön, eine Frau zu sein?

235.

Soweit bei ZITTLAU dokumentiert, **geht es im 6. Jahrhundert vor Christus los**:

Nach KONFUZIUS wird die Frau durch Belehrung dem Mann ähnlich. Ehefrauen haben statt des Rechts auf Selbstbestimmung, «die Pflicht zu dreifachem Gehorsam»: zuerst gegenüber dem Vater, in der Ehe dem Gatten gegenüber und nach dessen Tode dem ältesten Sohn gegenüber. Im Mittelpunkt steht Moral: «Und darin spielt die Frau allenfalls die Rolle eines Stubenwellensittichs mit Haushaltspflichten, ...», wobei wir in der Vokabel «Stubenwellensittich» die Stube im Sinne KONFUZIUS' als Käfig oder häusliches Eingesperrtsein lesen müssen.

HIPPOKRATES wusste jedenfalls so viel von Frauen, dass er Hysterie als ausschließliche Frauenerkrankung aufgrund eines wandernden Mutterkuchens erklären konnte. Wie schön, dass noch heute viele Ärzte und Ärztinnen sein Andenken bewahren.

Für PLATON[510] ist die Gebärmutter ein «Tier», «das glühend nach Kindern verlangt», sonst drohen ernste psychische und körperliche Krankheiten. Damit ist klar: «Der Sinn im Leben einer Frau besteht im Kinderkriegen, und wenn es damit nicht klappt, packt sie der Irrsinn. Antiker Chauvi-Schwachsinn? Na ja, es gibt auch heute noch reichlich Leute, die so denken.»[511]

---

schlagen durften. Jetzt kommen sie ins Kino: «Drei Engel für Charlie» kämpften ihrem Geschlecht den Weg frei. Eine pophistorische Betrachtung. In: Die Zeit Nr. 49 vom 2000-11-30, S. 9

510 SAKKAS, Konstantin J., 2006: Sein wahres Gesicht. Forscher wollen herausgefunden haben, wie William Shakespeare wirklich aussah. In: Der Tagespiegel vom 2006-02-08: «Platon wiederum, von dem der Philosoph Whitehead sagte, das ganze abendländische Denken sei eine einzige Fußnote zu seinem Werk, bezieht sich in seinen Dialogen auf einen gewissen Sokrates, von dem kein Mensch weiß, ob er je gelebt hat.»

511 ZITTLAU, 2004

«Der Namenspatron der ‹platonischen Liebe› ist ein erzkonservativer Verächter der Frauen, denen er – als dem schwächeren Geschlecht – vor allem Heimtücke und Verschlagenheit unterstellt. Es passe deswegen zu ihnen, ‹versteckt und im Dunkeln zu leben›, und dort solle man sie am besten auch belassen. Und die Ehe? Auch dort sieht Platon keinen Platz für Liebe, und schon gar nicht für platonische. Der höhere Ehesinn sei die Zeugung und Aufzucht von wohlgeratenen Kindern, und deswegen sei es Aufgabe des Staates, die rechten Partner zusammenzuführen. Platon selbst bleibt zeit seines Lebens ledig.» Da hat der Staat wohl versagt.

Über KANT schreibt ZITTLAU: «Keine praktischen Erfahrungen mit dem Liebes- und Eheleben…» Frauen bleiben ihm ein Rätsel. «Ansonsten rät er den Frauen dringend davon ab, sich mit Denken und Lernen zu belasten», denn so etwas «vertilgt die Vorzüge, die ihrem Geschlechte eigentümlich sind». HEGEL soll schon im Knabenalter über den «Charakter des weiblichen Geschlechts» «philosophiert» haben, später fiel ihm dazu auch nur der gängige Blödsinn ein: «Frauen können wohl gebildet sein, aber für die höheren Wissenschaften, die Philosophie und für gewisse Produktionen der Kunst, die ein Allgemeines fordern, sind sie nicht gemacht.»[512] Das ist Männermacht! Das ist die Vollkommenheit des deutschen Dichters und Denkers. Und warum sollte eine Frau ein «männliches» Kunstwerk produzieren? Sie hat doch ihre eigene Perspektive!

SCHOPENHAUER ist ein Musterbeispiel an Misogyn: «Schon der Anblick der weiblichen Gestalt lehrt» … «dass es (das Weib) weder zu größeren geistigen Leistungen noch körperlichen Arbeiten» bestimmt ist. Der Mann muss unter körperlicher Arbeit aber etwas ganz Anderes verstanden haben als die meisten Frauen – auch heute noch. Erfahren die häuslichen und pflegerischen Arbeiten der Frauen deshalb so wenig Anerkennung? «Meine Frau arbeitet nicht!»

«Das niedrig gewachsene, schmalschultrige, breithüftige und kurzbeinige Geschlecht das schöne nennen, konnte nur der vom Geschlechtstrieb umnebelte männliche Intellekt.»[513] Mein Gott, hatten die Jungs denn überhaupt keine Spiegel? Als Begründung für SCHOPENHAUERS Frauenhass werden seine eitle Mutter und sein ungeheurer Geschlechtstrieb genannt; «Gattungswille» wird zum zentralen Thema des Philosophierens – na, wenn uns das nicht weiterbringt?!

«Der Philosoph verübelte den Frauen, dass er sie begehren musste. Und noch mehr verübelte er ihnen, wenn sie sein Begehren dann nicht einmal erwiderten.» Und dann fand ich noch den schönen Satz dieses Herrn: «Ich habe noch nicht mein letztes Wort über die Frauen gesprochen. Ich glaube, wenn es einer Frau gelingt, sich der Masse zu entziehen, so wächst sie unaufhörlich und mehr als der Mann.» Ist daraus statt der Misogynie vielleicht eher eine gesellschaftskritische Analyse der auch aus unserer heutigen Sicht zutiefst deprimierenden Geschlechterordnung seiner Zeit – und nicht nur der – zu lesen? Dazu Wolfgang SCHNEIDER[514],

512 ZITTLAU, 2004
513 ZITTLAU, 2004
514 SCHNEIDER, Wolfgang, 2010: Der Schwerkraftdenker. Kurze Lust und langes Leiden: Zum 150. Todestag des Philosophen Arthur Schopenhauer. In: Der Tagesspiegel vom 2010-09-21

zum 150. Todestag von Arthur SCHOPENHAUER: «Wer so desillusioniert auf die Triebsubstanz hinter dem Geschlechtertheater sieht, der ist für eine Charmeur-Rolle in diesem Theater verloren. Zu Schopenhauers berüchtigten Texten gehört der Essay ‹Über die Weiber›.»

Und ROUSSEAU fand, dass der Mann, der eine Intellektuelle heiratet, wahnsinnig sein muss.[515] Meine Güte, was waren das für Angsthasen!

Damit wir Frauen nicht übermütig werden NIETZSCHE: «Das Glück des Mannes heißt: Ich will. Das Glück des Weibes heißt: Er will.»[516] «Er» groß geschrieben – wenn wir da nicht an Gott denken!?

Für ARISTOTELES war die Frau ein missglückter Mann; von ihm soll der folgende Satz stammen: «Die Frau ist eine Frau aufgrund eines gewissen Mangels an Qualitäten – eines natürlichen Defekts.»[517] Seine Beobachtungen hatte er allerdings nur an Tieren gemacht – würden wir heute glatt für einen Fehler halten! Aber jetzt kommt ja noch seine Schlussfolgerung: «Eine gute Frau sollte unterwürfig sein wie ein Sklave.»[518] Das nannte man damals Wissenschaft! Sollte jemand von Ihnen, liebe Leser*innen, hier irgendeinen Zusammenhang entdecken, lassen Sie es mich, bitte, wissen! Und zum Trost ARISTOTELES: »Es ist notwendig, dass sich jene Wesen verbinden, die ohne einander nicht bestehen können.«[519] Da hatte der Mann Durchblick, nur schade, dass das schon so lange her ist!

Und noch ein Trost MARX: »Das Verhältnis des Mannes zum Weib ist das natürlichste Verhältnis des Menschen zum Menschen.« Wer hätte das gedacht!

236.

Kleiner Gegensatz: «Die beiden Aufklärungs-Philosophen Kant und Jean-Jacques Rousseau sind die ersten, die den Begriff **Menschenrecht** verwenden. Sie bestimmen die Freiheit des Menschen als Menschenrecht, von dem sich alle anderen ableiten.»[520] Schade, dass Frauen damals noch keine Menschen waren! Ich gucke also immer etwas näher hin, ob es sich im jeweiligen Zusammenhang wirklich um «Menschenrechte» oder doch vielleicht eher um «Männerrechte» handelt. Irgendwie klebt der unglückliche Geburtsakt mit seinem ausschließlichen Blick auf nur eine Hälfte der Gesellschaft noch zu häufig an dem Begriff «Menschenrechte», dann geraten Frauenrechte als Menschenrechte im weihevollen Pathos wieder aus dem Blick.

---

515 VINKEN, Barbara / SCHMIDT, Marie, 2014: Gleichheit tötet die Erotik. Die feministische Literaturwissenschaftlerin Barbara VINKEN über klassische Drohungen gegen unabhängige Frauen, allzu perfekte Mütter und die inspirierende Seite des Liebeskummers. Interview. In: DIE ZEIT NR: 50 vom 2014-12-04 http://www.zeit.de/2014/50/feminismus-literatur-barbara-vinken

516 ZITTLAU, 2004

517 LÜCKER, Kerstin / DAENSCHEL, Ute, 2017: Weltgeschichte für junge Leserinnen. Lizenzausgabe für die Bundeszentrale für politische Bildung

518 LÜCKER/DAENSCHEL, 2017

519 ZITTLAU, 2004

520 WIECZOREK-ZEUL, Heidemarie, 2008: Menschenrechte und Entwicklung. Veröffentlichung der Sozialdemokratischen Partei Deutschlands (SPD) aus der Reihe «Gerechtigkeit durch Recht. 60 Jahre Allgemeine Erklärung der Menschenrechte» zum 2008-12-01

Bei vielen anderen Philosophen ist schlicht festzustellen: Frauen haben in ihrem Leben und in ihrem Denken keine Rolle gespielt. Damit könnten wir Frauen ja vielleicht leben. Aber warum geben Männer, die nur die halbe Gesellschaft in Blick nehmen, ihre frauenfreien und geschlechtsblinden Ergebnisse als eine Erklärung der ganzen Gesellschaft aus? Frauen sind der Rede nicht wert [521] und auch kein Thema!

«Unter den großen Philosophen», urteilte später der Kollege Karl JASPERS, «ist es nur Schelling, für den eine Frau durch ihre Persönlichkeit von entscheidender Bedeutung wurde [...], durch ihr geistiges Wesen.»[522] Der Philosoph Friedrich Wilhelm Joseph SCHELLING war mit der durch ihre zahlreichen Briefe bekanntesten Frau der Romantik Caroline SCHLEGEL-SCHELLING verheiratet. «Die gesamte Korrespondenz ist ein Zeugnis ihrer persönlichen Entwicklung und Dokument der geistesgeschichtlichen Bewegung der Romantik. ... Ihr Haus wurde zum eigentlichen Mittelpunkt der deutschen Literaten. Mit ihrer Geradlinigkeit und Kritik prägte sie die Meinungen ihres Jenaer Freundeskreises.»[523]

Es ist in unserer männlich strukturierten Kulturlandschaft nicht einfach, frei von einschränkenden Geschlechterbildern zu leben, weil sie in Geschichte, Kultur und Kulturgeschichte eingewebt sind. Vieles nehmen wir unbewusst auf, das können wir nicht vermeiden, jedoch können wir Antennen dafür entwickeln. Wir können auch nicht darauf warten, dass andere für uns neue, emanzipiertere Lebensformen entwickeln, wir müssen dazu beitragen, dass das überhaupt geschieht, wir müssen alte Bilder der Welt und des Menschen persönlich überwinden und die Veränderung auch öffentlich fordern – uns und der Welt zuliebe.

Wie blind unsere «Geistesgrößen» waren, macht uns MÖHRMANN deutlich: «In den erkenntnistheoretischen Abhandlungen von Rousseau, Herder, Kant, Schiller, Hegel oder Schopenhauer findet das Weibliche keinen Platz oder nur einen am Rand.» Kulturgeschichte und Erkenntnistheorie ohne Frauen – also ohne 52 % der Menschheit! Was ist sie dann wert? Frauen ohne Kulturschicksal und kulturelle Öffentlichkeit? Irrtum – nach jahrtausendealter Subordination des einen Geschlechts gibt es viel auszugraben!

237.

1979 entwarf Silvia BOVENSCHEN eine neue Kulturgeschichte: Imaginierte Weiblichkeit[524]. Es handelt sich um «Exemplarische Untersuchungen zu kultur-

521 PUSCH, Luise F., 1999: Die Frau ist nicht der Rede wert. Aufsätze, Reden und Glossen, Frankfurt/Main

522 SICHTERMANN, Barbara, 2009: Die Frau, die einzig war. Zwischen Göttingens gelehrter Welt, Mainzer Republik und dem Jena der Romantik: Das leidenschaftliche Leben der Caroline Schlegel-Schelling. In: DIE ZEIT, Nr. 35 vom 2009-08-20 https://www.zeit.de/2009/35/A-Caroline/seite-4

523 http://www.fembio.org/biographie.php/frau/biographie/caroline-schlegel-schelling/ Humboldt, Goethe, Schiller, F. Schlegel, Dorothea Veit, Fichte, Novalis, Herder, Schleiermacher, ihre Schwester Lotte und Therese Heyne

524 BOVENSCHEN, Silvia, 1979: «Die imaginierte Weiblichkeit – Exemplarische Untersuchungen zu kulturgeschichtlichen und literarischen Präsentationsformen des Weiblichen», Suhrkamp Verlag, Frankfurt

geschichtlichen und literarischen Präsentationsformen des Weiblichen». Warum Silvia BOVENSCHEN eine neue Kulturgeschichte entwirft, wird an folgenden Punkten deutlich:

- Die «**Absenz des Weiblichen in der Kulturgeschichte**» und die ideengeschichtliche Ausklammerung des Weiblichen «aus der Definition des Menschen».
- Erkenntnistheoretische Abhandlungen europäischer Geistesgrößen (s.o.) haben für das Weibliche keinen Platz. «Das Weibliche fällt aus der menschheitsgeschichtlichen Genealogie heraus.»
- Das erstaunliche Phänomen: «Die Frage nach der Absenz des Weiblichen in der Kulturgeschichte ...(ist) fast nie zum Gegenstand eines Forscherinteresses geworden.»
- «Während die von männlicher Feder entworfenen symbolischen Präsentationen des Weiblichen schillernd und oft von utopischer Kühnheit sind, bleiben die Frauen in der Wirklichkeit von solchen Möglichkeiten abgeschnitten. Sie sind an den Spülstein gekettet, fungieren lediglich als Garantinnen des häuslichen Friedens und bilden allenfalls den Nährboden zur Vervollkommnung des Mannes.»
- Es ist aber nicht nur das verhinderte Kulturschicksal der Frau, sondern die Doppelstruktur des Weiblichen: «einerseits zum Vehikel für männliche Wünsche und Sehnsüchte gekürt, reich ausgestattet mit imaginierten Fähigkeiten, bleibt es andererseits bloß geschichtsloses Anschauungsmaterial, grundsätzlich ausgeschlossen von Dynamik und Progression.»
- Im Bereich der Bilder hat das Weibliche zwar kulturgeschichtliche Spuren hinterlassen, das Dilemma ist dabei jedoch, dass die Frauen selbst an Produktion und Entwürfen ihrer eigenen Bestimmung, unbeteiligt waren. «Ihr Kulturschicksal ist in der Geschichte vom Wettlauf zwischen Igel und Hasen abgebildet», heißt es sarkastisch. «Der Igel – der vorgegebene Entwurf – ist immer schon vor ihr da.»

In der Frühaufklärung erhalten Frauen erstmals so etwas wie «Sprecherlaubnis», «wird auch das degradierte Weibliche aufgewertet. Das neue Einschätzungsmuster der Frau findet seine Präsentationsform im Typus der Gelehrten. Unter dieser Firmierung können Frauen nun Einzug halten in die kulturelle Öffentlichkeit. Den Gegentypus hierzu bildet seit etwa der Mitte des (18.) Jahrhunderts die empfindsame Frau.» Aber beide Typen des Weiblichen kommen nicht zur vollen Entfaltung. Die «jahrtausendealte Subordination des einen Geschlechts unter das andere» können wir wohl erst jetzt auflösen.

238.

Da hätten wir noch den Witzbold ARISTOPHANES, den Komödiendichter: Für Feministinnen könnte «**Die Weibervolksversammlung**», eine klassische griechische Komödie von ARISTOPHANES, entstanden um 392 v. Chr., von Interesse sein. Hier sind Frauen latente revolutionäre Kräfte. «Die Frauen Athens sind empört über die Politik ihrer Männer, die aus ihrer Sicht von ständigen Kriegen,

Habsucht und Rüstungspolitik geprägt ist.»[525] Wieso kommt mir das so bekannt und so aktuell vor? Ich mache mir also Hoffnungen, dass – schon damals – jemand den Frauen politische Fähigkeiten zutraut und sich mit den Mängeln einer reinen Männerpolitik seriös auseinandersetzt.

Die Frauen betäuben also ihre Ehemänner, «verkleiden sich als diese und gelangen so in die nur den Männern vorbehaltene Volksversammlung. Dort setzen sie aufgrund ihrer in Verkleidung erschlichenen Stimmenmehrheit auf demokratischem Wege durch, dass die Macht im Staat an sie übergeht.» Die Frauen wollen eine egalitäre, libertäre Gesellschaft, Besitz ist Gemeingut, die Männer werden entmachtet – ich verstehe das als egalitäre Machtverteilung. Wäre doch schön!? Empörung bei den Männern.

Im Netz wird Ihnen vorgeschlagen, Sie können das jetzt als Komödie über «eine Kommunismus-ähnliche Gesellschaft, die die Frauen schaffen, lustig macht» ansehen oder als Kritik an einer von Frauen dominierten Gesellschaft, «da extrem männerfeindliche Gesetze eingeführt werden wie zum Beispiel der Entzug der Kinder vom Vater und Erziehung in der weiblich geprägten Umgebung. Die Thematik des Textes ist trotz seines hohen Alters sehr aktuell.» Nur mein Vorschlag kommt nicht vor: Sich mit dem Thema ernsthaft beschäftigen und für eine egalitäre Gesellschaft kämpfen. Aber die Politik der Frauen wird hier allein durch die Beispiele total desavouiert – was sonst? Und zum Schluss revoltiert ein Mann!

239.

Die philosophische und soziologische Frauen- und Geschlechterforschung setzt sich u.a. mit historischen Weiblichkeitskonzepten auseinander – so auch mit SIMMEL (1858–1918).[526] Die Aussagen SIMMELS, die Ursula MENZER uns erschließt, haben zwei Merkmale: Sie sind eine explodierende Selbstbeweihräucherung des Mannes und sie sind eine **Katastrophe für das Selbstbewusstsein von Frauen** – auch hier geraten Frauen in entfremdete Lebensverhältnisse. Wie kommt ein Mensch dazu, sein Eigenlob als Wissenschaft darzustellen? Und das Schlimmste ist, dass dieser Schwachsinn ja aus der Kulturgeschichte nicht zu löschen ist! Wir dürfen ihn also immer noch zur Kenntnis nehmen und seinen Weg in aktuellere Weiblichkeitskonzepte verfolgen. Alles kann prinzipiell als «männlich» monopolisiert werden, «was an Eigenschaften relevant erscheint hinsichtlich gesellschaftlicher Dominanz und Herrschaft. Nicht-herrschaftsfähige Eigenschaften werden an die Frau delegiert.»[527] Das ist die sehr erfolgreiche «Tradition der Weiblichkeitsdegradierung». Kennen Sie das Gefühl, wenn eine Frau scheitert, scheitern alle Frauen, wenn ein Mann scheitert, scheitert das Individuum? Auch das hat SIMMEL hinbekommen, denn der Frau wird «Gattung» (nicht Individuum) zugeordnet. SIMMELS Polaritäts-Konzeption der Geschlechter ist für MENZER eine fragmentierte Menschlichkeit.

---

525 https://de.wikipedia.org/wiki/Die_Weibervolksversammlung

526 MENZER, Ursula, 1993: Georg Simmels Geschlechterphilosophie. In: Das Argument. Zeitschrift für Philosophie und Sozialwissenschaften 201 Metamorphosen der Öffentlichkeit, 35. Jahrgang, Heft 5, September/Oktober 1993, Hamburg, S. 765-773

527 MENZER, 1993

Spaßeshalber werfe ich noch einen Blick in unseren alten Brockhaus. SIMMEL: Toller Typ – und natürlich kein Wort über sein verqueres Geschlechterbild. Aber er scheint sich öfter verirrt zu haben.

240.

Karl MARX: «Die Philosophen haben die Welt nur verschieden interpretiert, **es kommt aber darauf an, sie zu verändern.**» Nur zu! Ich hätte da Vorschläge.

10 Kirche, Monotheismus und Patriarchat – oder: Wo bleibt die weibliche Dimension des Göttlichen?[528]

Positionierung zur Sicht auf Gott und Religion in Zitatform:

Früher dachte man «die Existenz Gottes beweisen zu können, indem man Naturphänomene untersucht. Es stellte sich heraus, dass alle Vorhersagen, die auf das Wirken eines Schöpfers hingewiesen hätten, schlicht falsch waren. Deshalb wurde die Theologie aus der Wissenschaft vertrieben. Heute gehen alle Religionsforscher davon aus, dass es so etwas wie Gott in Wahrheit nicht gibt.»[529]

«Gott ist eine soziale Erfindung. ... Religion als ein Phänomen der menschlichen Natur, als ein evolviertes Merkmal.»[530] Wir brauchen keine Materialisierung und noch dazu Vergeschlechtlichung unseres Begriffs von Gott als dem alten Mann mit weißem Bart.

Religionen können Leben, Überleben und Reproduktion von Menschen beeinflussen. Sie sind symbolische Systeme, mit denen Gemeinschaften effizient organisiert werden können. «Religion ist ein Produkt kultureller Evolution.»

«Wir haben unsere Religionssysteme alle erfunden. Dafür sprechen schon die kulturspezifischen Ausprägungen. Wir sind aufgrund des Soseins unseres Gehirns darauf festgelegt, Ursachen für Phänomene zu suchen. Und da es viele Wirkungen in der Welt gibt, deren Ursachen wir nicht ergründen können, liegt es nahe, sie einem höheren Wesen zuzuschreiben. Das erlaubt eine weitere hochwirksame Projektion: Denn nun kann man Verhaltensweisen, die sich in der Erfahrung als sinnvoll herausgestellt haben (nicht zu töten, zu lügen, zu stehlen), als Verordnung dieser höheren Instanz deklarieren. Dadurch entzieht man sie der menschlichen Verfügbarkeit – und das ist ein sehr effizientes Mittel, um Gruppen auf einen gleichen Kodex einzuschwören. Das hat sich offenbar im Laufe der kulturellen Evolution enorm bewährt.»[531]

«Man darf das, was das Alte Testament über das Gelobte Land schreibt, nicht für bare Münze nehmen. Galt die Bibel früher als Wort Gottes und damit auch in den historischen Passagen als wahr, hat die kritische Bibelwissenschaft längst ge-

528 MICHEL, Kay, 2008: Gott Mutter. Eine Ausstellung in der Schweiz räumt auf mit der Mär vom männlichen Gottesprinzip. Ausgrabungen zeigen, dass im alten Israel lange Zeit auch eine weibliche Form des Allerhöchsten verehrt wurde. In: DIE ZEIT Nr. 13 vom 2008-03-19

529 WILSON, David Sloan / BAHNSEN, Ulrich, 2005: Vom Nutzen der Frommen. Der amerikanische Biologe David Sloan WILSON hält es für erwiesen, dass Glaubenssysteme nach den Regeln von Darwins Evolutionstheorie entstehen. Ein Gespräch über den Sinn der Religionen. In: DIE ZEIT Nr.52 vom 2005-12-21

530 WILSON/BAHNSEN, 2005

531 SINGER, Wolf / SCHNABELL, Ulrich, 2018: Der Weg zu sich selbst. Ein Gespräch mit dem Hirnforscher Wolf SINGER über Erfahrungen bei der Meditation und die Neurobiologie des Religiösen. Ein Gespräch. In: DIE ZEIT Nr. 44 vom 2008-10-23 https://www.zeit.de/2008/44/P-Singer/komplettansicht

zeigt, dass weder Gott dem Moses die fünf Bücher offenbarte noch König David die Psalmen dichtete oder Salomo das Hohelied. Vielmehr ist die Bibel das Werk einer kleinen Elite von Schriftgelehrten, die vor gut 2600 Jahren in drei, vier Generationen eine Vielzahl von mythischen Erzählungen und neuen Texten zu jenem Korpus zusammenstellten, das die Juden heute als Tanach und die Christen als Altes Testament verehren.»[532] Aber wir dürfen nicht verkennen: Die Bibel ist – wie die ganze Geschichtsschreibung – eine Schrift der Sieger.

Warum halten wir dann an der Vorstellung von Gott als Mann fest? Erst in der «Bibel in gerechter Sprache» haben sich alle Beteiligten bemüht, dass die Übersetzungen der Gottesbezeichnungen spiegeln, dass Gott weder weiblich noch männlich ist.[533]

Es hat lange gedauert, bis mein aufkeimender Feminismus mir erlaubte, paternalistische Strukturen auch in der evangelischen Kirche und schließlich in allen monotheistischen Religionen in voller Wucht zu erkennen. Nun gibt es kein Zurück mehr! Von Dorothee SÖLLE soll der Satz stammen: «Theologie und christlicher Glaube sehen anders aus mit den Augen einer Frau.» Was zu tun bleibt, ist die Auseinandersetzung mit der Rolle der Frau in der Kirche. Der Abgrund, in den ich da schaue, ist unendlich tief. Aus Momenthaftem ist Grundsätzliches geworden. Hier kommen ein paar grundsätzliche Beispiele:

241.

Kritikerinnen und Kritiker der Bibel weisen auf **frauenfeindliche Stellen in der Bibel** und in den zehn Geboten hin, wobei es ja nie um den Urtext geht – wer kennt den schon? Alle Kritik bezieht sich auf Übersetzungen, von denen es in den letzten einhundert Jahren fünfzig gegeben hat, und auf Interpretationen. Wenn ich Interpretationen sage, weiß ich, dass es überwiegend Männer in kirchlichen Diensten waren, die uns erklärt haben, wie wir die Bibel zu lesen, zu verstehen haben. Natürlich sind da institutionelle und vor allem männliche Interessen von grundlegender Bedeutung, zumal die Kirchen – manche mehr, manche weniger – noch immer männlich dominiert sind. Wo also gibt es Ansätze für Misogynie?

Da ist zunächst die «Schöpfungsgeschichte», in der «das Göttliche» maskulinisiert wird; plötzlich haben wir es – ohne Not – mit einem Mann, Gott Vater, zu tun und damit mit einem durch und durch männlichen Gottesbild. Das ist aus feministischer Sicht nichts weiter als das Abbild der männlich beherrschten menschlichen Gesellschaft. Für eine entpersonalisierte Vorstellung oder eine Göttin ist kein Raum.

Als Zweites lässt sich der «Sündenfall» dazu missbrauchen, der Frau einen Geschlechtscharakter zuzuschreiben, der in einer Paarung aus Dummheit und Ungehorsam geradezu nach Kontrolle der Frau durch den Mann schreit. Aber warum hat Adam den Apfel eigentlich genommen?

An dritter Stelle führe ich die «Zehn Gebote» an, hier ist die Frau ein Gegen-

532 MICHEL, 2008

533 KÖHLER, Hanne, 2007: Einführender Vortrag «Bibel in gerechter Sprache», 17. Feministischer Studientag 24. Januar 2007 in Marburg https://www.bibel-in-gerechter-sprache.de/wp-content/uploads/koehlermarburg.pdf

stand wie Haus, Hof oder Vieh, das dem Mann gehört. Wenn es ein Mann wäre, würden wir von einem Sklaven reden – was ist bei Frauen anders? Die Frau ist also die Sklavin des Mannes – mit sehr nachhaltigen Folgen!

An vierter Stelle steht das «Neue Testament». Was immer Paulus geschrieben haben mag, es lässt sich als Entmündigung der Frau interpretieren: «Die Frau schweige in der Gemeinde» – hat Paulus das gemeint? Die «Bibel in gerechter Sprache» hält es für möglich, dass «die theologische Begründung der Unterordnung der Frauen unter Männer» «nachpaulinisch» ist.[534] So kann's kommen: Männer projizieren ihre gefühlte Selbstherrlichkeit in die Bibel hinein und lesen sie dann wieder heraus; anschließend präsentieren sie uns ihr Frauenbild als theologisch begründet. So kann man(n) Frauen die jeweils erwünschte gesellschaftliche Funktion aufnötigen, um sie ruhigzustellen, stumm zu machen und nicht mitdenken zu müssen.

An fünfter Stelle ist die Frau in der «Kirchengeschichte» zu nennen. «Kirchengeschichte» ist Männergeschichte: Der Beitrag von Frauen wird vergessen oder Frauen werden gleich ganz ausgemerzt – oder hat es sie vielleicht gar nicht gegeben? Und dann ihre Sündhaftigkeit! Frauen, Kinder und – ich bin versucht zu sagen «andere» – Irrsinnige konnten keine Zeuginnen sein, Zweifel bestanden auch daran, ob sie überhaupt eine Seele haben; und als Hexen haben sie sich ja geradezu aufgedrängt! Die armen seelebestückten Männer hätten doch sonst keine Hexen verbrennen müssen!

Es mag Ihnen abwegig erscheinen, dass mich die mangelnde Zeugnisfähigkeit der Frauen vor Tausenden von Jahren beschäftigt. Mich quält der Zusammenhang mit dem heutigen Misstrauen gegenüber Frauen. Dreißig oder vierzig Jahre lang hat manche missbrauchte Frau geschwiegen – aus der berechtigten Angst heraus, man würde ihr nicht glauben. Und nun gibt es ein Beispiel, wie sich die Berliner Polizei blamierte und sich selbst behinderte, weil sie einer jungen Frau nicht glaubte, sondern sie wegen ihres Verdachts zurechtwies. 2006 verschwand ein 14-jähriges Mädchen – die Polizei konnte den Fall nicht aufklären – auch weil keine Leiche gefunden wurde. 2011 gerät eine weitere junge Frau in unmittelbarer Nachbarschaft in die Gefahr von Missbrauch. Sie kann sich befreien und teilt der Polizei mit, dass sie es für möglich hält, dass es derselbe Täter war. Doch die Polizei glaubt ihr nicht, sie maßregelt die junge Frau: «Ohne Beweise solle sie die Anschuldigungen nicht wiederholen»[535], und braucht so einen verdeckten Ermittler und sieben Jahre zur Aufklärung des Mordes und zur Erkenntnis, dass die Frau doch Recht gehabt hatte.

Und wie ist schließlich die Position von Frauen «in Kirche und Theologie» heute? Fast zweitausend Jahre kamen die Männer ohne Frauen in wichtigen Ämtern aus. Ordinierte Theologinnen und Pfarrerinnen gibt es – zumindest in der evangelischen Kirche – erst seit 1975. Und dann verweigert die evangelikale Ge-

534 Bibel in gerechter Sprache (BigS), hrsg. von BAIL, Ulrike / CRÜSEMANN, Frank / CRÜSEMANN, Marlene / DOMAY, Erhard / EBACH, Jürgen / Janssen, Claudia / KÖHLER, Hanne / KUHLMANN, Helga, / LEUTZSCH, Martin / SCHOTTROFF, Luise, Gütersloh, 2008

535 FRÖHLICH, Alexander, 2018b Schwere Vorwürfe im Fall Georgine. Eine Zeugin sagt, sie habe 2011 vor Ali K. gewarnt. In: Der Tagesspiegel vom 2018-12-11

meinde St. Martini in Bremen 2008 einer Pastorin aus der Nachbargemeinde, die für einen Kollegen bei einer Beerdigung einspringt, Talar und Kanzel [536] mit der Begründung: «Ich erlaube aber einem Weibe nicht, zu lehren, noch über den Mann zu herrschen, sondern still zu sein, denn Adam wurde zuerst gebildet, danach Eva; und Adam wurde nicht betrogen, das Weib aber wurde betrogen und fiel in Übertretung.» (Paulus' 1. Brief an Timotheus, 2. Kapitel). Besonders wirr kommt mir dieser Standpunkt vor, wenn ich in der «Bibel in gerechter Sprache» lese: «Der erste Brief an Timotheus wurde … von einem unbekannten Verfasser oder Verfasserkreis im Namen des Paulus geschrieben. Mehrere Jahrzehnte nach dessen Tod standen sich unterschiedliche Auffassungen über das richtige Verständnis der Verkündung des Paulus gegenüber. Die Briefe greifen auf die Autorität des Apostels zurück, um ihre Sicht christlichen Glaubens und Lebens durchzusetzen.»[537]

Auch damals ging es schon um die Rechte von Frauen, um eine hierarchische Interpretation gegenüber einer eher «geschwisterlichen». «Anders als der historische Paulus lehnen die Verfasser von 1 Tim es ab, sich mit Gegnerinnen und Gegnern argumentativ auseinanderzusetzen, sie qualifizieren sie moralisch ab (1 Tim 6, 3-5) und halten theologische Streitgespräche für zerstörerisch.»[538] Da bleiben die Bremischen Evangelikalen wohl lieber bei der «Mythenpflege», als sich einer zeitgemäßen Exegese zu befleißigen! «Wie viele Gemeinden es weiterhin mit Paulus statt mit der Gleichberechtigung halten, weiß keiner so recht.»[539]

242.

Anklage: Es fällt mir immer wieder schwer, Artikel zum Thema «**die Frau im Christentum**» zu lesen. So nüchtern ich über weite Strecken über Religion denken und reden kann, so kränkend empfinde ich die christliche Verachtung der Frau. Ich frage mich dann immer: Was sind die besonders christlichen Männer doch für Fatzkes, dass sie sich für etwas Besseres halten, dass sie trotz ihrer Einäugigkeit an ihre Überlegenheit glauben, sich eben für die Herren der Schöpfung halten. Ein Witz! Wieso gibt es überhaupt noch Frauen, die dem Christentum anhängen? Vom Schöpfungsbericht über die Inquisition, vom Zölibat über Verweigerung aller wichtigen Ämter in der Kirche – es lässt nichts an Herabsetzung der Frau aus! Menschenrechte im Christentum!

Im ersten Brief des Paulus an die Korinther steht: «Der Mann aber soll das Haupt nicht bedecken, denn er ist Gottes Bild und Abglanz; die Frau aber ist des Mannes Abglanz» (1. Kor. 11,7). Wenn ich diesen Unsinn lese, dass Frauen als das «verdammte Geschlecht», dessen verruchte Aufgabe es war, die Menschheit zu «verderben» definiert werden, kann das Christentum nur eine Irrlehre sein – und andere Religionen gleich mit.

«Von der schlimmen Verachtung der Frauen war es nur noch ein kleiner Schritt

536 STENGEL, Eckhard, 2008: Im Namen von Paulus. Eine evangelikale Gemeinde in Bremen lässt eine Gastpastorin nicht mit Talar auf die Kanzel. In: Der Tagesspiegel vom 2008-06-18

537 BigS: 2185

538 BigS: 2185

539 STENGEL, 2008

bis zur Inquisition, die diese verachteten und verhassten Wesen einfach verbrannte. Vom 13. bis ins 19. Jahrhundert hinein – die letzte ‹Hexe› wurde 1836 bei Danzig ertränkt – wurden mehrere Millionen unschuldiger Frauen aufgrund von Verachtung im Christentum gefoltert, vergewaltigt und als Hexen verbrannt oder ertränkt.»[540] Inzwischen gibt es mehrere «letzte Hexen».

243.

Kay MICHEL schrieb 2008 in DIE ZEIT eine Ausstellungsbesprechung und titelte «**Gott Mutter**» – überraschend, provozierend, erklärungsbedürftig! «Gott – ist das nicht dieser alte Herr mit wirrem Haar und Bart, wie ihn Michelangelo an die Decke der Sixtinischen Kapelle malte? ... Zumindest hat er sich so in unsere Vorstellung eingebrannt: als gestrenger Gottvater. Kein Wunder, schließlich ist im Alten Testament 6828-mal von Gott als ‹Herrn› die Rede.»[541] Aber kann das sein? In der Bibel heißt es doch: «Und Gott schuf den Menschen nach seinem Bilde, nach dem Bilde Gottes schuf er ihn; männlich und weiblich schuf er sie.»[542] Wenn das Original männlich ist, wie können Frauen dann sein Abbild sein?

Könnte es sein, dass der Kirchengeschichte auf dem Weg zu uns etwas verloren gegangen ist? Das glaubt jedenfalls Othmar KEEL, katholischer Theologe, der 2008 erst in der Schweiz und dann in Deutschland die Ausstellung «Gott weiblich» organisierte.[543] Hier kommt die «verdrängte Seite der göttlichen Geschichte», die «verborgene Seite des biblischen Gottes» ins Bild: Texte des Alten Testaments werden durch archäologische Funde und damit um die altorientalische Bilderwelt erweitert – «in Gestalt von Götterfiguren und Inschriften, von Amuletten, Stempel- oder Rollsiegeln».

Also: Auf vom Glauben zum Wissen! Archäologen stießen auf unzählige kleine, kaum zwanzig Zentimeter hohe Tonfiguren, die Frauen mit üppigen Brüsten darstellen – wer kennt sie nicht aus Museen in der ganzen Welt? Sie sind Zeugnisse aus einer Zeit, in der es eben reichlich Göttinnen (Fruchtbarkeitsgöttin Aschera? «Von ihr ist im Alten Testament rund vierzig Mal die Rede – nie im netten Ton.») und eine weit verbreitete Göttinnenverehrung gab. In welchem Verhältnis stand sie zu Gott, zu Jahwe? «Vor einigen Jahren wurden in der Karawanserei Kuntillet Ajrud und in einem Grab in Khirbet el-Qom Inschriften entdeckt, auf denen von ‹Jahwe und seiner Aschera› die Rede ist.»[544]

Kay MICHEL erklärt den Verlust des Weiblichen in der Bibel historisch und folgt damit sicher den Ausstellungsmachern. Israel war durch entsetzliche Katastrophen gegangen: von Ägyptern und Assyrern verheert, von Nebukadnezar erobert, der Tempel zerstört, viele Einwohner ins Exil verschleppt. Sie durften schließlich in ihr Land zurück – das nun eine persische Provinz war. Um dem Volk

540 FRANKE, Jörg W., o.J.: Die Stellung der Frau im Christentum. Im Internet gefunden, die Quelle nicht rekonstruierbar
541 MICHEL, 2008
542 Genesis 1,27
543 Othmar KEEL, 2008: Gott weiblich. Eine verborgene Seite des biblischen Gottes, Gütersloher Verlagshaus
544 MICHEL, 2008

zu erklären, wie sein Gott das zulassen konnte, entstand das Alte Testament, ein Werk der «politischen Tendenzliteratur»[545] … «mit einem starken ‹politisch-theologischen Interesse› geschrieben» und durch seine Redakteure streng monotheistisch orientiert – wie es heute manche Theologen und Religionswissenschaftler sehen. «Ihre Absicht war es, zu zeigen, dass die militärischen Katastrophen die Strafe Gottes für Israels Ungehorsam und Vielgötterei waren. Nur das Abschwören von allen Götzen, die alleinige Verpflichtung auf Jahwe werde das gepeinigte Volk einer besseren Zukunft entgegenführen.»[546] Kriegerische Zeiten sind von Gewalt und Militär beherrscht, das leistet patriarchalen Strukturen Vorschub. Den Rest besorgten dann wohl die Übersetzer der hebräischen Bibel. Das Göttlich-Weibliche hatte keinen Raum und war schließlich ausgetilgt! Scheinbar!

«Aber das Weibliche ist eine so elementare Dimension des Göttlichen…», ohne das Weibliche sahen sich die Menschen einer fundamentalen religiösen Erfahrung beraubt. An wen wendet sich der Mensch, wenn er Verständnis braucht? Im Katholizismus vertritt Maria das Weibliche, viele Gläubige verehren sie wie Gott. Und manchmal ist sie ihnen sehr viel näher!

244.

Früh habe ich gelernt, dass die Institution Kirche auch nur so gut ist wie ihre Vertreter (Vertreterinnen gab es noch nicht) und dass Pfarrer auch nur Menschen sind: Meine Taufe in der Dorfkirche Wittenau – so wurde mir erzählt – verlief etwas befremdlich. Als der Pfarrer die Worte: «Ich taufe Dich auf den Namen…» gesprochen hatte, waren seine nächsten Worte: «Wie soll das Kind heißen?» Das hat dem Sakrament der Taufe wohl etwas die Würde genommen! Aber ich kam dann doch noch zu meinem Namen. Und dann gibt es da noch die Version, dass die Episode von der Taufe meiner älteren Schwester stammt. Nur eins ist sicher: Sie ist so passiert.

Ein weiteres bleibendes Erlebnis mit der Institution Kirche hatte ich im Konfirmandenunterricht – so hieß das damals trotz der Überzahl der Mädchen, und ich konnte wohl auch nicht differenziert genug denken, um den sprachlichen Ausschluss von Mädchen zu erkennen. Ich war naiv! Ich versuchte, mir mein Bild von Gott zu machen und eckte an. Als mir irgendetwas an dem Gottesbild des Pfarrers wenig einleuchtete, war das für mich keinen Konflikt wert. Ich schlug vor, wenn mich das nicht überzeugte, könnte ich mir ja mein **eigenes Bild von Gott** machen. Weit gefehlt! Ich war ziemlich fassungslos. Der Gedanke, dass die Kirche die Definitionsmacht über meinen Gott hat, war mir überhaupt noch nicht gekommen. Bis dahin war Kirche für mich ein Synonym für Nächstenliebe, die Kirche Verwalterin der Menschlichkeit; nun war sie Institution geworden mit einem Machtanspruch auf die Wahrheit. Aber es war ja nicht nur die Interpretationshegemonie der Institution, sondern gleichzeitig das Deutungsmonopol von Männern – eine Erkenntnis, die allerdings noch auf sich warten ließ! Natürlich hätte

---

545 Die Formulierung stammt von SCHMID, Konrad, der Zürcher Theologieprofessor hat eine Literaturgeschichte des Alten Testaments vorgelegt

546 MICHEL, 2008

ich das damals nicht so ausdrücken können, aber da war etwas Neues in meinen noch zu kindlichen religiösen Gefühlen – eine bis dahin ungekannte Fremdheit. Und ich begann, meine Gedanken und Gefühle im Konfirmandenunterricht durch die kirchliche Brille zu prüfen, bevor ich sie aussprach, ich fühlte mich nicht mehr frei, sie einfach zu äußern. Ich fühlte mich auch nicht so recht angenommen, wie ich war, fühlte und dachte – eine Disziplinierung mit Langzeitwirkung. Von nun an musste ich für Widerspruch auch im Konfirmandenunterricht immer Anlauf nehmen. Dabei hatte mir dieser Pfarrer eigentlich etwas wie Selbstbewusstsein vermittelt, denn ich musste immer ganz vorne sitzen, weil er glaubte, ich könne seine Fragen beantworten. Aber selbständig denken? So weit ging es dann doch nicht! Und das war gut so! Sonst wäre ich in große Konflikte gekommen, denn später erfuhr ich, «mein» Pfarrer war bis 1945 ein strammer Nazi gewesen. Wie hätte ich das verkraftet, da die Nazis meinen Vater ermordet hatten?

Ich bin also evangelisch getauft, konfirmiert und ich habe 1963 ganz bewusst kirchlich geheiratet. Da mein Mann – katholisch getauft und kommuniert – nicht unbedingt kirchlich getraut werden wollte, mir zuliebe aber eingewilligt hatte, habe ich ihm überlassen, in welcher der christlichen Kirchen wir getraut werden. Er hat sich für die evangelische Kirche entschieden, denn er wollte seine «Ehe nicht mit einer Lüge beginnen.» Ich hätte nämlich damals bei einer katholischen Trauung schriftlich versichern müssen, dass ich Kinder katholisch erziehe. Aber wie hätte ich das tun sollen? Ich war ja nicht katholisch! Unsere Hochzeit war dann im ökumenischen Geiste wunderschön, glücklicherweise wusste mein Mann nicht, dass ich noch auf dem Niveau «kleine dumme Frau heiratet großen starken Mann» war!

245.

Dass Frauen in Religion und Religionswissenschaft – besonders der katholischen – keine Gleichwertigkeit besitzen, wusste ich von Kindesbeinen an. Frauen konnten schließlich nicht Pfarrerinnen werden und schon gar keine Priesterinnen. Die **Camouflage** der Kirche als einer menschlichen statt einer männlichen Institution trägt nur selten und kurzfristig. Und schließlich müssen wir zur Kenntnis nehmen: Es handelt sich um einen Geburtsfehler. Auch wenn ich weder Theologin noch Religionswissenschaftlerin bin, hat mich der folgende – zufällig entdeckte – Zusammenhang lange beschäftigt. Frauen sind eben nie vor Diskriminierungen sicher, müssen – offenbar nicht nur geistig, sondern auch geistlich – immer darauf vorbereitet sein!

Paul SCHULZ, promovierter Theologe, publizierte 1973 den Aufsatz «Jesus liebte auch die Frauen. Das erste Zeugnis der Auferstehung am Ostermorgen kam von Maria Magdalena – aber die männlichen Zeugen wurden bevorzugt.»[547] Die vermeintliche Überlieferung, JESUS habe mit seinen Jüngern in einer reinen Männergesellschaft gelebt, «stellt die Tatsachen auf den Kopf. Denn von Anfang

547 SCHULZ, Paul, 1973: Jesus liebte auch die Frauen. Das erste Zeugnis der Auferstehung am Ostermorgen kam von Maria Magdalena – aber die männlichen Zeugen wurden bevorzugt. In: DIE ZEIT Nr. 17 vom 1973-04-20, S. 72

an ist eine ziemlich große Zahl von Mädchen und Frauen mit Jesus mitgezogen. Frauen haben Jesus von Galiläa her nach Jerusalem begleitet. Frauen haben bis zu seinem letzten Atemzug unterm Kreuz durchgehalten. Frauen haben als erste am Ostermorgen Jesu Auferstehung propagiert.» Die Evangelisten LUKAS und MARKUS berichten von weiteren Frauen aus Galiläa als zur Jünger*innenschaft Jesu gehörig, aber nur JOHANNES erzählt, dass MARIA MAGDALENA überhaupt der erste Mensch gewesen ist, der dem auferstandenen Jesus begegnet ist.[548]

Die Frage, wer Jesus zuerst gesehen hat, hat in der Urgemeinde zu einem harten Konkurrenzkampf geführt; es gab verschiedene Listen der Auferstehungszeugen, aber MARIA MAGDALENA kommt nicht darin vor. SCHULZ analysiert die Gründe und kommt zu dem Ergebnis: Es gab bestimmte Interessen und Interessensgruppen, die MARIA MAGDALENA bewusst ausschalteten und totschwiegen. Dass Frauen in der allgemeinen Öffentlichkeit ihrer Zeit nicht zeugnisfähig waren, habe ich erwähnt. Aber warum? «Der jüdische Historiker Josephus schrieb damals: Das Zeugnis der Frau ist nicht rechtsgültig wegen der Leichtfertigkeit und Dreistigkeit des weiblichen Geschlechts.»

Die Männer der Urgemeinde wollten also unter keinen Umständen das Osterzeugnis auf die Zeugenaussage einer Frau aufbauen, weil damit ihre Glaubwürdigkeit zutiefst erschüttert worden wäre. Das hat PAULUS aber weiter radikalisiert, indem er im 1. Korintherbrief 14, 34 apodiktisch fordert: «Die Frauen haben in der Gemeinde zu schweigen!» SCHULZ schreibt weiter: «Dieser Satz zielt sicherlich auf mancherlei Zustände in der Urgemeinde und hat gewiß verschiedene Ursachen. Auf jeden Fall trifft er jene Kräfte, die in der Osterfrage nicht den Primat der Spitzen Petrus, Jakobus, Paulus anzuerkennen gewillt waren, sondern Maria Magdalena.»

In der Urgemeinde wurde heftig um die theologischen Grundwerte gekämpft. Die Auferstehung war zuallererst ein dogmatisch-theologisches Phänomen. Der Evangelist JOHANNES entscheidet den Streit unter den Aposteln um das erste Osterzeugnis, den Primatstreit, zugunsten von Maria Magdalena, hier erhält sie von JESUS selbst den Auftrag, den Jüngern die frohe Botschaft der Auferstehung zu überbringen.[549]

Im apokryphen Thomas-Evangelium, das seit 1945 (wieder) bekannt ist und etwa 150 Jahre nach CHRISTUS geschrieben worden sein soll, fand SCHULZ folgenden Hinweis: «Simon Petrus sagte zu ihnen (seinen Mitaposteln): Mirja (Maria Magdalena) möge aus unserer Mitte ausscheiden, denn die Frauen sind nicht des Lebens würdig. Jesus sprach: Siehe, ich werde ihr Leben in die Hand nehmen und werde einen Mann aus ihr machen, auf daß auch sie ein lebendiger Geist wird, euch Männern gleich! Denn eine Frau, die sich selber zum Mann macht, wird in das Himmelreich eingehen.»[550]

«Mann» stellt sich mir – mit Deutsch als Muttersprache und mit dem, was ich an modernen Sprachen aus dem germanischen und romanischen Sprachkreis kenne – als Übersetzungsfehler dar: Heute würden wir wahrscheinlich «Mensch»

548 Johannes 20, 14/17
549 Johannes 20, 17/18
550 SCHULZ, 1973

sagen und schreiben. Festzuhalten ist, dass der Wortstamm zu «Mensch» laut Duden[551] «Mann» ist; das englische Wort «man» heißt gleichzeitig «Mann» und «Mensch», das französische «homme», das spanische «hombre» desgleichen. Und dann ist da noch die spannende zeithistorische Frage: Wurden Frauen zu jener Zeit überhaupt als Menschen angesehen? Dass «Indianer» Menschen sind, wurde ja auch noch im 15. Jahrhundert bestritten!

Und dann wird an diesem Beispiel noch deutlich: Wir müssen all unser Wissen unter dem Gesichtspunkt der jeweiligen gesellschaftlichen Bedingungen lesen. Sie sind in all unser Wissen, in all unsere Theorien unausgesprochen eingeschrieben. Es stellt sich wieder die Frage: Was tut solches Wissen mit Frauen? Mein Standpunkt: Ohne solches Wissen sind wir sprachlos, mit solchem Wissen können wir aus dem Ursprungszusammenhang argumentieren.

246.

Im Zusammenhang mit der Dokumentation «**Jesus und die verschwundenen Frauen**»[552] von Maria BLUMENCRON können wir verschiedene Methoden, Frauen des frühen Christentums verschwinden zu lassen, kennenlernen:

- «Maria Magdalena, einst wichtigste Jüngerin Jesu, wurde als Propagandafigur der katholischen Kirche missbraucht.
- Junia, eine berühmte Apostelin der Frühkirche, verwandelte sich unter der Feder eines Bibelkommentators in einen Mann.
- Phöbe, Vorsteherin einer frühen Christengemeinde, wurde als Hilfskraft des Apostel Paulus kleininterpretiert.[553]
- Lydia (von Philippi), die erste Christin Europas, geriet fast 2000 Jahre lang in Vergessenheit.[554]

Die Dokumentation versucht, die vergessenen Säulen des Christentums wieder sichtbar zu machen.»[555]

247.

Julian NIDA-RÜMELIN hat in einer Debatte über den Islam daran erinnert: «Den Müttern des Grundgesetzes[556] habe man 1948 im Parlamentarischen Rat ge-

551 Der Duden, Bd. 7, Etymologie: Herkunftswörterbuch der deutschen Sprache, Mannheim, Leipzig, Wien, Zürich ‹ 1997:453

552 https://programm.ard.de/TV/3sat/jesus-und-die-verschwundenen-frauen/eid_28007600080942

553 Siehe auch https://de.wikipedia.org/wiki/Phoibe_(Bibel)

554 An anderer Stelle: «Lydia bekehrte sich mit ihrer Familie zum Christentum und wurde getauft - das war die erste im Neuen Testament berichtete Taufe in Europa.» https://www.heiligenlexikon.de/BiographienL/Lydia_von_Philippi.html

555 https://programm.ard.de/TV/3sat/jesus-und-die-verschwundenen-frauen/eid_28007600080942

556 Als «Mütter des Grundgesetzes» werden die vier Frauen genannt, die neben den 61 Männern des Parlamentarischen Rates 1948 das bundesdeutsche Grundgesetz konzipierten.
Elisabeth Selbert und – nach anfänglichem Zögern – Friederike (Frieda) NADIG (SPD) setzten gegen heftigen Widerstand – auch aus eigenen Reihen – die Aufnahme des 2. Absatzes im Artikel 3 Männer und Frauen sind gleichberechtigt in das Grundgesetz durch.
Helene WEBER (CDU), die älteste der vier Frauen, hatte bereits an der Weimarer Verfassung mitgewirkt und war im Parlamentarischen Rat als Schriftführerin Mitglied des Präsidiums. Sie war seit 1919 bis 1962 mit Ausnahme der zwölf Jahre des Nationalsozialismus ununterbrochen

sagt, die **Gleichberechtigung der Frau widerspreche dem christlichen Menschenbild.**»[557] Ich kannte diesen Satz nicht und war einigermaßen erschüttert. Ich bin ja hart gesotten, aber diesen bedingungslosen Ausschluss von Frauen aus dem «christlichen Menschenbild» hatte ich nicht erwartet.

Wir müssen also gar nicht erst fremde Religionen zu Feindbildern aufbauen und nutzen, es reicht das Christentum. Wann begreift die katholische Kirche wohl, dass sie, erst wenn sie Frauen wie die Männer ordiniert, auf dem Boden des Grundgesetzes angekommen ist? Wann begreift die evangelische Kirche, dass das Dogma des Monotheismus ein Gewaltdogma gegen Frauen ist und dass eine Religion, in der Männliches und Weibliches gleichwertig heilig sind, nicht Polytheismus bedeutet, sondern Erlösung aus gewalthaltigem Monotheismus?[558] Der Dalai Lama forderte immerhin seit Jahren die Wiedereinführung einer vollen Ordination von Frauen im tibetischen Buddhismus. Leben wir nicht in einer zum Entsetzen rückständigen Gesellschaft? Frauenfeindlichkeit ist Menschenfeindlichkeit – passt das zum Christentum? Was haben uns Frauen das Christentum, die Aufklärung und die Französische Revolution gebracht? Das Christentum hat uns Unterwürfigkeit und Abhängigkeit gebracht, zur Identitätsbildung auf dem Wege zu selbstbewussten, selbständigen erwachsenen Frauen war sie keine Hilfe. Die Französische Revolution hat die männliche Hälfte der Menschheit vom Feudalismus befreit, die Frauen haben zwar mitgekämpft, wurden aber bei den Rechten nicht mitgedacht. Olympe DE GOUGES (1748–1793) verkündete 1793 vor dem Revolutionstribunal die «Erklärung der Rechte der Frau und Bürgerin» als Gegenüberstellung zur bis heute gefeierten «Erklärung der Menschen- und Bürgerrechte» vom 1789-08-26. Artikel 1 in Olympe DE GOUGES' Deklaration: «Die Frau ist frei geboren und bleibt dem Manne gleich in allen Rechten.»[559] «Sie (Olympe DE GOUGES) forderte in ihrer Deklaration den Zugang zu öffentlichen Ämtern für Frauen, die Gemeinschaftlichkeit des Eigentums von Frau und Mann in der Ehe, die Verbesserung der Lage der Frau über ein staatliches Bildungswesen und das Wahlrecht für Frauen und Männer. Doch nur wenige Männer, unter ihnen der Marquis de Condorcet (1743–1794), ein einflußreicher Philosoph, schlossen sich ihren Forderungen an.»[560]

Olympe DE GOUGES wurde noch im Jahr ihrer «Déclaration des Droits de la femme et de la Citoyenne» auf dem Schafott hingerichtet. Das ist das Muster «Frauen und andere Terroristen», für das die Geschichte eine Fülle an Beispielen bietet – unter tatkräftiger Beteiligung des institutionalisierten Christentums!

Was haben also die Aufklärung und die Französische Revolution den Frauen

---

Parlamentsabgeordnete gewesen und reorganisierte nach 1945 die katholische Frauenbewegung.
Helene Wessel war seit 1949 die Vorsitzende der Zentrumspartei, damit die erste Frau an der Spitze einer Partei in Deutschland und die erste weibliche Fraktionsvorsitzende. (http://de.wikipedia.org/wiki/Mütter_des_Grundgesetzes)

557 DERNBACH, Andrea, 2007a: Passt die Frau ins Christentum? Grüne und SPD sprechen über Integration. In: Der Tagesspiegel vom 2007-07-01

558 VOSS, Jutta, 2005: Kann denn Gehorsam Sünde sein? Nachdenkliches über die »ganz normalen« faschistoiden Strukturen in Kirche und Gesellschaft. Stuttgart

559 Zitiert nach KARSCH, Margret, 2004: Feminismus für Eilige, Berlin

560 KARSCH, 2004

gebracht? Legitime politische Macht nur in Übereinstimmung mit dem Volk? Aufklärerisches Gedankengut in Beziehung gesetzt zu Frauen? Meine in der Schule gelernte Euphorie über die «Aufklärung» und ihre «Denker», über «Freiheit, Gleichheit, Brüderlichkeit» ist zerstoben! Mythenpflege! Mein eurozentrierter Stolz auf den Fortschritt der Menschheit und der Menschlichkeit durch Aufklärung und die Französische Revolution ist zum Skelett abgemagert. Sie bekommen etwas von ausgefeilter Belanglosigkeit in ihrer frauenvergessenen Verblindung und Denkschwäche. Tiefsinnig-sinnlos folgen sie einer patriarchalen Logik, in der der Mann seine Größenideen in die Geschichte hineinprojiziert, sie dann wieder herausliest und als geschichtliche Tatsachen präsentiert.

248.

Lisa LAMPERT-WEISSIG[561] hat sich mit der Frage beschäftigt: In welcher Weise wurden die Denkfigur des «Juden» und jene der «Frau» in spezifischer und oft auch paralleler Weise eingesetzt, um das Modell einer christlichen Identität hervorzubringen. Sie «liest» die Schriften von Paulus und den Kirchenvätern unter dem Aspekt der «Ablösung» (Supersession). «‹Ablösung› behauptet, dass das Christentum der eigentliche Erbe und zugleich die Erfüllung jüdischer Prophezeiung sei und dass die ‹universelle› Wahrheit des Christentums an die Stelle der Lehren des Judentums getreten sei. In ähnlicher Weise imaginierten die Kirchenväter und andere mittelalterliche, christliche Gelehrte die ‹Frau› als minderwertige Persona im Vergleich zum männlichen Ideal, das mit dem Spirituellen und Göttlichen assoziiert wurde – im Gegensatz zur ‹fleischlichen› und körperhaften Natur der Frau. Beide – **‹Frau› und ‹Jude›** – wurden eng mit der Vorstellung des Körperlichen verbunden und als Metaphern für die ‹richtige› und universelle Lesart der Schrift und der Welt eingesetzt.» «Jude» und «Frau» dienten dazu, «ein christliches, maskulines Selbst zu konstruieren, das zum normativen, universell gültigen Selbst erklärt wurde.»[562]

249.

Eine Kirchenkritikerin aus feministischer Sicht ist die Theologin und Psychoanalytikerin **Jutta VOSS.** Sie beklagt, dass «... Kleriker eine zwanzigjährige spirituell lebendige Entwicklung von Frauentheologie einfach ignorieren oder belächeln oder gnädig, weil unbedeutend, dulden». Sie sind aber selten bereit, «sich ernsthaft und angemessen mit der Sicht und Suche von Frauen auseinanderzusetzen und sich inhaltliche Kenntnisse und Frauensprache anzueignen». Und ein für mich entscheidender Satz folgt: «Diese Gleichgültigkeit ist tödlicher als Konflikte.»[563]

561 LAMPERT-WEISSIG, Lisa, 2007: Ablösung und Erlösung: «Frau» und «Jude» als hermeneutische Strategeme Abstracts für De/Konstruktionen von Okzidentalismus
Eine geschlechterkritische Intervention in die Herstellung des Eigenen am Anderen – Internationale Konferenz des Graduiertenkollegs «Geschlecht als Wissenskategorie» der Humboldt-Universität zu Berlin am 21. bis 23. Juni 2007
http://www2.hu-berlin.de/gkgeschlecht/okzidentalismus/abstr_fr.php

562 LAMPERT-WEISSIG, 2007

563 VOSS, Jutta, 2005: Kann denn Gehorsam Sünde sein? Nachdenkliches über die »ganz norma-

«Göttinnen gab es schon 40.000 Jahre lang vor den Göttern», aber die Tatsache, dass Frauen, ihre vielfältigen Aspekte weiblicher Potenz weltweit in unzähligen Göttinnen personifizierten, kann eine Männerkirche nicht zur Kenntnis nehmen.

In den Mittelpunkt ihrer Auseinandersetzung stellt Jutta VOSS das Frauenbild der in ihren Augen monotheistisch-patriarchal geprägten christlichen Religionen: «In der religiösen Symbolbildung der patriarchalen Kirche stellt das Weibliche die höchste Stufe der Unreinheit dar. Substanz dieser Unreinheit ist das weibliche Blut.»[564] Und später: «Die angeblich angeborene Unreinheit der Frau wird zum Axiom des Patriarchats und des monotheistischen Glaubens, zur nicht mehr hinterfragbaren Grundvoraussetzung.»[565]

Jutta VOSS hat sich intensiv mit weiblicher Mythologie und mit der Bedeutung des Blutes von Frauen und seiner Wandlungsfähigkeit beschäftigt, die sie in einer alten Religion fand: «Das Wandlungsmysterium des Frauenblutes wurde zum zentralen heiligen Symbol einer 3000 Jahre währenden Hochreligion von Eleusius.»[566] Sie kritisiert die Aufgabe und den Ersatz solcher Tradition zugunsten einer ausschließlich patriarchalen Mysterienbildung: «Das vormals reale und heilige Wandlungsmysterium des weiblichen Zyklus' steht im diametralen Gegensatz zum kirchlichen Wandlungsmysterium des männliche Blutes, das real keinerlei Wandlungsdynamik beinhaltet.» Damit stellt sie einen zentralen Glaubensinhalt der christlichen Kirchen infrage – mit katastrophalen Folgen für sie als Pfarrerin der evangelischen Kirche.

Die Theologin wird von der evangelischen Kirche einem dreijährigen Lehrzuchtverfahren unterworfen, der »Irrlehre« angeklagt und »überführt«, verliert ihre Ordination und damit ihren Beruf, ihre Beamtung, ihr Gehalt, ihre Pensionsansprüche, ihr soziales Umfeld. Sie ist 51 Jahre alt und steht vor dem Nichts!

Dass die Kirche mit einer so grundsätzlichen Infragestellung ihres Dogmas von der Heiligkeit des Männerblutes Probleme hat und nicht mühelos feministische Inhalte und Spiritualität integrieren kann, ist für mich verständlich – der Akzent liegt auf «mühelos». Was aber geschah, ist Monde von einem demokratischen Umgang mit einer widerständigen Mitarbeiterin entfernt. Sie wird zu einem «brüderlichen (!) Gespräch zur Bereinigung der Anstöße» eingeladen. Drei alte Herren überprüften ihre Rechtgläubigkeit, ohne dass «ein Dialog über religiöse Inhalte und Formen eines für Frauen relevanten Glaubensvollzuges» möglich gewesen wäre. Man(n) lässt eine Diskussion der abweichenden Meinung nicht zu. Nach Jutta VOSS' Aussagen hatte keiner der drei Herren ihr «anstößiges» Buch (Das Schwarzmond-Tabu, 2006 [1988]) gelesen, das Verfahren wurde ausschließlich auf der juristischen Ebene abgehandelt – wie kann man(n) so «Irrlehre» feststellen?

Dabei gibt es noch einen politisch brisanten Aspekt des Lehrzuchtverfahrens. Aus juristischer Sicht ist das Lehrzuchtverfahren nicht verfassungskonform, denn der vorsitzende Landesbischof des Spruchkollegiums ist Ermittler, Ankläger und

len« faschistoiden Strukturen in Kirche und Gesellschaft. Stuttgart
564 VOSS, 2005
565 VOSS, 2005
566 VOSS, 2005

Richter in einer Person, und es gibt keinen Instanzenzug, der einen Widerspruch möglich machen würde. Das schlägt auch meiner Vorstellung von Rechtsstaatlichkeit ins Gesicht.

250.

Gelehrte Frauen waren an den mittelalterlichen Reformbewegungen beteiligt! Aber nicht weitersagen! Wissen, Glaube und Geschlecht sind Kategorien, die in ihren komplexen Wechselwirkungen soziale Ein- und Ausschlüsse sowie gesellschaftliche Hierarchien erzeugen, bestätigen, aber auch verändern. Unter dieser Prämisse fragt Christina LUTTER: Welche Geschlechter- und Wissensvorstellungen haben zu einem Jahrhunderte langen Ausschluss von Frauen aus Wissenschaftssystemen wie den Universitäten geführt? Sie geht davon aus, dass diese Prozesse der Ein- und Ausschlüsse uneinheitlich, gebrochen und oft widersprüchlich verliefen und dass ihr Ergebnis weder vorgegeben noch notwendig war.

Klöster gehörten im Mittelalter zu den wichtigsten Orten von Wissenserwerb und -weitergabe. Durch Reformbewegungen entstanden neue Formen gemeinschaftlichen Lebens unter Beteiligung von Menschen, die keinen vergleichbaren Zugang zu Wissen hatten. Christina LUTTER fragt nun nach den «Bedingungen und Entstehungsprozessen von Konzepten und Bildern von ‹Geschlechtsnatur› und Geschlechterverhältnis, von ‹Bildung›, ‹Wissensfähigkeit› und ‹Wissenschaft› und nach ihren Wechselwirkungen mit den konkreten Lebenswirklichkeiten von Frauen und Männern».[567]

Auch wenn sie nicht explizit religiös erzogen wurden, haben doch viele Frauen gelernt, dass die historischen Geschlechterverhältnisse als eine Geschichte des generellen Ausschlusses von Frauen erzählt werden. LUTTERS Quellen erzählen eine andere Geschichte, nämlich die einer vielfältigen und ambivalenten Praxis gelehrten und geistlichen Wissens in Klostergemeinschaften jener Zeit und von der Beteiligung gelehrter Frauen an den mittelalterlichen Reformbewegungen. Da drängt sich der Eindruck auf: Die Kirche hat kein Interesse daran, dass bekannt wird, Frauen hätten an der Entstehung von Wissen und Normen der Kirche und damit der Gesellschaft einen substanziellen Anteil! Wir Frauen und unsere Leistung werden versteckt!

251.

«**Ina Gschlössl** war eine der ersten Frauen, die Pfarrerin werden wollten. Doch sie wurde von der Kirche an die Berufsschule abgeschoben.»[568] 1922 nimmt Ina

567 Lutter, Christina, 2007: Geschichten des Möglichen. Gelehrte Frauen und Männer in mittelalterlichen Reformbewegungen
Abstracts für De/Konstruktionen von Okzidentalismus
Eine geschlechterkritische Intervention in die Herstellung des Eigenen am Anderen. Internationale Konferenz des Graduiertenkollegs «Geschlecht als Wissensk2ategorie» der Humboldt-Universität zu Berlin am 2007-06-21 bis 2007-06-23
http://www2.hu-berlin.de/gkgeschlecht/okzidentalismus/abstr_fr.php

568 OTT, Ursula, 2007: Ina Gschlössl war eine der ersten Frauen, die Pfarrerin werden wollten. Doch sie wurde von der Kirche an die Berufsschule abgeschoben. In: chrismon 12.2007, S. 44

GSCHLÖSSL (1898–1989) das Studium der evangelischen Theologie auf, aus dem brennenden Wunsch heraus, Pfarrerin zu werden. Sie schließt ihr Studium ab und wird Vikarin in Köln – seit 1927 dürfen Frauen in das Vikariat.

Am 9. Mai 1927 verabschiedete die evangelische Kirche der Altpreußischen Union das sogenannte «Vikarinnengesetz». Dieses «Kirchengesetz betreffend Vorbildung und Anstellung der Vikarinnen» legte erstmals die Arbeitsgebiete der Vikarinnen fest: die Wortverkündigung in Kindergottesdiensten, in Bibelstunden, und im Rahmen von Andachten für Frauen und Mädchen, Lehrtätigkeiten innerhalb von kirchlichem Unterricht und an Berufsschulen, Seelsorge, insbesondere an der weiblichen Jugend und in den Frauenabteilungen der Krankenhäuser, Gefängnisse und Altenheime. Damit waren Frauen ausdrücklich insbesondere von den Funktionen des männlichen Pfarramtes wie dem Gemeindegottesdienst, der Sakramentsverwaltung ausgeschlossen. «Lediglich im Ausnahmefall konnte Theologinnen die Sakramentsverwaltung in geschlossenen Frauenabteilungen übertragen werden.»[569]

Ina GSCHLÖSSL will den vollen Pfarrdienst, einige ihrer Kommilitoninnen wären auch mit einem eingeschränkten Pfarrdienst zufrieden; sie würden sich mit untergeordneten Positionen zufriedengeben, wenn sie nur überhaupt in den Pfarrdienst kommen. So bilden sich zwei Vereine: Im «Verband evangelischer Theologinnen» versammeln sich die Bescheideneren und in der von Ina GSCHLÖSSL mit Annemarie RÜBENS, Aenne SCHÜMER (verheiratete TRAUB) und Elisabeth VON ASCHOFF (verheiratete BIZER) und vier weiteren Theologinnen[570] 1930 gegründeten «Vereinigung evangelischer Theologinnen» diejenigen, die das volle Pfarramt fordern. Sie wollen «predigen, trauen, taufen, beerdigen»[571].

«Ina Gschlössl und A. R. (Annemarie Rübens) nahmen zu den Ausführungsbestimmungen des Vikarinnengesetzes der Evangelischen Kirche der Altpreußischen Union kritisch Stellung. Während die Mehrheit der Vikarinnen in ihren Amtsvorstellungen immer wieder den neutestamentlichen Dienstgedanken ins Zentrum stellte, den sie oft ohne bewußte Reflexion allein auf Frauen anwandten, entlarvten Ina Gschlössl und A. R. diese sich auch in den Kirchengesetzen der Kirche der altpreußischen Union manifestierenden Argumentationen als geschlechtsspezifische.»[572]

Ina GSCHLÖSSL wird nicht Pfarrerin, sie wird an eine Berufsschule «abkommandiert» – so hat sie das bis ins hohe Alter empfunden. Aber 1933 wird sie auch dort entfernt, nachdem der Kölner Oberbürgermeister festgestellt hat, Ina GSCHLÖSSL habe sich «in einer Religionsstunde über die Judenfrage in einer Art und Weise ausgelassen, die jedes Verständnis für den nationalen Standpunkt

---

569 HENZE, Dagmar: Band VIII (1994) Spalten 933-936, Biographisch-Bibliographisches Kirchenlexikon http://www.bautz.de/bbkl/r/ruebens_a.shtml 2008-02-05

570 Neben Ina Gschlössl, Annemarie Rübens, Aenne Schümer und Elisabeth von Aschoff gehörten Carola Barth, Claudia Bader, Ulrike Türck, Verena Stadler und Luise Ernst-Freund zu den namentlich bekannten Mitgliedern der Vereinigung.

571 OTT, 2007

572 HENZE, 1994

vermissen lässt».[573] Sie tut zu Nazizeiten einiges, wofür sie mehr als Anerkennung verdient: Sie unterrichtet die behinderten Kinder eines jüdischen Arztes, betreut die Todeskandidatinnen im Kölner Frauengefängnis ebenso wie «halb-arische» und «nicht-arische» evangelische Christen, rettet Juden vor dem KZ, indem sie Akten vernichtet.

Nach 1945 leitet sie den Religionsunterricht an den Kölner Berufsschulen und fängt mit Nichts an! Die schwierige Aufbauarbeit hindert sie nicht, gleichzeitig eine gute Lehrerin zu sein und sich um die Familien ihrer Schülerinnen und Schüler zu kümmern. Aber ein weiterer Lebenstraum geht nicht in Erfüllung: Ina GSCHLÖSSL hätte gerne selber Kinder gehabt – das wäre in einem Pfarrhaushalt gut vorstellbar gewesen. Aber als Lehrerin? Sie hätte als verheiratete Frau den Schuldienst sofort quittieren müssen! Bis in die 50er-Jahre war das – beamtenrechtlich – der Schutz der Arbeit vor den Frauen und für die Männer! So gesehen mussten sich die Frauen zwischen privatem und öffentlichem Frausein entscheiden – es ging nicht beides!

Ina GSCHLÖSSL war eine eigensinnige und starke Frau. Sie wusste früh, was sie wollte! Sicher gibt es viele Frauen, die ein noch schwereres Schicksal an Leib und Leben zu ertragen hatten, doch unübersehbar bleibt die Tatsache, dass die evangelische Kirche alle Lebensträume dieses Menschen zerstört hat, nur weil er eine Frau ist! Sie hatte ein Theologiestudium abgeschlossen – wie die Männer; sie hatte ihr Vikariat abgeschlossen – wie die späteren männlichen Pfarrer. Sie hat nicht mehr erwartet als das Einmünden ihrer Ausbildung in die zu erwartende berufliche Aufgabe. Theologiestudium – Vikariat – Pfarramt! Wieso war das zu viel verlangt? Wieso hat es noch bis 1975 gedauert, bis deutsche Theologinnen den Männern wirklich mit allen Rechten gleichgestellt wurden? Und stimmt es, dass im Landkreis Schaumburg-Lippe Frauen bis heute nicht Pfarrerin werden können? Was tut dieses Wissen mit uns? Lässt es viele Frauen dennoch Theologie studieren in der Hoffnung: Das passiert mir nicht? Oder gibt es weniger Theologiestudentinnen, weil junge Frauen sich dreimal fragen, ob sie notfalls mit eingeschränkten Berufsoptionen leben wollen, wenn dann die Männerbastion Kirche doch nicht so offen ist, wie sie gehofft hatten?

... und dann war da noch der Versuch, eine Berufsschule nach Ina GSCHLÖSSL zu benennen. Der Antrag wurde abgelehnt: «Der Name sei unaussprechlich»[574], hieß es in der Begründung. Immerhin: «Die Stadt Köln hat nun dem Antrag der Evangelischen Gemeinde Köln stattgegeben, den mit dem Neubau des ‹Weltstadthauses› entstandenen Platz nach Ina GSCHLÖSSL zu benennen.»

252.

Ein einzelnes falsch übersetztes Wort kann regelrechte Tragödien auslösen: «Häufig diente ein aus dem Zusammenhang gerissener Textfetzen als Rechtfertigung klerikaler und politischer Grausamkeiten. So berief sich die Heilige Inquisition oft auf einen einzigen Satz aus dem Buch Exodus (Kapitel 22, Vers 18); dort heißt es

573 OTT, 2007
574 OTT, 2007

‹Die Zauberer sollst du nicht leben lassen.› Und als LUTHER dieselbe Stelle aus dem hebräischen Original mit ‹**Zauberinnen**› statt ‹Zauberer› übersetzte, war die Treibjagd auf Frauen eröffnet.»[575]

_253._

An der «**Bibel in gerechter Sprache**» fanden manche Kritiker(Innen?) besonders das Wort «Apostelin» provozierend. Ich frage im Seminar der Evangelischen Akademie zum Thema «Dem lieben Gott auf Maul geschaut – Die Bibel in gerechter und anderen Sprachen», was denn, theologisch korrekt, ein «Apostel» sei. Antwort: Ein Mensch, der Augen- und Ohrenzeuge des Lebens JESU war und den JESUS als solchen benannt hat. Eine Ausnahme bildet MATTHIAS, der nach dem Tod JUDAS' zu den zwölf Aposteln gehört. Hier ist die Kirche also von der zweiten Voraussetzung des Apostelwerdens abgewichten. MATTHIAS war nur Augen- und Ohrenzeuge des Lebens JESU, wurde aber nicht von JESUS als Apostel benannt. Und MARIA MAGDALENA (Miriam) oder andere Frauen, die Augen- und Ohrenzeuginnen des Lebens JESU waren? Nein, sie waren nicht unter den Zwölfen, die von JESUS benannt wurden. Merke: Es war schon damals wie heute bei Bewerbungen: Frauen müssen alle Kriterien erfüllen, Männer nicht! Warum ich Ihnen das erzähle? Nur wenn wir die frauenfeindlichen Tendenzen der Theologie erkennen und benennen, ist ein Diskurs möglich, der glaubende Frauen von diffusem Missbehagen befreien kann. Wenn sie dann in der Kirche bleiben, sind sie bessere Botschafterinnen – die Kirche sollte ein Interesse daran haben. Oder hat sie nur Angst?

_254._

Ein weiterer Begriff, der im Zusammenhang mit der «Bibel in gerechter Sprache» stark in der Kritik steht und/oder stand, lautet «**Hirtin**». Gemeint ist z. B. die Hirtin auf dem Felde in der Weihnachtsgeschichte. Kommt der Begriff in einer traditionellen Bibelübersetzung vor? Ja, er kommt – und das gleich zweimal. Was ist so schlimm an dem Wort «Hirtin»? Ohne Zweifel wird der «Gute Hirte» als Synonym für Gott gebraucht, JESUS bezeichnet sich selber als «Guten Hirten», er symbolisiert Hoffnung, Schutz, Hilfe. Aber was spricht gegen eine «Hirtin»? Stellt sie Gott in Frage und ihm eine Göttin zur Seite? Ich sehe das so: Wenn Männer und Frauen, also Hirten und Hirtinnen, nach Bethlehem gehen, gewinnt die Kirche an Gläubigen. Viele in der Kirche gebräuchliche Bibelübersetzungen stellen die Existenz von Hirtinnen nicht nur in Frage, sie merzen sie aus.[576]

Pfarrerin Hanne KÖHLER hat in einem Einführungsvortrag zur «Bibel in gerechter Sprache» gesagt: «...oft ist unsere Vorstellung erheblich patriarchaler als die

575 DRAF, Stephan, 2007: Am Anfang war das Wort. Aber das Wort Gottes stand zunächst nur auf verschiedenen Schriftrollen geschrieben – und die waren über Tausende Kilometer verstreut. Wie konnte unter diesen Umständen die Bibel zum Buch der Bücher werden? Die Geschichte eines verwegenen Gelehrten, frierender Mönche und eines genialen deutschen Erfinders. In: Stern Nr. 52/2007, S. 46-65

576 https://www.bibel-in-gerechter-sprache.de/wp-content/uploads/nachworthirtinnen.pdf

damalige Wirklichkeit. In biblischen Zeiten gab es nicht nur Jüngerinnen, sondern auch z. B. Apostelinnen, Diakoninnen, Prophetinnen und Pharisäerinnen.»[577]

255.

Natürlich hat frauenfeindliches Denken auch die Malerei jener Zeit geprägt – zumal die Kirche schließlich mit Abstand die wichtigste Auftraggeberin war. Als die Menschen kaum lesen konnten, haben die Bilder in den Kirchen Bibelinhalte vermittelt. Zum Verhältnis von Mann und Frau ist mir «**Christus im Hause des Pharisäers Simon**», um 1460 von Dieric BOUTS (1410/20–1475), aufgefallen.

Für mich drückt dieses Bild exemplarisch die Rolle der Frau in der Malerei und die Rolle der Frau in der (frühen) Kirche aus: MARIA MAGDALENA(?) erscheint an der Tür des Hauses des Pharisäers SIMON, weil JESUS anwesend ist. Sie hat ein kleines Ölkännchen mitgebracht, denn sie möchte JESU Füße salben. Entsetzen, Empörung in den Gesichtern aller Männer – JESUS ausgenommen. Eine Frau – und insbesondere MARIA MAGDALENA – darf nicht über die Schwelle des Hauses des Pharisäers treten, sie darf JESU Füße nicht salben, auch die gelösten Haare, mit denen sie JESU Füße trocknet, sind anstößig.

Dieser pharisäischen Selbstgerechtigkeit setzt JESUS scharf die Grenze: «Wahrlich ich sage euch, die Zolleintreiber und die Straßenmädchen kommen eher in den Himmel als ihr.» Eine deutliche Zäsur zwischen der Institution Kirche, vertreten durch die Pharisäer, und der Lehre JESU. In jedem Museum, in jeder Gemäldegalerie, denke ich, werden Sie weitere Beispiele finden. Das, liebe Leserinnen, gehört zu unserer Geschichte als Frauen.

256.

Hier wird es etwas unübersichtlich: Noch eine letzte Hexe: «**Europas letzte ‹Hexe› ist rehabilitiert**» war im Tagesspiegel am 2008-08-28 zu lesen. Das macht sie auch nicht wieder lebendig und kann sie auch nicht mehr trösten! Ich versuche, mir über meine Gefühle klar zu werden, aber ein kongruentes Empfinden kann sich nicht einstellen – zu gegensätzlich sind die aktuelle Nachricht und die dahinterliegende menschliche Tragödie.

Anna GÖLDI, Magd im Hause des Glarner Arztes, Ratsherrn, Richters und Regierungsrats Johann Jakob TSCHUDI, wurde 1782 als letzte «Hexe» Europas in einem Prozess vor dem Evangelischen Rat als Giftmörderin verurteilt, gefoltert und enthauptet. Jetzt hat das Parlament des Schweizer Kantons Glarus auf Antrag der Regierung Anna GÖLDI rehabilitiert, was die Glarner Regierung und der reformierte Kantonalkirchenrat im vergangenen Jahr noch abgelehnt hatten – mit der Begründung: «Sie sei im Bewusstsein der Glarnerinnen und Glarner längst erfolgt. Die Geschichte sei ohne etwas zu beschönigen aufgearbeitet worden.»[578] Doch es gibt einen großen Unterschied zwischen einer Rehabilitierung im Bewusstsein der Menschen und einer offiziellen Rehabilitierung. Im jetzigen Rehabilitierungsverfahren wurde nämlich ausdrücklich festgestellt, «dass

577 KÖHLER, 2007
578 NZZ Online vom 2007-06-04

Göldi in einem nicht rechtmäßigen Verfahren Opfer eines Justizmordes geworden sei».[579]

Der Journalist Walter HAUSER kam 2007 zu dem Schluss, dass Anna GÖLDI vermutlich ihrem Dienstherren zu Willen zu sein hatte, von ihm also missbraucht und vergewaltigt wurde. Sie gebar zwei Kinder. Das erste Kind starb kurz nach der Geburt. Anna GÖLDI wurde deshalb wegen Kindsmordes verurteilt und bestraft. Vielleicht war das Kind aber auch nur dem Erzeuger im Weg. Und Anna GÖLDI war für ihren Dienstherren eine Gefahr: Überführte Ehebrecher galten als unfähig, ein politisches Amt zu bekleiden, deshalb habe TSCHUDI den Hexenprozess initiiert, um Opfer und Zeugin seines Fehlverhaltens loszuwerden.

Schön zu wissen, dass Europas letzte Hexe rehabilitiert ist. Und was erfahren wir aus Australien? «Sydney – Eine 20 Jahre alte Frau in Papua-Neuguinea ist gefoltert und als angebliche Hexe verbrannt worden. Die Frau wurde beschuldigt, einen achtjährigen Jungen verhext und getötet zu haben, berichteten Lokalmedien. Eine wütende Menschenmenge in der Stadt Mount Hagen hatte dem Opfer den Angaben zufolge die Kleider vom Leib gerissen, es mit Benzin überschüttet und auf einen Scheiterhaufen aus brennenden Autoreifen geworfen. Zuvor war die Frau mit heißen Schüreisen gefoltert worden, hieß es weiter. Feuerwehrleute, die das Feuer löschen wollten, wurden von dem Mob vertrieben.»[580] Ob «Ritualmorde in Zusammenhang mit Schwarzer Magie» als religiös begründet einzuordnen sind, lasse ich offen; es reicht mir, dass die Kirche überreichlich Beispiele geliefert hat, die eine irregeleitete und aufgebrachte Menge Jahrhunderte später «nachspielt».

257.

Andrea DERNBACH titelt im Tagesspiegel (2009-03-09): **«Vatikan feiert den Frauentag mit Kritik»**, nämlich mit einem «Rundumschlag gegen die aktuelle feministische Theorie».[581] Gemeint ist damit wohl vor allem die Gender-Theorie, «die Geschlechtsunterschiede im Wesentlichen als soziale Konstruktionen betrachtet, nicht als unveränderliche biologische Tatsachen». Sieht man(n), wie die katholische Kirche, den Unterschied zwischen Männern und Frauen nur als «Geschenk Gottes an die Menschheit» an, braucht es schon eine gehörige Portion Biologismus, um sich Geschlechterunterschiede zu erklären. Da sind mögliche Veränderungen der kulturellen und sozialen Identität jedes Menschen natürlich beängstigend. Die Gender-Theorie, die hier in der Kritik steht, hebt ja auf die Rolle, die die Geschlechter in der Gesellschaft spielen, ab und die sind eben veränderbar. Eine Bedrohung für die Kirche? So sieht es jedenfalls die feministische Historikerin Lidia MENAPACE. Sie meint, die Kirche «sieht die Frauen sich befreien und fürchtet, das Patriarchat sei in Gefahr und die Geschlechterpolitik könne

579 Stellungnahmen des Kantonalen Kirchenrates bzw. der reformierten Glarner Kirche zur Rehabilitation von Anna Göldi, Opfer der Hexenprozesse, 2007–2008 http://www.anton-praetorius.de/downloads/Glarus_Stellungnahmen_Kantonaler_Kirchenrat.pdf

580 dpa/AFP, 2013: 20-Jährige in Papua-Neuguinea als «Hexe» verbrannt. In: Der Tagesspiegel vom 2013-02-08 http://www.tagesspiegel.de/weltspiegel/nachrichten-nachrichten/7752716.html

581 DERNBACH, Andrea, 2009: Vatikan feiert den Frauentag mit Kritik. In: Der Tagesspiegel vom 2009-03-09

am Ende auch die einzigartige Autorität des einen Gottes infrage stellen.»[582] Ob Frauen wissen, welche Macht ihnen zugetraut wird?

Von dem folgenden Zitat weiß ich nicht, ob es mich eher grundsätzlich ärgert oder ob ich es nur bescheuert finde: «Die Emanzipation der Frau sei durch die Geschirrspülmaschine weitergebracht worden als durch die Anti-Baby-Pille.» Gut: Vatikan und Pille geht nicht! Aber wie viele von den Forderungen nach Geschlechtergerechtigkeit in allen Lebensbereichen erfüllt denn so eine Geschirrspüle? Wollten denn die Frauenrechtlerinnen durch die Jahrhunderte immer nur nicht mehr abwaschen? Hat sich im Vatikan niemand ernsthaft mit der bedeutendsten sozialen Bewegung des 20. Jahrhunderts, nämlich der Frauenbewegung, auseinandergesetzt? Fragen über Fragen – da hilft wohl nur eine Audienz...

258.

Und dann ist mir noch aufgefallen, dass Frauen wirklich etwas merkwürdige Wesen sind. Wenn sie etwas können, können sie nicht sicher sein, dass sie es morgen auch noch können. Hier ein Beispiel: **Charlotte ESSICH** wollte in Tübingen evangelische Theologie studieren. «Doch als sie 1931 den Oberkirchenrat in Stuttgart nach Berufsperspektiven fragte, erklärte der: ‹Natürlich können Sie Theologie studieren, aber eine Anstellung in unserer Landeskirche werden Sie als Frau nie bekommen.›»[583]
Charlotte ESSICH studiert und schließt ihr Studium 1936 ab. 1939 beginnt der Zweite Weltkrieg und viele Pfarrer sind an der Front, in Gefangenschaft oder tot. Die Kirche braucht die Frauen und so darf sich Charlotte ESSICH 1944 einen Talar kaufen und auf die Kanzel steigen. Als die Männer 1948 zurückkommen, kann sie nicht mehr predigen! Ist doch schrecklich mit den Frauen! Es dauert noch bis 1968, bis Theologinnen alle Ämter in der evangelischen Kirche ausüben dürfen, und Charlotte ESSICH wird offiziell Pfarrerin.[584]

259.

«Eine starke Frauengeschichte. **500 Jahre Reformation**»[585] Die Ausstellung dokumentiert mit dreihundert Exponaten «erstmals in dieser Form weibliche Lebenswege und Lebenswelten des 16. Jahrhunderts und bricht das gängige Bild von der Reformation als einem vor allem männlichen Ereignis auf. Im Mittelpunkt stehen dabei Frauen, die sich mutig und aktiv in das Ringen um die Reformation eingebracht haben.»

Die Ausstellung vermittelt «ein eindrückliches Bild von der bisher eher unbeachteten weiblichen Seite der Reformation». Was für ein krankes Selbstbild

582 DERNBACH, 2009

583 ALVES DOS SANTOS Maristel / SCHICK, Christine, 2004: Studium statt Aussteuer. Vor einhundert Jahren erlaubte der württembergische König Frauen die Immatrikulation an der Universität Tübingen. Wir beschreiben den steinigen Weg dreier Pionierinnen aus der ersten Hälfte des 20. Jahrhunderts. Die Hartnäckigste: Charlotte Essich. In: DIE ZEIT Nr. 23 vom 2004-05-27

584 ALVES DOS SANTOS / SCHICK, 2004

585 Schloss Rochlitz 2014-05-01 bis 2014-10-31

müssen die Männer der Reformation gehabt haben? Von Luther gibt es da ja auch nichts Gutes zu berichten. «Eher unbeachtet» ist ja eine ziemlich schüchterne Formulierung für den Ausschluss der Frauen in der Geschichte der Reformation. Und besonders Luther hätte es wissen müssen! Er hatte an seiner Seite eine starke Frau und nutzte ihr Wissen, ihr Denken und ihre Arbeitskraft exzessiv – zu seinem eigenen Wohlergehen und zu dem der Gemeinde.

Die Ausstellung findet nicht zufällig auf Schloss Rochlitz statt. Elisabeth von Rochlitz z. B. regierte nach dem Tod ihres Mannes das kleine sächsische Herzogtum Rochlitz und sie setzte dort die Reformation durch. «Als einzige Frau wirkte sie im Schmalkaldischen Bund mit, im Kampf der protestantischen Reichsfürsten gegen Karl V.»[586] «Neben Elisabeth von Rochlitz gehörten Ursula Weyda, Wibrandis Rosenblatt oder Katharina Zell zu den großen Verfechterinnen der Reformation.» – belegt mit dreihundert Exponaten wie Bildern alter Meister, von DÜRER bis CRANACH dem Älteren.

Mit der Reformation glaubten Frauen eine neue Perspektive zu haben; sie erwarteten mehr Freiheit, Selbstbestimmung, Mitsprache. Aber die Hoffnung trog. Und so wurden sie auch in der Geschichte der Reformation vergessen, denn «Frauen seien für den Herd und für die Kinder da», war LUTHERS Auffassung. Wir wollen es deshalb mit der Bewunderung des «großen Reformators» nicht übertreiben.

260.

In der Presse wird vom Fund eines **Papyros-Schnipsels** berichtet, dessen Textfragment nahelegt, dass JESUS verheiratet war. «Das Dokument könnte das Christentum auf den Kopf stellen», heißt es dazu.[587] Wieso eigentlich? Wer hatte ein Interesse daran, dass JESUS unverheiratet war? «Die christliche Lehre baut darauf, dass Jesus nicht verheiratet war», erklärte Karen KING. Historisch wurde zwar JESU Single-Dasein nie bewiesen, «doch auf die Überlieferung baut in der katholischen Kirche immerhin das Zölibat und die Ansicht, dass Frauen das Priesteramt verwehrt ist. … Wenn Jesus verheiratet war, müssen die orthodoxen Lehren umgeschrieben werden», sagt der Religionspublizist Michael D`ANTONIO. «Es gäbe dann keine männlichen Privilegien mehr.»[588] Wie schrecklich für den reinen Männerverein katholische Kirche. Damit ist auch die Frage beantwortet: Wer hatte ein Interesse…? Die ersten beiden christlichen Jahrhunderte über war JESUS der Überlieferung nach nämlich verheiratet. «Die Single-Theorie kam erst um das Jahr 200 auf, als sich der Theologe Clement von Alexandria allgemein gegen die Ehe aussprach und als eine Institution bezeichnete, die der Teufel geschaffen habe.» «Rund 20 Jahre später erklärte der Karthager Tertullian, dass Jesus ‹absolut

586 PROBST, Maximilian, 2014: Starke Frauen. Die Reformation war nicht nur eine Sache von Männern. In: DIE ZEIT Nr. 25 vom 2014-06-12 http://www.zeit.de/2014/25/reformation-starke-frauen

587 HALTER, Lars, 2012: Gestatten, meine Frau. Die US-Forscherin Karen King hat einen Papyrusfund vorgestellt, der die Annahme bestärken soll, dass Christus verheiratet war. In: Der Tagesspiegel vom 2012-09-20

588 HALTER, 2012

unverheiratet› gewesen sei, und wies Christen an, ebenfalls unverheiratet zu bleiben.» Na, bitte: So wird man(n) die Konkurrenz los!

PS: «Besonders bei jüdischen Forschern findet sich die These, Jesus müsse verheiratet gewesen sein. Ihr Argument: Jesus tritt in den Evangelien erst im Alter von 30 Jahren auf und die Juden seiner Zeit hätten traditionell sehr früh geheiratet. Zudem erwarte man von einem Rabbi, dass er Frau und Kinder haben muss.»[589]

261.

Schleierhaft ist mir und wird mir wohl immer bleiben, warum Religionen zu allen Zeiten Hass auf Frauen stifteten und stiften. Wir wissen es vom Christentum, vom Judentum, vom Islam. Woher haben die Religionsstifter diesen Hass auf Frauen? Ist es Konkurrenzdenken? Sie reden vom Menschen und meinen den Mann! Menschen gewinnen doch fast immer von der Zusammenarbeit mit anderen Menschen – insbesondere, wenn diese anderen Menschen aus ihrer Lebenssituation eine andere Perspektive auf die Welt mitbringen. Wahrlich schockiert hat mich aber das Verhalten der **ultraorthodoxen Juden**, über das Lissy KAUFMANN[590] berichtet: So hat sich der Musiker Yonatan RAZEL in einem seiner Konzerte schwarzes Klebeband über die Augen montiert und blind weitergespielt, weil er die vor der Bühne tanzenden Frauen auf gar keinen Fall sehen wollte/durfte – 2017/18! So haben Ultraorthodoxe neue 20- und 100-Schekel-Scheine mit schwarzen Stiften übermalt, weil darauf die Schriftstellerinnen Leah GOLDBERG und Rachel BLUSTEIN abgebildet sind. «Unzüchtig wäre es, die beiden Frauen beim Bezahlen anblicken zu müssen.» – 2017/18! Ferner haben Ultraorthodoxe in Beit Shemesh, zwischen Jerusalem und Tel Aviv, Straßenschilder aufgestellt, «die den Geschlechtern den Weg zum richtigen Gehweg weisen: Frauen auf der einen, Männer auf der anderen Straßenseite, damit sie sich auch ja nicht auf dem Gehweg begegnen.» – das alles 2017/18!

… und ich möchte immer so gerne glauben, die Geschlechtergerechtigkeit mache Fortschritte! Auch die freiwilligen Helferinnen in der katholischen Kirche haben ihren Protest mit «Maria 2.0» in die Öffentlichkeit getragen. «Die Aktion ‹Maria 2.0› ist der größte Protest in der Kirche seit Jahren.»[591] Und Ihre Forderungen erscheinen alles andere als radikal:

- «Wer in der Kirche Missbrauch begangen oder vertuscht hat, soll sein Amt verlieren
- Die Kirche soll mutmaßliche Täter an zivile Gerichte übergeben und mit Strafverfolgungsbehörden zusammenarbeiten
- Frauen sollen Zugang zu allen Ämtern der katholischen Kirche erhalten

589 HALTER, 2012

590 KAUFMANN, Lissy, 2018: Verklebter Blick. Mit befremdlichem Verhalten versuchen Ultraorthodoxe in Israel die Liberalisierung aufzuhalten. In: Der Tagesspiegel vom 2018-01-07 (Printversion) http://www.tagesspiegel.de/weltspiegel/ultraorthodoxe-in-israel-mit-filzstift-und-klebeband-gegen-eine-freiere-gesellschaft/20819812.html

591 https://www.bento.de/politik/maria-2-0-wie-frauen-die-katholische-kirche-umkrempeln-wollen-a-26c42365-d4bc-4547-8d82-641a3172e899

- Das Pflichtzölibat soll abgeschafft werden
- Die Sexualmoral der Kirche soll sich künftig ‹an der Lebenswirklichkeit› der Menschen ausrichten»[592]

Die katholische Kirche sollte sich auch nicht der Illusion hingeben: Das geht schon wieder vorbei. «Dafür ist die Empörung der Frauen zu groß. Und die Liste ihrer Forderungen zu lang.»[593]

262.

Frauen haben weiterhin keinen Zutritt zur Mönchsrepublik auf Griechenlands **Heiligem Berg Athos**. Auch dies eine «christliche» Welt ohne Frauen! Die Athener Regierung hat entschieden, dass der Berg Athos ein Männerclub bleibt. So ist das seit fast tausend Jahren in der autonomen Klosterrepublik auf der nordgriechischen Halbinsel Chalkidiki. Nicht einmal dem Weltkirchenrat ist die Öffnung für Frauen gelungen.

«Das ‹Avaton› (‹unbetreten›), wie das Verbot für Frauen auf dem Heiligen Berg genannt wird, geht zurück auf das Jahr 1060. Damals schrieb der Kaiser von Byzanz diese Regelung in einer Goldenen Bulle, also einem Rechtsdokument des Mittelalters, fest. Sogar die osmanischen Besatzer, die Griechenland im 15. Jahrhundert eroberten und fast 400 Jahre lang beherrschten, respektierten die Autonomie des Athos und ließen die Klöster unangetastet. Und auch die Europäische Union, der Griechenland 1981 beitrat, erkennt den Sonderstatus der Mönchsrepublik an. Er ist in der Verfassung Griechenlands und im Schengener Abkommen festgeschrieben.»[594] Schöne heile mittelalterliche Welt für Männer – selbst in der Europäischen Union und als Weltkulturerbe der Unesco![595] Und so etwas wie den folgenden Satz haben Sie vielleicht auch noch nie gelesen: «Sogar Ausflugsboote müssen mindestens 500 Meter Abstand von der Küste des Athos halten, wenn Frauen an Bord sind.»

Immerhin haben Frauen in Indien auf der Grundlage eines Gerichtsentscheides einen ersten Erfolg in gleicher Lage erkämpft: In schwarze Tücher gehüllt, in Begleitung von Polizisten und im Schutze der Dunkelheit haben zwei Frauen den Sabarimala-Tempel in Kerala zum Beten betreten. «Kurz nach Bekanntwerden der Aktion ordnete der oberste Priester die Schließung des Tempels an, um

---

592 Siehe auch BACHNER, Frank, 2019: Widerstand in Weiß. Mit einem Gottesdienst protestieren katholische Frauen gegen ihre Rolle in der Kirche. In: Der Tagesspiegel vom 2019-05-13

593 https://www.bento.de/politik/maria-2-0-wie-frauen-die-katholische-kirche-umkrempeln-wollen-a-26c42365-d4bc-4547-8d82-641a3172e899

594 HÖHLER, Gerd, 2014: Für Frauen bleibt der Heilige Berg Athos verboten. Griechenland weist eine Forderung des Weltkirchenrates zurück. Die Mönche wollen weiter unter sich sein. In: Der Tagesspiegel vom 2014-08-04 (Printversion) http://www.tagesspiegel.de/weltspiegel/griechenland-fuer-frauen-bleibt-der-heilige-berg-athos-verboten/10286286.html

595 HÖHLER, 2014: «Das erste Kloster auf dem Agion Oros wurde schon im Jahr 963 von einem byzantinischen Mönch gegründet. In den Jahrzehnten und Jahrhunderten hernach gründeten auch russische, bulgarische, georgische und serbische Mönche Klöster auf dem Heiligen Berg. Heute gibt es 20 Großklöster auf dem Athos. Sie gehören zum Weltkulturerbe der UN-Kulturorganisation Unesco.»

ein ‹Reinigungsritual› vorzunehmen.»[596] Beschämend! Raten Sie mal, warum der Tempel für Frauen zwischen zehn und fünfzig Jahren tabu ist. Sie kommen nicht drauf? Ist doch aber ganz naheliegend: Der Gott, der hier verehrt wird, Ayyappa, ist ledig. Gläubige fürchten eine Verführung des armen Gottes. Unfassbar, wie verquer die Gründe für den Ausschluss von Frauen sein können! Kann ich von solchen Männern überhaupt einen logischen Gedanken erwarten?

263.

Auch wenn Frauen Seite an Seite mit den Männern gegen alte Machthaber in Ländern wie Ägypten, Tunesien und Libyen protestiert und gekämpft haben, bekommen sie in neuen Verfassungen nicht die bürgerlichen Rechte nach internationalen Standards. Konservative Werte der Gesellschaften finden Berücksichtigung, die zunehmende Islamisierung macht Frauen in Ägypten und Tunesien zu Verliererinnen der Revolution. Vor allem die Familienpolitik gehorcht der **Scharia**, dem religiösen Gesetz des Islam. Damit werden die Rechte von Frauen massiv eingeschränkt.

«Es gibt eine ägyptische Filmkomödie, die die Gleichstellung von Frauen und Männern im arabischen Raum auf den Punkt bringt. In ‹Meine Frau, der Generaldirektor› erteilt eine Ehefrau ihrem Gatten als Chefin einer Firma Befehle. Sobald die beiden zu Hause sind, wird er jedoch zum Pascha und schickt sie an den Herd.»[597] Errungenschaften wie Ägyptens und Tunesiens feministische Tradition und Ägyptens Ratifizierung internationaler Frauenrechte, Hochschulzugang (30 Prozent Professorinnen in Ägypten, Ärztinnen in Tunesien (seit 1936), Kapitäninnen und der Polizei- und Militärdienst (seit 1960)) werden infrage gestellt. Die zunehmende Islamisierung bedeutet vor allem eine Verschlechterung im privaten Bereich. «Einig sind sich die drei Wissenschaftler[598] darin, dass Religion nicht in eine demokratische Verfassung gehört.»[599]

264.

Endlos und international wieder zunehmend ist der Konflikt mit der Kirche beim Thema **Schwangerschaftsabbruch**. Alice SCHWARZER bringt in Erinnerung, dass aus der 1974 ursprünglich verabschiedeten Fristenlösung auf Druck der katholischen Kirche eine Indikationslösung mit Beratungspflicht wurde – bereits Mitte der siebziger Jahre in Deutschland: «Gnade statt Recht» – nennt sie das! Aber es ist nicht nur diese Politik gegen die Frauen, die Kirche kann und konn-

---

596 epd (Evangelischer Pressedienst)/AFP (Agence France-Press), 2019: Frauen betreten trotz Protesten Hindu-Tempel. Nach Gerichtsentscheid in Indien. In: Der Tagesspiegel vom 2019-01-03

597 SCHASCHEK, Sarah, 2013a: Verliererinnen der Revolution. Arabische Politologinnen mahnen Frauenrechte an. In: Der Tagesspiegel vom 2013-11-26 http://www.tagesspiegel.de/wissen/frauenrechte-in-arabischen-laendern-sie-sind-die-verliererinnen-der-revolution/7435632.html

598 Bezieht sich auf eine Diskussion in der Humboldt-Viadrina School of Governance über den Einfluss von Religion bei der Verfassungsgebung unter Beteiligung der beiden arabischen Politikwissenschaftlerinnen Hoda Salah und Sonja Zayed und des arabischen Juristen Naseef Naeem im Jahre 2013.

599 SCHASCHEK, 2013a

te Frauenverachtung noch viel besser: «Dabei hält es die Kirche selbst mit dem ‹werdenden Leben› mal so, mal so. Noch 1869 erließ Papst Pius IX. das Verdikt, der männliche Fötus habe vom 40. Tag an eine Seele, der weibliche jedoch erst vom 80. Tag an.»[600] Also wie heute: Mädchen hatten eine größere Chance, abgetrieben zu werden!

Und just heute die Nachricht aus dem Vatikan: Papst FRANZISKUS hat bei seiner Öffentlichen Audienz auf dem Petersplatz Schwangerschaftsabbruch als «Auftragsmord« bezeichnet! Dazu finde ich einen Beitrag im Netz «Arroganz statt Barmherzigkeit. Verzweifelte Mütter sind Auftragsmörderinnen? Papst Franziskus knickt in einem entscheidenden Moment für die Zukunft seiner Kirche vor Hardlinern ein, statt wahre Barmherzigkeit zu zeigen.»[601]

Tilmann KLEINJUNG stellt die Äußerung in Zusammenhang mit der Zukunft der Kirche, also der Jugend, der Synode in Rom über Fragen junger Katholikinnen und Katholiken, also auch Empfängnisverhütung, Homosexualität, Schwangerschaftsabbruch. Glaubwürdigkeit und Mitspracherecht der katholischen Kirche, katholische Sexualmoral und Lebensplanung – auch gläubiger Menschen – sind jetzt schon entkoppelt von der Aufarbeitung des Missbrauchsskandals in den katholischen Kirchen Amerikas und Europas – einem Abgrund an Verbrechen, Vertuschung und Doppelmoral. Menschen in Notsituationen: Während dieser Papst in moralisch kniffligen Situationen auf die Gewissensentscheidung des(!) Einzelnen setzt, spricht er Frauen in einem Schwangerschaftskonflikt dieses Recht ab, statt sie in Notsituationen zu unterstützen, zu beraten, sie in ihren Rechten zu stärken, verteufelt er sie.

Schwangerschaftsabbruch als Auftragsmord zu bezeichnen, ist abartig. «Franziskus verletzt und beleidigt Frauen, indem er ihnen eine Killermentalität unterstellt.»[602] Er kriminalisiert Ärzte und vor allem Ärztinnen, verhöhnt die Opfer und bezichtigt sie echter Verbrechen. Verbale Gewaltorgien sind eben Arroganz statt Barmherzigkeit.

Auch die christliche Religion ist menschengemacht. Sie soll das Verhalten ihrer Mitglieder steuern. Die Protagonisten der katholischen Kirche treten oft mit dem Anspruch der Allgemeingültigkeit auf – reine Machtpolitik. Tatsächlich hat und hatte sie Einfluss auf Politik und Gesetzgebung und damit bedingt auf die Verhaltensregeln aller Mitglieder eines katholisch geprägten Staates. Allerdings müssen wir heute einen großen Teil der Geschichte der katholischen Kirche ausblenden – wie Inquisition und besonders Hexenverbrennungen, aber auch das Abschlachten Andersgläubiger und der Ureinwohner «christianisierter» Gebiete, sie wurden

---

600 SCHWARZER, Alice, 2009: Ein unerhörtes Selbstbekenntnis. 6. Juni 1971. Im Stern erklären 374 Frauen: «Ich habe abgetrieben!» Die Bundesrepublik stand Kopf. Serie: Mein Deutschland (Teil 6). In: DIE ZEIT Nr. 18 vom 2009-04-23 http://www.zeit.de/2009/18/D-Abtreibung/komplettansicht

601 KLEINJUNG, Tilmann, 2018: Arroganz statt Barmherzigkeit. Verzweifelte Mütter sind Auftragsmörderinnen? Papst Franziskus knickt in einem entscheidenden Moment für die Zukunft seiner Kirche vor Hardlinern ein, statt wahre Barmherzigkeit zu zeigen. https://www.tagesschau.de/kommentar/franziskus-abtreibung-101.html

602 KLEINJUNG, 2018

ja nicht als Menschen gesehen und hatten deshalb kein Recht auf Leben. Das ist lange her, aber es gehört zur Geschichte des Christentums. Woher weiß ich, dass die Kirche nicht wieder irrt?

Mich hat überrascht, dass internationale Expertinnen einen Zusammenhang zwischen Deutschlands Außenpolitik und der mangelnden Geschlechtergerechtigkeit in Deutschland und insbesondere den §§ 218 und 219 StGB herstellen. So weit hatte ich nicht gedacht:

Deutschland will in der Außenpolitik vorgeblich mehr Verantwortung für Frieden und Menschenrechte übernehmen. Erstens müssten dafür deutsche Auslandsvertretungen Männer und Frauen gerecht repräsentieren – bisher sind Frauen mit nur knapp 16% in Führungspositionen vertreten.[603] Zweitens stellt sich die Frage, wie kann ein Land international für Frieden und Menschenrechte tätig werden, wenn im eigenen Land mit den §§ 218 und 219 Strafgesetzbuch (StGB) patriarchaler Machtmissbrauch nachzuweisen ist? Gewalt gegen Frauen – auch und gerade gesetzlich kodifizierte Gewalt gegen Frauen – im eigenen Land lässt keinen positiven Beitrag Deutschlands zu einer internationalen Bekämpfung von Krieg und Menschenrechtsverletzungen erwarten. Die Autorinnen bringen es auf den Nenner: «Ohne Gleichberechtigung kein Frieden.»

603 BERNARDING, Nina / LUNZ, Kristina, 2019: Patriarchales Säbelrasseln. Ohne Gleichberechtigung kein Frieden. Eine feministische Außenpolitik ist notwendig. In: Der Tagesspiegel vom 2019-03-07

11. «Nicht die Frauen müssen sich ändern, sondern die Spielregeln...»[604]

Das Thema «Sexismus» ist damit bei weitem nicht abgearbeitet!

In all den Lebensbereichen, die hier nicht angesprochen wurden, ist der Sexismus nicht geringer als in den angesprochenen. Ich habe z. B. unendlich viel Material gesammelt zum Thema «Gewalt an Frauen» und muss nun feststellen: Es geht nicht – ich kann das Thema nicht bearbeiten. Vielleicht liegt es an meinen frühen Gewalterfahrungen als Kind im Krieg und zum Ende des Krieges. Wir lagen bei einer Massenvergewaltigung in einer großen Scheune zwischen unseren Müttern. Ich war damals acht Jahre alt.

Aber das Thema ist in der Welt, wird öffentlich diskutiert – es kommt nicht darauf an, dass ich meine Sicht hinzufüge. Das ist bei den meisten Themen ganz anders. Viele meiner Themen werden nur in Fachkreisen diskutiert, ich will sie einer breiten Öffentlichkeit bewusst machen: Sexismus in der Medizin, der Kunst, die historische Abwertung der Frauen in Religion, Wissenschaft und Philosophie mit ihrer Einäugigkeit, aber dem Anspruch, die ganze Welt zu erklären! Auch die Alltagssexismen und der Sexismus in den Medien müssen aus dem Bereich des Übersehens, Hinnehmens, Bagatellisierens raus!

Zum Schluss sind mir noch drei Aspekte wichtig:

Erstens – Das ist der *inhaltliche Aspekt*

Auch das Thema Geschlechtergerechtigkeit statt Sexismus ist bei weitem nicht abgearbeitet! Die meisten Beispiele betreffen den Bereich «Gewalt gegen Frauen». Vielleicht war das Thema insgesamt zu gewaltig. Ich finde jedes einzelne Beispiel persönlich belastend und unerträglich!

Es fehlt auch der Bereich «Sexismus im Sport» – das sollte am besten ein*e Sport-Student*in bearbeiten! Mit intimer Kenntnis und persönlicher Erfahrung als Profi-Sportler*in oder Sportstudent*in wird ein Thema, das Körper, Geist und Psyche betrifft, sicher anschaulicher und authentischer dargestellt.

Das Thema «Geschlechtergerechte Curricula» in Bildungseinrichtungen aller Art hat sich für mich durch meine vielen Gesundheitsprobleme und damit die lange Entstehungszeit des Buches erledigt. Ich habe dann aufgehört zu sammeln. Umso erfreuter war ich neulich, auf einer Veranstaltung unter dem Titel «Frauenrechte in den UN-Menschenrechtsverträgen: Gender Mainstreaming, Intersektionalität und Frauen*Rechte: innovative Konzepte und aktueller Handlungsbedarf» an der Berliner Humboldt-Universität ein gendergerechtes Curriculum für die juristische Ausbildung zu finden. Es geht doch!

Bleiben die Bereiche «Geschichte» und «Wirtschaft und Arbeit» – wem fällt da nicht sofort Gender Pay Gap ... ein?

604 Iris BONET, Verhaltensökonomin & Harvard-Professorin www.fes.de/gender/paritaet

Ihnen kommen sicher noch viele, viele weitere Diskriminierungen von Frauen in den Sinn. Mir wäre am liebsten, Sie fingen gleich mit dem nächsten Buch an. Wir müssen dranbleiben!

Ich hoffe auf Sie! Ich habe jetzt alles aufgeschrieben, was mir wichtig und gleichzeitig machbar erschien. Jetzt sind Sie dran! Das Buch bietet so viele Ansatzpunkte, dass Sie hier sogar Ihr Thema für die Examensarbeit finden können. Sie sehen schon: Ich hoffe, Sie für mein Anliegen «Geschlechtergerechtigkeit statt Sexismus» ein größeres bisschen begeistert zu haben. Auf die Frage: «Wann spielt es eine Rolle, ob wir als Jungen oder als Mädchen auf die Welt kommen?», gibt es für mich nur eine Antwort: «25 Stunden am Tag!»

Zweitens – Das ist der *Anspruch*

«Der geschlechterpolitische Backlash ist weltweit in vollem Gange und unsere Errungenschaften müssen verteidigt werden.»[605] Leider ist das noch nicht die ganze Wahrheit: In letzter Zeit stellen Rechts-Außen-Aktivist*innen sogar die weltweiten Menschenrechtsverträge infrage – unvorstellbar für jemanden wie mich, die die Entstehung solcher internationaler Abkommen miterlebt und nach dem Weltkrieg als gewaltigen Fortschritt empfunden hat. Facettenreich finde ich die Beschreibung PROSINGERS «Der geschwächte Multilateralismus, die verwässerten UN-Resolutionen und die geringe Bindewirkung internationaler Konventionen führen dazu, dass geschlechterpolitische Anliegen geschwächt werden.» Und nicht nur diese!

«Wenn wir diesem Backlash aber etwas entgegensetzen wollen, dann ist es Solidarität. Wir brauchen eine weltweite feministische Bewegung, über Generationen, über Landesgrenzen, über Geschlechter und über etwaige politische Anliegen hinweg, um dem erstarkenden Nationalismus und dem Antifeminismus zu begegnen. Nur dann kann auf die drei Wellen des Feminismus – im 18. Jahrhundert geprägt von den Ideen der Französischen Revolution, in den 60ern geprägt vom Wunsch nach mehr Mitsprache und Selbstbestimmungsrechten und in den 80ern unter Mitwirkung der Homosexuellen-Bewegung, eine vierte Welle folgen.»[606]

Drittens: Das ist die *Aufgabe*

Mit diesem Buch werden nicht Männer bekämpft, sondern ungerechte soziale Strukturen! Ich habe mit dem Buch nicht nur gegen meine Wut über die ewige Belästigung durch Sexismen auf Papier gebracht, sondern es hat auch einen «gefühlten» politischen Auftrag. Wir können zusammen viel mehr gegen die ständige Herabsetzung und das Unsichtbarmachen von Frauen tun als ich alleine. Ich hoffe, ich konnte viele von Ihnen, liebe Leser*innen, für Sexismen aller Art sensibilisieren. Wenn Sie Sexismus wahrnehmen, bitte, sprechen Sie ihn an, klären Sie

605 PROSINGER, Jana, 2019: Raus aus dem Rückwärtsgang. Gewalt gegen Frauen, Gender Pay Gap, Homo-Hass – der geschlechterpolitische Backlash ist weltweit in vollem Gange. Deshalb brauchen wir einen kämpferischen Feminismus. Ein Gastbeitrag. In: Der Tagesspiegel vom 2019-05-26

606 PROSINGER, 2019

auf, denn Sie haben nach der Lektüre dieses Buches so viel mehr Wissen über Sexismus im Kopf! Fragen sind auch ein guter Einstieg und können Sexisten ganz schön verunsichern. … und fragen Sie weiter! Lassen Sie den Sexisten Äußerungen oder Handeln auf Kosten von Frauen nicht mehr durchgehen! Antifeministen sind nichts weiter als Männer, die den Verlust ihrer Dominanz und anderer Privilegien fürchten. Mein Ziel ist eine gerechte Gesellschaft – ein fernes Ziel. Jedes Stoppsignal für einen Sexismus ist ein kleiner Schritt zu einer friedlichen und gerechten – auch geschlechtergerechten – Gesellschaft, und auch Sie können ihn tun – vielleicht sogar täglich! Auf geht's! Und vergessen Sie nicht den Spruch von change.org: «The Problem is not that I see sexism everywhere the problem is that you don't.»

Sie sehen, liebe Leser*innen, es bleibt viel zu tun, Sie können ja schon mal anfangen! Und, wenn Sie den ganzen Sexismus bis hierher ausgehalten haben, liebe Leserinnen*, habe ich noch eine tröstliche Schlussfolgerung: Nicht die Frauen müssen sich ändern, sondern die Spielregeln!

Ihnen, liebe Leser, schlage ich vor, alles, was Sie an diesem Buch überzeugt hat, zu verbreiten – es kann Ihnen und der Gesellschaft nur nützen! Sexismen kommen immer und überall vor. Meine Antennen sind immer ausgefahren und reagieren empfindlich. Das wünsche ich Ihnen auch. Es macht einfach schlauer! Frauen und Männer*!

Torenz, Rona:

Ja heißt Ja?

Feministische Debatten um einvernehmlichen Sex
2019, 168 Seiten, kart., ISBN 3-89657-162-1,
13,80 EUR, Reihe black books

Eines der wichtigsten feministischen Anliegen ist der Kampf gegen sexualisierte Gewalt. Es geht dabei um nichts Geringeres als die Anerkennung von Frauen als (vollwertige) sexuelle Subjekte: Die politische Losung «Nein heißt Nein» verlangt, das «Nein» von Frauen ernst zu nehmen. Aus der Erkenntnis heraus, dass es nicht immer allen möglich ist, «Nein» zu sagen, ist die feministische Forderung nach «Ja heißt Ja» entstanden. Einvernehmlichkeit soll demnach auf dem ausdrücklichen Einverständnis aller Beteiligten beruhen. Rona Torenz fragt nach den stillschweigenden Voraussetzungen dieser Strategie und begreift ihre Effekte als ambivalent. Sie zeigt, dass im Zuge der neoliberalen Verinnerlichung sexueller Machtverhältnisse «Ja heißt Ja» zu kurz greift. Das Buch liefert damit einen wichtigen Beitrag zur Neuformulierung feministischer Strategien gegen sexualisierte Gewalt.

Notz, Gisela:

Kritik des Familismus

Theorie und soziale Realität eines ideologischen Gemäldes
222 Seiten, kartoniert, ISBN 3-89657-681-X
12,00 EUR, Reihe theorie.org

Familismus bezeichnet die weitgehende Identität von Familie und Gesellschaft. Danach bildet das System aller Familien das Gemeinwesen. Familismus ist auch die Überbewertung des familiären Bereichs als Quelle für soziale Kontakte. In familistischen Gesellschaften – dazu gehört die Bundesrepublik Deutschland – gilt die Familie als Dreh- und Angelpunkt aller sozialen Organisationen.

Selbst in das in frauenpolitischer Hinsicht fortschrittliche Grundgesetz für die BRD wurde 1949 der Familismus eingeschrieben, indem die Auffassung von der Familie als wichtigster Baustein einer Gesellschaft aufgenommen wurde und somit eine konservative Familienideologie, die Frauen und Männern eindeutige Rollen zuwies und die bis heute wirkt, verfestigt wurde. Erst die neue Frauenbewegung entwickelte Gegenkonzepte, die heute allerdings zu verblassen scheinen.

schmetterling verlag